ちくま学芸文庫

イタリア・ルネサンスの文化 上

ヤーコプ・ブルクハルト
新井靖一 訳

筑摩書房

【目次】イタリア・ルネサンスの文化 上

下巻目次

イタリア・ルネサンスの文化——一試論——上

凡例

一、本書はJacob Burckhardt, Die Kultur der Renaissance in Italien の全訳である。底本にはJacob Burckhardt, Gesammelte Werke (Bd. I-X), Schwabe & Co. Verlag. Basel / Stuttgart 1978 の第三巻を使用した。他に、Bibliothek der Geschichte und Politik Bd. 8, Jacob Burckhardt, Die Kultur der Renaissance in Italien, hrsg. von Horst Günther, Deutscher Klassiker Verlag. Frankfurt am Main 1989. および、Jacob Burckhardt, Die Kultur der Renaissance in Italien, Neudruck der Urausgabe hrsg. von Konrad Hoffmann, mit 140 Abbildungen. Alfred Kröner Verlag. Stuttgart 1985 を参考にした。

一、訳文中、作品名には『 』、引用の文章と語句には「 」、訳注には（ ）を使用し、また、原文がイタリック体の個所には傍点を付した。

一、原書の脚注は、上・下巻の末尾にまとめて挿入した。なお訳注は原則として本文にのみ付し、原注への訳注は特に必要と思われる場合以外は省いた。原書目次の小見出しは本文中の当該個所に付した。

一、ルネサンス期イタリアの人名、地名等は、「訳者後記」に挙げたルネサンス関係の諸事典に示されている発音におおむねしたがった。

一、ギリシア、ラテン語は、固有名をふくめて原則として長音を省いた。

一、関係地図、年表を巻末に付した。

老師、旧《ふる》き同僚にして友
ルイジ・ピッキオーニに捧ぐ

第二版序言（一八六九年）

本書の第二版において変更されている個所は、本文における若干の行だけに限られており、また脚注においても補足を加えるに留められている。本来ならば全体にわたって完全な改訂のなされることが望ましかったのであるが、そのためには著者にそれに必要な余暇がなく、またもう一度イタリアに相当長く滞在できる見込みもない。そこで、たんに個々の部分を変えたり、新たな部分を挿入するかわりに、むしろあえて本書を、かつて支持を得たのと同じ形のままで再版させることにした。今では著者にはもういくらか青臭く思われる見解や判断がかなりあるが、こうしたものもまた、今後微妙に異なるニュアンスを受けることになると、あるいは賛同を得られることが今よりも少なくなるのではないかと懼《おそ》れる。

現在飛躍的に進歩を遂げつつある文化史を愛好する人たちに、本書が改めて推奨されることを願う。

第一章　精緻な構築体としての国家

序論

本書は標題として、これがたんなる一試論にすぎないという言葉を掲げているが、それはまったくこの言葉どおりの意味で言われているのである。著者は、この殊のほか大きな課題に取りかかりはしたが、方法も力量もいたって凡庸であることを十分すぎるほどはっきりと意識している。しかし、かりに著者が自分の研究にもっと強い自信をいだいて臨むことができるとしても、はたして識者がそれに見合った賛同を示してくれるかどうかは心もとないように思われる。ある文化期の精神上の輪郭は、これを見る人の眼によっておそらくは異なった姿を呈するものである。ましてそれがわれわれの文明を生んだ最も近くにある母胎として今もなお作用を及ぼしつづけている文明のこととなると、これを叙述する人にも読者にも主観的判断や感情がたえず入りこまずにはいない。われわれが乗りだそうとしている大海には、取りうべき航路はあまたあるのであり、また、この著作のためになされた研究にしても、別の人の手にかかればこの同じ研究がまったく異なった利用の仕方、扱い方をされるばかりか、本質的に異なった結論を見るにいたるきっかけにさえなりかねないであろう。本書の主題自体の持つ重要さから見ても、なお多くの個所に手を入れることが願わしいし、また多種多様な立場にある研究者にも発言を促すべきところであろうが、差しあたっては、読者にしてもしわれわれの言葉に忍耐強く耳を傾け、本書を一つの全体として把握してもらえるならば、われわれとしては満足である。文化史の最も本質的な難しさは、一つの大きな精神的連続体を往々にして恣意的に作られたかのように見える個々別々の部門に分解しなければ、これをまがりなりにも表現することができないところにある。——われわれはかつて本書の最大の欠陥を「ルネサンスの芸術」に関する別個の著作によって補おうと考えたことがあるが、この意図はどうやらその一部しか実行することができなかった[1]。

《十三世紀におけるイタリアの政治状況》

歴代教皇とホーエンシュタウフェン家（神聖ローマ帝国の王家（一一三八―一二〇八。一二一二―五四）。王家二代目の神聖ローマ皇帝フリードリヒ一世は教皇とロンバルディア諸都市と争い、聖職叙任権闘争期に失われたブルグンド、イタリア支配を回復するが、その後も帝権確立をめぐり教皇と諸都市との争いが続いた）との争いは、結局イタリアを、きわめて本質的な点において爾余の西欧諸国のそれと異なっているような政治状況のうちに置きつづけることとなった。フランス、スペイン、イギリスにおける封建制度は、その生存期間が終了すると君主制統一国家に身を任せざるをえなかったような性質のものであったし、ドイツにおける封建制度は少なくとも帝国の統一を外面上維持することに手を貸したが、これに反してイタリアは、封建制度をほとんど完全に回避していた。十四世紀の皇帝たちはその統治が非常にうまくいっている場合でも、もはや最高の封建君主としてではなく、むしろ将来現存の諸勢力を統率し、伸張すると目される者として迎えられ、そのような者と見なされたのであった。一方教皇権は自分の意のままになる手先や、いろいろな拠点を使うことで、将来起こりうべきいかなる統一も阻止するに足る十分な力を持っていたが、しかも何らかの統一を自ら作りだすことはできなかったのである。(2) この両者のあいだには沢山の政治的形成物――諸方の都市や専制君主――が見られるが、これには既存のものもあれば、新たに台頭したものもあった。そして、こうした政治的形成物の有り様《あよう》は紛れもない現実を足下に踏まえた種類のものであった。(3) これらの政治的形成物の中で、近代のヨーロッパ的国家精神は初めて自由に自らの衝動に身を委ねているように見える。こうした形成物はその無拘束な我欲のこよなく恐ろしい相貌を再三ならず現わし、いかなる権利も嘲笑し、いかなる健全な教養も萌芽のうちにつみとるのである。だが、このような傾向が克服されるか、もしくはどのようにかして均衡のとれた状態におかれるかするとき、そこに一つの新しい生命体が歴史の中へ入ってくる。すなわち、打算と意識の産物としての国家、精緻な構築体としての国家である。都市共和国においても、専制君主国家においても、この生命体は百千の形をとって現われ、それらの内部形態ならびに外交政策を決定する。われわれは専制君主国家におけるこの生命体の、比較的はっきりと現われている、多少なりと完全な典型を考察することで満足するとしよう。

《フリードリヒ二世治下のノルマン国家》

専制君主の統治した領土の内部状態には、皇帝フリードリヒ二世（一一九四―一二五〇。神聖ローマ皇帝（一二一二―五〇）。シチリア・イタリア統治に力をつくす。一方イタリア政策は教皇とイタリア諸都市との対立を招いた。官僚的政治機構の整備、文芸の奨励、サラセン文化の愛好で知られる）が改革をほどこしていた南部イタリアとシチリア島のノルマン王国という有名な範例があった。(4)フリードリヒ二世は、サラセン人の近くにあって裏切りや危険の中で成長していたので、いろいろな事態を完全に客観的に判断し、処理することに早くから習熟していた。この点で、彼は玉座に即《つ》いた最初の近代的人間であった。これにつけ加わったのが、サラセン諸国家の内部とその行政についての詳細な知識であり、また、彼我ともにありとあらゆる力と手段を戦いの場に投ぜざるをえなかった教皇たちとのあの死闘であった。フリードリヒ二世の発布した諸法典（特に一二三一年以降の）は結局のところ、封建国家を完全に破壊し、人民を意志も武器も持たず、最高度に納税力のある大衆に変えることになった。彼は司法上の全権と行政を、それまでのヨーロッパには例を見ないような方法で中央集権化した。いかなる官職ももはや人民の選挙によって任じられることは許されず、もしこれを犯せばその地域を劫掠し、市民を隷農におとすことで罰した。税は周到に網羅された徴税台帳に基づき、イスラム的な型通りの手順にのっとって冷酷無残なやり方で取りたてられた、もっともオリエントの人の手から金を捲きあげるには、こうしたイスラム的なやり方でする以外に方法はないのであるが。ここにはもはや人民は存在せず、あるのは管理しうる臣民の集団であって、この人たちは例えば特別の許可がなければ国外で結婚することはできず、また国外での勉学は絶対に許されなかった。――ナポリの大学は有名な勉学拘束を行なった最も早い例であるが、近東諸国では少なくともこうしたことについては人々の自由にさせておいたのである。これに引きかえ、またしても真にイスラム的であったのは、フリードリヒ二世が地中海全域にわたって自ら貿易を行ない、多くの商品を専売とし、臣民の貿易を抑制したことであった。ファテマ朝のカリフたちは不信仰を示す秘教を奉じていたから、(少なくとも最初のうちは)臣民の宗教にたいしては寛容であった。これに反してフリードリヒ二世は、その政治組織の最後の仕上げとして異端審問を行なっている。これは、彼が異端者を自由思想的都市生活の代表者と見て迫害したのだと推定するとなると、一段と罪深いように思われる。最後に、国内においては警察隊として、国外にたいしては軍隊の中核としてフリードリヒ二世に仕えていたのは、シチリア島からルチェリアやノチェラに移住したサラセン人であって、この連中はどんな苦難にも無感覚であり、教会から破門されても平気であった。武器をとることを忘れてしまった臣民は、あとになるとマンフレッド(一二三二—六六。フリードリヒの庶子。アンジュー家シャルル一世とシチリア王位を争い、敗れる)の没落にもアンジュー家の領土占領にも易々としてなんのなすところもなくこれを甘受したのであった。しかしアンジュー家はこの統治機構を受けつぎ、これをそのまま利用しつづけたのである。

《エッツェリーノ・ダ・ロマーノ》

この中央集権化を推進する皇帝のかたわらに、きわめて独特な権力簒奪者が現われる。すなわち、皇帝の補佐にして女婿であったエッツェリーノ・ダ・ロマーノ（一一九四―一二五九。フリードリヒ二世を助けてヴェロナ、パドヴァなどに皇帝の主権を確立。教皇軍を破り、ミラノ攻略に際して捕えられて死ぬ）である。この男は統治や行政の組織を代表する人ではない。彼は北イタリア東部の支配権をめぐる戦いにひたすら全力を打ちこんでいたからである。しかしながら彼はつぎの時代の政治上の範例として、その庇護者たる皇帝に劣らず重要である。中世においてこれまで行なわれてきた征服や簒奪はすべて、本当の相続財産、もしくは相続権があると申したてられた財産やその他の権利を目当てになされたか、もしくは不信心者あるいは破門された者にたいしてなされたものであった。エッツェリーノにいたって初めて、一つの王権を創立するために大量殺戮や果てしのない残虐行為を行使するということが、すなわち、目的のみを考えて、手段を選ばないということが試みられるのである。とにかくその犯罪の規模の大きさにおいて後世の何びとといえどもエッツェリーノにおよぶ者はなかった、チェーザレ・ボルジア（一四七五―一五〇七。教皇アレクサンデル六世の庶子。ともに教皇庁の権力政策を遂行。その学識、雄弁、残忍な手段により全イタリアを恐怖せしめた。その苛酷な方策により失敗したが、目的はイタリア統一にあった）でさえしかりである。だが先例はここに開かれたのである。また、エッツェリーノが没落しても、それはもろもろの民族にとって正義を回復することにはならなかったし、これから犯罪を働こうとする者にとってなんの警告にもならなかったのである。

　このような時代に、フリードリヒ二世の臣下として生れた聖トマス・アクィナス（一二二五頃ー七四。中世スコラ哲学者。アクィノ伯の子。ドミニコ修道会に入り、パリでアルベルトゥス・マグヌスに師事。主著『神学大全』。キリスト教とアリストテレス、信仰と理性、超自然と自然を見事に統一した）が立憲的統治の理論を立て、君主は自らが任命した上院と、人民によって選出された代表機関とによって支持されるものとすると説いたが、これは徒労に終った。このような理論は講義室の中でいたずらに消えていったのである。そしてフリードリヒ二世とエッツェリーノはイタリアにとってあくまでも十三世紀最大の政治的現象であった。早くも半ば伝説的面影を宿すにいたったこの二人の姿は、その元来の編集の行なわれた時期が間違いなくこの世紀であると思われる『古譚百話』の最も重要な内容をなしている[5]。この中ですでにエッツェリーノは、おずおずとした畏怖の念をもって描かれている。こうした感情はひどく強烈な印象を受けたときにはかならず名残りとして跡を留めるものなのである。目撃者の記した年代記から、半ば神話的な悲劇にいたるまでの文献全体が、エッツェリーノという人物に味方している[6]。

　その後、この二人が失脚するとすぐさま、主として教皇党と皇帝党の党争から数多くの専制君主が個々に台頭してくる。これは通常皇帝党の首領であるが、しかしこうなるについてはじつにさまざまな経過と条件が見られるので、その前提にはどうしてもそうならざるをえない力が全般に働いているのだということは誤認しようもなくまったく明白である。手段について言えば、彼らは党派活動を始めた時の行動を、すなわち相手を絶滅するか追放し、相手の住居を破壊することをそのまま続けさえすればよいのである。

1　十四世紀の専制君主

十四世紀においても先に記したような印象がなおなくなっていなかったことを、その頃の比較的強力な専制政治国家や弱小な専制政治国家がかなり頻繁に露わに示している。こうした国家の悪行はあまねく知れわたっており、歴史はそれを詳細に記録している。しかし、完全に自立し、それなりに組織された国家ということになると、これらの専制政治国家といえどもとにかく相当の関心を呼ぶものではある。

《財政的基盤と教養にたいする関係》

あらゆる手段を意識的に算定するこうしたやり方は、イタリア以外の当時の君主にはまったく思いもつかないことであったが、これがこの国の領土内にあるほとんど無制限といってよい絶対的権力と結びついて、ここにまったく特殊な人間と生存様式を生みだすにいたった[1]。統治の最大の秘訣は、多少とも賢明な専制君主たちのとるべき手段として、租税を可能なかぎりそれ以前から行なわれたのと同じ状態のままにしておくか、もしくは自分たちが最初に制定したままにしておくことにあった。すなわち、土地台帳に基づいた地租、一定の消費税と輸出入に課せられる関税がそれであり、これにさらに支配者一族の私有財産からの収入が加わった。税収を上げる唯一の道は、豊かさと流通が全般にゆきわたって、これが増大することにかかっていた。各都市で行なわれていたような借入金は、この場合問題にならなかった。むしろ時として、周到な計算のうえに立った力の行使があえて用いられた。もっとも、それによって現状全体に動揺を与えるおそれがないと予測したうえでのことであったが。例えばいかにもスルタン的に、最高位の財務官吏を解任し、その財産を略奪するといったようなのがそれである[2]。

こうした収入によって、小さな宮廷、護衛兵、徴募兵、建造物などのための費用――そして、君主の身近な取巻きとして欠かせなかった道化や学芸の士たちの給料をまかなおうとしたのである。絶えざる危険のうちに漂っているこの正当ならざる地位は、支配者を孤立させる。このような支配者がなんとか結ぶことのできる最も名誉ある盟約は、氏素姓などはどうでもよく、とにかく高度の精神的天分を具えた人との盟約である。十三世紀の北方の君主たちの寛仁（気前のよさ）は騎士たちだけに、奉仕し、詩作する貴族たちだけに向けられていた。壮大な志を抱き、功名心の強いイタリアの専制君主はこれと異なって、才能それ自体を必要とするのである。こうした専制君主は、詩人や学者と一緒にいるとき、自分が新しい大地に立っているように感じる、それどころか、自分の地位が新しい合法性を得たかのような感じさえ抱くのである。

《絶対君主の理想》

このことについては、ヴェローナの専制君主カングランデ・デッラ・スカーラ（一三一一―二九在位。デッラ・スカーラ家は一二五九年から一三八七年までヴェローナとその周辺領域を支配した一族。カングランデは宮廷に学者、文人を集め、ダンテもその保護を受けた）が世に名高い。彼は才能優れた亡命者を自分の宮廷に集めたことで、いわば全イタリアの人材を養ったのであった。文人たちはこれに恩義を感じた。ペトラルカ（一三〇四―七四。イタリアの詩人、人文主義学者。アレッツォに生れる。ボローニャで法律を学んだが、聖職について文学を志す。最大の傑作は理想の恋人ラウラに寄せた詩集『カンツォニエーレ』。その詩才と学識により各地の王侯に迎えられる。諸国を旅し、古典の収集や校訂に努め、人文主義の先駆者となった）はこうした宮廷をたびたび訪れたために大へん厳しい非難を受けはしたが、十四世紀の君主の理想像を描いてくれている[3]。彼は書簡の受取人――パドヴァの君主――にいろいろ立派なことを要求する、それも、この君主にはそれをする力があると信じているかのような言い方で。「あなたはあなたの市民の主人ではなく、祖国の父でなければなりませぬ、また、あなたは市民を子供のように[4]、いや、あなたの体の手足のように愛さねばなりませぬ。武器、親衛兵そして傭兵は敵にたいしてお向けになるがよろしい――あなたの市民にたいしては恩情のみで事たります。無論私が市民と申しあげているのは、現状に愛着を抱く者のことで、日々変革をもくろむ輩は叛徒、国家の敵であります。かかる者にたいしては厳しい司法の手が働いてしかるべきであります！」ついで全能なる国家といういかにも近代的フィクションが長々と述べられる。君主は万事に心を配らねばならない、教会や公共の建造物を建て、これを維持し、道路警察を維持し(5)、沼地を干拓し、葡萄酒や穀物に監視の眼を向けなければならない、また租税を公正に割りあて、身寄りのない者や病人を扶助し、優れた学者たちを庇護し、これと親交を結んで、彼らが君主の死後の名声を伝えるのに尽力するようにすべきである、と言う。

《国内外の危険》

しかし、個々の君主全般に見られる長所や功績がどんなものであったにしても、十四世紀はこうした専制政治国家の大部分がそれほど長くは続かず、その存続の保証のないことをどのみちもう見抜いていたか、もしくは予感していた。このような政治体制は内部のいろいろな理由から、領土が大きければまさにそれだけ粘り強く持ちこたえられるので、多少とも強力な専制政治国家にはつねに、弱小国家を併呑《へいどん》しようという傾向があった。この時代にはヴィスコンティ家（十二世紀から十五世紀にかけてミラノを中心に栄えた名家。マッテーオは皇帝の代官となり、十三世紀後半から北イタリアで領土を拡げた。ジャンガレアッツォは皇帝からミラノ公の称号を買い、フィレンツェ、ヴェネツィアと勢力を競った。彼の死後、孫娘が傭兵隊長フランチェスコ・スフォルツァと結婚、支配権はスフォルツァ家に移った）のためだけにどれだけ多くの小支配者が犠牲となったことであろうか！　だが、こうした外部からの危険にはほとんどどの場合でも国内の擾乱《じょうらん》が呼応していたことは疑いない。こうした事態がまた逆に支配者の心情に及ぼした作用は、大ていの場合恐ろしく有害なものであったにちがいない。一方では見せかけだけの絶大な権力、享楽やあらゆる種類の我欲への挑発が、また他方では敵対者や謀叛人が、このような支配者を悪い意味での専制君主に仕立てあげてしまったが、これはほとんど避けがたいことであった。せめて自分のごく身近な血縁者だけでも信頼できたならよかったのに！　しかしながら、あらゆるものが正統でなかったところでは、主権の継承についても、財産の分与についても、確固たる相続権もまた生じえなかった。ましてや危急存亡の折りには王子が未成年であるか無能であるかすると、果断な従兄弟《いとこ》や叔父はその一族自体の利害を考えて、これを排除することもあった。王子が庶子であると、これを廃嫡するか認知するかで、たえず争いがあった。こういうわけで、じつに沢山のこうした家柄が、不満を抱く執念深い親族に悩まされることになった。このような状況が公然たる裏切りやすさまじい一族殺害となって爆発することもさして稀ではなかった。これとは別に、亡命者として国外で生活しながら、じっと辛抱し、こうした事態にも冷静に対処する人たちもいた。例えばガルダ湖で投網をうっていたあのヴィスコンティ（マッテーオ一世。一二五〇―一三二二）のような人がそれである。[6] 敵方の使者がヴィスコンティにむかって、いつまたミラノに戻るおつもりか、と露骨に尋ねたところ、「あいつの悪行が私の罪業のうえを行くまでは帰るつもりはない」という返事をもらった。当主が世の道義にあまりにも悖《もと》るようなことがあると、一族全体を救うために、親族の者たちがこれを犠牲にすることもたびたびある。[7] 時には、主権がなお家族全部の手中にあるため、首長はその献策を聴くべき義務を負う場合もある。こうした場合にも、財産や勢力の分割が、ともすればこのうえなく激しい不和の誘因となることもあった。

《専制君主にたいするフィレンツェ人の判断》

フィレンツェの当時の著作家たちの著書には、こうした動き全体にたいする一貫した深い憎しみが見られる。そのきらびやかな行進や豪奢な衣装は、専制君主らが自分たちの虚栄心を満足させるためというよりは、むしろ民衆の空想力に強い印象を植えつけようとするものであったのだろうが、こうしたものがすでに著作家たちの嘲弄をたっぷり呼びおこしたのであった。成り上がり者がこの人たちの手にかかったが最後、もう眼もあてられない。なりたてほやほやのピサの元首《ドージェ》アニョーロ（一三六四年）がそれで、この男は馬で出掛けるときはいつも黄金の笏《しゃく》を手にし、館《やかた》に帰ると、「まるで聖遺物を拝ませるかのように」金襴《きんらん》の毛氈《もうせん》とクッションに寄りかかってふたたび窓辺に姿を現わした。人々は教皇や皇帝にたいしてするように、膝行《しっこう》して彼に侍さなければならなかった[8]。しかし、どちらといえばこれら古い時代のフィレンツェ人たちは崇高にして厳粛な口調で語っていることのほうが多い。ダンテ（一二六五―一三二一。イタリアの詩人。フィレンツェに生れる。ボローニャ大学で修辞学を修め、ラテン文学や哲学の教養を積み、『新生』などを詩作。一二九五年以後政治活動に入ったが、政敵により追放され、ヴェローナ、ボローニャなどの宮廷の保護を受けつつ『饗宴』、『神曲』などを書いた）は成り上がりの君主の所有欲、権勢欲の下等にして卑俗なことを見抜き、(9)つぎのように的確に表現する。「彼らのラッパ、鈴、角笛、笛がなんと鳴っているのか聞えないのか、こっちへ来い、お前たち絞首刑吏よ、猛禽よ、と鳴っているだけなのだ！」専制君主の城は高く孤立して聳え、牢獄や盗聴管で満たされ、(10)悪意と悲惨の住処《すみか》のように想い描かれる。あるいは、専制君主に仕える人は誰も不幸になると予言し、(11)またついには専制君主自身のために嘆き悲しむ人たちもいる。つまり、専制君主というのは善良にして有能な人たちの敵となるのは避けがたいことなのであり、誰一人心を許せるような者はなく、また、臣下らの顔に自分が失脚するのを期待しているのを読みとることもあるような人間だというのである。「専制政治が起こり、成長し、強国になるにつれて、その内部にも、この体制に混乱と破滅をもたらさずにはいないような材料が同時にひそやかに成長してゆく。(12)」市民との間にはきわめて深い対立があった、すなわち当時フィレンツェは個性ある人たちを大いに育成しようと懸命であったが、一方専制君主たちは己れの個性と腹心の者の個性以外のいかなる個性も認めず、また許容もしなかった。なにしろ人間一人一人の管理が旅券制度にいたるまですでに完全に実施されていたのだから。(13)だが、この対立はかならずしもはっきりと際立った姿では現われていない。

こうした連中の不気味で荒涼たる姿は、多くの支配者たちの人も知る星辰信仰や不信心によって、当時の人たちの心の中でさらに一種特別な色合いを帯びていた。カッラーラ家最後の君主（フランチェスコ・ノヴェッロ。在位一三九〇―一四〇五。カッラーラ家は軍人的性格を持つ土地領主の一族で、パドヴァを支配した）が、黒死病《ペスト》で荒廃したパドヴァをヴェネツィア軍に包囲されて、市の城壁や城門をもはや確保することができなくなったとき（一四〇五年）、夜半に護衛兵たちは、君主が悪魔を呼ばわって「殺してくれい！」と叫んでいるのをしばしば聞いた。

《ジョヴァンニ・マリアにいたるまでのヴィスコンティ家の人たち》

十四世紀におけるこうした専制政治の最も完全な、そして最も教訓的な完成像は間違いなく、大司教ジョヴァンニ（ジョヴァンニ・ヴィスコンティ。一二九〇—一三五四。ミラノ大司教。マッテーオ一世の子）の死（一三五四年）以降のミラノのヴィスコンティ家に見出されよう。ベルナボ（ベルナボ・ヴィスコンティ。ミラノ領主。在位一三五五—八五。性質は下劣で残忍。甥のジャンガレアッツォは彼に干渉されたことに怒り、これを捕えてその領土を占領した）という人物のうちにさっそく、最も恐ろしい古代ローマの皇帝たちとの家族的類似が紛れもなく現われている[14]。国家の最も重要な目的は主君の猪狩りなのである。これの邪魔をする者はたっぷり拷問にかけられたうえで処刑される。人民は恐れおののきながら五千頭の猟犬を君主のために飼育させられ、その健康状態については容赦なく責任をとらされるのである。租税は考えうるかぎりの強制手段を使って吊りあげられ、七人の公女にはそれぞれ十万金貨グルデンが持参金として与えられ、また莫大な財宝が集められる。ベルナボの妃が死ぬと（一三八四年）、「臣民への」告示が出され、臣民はかつて余と喜びを分かったように、今は余と悲しみを分かち、一年のあいだ喪に服すべし、とされた。――その後、このベルナボを手中に収めた甥のジャンガレアッツォの奇襲は(一三八五年)、他に例を見ない独特なもので、後世の歴史家にしてなおその叙述を読んで心をわくわくさせるような、成功した陰謀の一つである。(15)このジャンガレアッツォ(ミラノ公。在位一三九五―一四〇二。高度の政治的手腕に冷酷さを兼ね備え、その一方で占星術師を信任し、また芸術と文学を庇護することもした)には、巨大なものを好むいかにも専制君主らしい趣味が強烈に現われている。彼は三十万金貨グルデンを支出して巨大なダム工事を企て、ミンチョ河の流れをマントヴァ市から、ブレンタ河の流れをパドヴァ市から好きなように逸らして、これらの都市を無防備にしようとした。(16)それどころか、彼がヴェネツィアの潟《ラグーナ》を干拓しようと企てたという話も、考えられないことではなさそうである。彼は「あらゆる修道院の中で最も驚嘆すべき修道院」パヴィーアのカルトゥジア会修道院と、「大きさと壮麗さにおいて、キリスト教界のすべての教会を凌ぐ」ミラノの大聖堂を建立した。(17)それればかりか、父ガレアッツォによってすでに起工され、ジャンガレアッツォが完成させたパヴィーアの宮殿も、おそらくは当時のヨーロッパのいずれの王侯の居城も遠くおよばない見事なものであったと思われる。ジャンガレアッツォはそこに自分の有名な文庫と、彼がある種の特別な信仰を捧げていた聖者たちの聖遺物の大コレクションを移した。このような性向の君主が政治的領域においても最高の栄冠を得ようと触手を動かさなかったとしたら、むしろ奇異と言うべきであろう。ヴェンツェル王(一三六一―一四一九。神聖ローマ皇帝(一三七八―一四〇〇)。ボヘミア王としてはヴェンツェル四世（一三七八―一四一九）は彼を大公（ミラノ公）に任じた（一三九五年）。だが、彼が病をえて死んだとき（一四〇二年）、その脳裏にあったのは、ほかならぬイタリアの王位か、皇帝の玉座であった。[18] その支配下にあった諸方の全国家はジャンガレアッツォに、かつて一年間に百二十万金貨グルデンの正規の租税のほかに、さらに臨時の補助税八十万金貨グルデンを支払ったことがあったという。彼の死後、あらゆる強行手段を使ってまとめあげたその王国はばらばらに砕け、この王国の旧の領土さえも当分はほとんど維持できないほどであった。息子にジョヴァンニ・マリア（一四一二年没）とフィリッポ・マリア（一四四七年没）がいたが、もし彼らが他国で、自分たちの家門のことを知らずに暮していたとしたら、どんな人間になったであろうか、これは誰にも分からない。とにかく彼らもこの一族の相続者として、代々ここに蓄積された残虐と怯懦《きようだ》の莫大な資本を相続したのであった。

ジョヴァンニ・マリア（一三八八―一四一二。大公在位一四〇二―一二。父ジャンガレアッツォの跡をつぐが、無能で、その統治は傭兵隊長ファチーノ・カーネに辛うじて支えられたものであった）もまたその犬によって有名である。犬といってもそれは猟犬ではなく、人間を食い裂くように仕込まれた動物であり、その一頭一頭の名前も、皇帝ヴァレンティニアヌス一世（ローマ皇帝。在位三六四―三七五。正統信仰を奉じていたが、異教徒にも寛容であった）の熊の名前と同様に、今日まで伝えられている。[19] 一四〇九年五月、まだ戦争が続いているあいだのことであったが、飢餓に苦しむ民衆が路上で彼にむかって、「平和《パーチェ》を！　平和《パーチェ》を！」と叫んだとき、ジョヴァンニは傭兵らを彼らに切りかからせ、二百人もの人たちを殺した。この後、平和《パーチェ》と戦争《グエラ》の二語を口にすることを禁じ、これを犯した者を絞首刑に処した。司祭さえ、「われらに平和を与えたまえ《ドナ・ノービス・パーチェム》」と唱えるかわりに、「平安を！《トランクウイリターテム》」と唱えるよう命じられた。ついに数人の謀叛人が、この狂気の大公の強力な傭兵隊長ファチーノ・カーネ（一三五〇頃—一四一二。冷酷で、軍隊の移動の素早さにより名声を得た。ジャンガレアッツォの傭兵隊長。主人の死後ミラノの支配者となる）がパヴィーアで臨終の床についていた好機に乗じて、たまたまミラノの聖ゴッタルト教会にいた（ミサに列席していた）ジョヴァンニ・マリアを殺害した。ところがまさに死なんとしていたファチーノはその同じ日に麾下の将校たちに相続者フィリッポ・マリア（ミラノ公。在位一四一二—四七。ベアトリーチェとの結婚によりカーネの軍隊とノヴァーラ、パヴィーアなどの諸都市とを手中に収めた。傭兵隊長らへの依存を強めるにいたって、娘を強力な傭兵隊長フランチェスコ・スフォルツァに嫁がせた）を助けることを誓わせ、また、自分の死んだあとで、妻をフィリッポと結婚させるようにと自ら提案し[20]、じっさいすぐさまそのように行なわれた。この妻というのはベアトリーチェ・ディ・テンダであった。フィリッポ・マリアについては、あとでさらに述べることになろう。

このような時代にコーラ・ディ・リエンツォ（一三一三頃—五四。民衆運動の指導者。古代ローマの威光を復興しようとしたが、ローマの貴族たちに失脚させられた）は、ローマの堕落した都市住民の頼りない熱狂を支えにあえてイタリアの新支配権をうち建てようとした。先の支配者たちにくらべると、この男は最初から憐れな、救いようのない愚か者にすぎない。

2　十五世紀の専制君主

十五世紀の専制政治は先の世紀とは異なった性格を示している。多くの小専制君主や、デッラ・スカーラ家（上巻二五頁訳注参照）やカッラーラ家（上巻二九頁訳注参照）のような二、三の多少有力な専制君主さえもすでに没落していた。強大な専制君主たちは領土を併合拡大し、内政においていっそう特色ある発展をとげていた。ナポリは新しいアラゴン王朝（アラゴンはスペイン北東部の地方。ラミロ一世がアラゴン王国を創建。十三、四世紀にシチリア、サルディーニャなどを領し、アルフォンソ五世はナポリ王位もあわせた）によってより力強い進路を獲得する。しかし、とりわけこの世紀の特徴を表わしているのは、傭兵隊長たちが独立した支配権どころか、王位さえも狙ったことであり、これはまさに感情に支配されない純然たる現実主義の道をさらに一歩踏みだしたものであり、また才能ある人にも極悪非道の行ないにもひとしく高い報酬の与えられることを意味した。群小の専制君主たちは、後楯を確保するために、いますすんでより有力な国家に仕え、その傭兵隊長となる。これによって彼らはしかるべき金銭的報酬と、さらには幾多の悪行にたいする免罪さえも手に入れ、おそらくは自分たちの領土をすら拡大したであろう。全体的に見れば、大小の専制君主いずれもいっそうの努力をし、いっそう思慮深く、かつより打算的に行動しなければならなかったし、また、あまりにも大掛りな残虐行為は控えねばならなかった。総じて彼らは、己れの目的を達成するのに有効であることが証明できる範囲内の悪事はやってもよかったのである――その程度のことは局外者の意見とても彼らの悪事を容認したのであった。西欧の正統的諸王家の支えとなっていた尊崇の念という基本財産は、ここにはその痕跡もない、そうしたものとしてはせいぜい首都住民から得られる一種の人気ぐらいなものであった。イタリアの王侯たちがこの世を乗りきるにあたって真に武器としなければならないのは、つねに才能であり、冷静な打算なのである。激烈な情熱のおもむくままに全然非実際的な目的に取りついて離れなかったシャルル勇胆公（最後のブルゴーニュ公（一四六七―七七）。ブルゴーニュ独立の野心を抱き、貴族を連合してルイ十一世に対抗。ナンシー攻防戦に失敗して悲惨な最期をとげた）のような性格は、イタリア人にとっては真の謎であった。「スイス人はいずれも百姓ばかりである。彼らを全部殺したところで、戦いで戦死したがっているブルゴーニュの貴族はなんの満足も覚えまい！　公がスイスをなんらの抵抗も受けずに領有したとしても、公の年収はそれによって五千ドゥカーテンとは増えまい……」[1]シャルル公の中世的なところ、彼の騎士的な空想もしくは理想、こうしたものをイタリアはすでに久しい以前にもはや理解しなくなっていた。しかし公が下級指揮官らに平手打ちをくらわしながら、[2]しかもなお彼らを身辺にとどめ、麾下の軍隊を乱暴に扱いながら、敗北したからといってこれを罰し、さらにまた枢密顧問官たちに兵士らの面前で恥をかかすといったことが起こるにいたって――南欧の外交官たちは公の前途にもはや望みなしと考えざるをえなかった。ルイ十一世（在位一四六一―八三。

フランス国王。勇胆公と争って、ブルゴーニュの大部分を王領に併合。その他の諸地域も併せて王国統一。絶対王政の第一歩を定めた）となると、その政策においてイタリアの諸侯がとった独自の手法の範囲内では彼らに優っており、特にフランチェスコ・スフォルツァ（ミラノ公。在位一四五〇―六六。傭兵隊長としてミラノのフィリッポ・マリア・ヴィスコンティに仕え、その娘ビアンカ・マリアと結婚、ミラノ公となる）の崇拝者であることを自ら認めていたが、彼も教養の分野ではその卑俗な性質のゆえにイタリアの諸侯には遠く及ばなかった。

善と悪がまことに奇妙に入りまじって渾然としているのが、十五世紀のイタリア諸国家なのである。諸侯の人格は、じつによく陶冶され、しばしばいちじるしく優れた素質を示し、彼らのおかれた状況と任務の特色をいかにもよく表わしているので、[3]これについて倫理判断を適切に下すのはなかなか困難である。

《皇帝たちの干渉と遠征》

主権の基盤としての領土は依然として非合法なものであり、呪詛がこれにつきまとって離れようとしない。皇帝によって認可されたとか、封土として授与されたのだと言っても、この事態を変えることはない。民衆は、自分たちの支配者がどこか遠方の国で、あるいは自国をただ通過するだけの異国の皇帝から一片の書き付け《ペルガメント》を買いとったとしても、そんなものには一顧だにしないからである。[4]皇帝たちが多少なりと物の役に立つようなものだったら、専制君主などをはびこらせておくわけがなかったろうに——これが無知な者たちの考える論理であった。カルル四世（神聖ローマ皇帝。在位一三四六―七八。一三五五年、ローマで帝冠を受け、六八年ふたたびイタリアに遠征、アヴィニョン幽閉中の教皇のローマ帰還を果たす）のローマ来征以来、歴代皇帝はイタリアにおいて、自分たちとは無関係に生じた権力状況をたんに裁可したにすぎず、しかもこの状況さえ文書による以外にはまったく保証することができなかったのである。カルル四世のイタリアにおける行動全体は不名誉きわまりない政治喜劇の一つである。マッテーオ・ヴィッラーニ（一三六三没。年代記作者。兄ジョヴァンニのフィレンツェの年代記を書き継いだ）の記しているところから、[5]ヴィスコンティ家の人たちがカルル四世に護衛をつけてその領土の中をあちこち連れてまわり、あげくに領外へ体よく送り出したこと、彼がまるで大市の商人のようにとにかく急いで自分の商品（すなわち諸々の特権）を売って金にかえようとしたこと、じつに憐れな有様でローマに現われたこと、そして結局、一回も実力を行使せずに、財布を一杯にふくらませてふたたびアルプスを越えて引きあげたこと、こういった経緯について調べてみるがよい。[6]皇帝ジギスムント（神聖ローマ皇帝。在位一四一〇—三七。その治世の最大の問題は教会問題であり、一四一四年から一四一八年にかけてコンスタンツ宗教会議を開き、教会の統一を達成した）は少なくとも最初は（一四一四年）、教皇ヨハンネス二十三世（対立教皇。在位一四一〇—一五）を説得して自分の開催する公会議に参加させようという立派な意図を抱いてイタリアにやってきた。皇帝と教皇がクレモーナの高い塔のうえで眼下に拡がるロンバルディアの全景を楽しんでいたあいだに、接待を仰せつかっていたこの都市の専制君主ガブリーノ・フォンドロが両人を下に突き落としてやりたいという衝動に襲われたのはこの時のことであった。二度目にはジギスムントは完全に山師として姿を現わした。半年以上も彼はまるで債務拘留獄舎に入れられでもしたようにシエナにじっと座っていて、その後辛うじてローマでの戴冠式に臨むことができたのであった。フリードリヒ三世（神聖ローマ皇帝。在位一四四〇―九三。ローマで戴冠した最後の皇帝）にいたってはどう考えたらよいであろうか？　彼のイタリア訪問は休暇旅行もしくは保養旅行といった性格のものであり、その費用は、皇帝にぜひともいろいろな権利を文書で裏書きしてもらいたい人たちや、皇帝のような高貴の人を華々しく饗応したことで、得意になっている人たちが負担したのであった。ナポリのアルフォンソ（アルフォンソ一世。ナポリ王（一四四三―五八）、アラゴン王アルフォンソ五世（一四一六―五八）。学芸の庇護のため大度王の名で知られる。模範的な国王、敬虔なキリスト教徒として尊敬を集めた）も同じ手合いで、皇帝来訪に際して十五万金貨グルデンを出費した。[7] ローマを二度目に去るにあたって（一四六九年）、フリードリヒ三世はフェッラーラにおいてまる一日部屋に籠りっぱなしで、昇任ばかりを八十人もの人たちに施した。[8] そこで彼が任命したのは、騎士《カヴァリエリ》、伯爵《コンティ》、博士《ドットーリ》、公証人などであるが、伯爵《コンティ》といってもそこには微妙な違いがあって、例えば、宮中伯《コンテ・パラティノ》、博士《ドットーリ》を、それも五人までの博士を任命する権利を有する伯爵《コンティ》、庶子を准嫡《じゅんちゃく》とし、公証人を選出し、いかさま公証人を信用がおけると宣言するといった権利を有する伯爵《コンティ》がそうである。ただフリードリヒ三世の宰相がこういった文書作成にたいして要求した感謝のしるしは、フェッラーラの人たちにはかなりきついものに思われたのであった。[9] その際、自分の保護者たる皇帝がこのようにやたらと文書を発布し、小さな宮廷がいろいろな称号をもった人ばかりとなったのを見て、ボルソ公（フェッラーラ公ボルソ・デ・エステ。在位一四五〇―七一。学芸を保護した）がどう考えたかは伝えられていない。当時大口をたたいていた人文主義者たちは、利害によってそれぞれ二派に分かれていた。一方の人たちが帝政ローマの詩人たちの用いた紋切型の歓喜の言葉をもって皇帝を賛美すると、(10)ポッジョ（ポッジョ・ブラッチョリーニ。一三八〇―一四五九。フィレンツェ初期人文主義者の最も典型的人物。教皇庁の書記としてコンスタンツ公会議に赴き、ドイツ、スイスなどで多くの写本を発見した。『滑稽譚』、『フィレンツェ史』などを著わした）は、戴冠とはそもそも何を意味するのかもうまったく分からないと言う。(11)古代の人たちにあっては、武勲赫々たる皇帝《インペラトル》のみが冠を、それも月桂樹の冠を授けられたのではなかったか、と。

《皇帝たちの忘れさられた要求》

その後神聖ローマ皇帝マクシミリアン一世（在位一四九三―一五一九。フリードリヒ三世の子。婚姻政策によりハプスブルク家興隆の基礎を築いた。一四九四年イタリア戦争では失敗したが、九五年永久平和令を施行。文芸の保護者として敬愛された）とともに、皇帝の対イタリア新政策が始まるが、これには他国諸民族の干渉が全般にわたってからんでくるのである。新政策の発端――ロドヴィーコ・イル・モーロ（ロドヴィーコ・スフォルツァ（イル・モーロ）。ミラノ公。在位一四八一―九九。フランチェスコ・スフォルツァの子。甥ジャンガレアッツォの摂政となったが、その権力を簒奪し、ミラノ公となった）に封土を授与して、彼の不運な甥を廃した――は祝福をもたらすような性質のものではなかった。近代の干渉理論にしたがえば、二者が一国を二分しようとする場合には、第三者もこれに加わって口を出してもよいとされる。そこで神聖ローマ帝国も自分の分け前を要求することができたのである。しかしもはや権利云々などと言っている場合ではなかった。ルイ十二世（フランス王。在位一四九八―一五一五。ミラノ、ナポリ、ジェノヴァ、ヴェネツィアへの遠征は失敗したが、仁政により「人民の王」と呼ばれた）のジェノヴァ入城（一五〇二年）が予想され、元首《ドージェ》の館の大広間正面を飾る大きな帝国鷲紋章がそこから抹消され、どこにもかしこにも百合の紋章が描かれたとき、歴史家セナレーガ（バルトロメオ・セナレーガ。一四五〇―一五一四）はあらゆる所を聞いてまわった、あんなにもたびたび革命があったのにいつも大事に扱われていたあの鷲の紋章はいったい何を意味するのか、また神聖ローマ帝国はジェノヴァにたいしていかなる要求を有するのか、と。[12] 誰一人、ジェノヴァは宮廷財産管理局（camera imperii）である、という古くから言いならわされた言葉以外なにも知らなかった。このような問いになんらかの確実な回答のできる者は、大たいイタリアでは一人もいなかった。カルル五世（神聖ローマ皇帝。在位一五一九―五六。スペイン王としてはカルロス一世。対立候補フランソワ一世を破って神聖ローマ皇帝に選ばれると、スペインとドイツにまたがる空前の大帝国を出現させた）がスペインと帝国を合わせて領するにいたったとき初めて、彼はスペインの軍隊を使って皇帝の要求をも押し通すことができたのである。だが彼がこうして手に入れたものは、周知のように帝国の利益とはならず、むしろスペインの勢力に資することとなった。

《確固たる相続権の欠如。正統ならざる継承》

十五世紀の王朝諸君主の政治的非正統性と関連して、さらに正統な出自にたいする無関心があった。こうしたことは外国人、例えばコミーヌ（一四四五頃―一五〇九。フランスの歴史家、政治家。シャルル勇胆公、ルイ十一世などに仕え、当時の重要な史料をのこした）のような人の眼をいたく驚かせた。正統の出自などは、イタリアではいわば景品なのであった。北方の国々では、例えばブルゴーニュ家などでは、庶出の子には明確に限定された特別の歳費、司教区といったものがあてがわれ、ポルトガルでは庶出の系統は大へんな苦労をしなければ王位を維持できなかったのに反して、イタリアでは、宗家の中になんらかの嫡出でない血統が入っていても、これを平気で許していないような王侯の一門はもう一つもなかった。ナポリのアラゴン家の人たちは、この一門の庶出の系統（アルフォンソ一世の庶出の息子フェルディナンド一世（フェランテ））に属していた。そして、アラゴン家自体の方はアルフォンソ一世の実の弟フアン二世が継承していたのである。ウルビーノの大フェデリーコ（フェデリーコ二世・ダ・モンテフェルトロ。一四二二―八二。庶出であり、同母兄弟暗殺により後継者となった。優秀な軍人でウルビーノ公に任命された。一家の権力を強化し、傭兵隊長としての収入を芸術、宮殿、公共事業に注ぎこんだ）はおそらく全然モンテフェルトロ家の者ではなかったと思われる。教皇ピウス二世（在位一四五八―六四。アエネアス・シルヴィウス。人文主義者として、歴史、地理、修辞等を研究、文学的著作も著わした）がマントヴァの会議（一四五九年）に向う途次、フェッラーラでの奉迎に際してエステ家の八人の庶子が騎馬で出迎えた。[13] その中には当主ボルソ公自身と、彼と同様に庶出の兄弟であり、また先代であったレオネッロの二人の庶出の息子がいた。レオネッロにはさらに正妻がいて、しかもそれはナポリのアルフォンソ一世がアフリカの女とのあいだに儲けた庶出の娘であった。[14] 庶出の子は、嫡出の息子たちがなお未成年であり、かつさまざまな危険が切迫していたというすでにその理由からも許容されることがしばしばあった。出生が嫡出か庶出かなどといったことにはこだわらぬ一種の年長者相続制が起こった。この国では何ごとにつけても、目的にかなっているか、個人とその才能が全般に通用するものであるか、これが他の西欧諸国の法律や習慣よりも重要視されるのである。なにしろ、教皇の息子たちさえ自ら侯国を創建した時代であったのだ！　十六世紀になると外国の影響や反宗教改革が始まったその影響で、この問題全体が以前よりも厳しく考えられるようになった。ヴァルキ（一五〇三―六五。フィレンツェ共和派の歴史家。一五二七年から一五三八年までの『フィレンツェ史』を書いた）は嫡子相続こそ「理性の命ずるところ、また永遠の昔から天の意思するところ」であると考える。(15) 枢機卿イッポーリト・デ・メディチ（ジュリアーノ・デ・メディチ、ヌムール公の庶子。在位一五一一―三五）は、自分がおそらく合法的と考えられる婚姻から生れている、そうでないまでも少なくとも貴族の女の子であり、（アレッサンドロ公（ロレンツォ・デ・メディチ、ウルビーノ公の庶子。在位一五一一―三七）のような）女中の子ではないということをもって、フィレンツェ支配を要求する根拠とした。(16) ここにいたって感情だけからされた貴賤相婚（貴族と身分の卑しい女との結婚で、妻子には遺産相続権は認められなかった）も始まるが、こういうものは十五世紀においては倫理的ならびに政治的理由からほとんど意味を持たなかったであろう。

《国家創設者としての傭兵隊長》

だが非正統性の最も驚嘆すべき最高の形態は、――その素姓がどうであれ――侯国を手に入れる十五世紀の傭兵隊長である。じつのところ、十一世紀におけるノルマン人による南イタリア占取がすでにこれに他ならなかった。しかしいまやこの種の企てがこの半島を絶えまなく不穏な状態に置き始めたのである。

傭兵の首領が領主としての地位を確立するという状況は、雇主が金のないために国土と住民を首領に与えてなんとか話をつける場合には、簒奪によらなくとも起こりえた。(17) そうでなくとも傭兵隊長は、暫時その大部分の部下に暇を与える場合でも、冬営をしたり、必要不可欠な貯蔵品を埋蔵したりすることのできるような安全な場所を必要とした。そのような土地を授けられた首領の最初の例は、教皇グレゴリウス十一世（在位一三七〇―七八。フランス人最後の教皇。教皇庁をアヴィニョンからローマに復帰させた）からバニャカヴァロとコティニョーラを拝領したジョン・ホークウッド（一三二〇頃―九四。イギリスに生れ、イタリアで軍務に就いた。ヴィスコンティ家に雇われ、ついでフィレンツェの軍務に就いた。雇主のために戦闘、外交について助力した偉大な外国人傭兵隊長の最後の一人）である。しかしアルベリーコ・ダ・バルビアーノ（一三四八―一四〇九。ロマーニャ地方の生れ。職業軍人としての経歴をホークウッドのもとに始めた。ミラノとヴェローナ、教皇と反教皇派などの戦争でミラノ、教皇の傭兵隊長として手腕を発揮した）とともにイタリア人の軍隊や司令官が登場するにおよんで、侯国を手に入れる機会、あるいは、もしその傭兵隊長がすでにどこかの専制君主であった場合には、相続したものをさらに拡大する機会もいっそう身近なものとなった。このような軍人による支配欲の最初の大きなばか騒ぎは、ジャンガレアッツォの死後（一四〇二年）、ミラノ公国でぶちあげられた。その二人の息子の統治の日々は（上巻三二頁以下参照）、もっぱらこのような好戦的専制君主らを撲滅することで過ぎていった。こうした者の中で最有力者ファチーノ・カーネ（一三九七年頃からヴィスコンティ家との安定した関係を確立した）は、その寡婦、かなりの数の都市そして四十万金貨グルデンもろともこの一門に継承された。しかもこの寡婦のベアトリーチェ・ディ・テンダ（フィリッポ・マリア・ヴィスコンティと結婚。のち姦通の讒訴《ざんそ》により殺される）は死んだ夫の兵士たちも引きつれてきたのである。(18)

《雇主にたいする傭兵隊長の関係》

この時から政府とその傭兵隊長とのあいだのあの度外れて不道徳な関係が出来上ってゆくのであり、こうした関係は十五世紀の特色となっている。逸話というのはどんな場合でも真実でなく、しかもいつでも真実なのであるが（逸話については『ギリシア文化史』第五巻一二九頁、二八一頁以下、『世界史的考察』四二二頁参照）[19]、こうしたある古い逸話がこの関係をほぼつぎのように物語っている。かつてある都市の市民たちが――その都市とはシエナであるという――一人の傭兵隊指揮官を雇っていたが、この指揮官が自分たちの都市を敵の圧迫から解放してくれたので、どのようにして彼に報いたらよかろうかと市民たちは毎日協議し、結局、自分たちの力でできる程度の報酬では十分とはいえない、よしんばこの指揮官を市の支配者にしたところで十分とはいえぬ、と衆議一決した。ついに一人が立ちあがって言った、あの人を殺してしまって、この市の聖人として崇めようではないか、と。そこで指揮官は、ローマの元老院がロムルスにやったのとほぼ同じように処置されたという（プルタルコス『英雄伝』「ロムルス」二七参照）。実際傭兵隊長たちは誰よりもまず自分の雇主に用心しなければならなかった。彼らは、戦いで成果を挙げれば挙げたで危険視され、教皇シクストゥス四世（在位一四七一―八四。文学と芸術のパトロン。システィーナ礼拝堂を造営。ヴァティカン図書館を建設。また教皇領の強化拡大を行なった）のために戦って勝利を得た直後に（一四八二年）ロベルト・マラテスタ（一四四一―八二。教皇庁軍などの傭兵隊長として優れた手腕を発揮した。毒殺されたと言われる）が殺されたように、始末されたのであった。といってまた、彼らがいくら戦果を挙げていても一度敗れれば、ヴェネツィア人たちがカルマニョーラ（一三八五頃―一四三二。傭兵隊長ファチーノ・カーネの軍団に入り、カーネの死後ミラノ公フィリッポ・マリア・ヴィスコンティの傭兵隊長となる。のちフィリッポと軋轢が生じ、ヴェネツィア軍の最高指揮官となり、フィリッポと戦うが、最初の戦勝の後、惨敗し、ミラノと通じているとの疑惑から殺される。[20]マキアヴェッリ『君主論』第十二章参照）にたいしてやったように（一四三二年）、報復を受けることがよくあった。道徳面の実情をよく表わしているものとして、傭兵隊長たちがしばしば妻子を人質に差しださせられたのに、しかも信頼されることもなく、また自分でも心を安んずることがなかったということがあった。彼らが断念の英雄、例えばベリサリウス（五〇五頃―六五。ビザンツ皇帝ユスティニアヌスの部将。その名声のゆえに一時帝に退けられることがあった）のような性格の人間でもないかぎり、どうしてもこのうえなく深刻な憎悪の念がその心中に鬱積せずにはいなかったであろう。こうした傭兵隊長にしてなお非の打ちどころのない善意を心に有する場合にのみ、極悪非道の徒とならずにすんだものと思われる。われわれは彼らのうちのかなりの者が神聖なものにはたっぷり嘲笑を浴びせ、人にはうんざりするほど残忍と裏切りを行使する、そうした極悪非道の徒であることを知っている。このような連中のほとんどは、教皇から破門されたまま死ぬことをなんとも思わないような者ばかりなのである。だがこれと同時に、何人かの傭兵隊長の中には人格、才能ともに陶冶され、最高度の完成の域にまで達し、この点でも兵士らから認められ、尊敬されていた者もいた。これは、まさに腹を割って指揮官に個人的信頼を寄せることが原動力となっている近代史上最初の軍隊である。

《スフォルツァ家》

これの輝かしい例は、例えばフランチェスコ・スフォルツァ（図版1）の生涯に見られる。[21] フランチェスコにあっては身分的偏見というものがなかったから、彼はなんの妨げもなく、どの兵士からも至極個人的な人気を得て、一朝事あるときはこれをしかるべく利用することができたのであった。敵さえも彼の姿を見ると武器を置き、兜を取ってうやうやしく挨拶を送ることがあった。それは、誰もがひとしく彼を「武人魂の父」と仰いでいたからである。大たいこのスフォルツァ一族には、王侯の地位につくべき準備ができていることが最初からそれとなく現われていると思われる点で、われわれに興味を起こさせるものがある。[22] この幸運の土台をなしていたのが、一族の非常な多産ということであった。フランチェスコのすでに高名であった父ヤーコポ・ムツィオ・アッテンドロ（一三六九―一四二四。ロマーニャ出身。スフォルツァ家の開祖。ナポリ国女王ジョヴァンナ二世の傭兵隊長として偉功をたて、スフォルツァ（威服者）の称を得た）には二十人の兄弟姉妹があり、みんなファエンツァ（北部イタリア、エミリア・ロマーニャ州）近くのコティニョーラで、この一族とパゾリーニ家とのあいだのあの果てしのない、ロマーニャ風の復讐劇を強く心に刻みつけながら荒々しく育てられた。住居全体がすべて兵器庫と衛兵詰所であり、母親も娘たちも完全に軍人といってよいようなものであった。ヤーコポはすでに十三歳にしてひそかに馬で家を抜けだし、まずパニカーレに赴き、教皇の傭兵隊長ボルドリーノの家来となった。このボルドリーノというのは、死んだあとでもなお自分の軍隊を指揮したあの男である。すなわち、バルサムで防腐処理

図版1　フランチェスコ・スフォルツァ　フィレンツェ，バルジェッロ美術館

をほどこされた遺体は軍旗をうちめぐらした天幕の中に安置され、そこから暗号が伝達されたのである——そしてこれはしかるべき後継者が見つかるまで続いたのであった。ヤーコポは、さまざまな軍務にたずさわりながらしだいに昇進すると、自分の一族をも招きよせ、この者たちによって、一王侯が多人数を擁する王家から受けるのと同じ利益を得た。彼がナポリのカステロ・デル・ウォヴォに囚われているあいだ、その軍隊を統率していたのは、この親族の者たちである。ヤーコポの妹は自ら手を下して王の軍使を捕虜にし、これを人質として彼を死から救っている。ヤーコポが金銭問題についてはきわめて信頼のおける人間であり、それゆえ戦いに敗れたあとでも銀行家の信用を得ていたこと、彼はどんな場合でも兵士らの勝手な振舞いを禁じて農民を保護し、征服した都市の破壊を好まなかったこと、さらには、傑出した女性であった自分の内縁の妻ルチーア（フランチェスコの母）を他の男に妻として与え、王侯との縁組がいつでもできるようにしておいたこと、こうした配慮がすでに一族の存続を考えた深謀遠慮に根ざしたものであることを指し示している。自分の親族の縁組もある一定の計画のもとに行なわれた。息子のフランチェスコを世に送りだすにあたって与えた三つの教訓はつぎのようなものである。曰《いわ》く、他人の妻に手を出すな、そして最も恐れぬ行為や自堕落な生活に彼は与《くみ》しなかった。仲間の傭兵隊長らの神を部下の者を決して殴るな、殴ってしまった時は、その者を遠ざけて傍におくな、そして最後に、御しにくい馬や、蹄鉄を失くす癖のある馬には乗るな。だが特記すべきは、彼が偉大な将軍の風格とは言えないまでも、少なくとも偉大な兵士の人柄を具え、あらゆる面にわたって鍛えあげられた頑丈な体、人好きのする農民風の顔を持ち、また、何年も前からの部下の兵士とその馬すべてを、そして彼らの給料の明細を知っていて、これを憶えているという驚嘆すべき記憶力を有していたことである。彼の教養はイタリア語によるものに限られていたが、あらゆる余暇を歴史の知識を習得することに捧げ、またギリシア語やラテン語の著作家のものを自分用に翻訳させた。ヤーコポよりも高名な息子フランチェスコは、最初から一大権力を狙っていたことは明らかであり、事実強大なミラノを見事な用兵と容赦のない裏切りによって手に入れている（一四四七—五〇年）。

《ジャーコポ・ピッチニーノの見込みと没落》

この先例が多くの模倣者を生み出すことになった。アエネアス・シルヴィウス（教皇ピウス二世。在位一四五八—六四。トルコにたいし十字軍を計画したが、諸国の不和のため挫折。人文主義者として歴史、地理、修辞等を研究し、文学的著作も著わした）はこの頃にこう書いている。[23]「不動不変のものは何ひとつなく、古来より続く主権は一つとしてない、変化を好むわがイタリアでは、下僕から王になるのはいとたやすい。」さてここに、自ら「幸運児」と称した一人の男があって、当時他の誰にもましてイタリア中の人々の空想力をかきたてていた。ニッコロ・ピッチニーノ（一三八六頃—一四四四。ブラッチョの軍団に加わり、ブラッチョの死後その軍団の指揮権を引き継いで、傭兵隊長として活躍した）の息子ジャーコポ・ピッチニーノ（一四二三—六五。兄フランチェスコの死後その軍団を率いて、ミラノ、ヴェネツィアの各共和国等に仕え、シエナ共和国を攻める）がそれで、この男もまた侯国の創立に成功するか否か、これが世間周知の、焦眉の問題なのであった。それほど強力ではない国家としては、こうしたことはなんとしても阻止すべきであるという明白な利害関係があった。フランチェスコ・スフォルツァも、主権を手に入れた傭兵指揮者たちの系列が自分で終わりになるのが得策だと考えていた。ところが、ピッチニーノがシエナを略取しようとした時のことであるが、これら討伐すべく派遣された軍隊と隊長たちは、ピッチニーノを生かしておくことが自分たちに利益になると見てとった。(24)「この男がこれでおしまいということになれば、われわれはまたぞろ畑仕事に戻ることになるかもしれない。」彼らはピッチニーノをオルベテッロに包囲していたその一方で、同時にこれに糧食を供給した。かくして彼は悠々と窮地を脱したのであった。だが結局彼もその宿命を免れることができなかった。ピッチニーノがミラノにスフォルツァ家を訪問してから、ナポリのフェランテ王（フェルディナンド一世。ナポリ王。在位一四五八—九四。ナポリ王アルフォンソ一世の庶子）のもとへと旅を進めたとき（一四六五年）、さてこれがどういうことになるだろうかと、イタリア中で賭が行なわれた。あらゆる保証があったのに、また上のほうの縁故関係もあったのに、王は彼をカステロ・ヌオヴォで殺害させたのであった。(25)祖先から継承した国を領有していた傭兵隊長さえも決してわが身が安全であるとの思いは抱けなかった。ロベルト・マラテスタとウルビーノのフェデリーコ（フェデリーコ・ダ・モンテフェルトロ）とが日を同じくして、前者はローマで、後者はボローニャで死んだとき（一四八二年）、死に臨んでそれぞれが相手に自分の国を託したことが判明した！(26)やりたい放題のことをやっている身分の者には、なにをやっても許されるように思えた。フランチェスコ・スフォルツァはまだごく若い時分に、カラブリアの富裕な跡取りで、モンタルト伯爵令嬢ポリッセーナ・ルッファと結婚し、娘を一人儲けたが、一人の叔母がこの母と子を毒殺して、その遺産を自分の物にしてしまった(27)。

《傭兵隊長たちの後代の策動》

ピッチニーノが横死をとげてからというもの、新しい傭兵隊長国家の出現は、明らかにもはや黙認しえない言語道断のことと見なされた。四大「強国」、ナポリ、ミラノ、教皇領そしてヴェネツィアは、勢力均衡の仕組みを作り、こうした混乱はもはや一つたりと許さないかに見えた。教皇領には小専制君主がうようよいて、その一部にはかつて傭兵隊長であったか、あるいはなお傭兵隊長であった者もいたが、こうした教皇領の中では、教皇シクストゥス四世以来その親類縁者たちが専制国家創建の企てを一手に握っていたのである。しかしこの形勢のどこかに少しでも動揺の萌しが見えると、すぐさままた傭兵隊長たちが顔を出した。教皇インノケンティウス八世（在位一四八四―九二。ローヴェレの支持で教皇になったが、無能で、教皇庁の財政難を救えなかった）のみじめな治世のもとであった話であるが、かつてブルゴーニュで軍務についていたことのあった傭兵隊長でボッカリーノという男が、奪取したオージモ市もろとも、すんでのことでトルコ人の手に身を委ねようとしたことがあった(28)。ロレンツォ・イル・マニフィーコ（ロレンツォ・

デ・メディチ。一四四九―九二。典型的なイタリア・ルネサンスの君主。詩才に富み、文芸、芸術を愛護した。一四八七年パッツィ家の陰謀による襲撃を逃れたのち、同家を滅ぼし、フィレンツェの君主として、政治的にも文化的にも同市の黄金期をもたらした。また息子のジョヴァンニをのちの教皇レオ十世にしたてあげた）の調停でボッカリーノが金をもらうことで折り合い、軍を引いたのは、喜ぶべきことであったにちがいない。一四九五年、シャルル八世（在位一四八三―九八。フランス国王、一四九四―九五年にイタリアに遠征、ナポリに入城したが、ヴェネツィアをはじめ全イタリアの反撃により退却した）のイタリア遠征による戦争のため、諸事全般が動揺したとき、ブレッシャの傭兵隊長ヴィドヴェーロが腕だめしをやる気になった[29]。この男はこれより以前にすでに多くの貴族や市民を殺害してチェゼーナ市を占領していたが、城砦がもちこたえて陥落しなかったので、軍を引くほかはなかったということがあった。今度はヴィドヴェーロは、もう一人の悪党で、前述のロベルトの息子にしてヴェネツィアの傭兵隊長ソーミニのパンドルフォ・マラテスタから譲りうけた一隊を率いて、ラヴェンナの大司教からカステル・ヌオーヴォ市を奪った。ヴェネツィアの人たちは、これがさらに大事《おおごと》になることを心配していたし、またそうでなくても教皇からせっつかれていたということもあったので、パンドルフォに、そのご立派な友人を折りを見て逮捕するよう、「善意から」命じた。それは実行された、もっとも「悲痛の思いをしのんで」ではあったが。続いて、ヴィドヴェーロを絞首刑にすべしとの命令がきた。パンドルフォは、まず彼を牢獄の中で絞殺し、しかるのちにこれを民衆に見せるという心遣いを示した。――このような簒奪の最後の、かなり重要な例は、有名なムッソの城代である。この人はパヴィーアの戦い（一五二五年）のあと、ミラノ領で起こった混乱に乗じてコモ湖畔に自分の主権をいきなり打ちたてたのであった。

3 群小専制君主

一般に十五世紀の専制君主について言えるのは、最悪の出来事は比較的小さな統治国やごく小さな統治国に最も多く積み重ねられたということである。特にこの場合、その誰もが各自身分相応の生活をしたいと思っている多人数の一族にとっては、相続争いの起こるのは自然の理であった。カメリーノのベルナルド・ヴァラーノ（ダ・ヴァラーノ家はジェンティーレ一世（一二八四没）を祖とし、以来カメリーノ領主となる）は二人の兄弟を抹殺してしまったが（一四三四年）[1]、これは自分の息子たちにこの兄弟の遺産を分与してやろうと思ったからである。もしも単なる一都市の支配者が老練にして穏健な、かつ無血の統治により、また同時に文化高揚につくす熱意によって他に抜きんでているとすれば、それは通常、勢力のある一門に属しているか、もしくはそうした一門の政策に依存しているような支配者であろう。この種の支配者として例えば、大フランチェスコ（フランチェスコ・スフォルツァ。ミラノ公。一四〇一—六六）の兄弟にして、ウルビーノのフェデリーコの舅《しゅうと》であるペーザロ公アレッサンドロ・スフォルツァ（一四〇九—七三。兄のマルケ地方の領土の防衛にあたり、一四四五年以後ペーザロの領主）（一四七三年没）[2]がいた。彼は長い戦陣生活のあと、優れた管理者、公平で親しみやすい統治者として平穏な治世を楽しみ、すばらしい蔵書を収集し、余暇を学問上の会話や敬虔な会話で過した。エステ家（北イタリア、フェッラーラ公国の支配者。文芸保護で知られる）とスフォルツァ家（ロマーニャ出身の軍人ムツィオ・アッテンドロ（一三六九―一四二四）を始祖とし、すぐれた才幹のイタリア最高の傭兵隊長を輩出した）の政治的制約下にあったボローニャのベンティヴォッリオ家のジョヴァンニ二世（一四六二―一五〇六年）もこれに数え入れられる。これに反して、カメリーノのヴァラーノ家、リーミニのマラテスタ家、ファエンツァのマンフレーディ家、とりわけペルージャのバリオーニ家（ルネサンス期に数々の犯罪で悪名の高かったウンブリアの有力な富豪一族。ペルージャを支配したマラテスタ・バリオーニの代から政治的権力も獲得した。のち一族のあいだに抗争が起こり、数々の殺戮が行なわれた）などの諸家にはなんという血腥い残虐が見られることであろうか。十五世紀末頃のバリオーニ家の一門に起こった出来事については、優れた史料――グラツィアーニとマタラッツォの年代記(3)――によってとりわけ生きいきとわれわれに伝えられている。

《ペルージャのバリオーニ家》

当時、正式の侯国にまで完成されるにいたらず、むしろたんに都市として優位を占めているだけの支配権や、また一族の巨大な富と官職の任命にたいする事実上の影響力とのうえに築かれた支配権を持っていたような諸家があったが、バリオーニ家はそうした諸家の一つであった。一族の内部では、一人の人が総首長として承認された。しかしさまざまな分家の構成員のあいだにはひそかな、深い憎悪がしっかりと根を下ろしていた。この一族の人たちにたいしては、敵方の貴族の一派がオッディ家に率いられて対峙していた。何につけても刃傷沙汰となり（一四八七年頃）、有力者の館はすべて雇われ刺客で一杯で、暴力行為は日常茶飯のことであった。殺された一人のドイツ人学生の埋葬がきっかけとなって、二派の教授団が武器を手に睨み合うということがあった。それどころか、さまざまな家族の刺客たちが衆人環視の広場で乱闘を演じることさえ時としてあった。商人や手工業者の悲嘆の声も空しかった。教皇の長官や親類縁者は口をつぐんでいるか、もしくはやがてそこを逃げだすかした。ついにオッディの一族はペルージャ市を退散せざるをえなくなり、かくしてこの都市はバリオーニ家の申し分のない専制政治のもとで周囲を軍隊で固めた城塞と化し、大聖堂さえバリオーニ家の営舎として提供しなければならない。陰謀や奇襲にはすさまじい報復が待っている。（一四九一年に）百三十人の侵入者が切り倒されたり、庁舎のかたわらで絞首刑に処されたが、そのあとで人々は広場に三十五の祭壇を設け、三日間にわたってミサを捧げ、祭列を作って練り歩き、その場所から呪いを祓《はら》おうとした。教皇インノケンティウス八世の一近親者が白昼路上で刺殺されることがあり、調停のために派遣された教皇アレクサンデル六世（在位一四九二―一五〇三。買収により教皇位についたとされる。放縦で打算的なルネサンスの教皇として悪名が高い。その庶子チェーザレ・ボルジアとともに世俗権力の拡大に狂奔した）の近親者は、公然たる嘲笑以外になにも得るものがなかった。そこで統治者たるバリオーニ家の二人の首長グイードとリドルフォが、ドミニコ会の奇跡を行なう聖なる修道女リエーティのスオール・コロンバと頻繁に協議を重ねた。修道女はこのようなことでは大いなる災いが起こるであろうことを戒告して和解を勧めたが、無論徒労に終った。

いずれにせよ年代記作者は、この出来事を述べる機会に、このような恐怖の時代にも上等な部類に入るペルージャの人たちは敬虔で信心深い心を持っていたことに注意を促している。シャルル八世がイタリアに接近してきているあいだにも（一四九四年）、バリオーニ一族と、アッシジやその周辺に陣をかまえている追放された者からなる一団は熾烈な戦火を交えていた。そのため谷間の家々はことごとく倒壊し、耕地は耕す者のないままに荒れ果て、農夫は凶暴化して大胆な盗賊や人殺しとなり、鹿や狼は高く生い茂った藪をすみかとし、狼は戦闘で死んだ者の屍体、「キリスト教徒の肉」に舌鼓を打ったのであった。教皇アレクサンデル六世は、ナポリから軍を帰すシャルル八世を避けて（一四九五年）ウンブリアに退いたとき、ペルージャ市でふと思いついて、バリオーニ一族を永久に片付けることができるかもしれないと考えた。教皇は、この一族をすべてどこか一個所に集めようとして、グイードになにか祭りとか馬上槍試合といったものを催したらどうかと提案した。ところがグイードは、「ペルージャの武装した全兵士を集めて見るにまさるすばらしい見物《みもの》はまたとありますまい」と言ったので、教皇はこの計画を断念したのであった。このあと間もなく、あの追放された者たちの一団がまたもや襲撃をかけてきた。この折りにはバリオーニ一族のきわめて個人的な豪勇によってかろうじて勝利を得たのであった。すなわち、十八歳のシモネット・バリオーニが市の広場において僅かな手勢で数百の敵を迎えうち、身に二十個所以上の手傷を負って倒れたが、ふたたび立ちあがったその折りしも、アストレ・バリオーニが馬上高く、金を被《き》せた鉄の甲冑を付け、兜には鷹の飾りを戴いて助けに駆けつけ、「その姿、働き、軍神マルスもかくやと思うばかりで、乱戦の只中に躍り込んだ。」

当時ラファエッロ（一四八三―一五二〇。ペルージャに出てペルジーノの工房で働く。のちローマでユリウス二世の寵をえて活躍した画家、建築家）はまだ十二歳の少年で、ピエトロ・ペルジーノ（一四四六―一五二三。ペルージャで生れた。ルネサンス盛期のウンブリア派の代表）のもとで修業中であった。おそらくこの頃の印象が聖ゲオルギウスや聖ミカエルを描いた初期の小品のうちに永遠化されていると思われる。おそらくはまた大きな聖ミカエル像のうちにこうした印象のなにがしかが不朽の姿となって生き続けているのであろう。また、もしどこかでアストレ・バリオーニが神々しく美化された自分を見出したとすれば、それは「ヘリオドロスの放逐」の中の天上の騎士の姿のうちにそれを見たであろう。

《バリオーニ家の内輪揉めと一五〇〇年の血の婚礼》

敵方のあるものは生命を失い、あるものは突然の恐怖に襲われて逃げさり、以後はもうこのような攻撃をすることができなかった。しばらくしてから彼らは部分的な和解や復帰が許された。だがペルージャはこれ以上の安全も平穏も得られなかった。統治者一族の内輪揉めは、今や恐ろしい所業となって噴出した。グイード、リドルフォ、そして彼らの息子たちジャンパオロ（一四七〇―一五二〇。ペルージャの傭兵隊長、支配者、のち教皇レオ十世により斬首の刑に処せられる）、シモネット、アストレ、ジスモンド、ジェンティーレ、マルカントーニオなどに対抗して、甥（もしくは姪）の二人の息子グリフォーネとカルロ・バルチーリアが結託した。このバルチーリアは同時にカメリーノ公ヴァラーノの甥であり、また先の追放された者たちの一人ジェローニモ・ダラ・ペンナの義兄弟であった。なにかよからぬ予感を抱いたシモネットは、叔父のグイードの前にひざまずいてこのペンナを殺害する許しを乞うたが無駄であった。グイードはこれを拒否したのである。陰謀の機が突然熟したのは、一五〇〇年の夏の半ば、アストレとラヴィーニャ・コロンナとの華燭の典の時であった。祝宴が始まり、暗澹たる前ぶれの中を数日間続いた。この前ぶれがしだいに強まってゆく有様は、マタラッツォの年代記にまことに見事な筆致で描かれている。列席していたヴァラーノが人々を駆り集めた。悪魔のようなやり方でグリフォーネに独裁政治の魅力を、そしてその妻ゼノビアとジャンパオロとのありもしない関係をまことしやかに描いて見せ、最後に共謀者一人一人に血祭りにあげるべき犠牲者が割りあてられた。（バリオーニの一族は大てい、現在の城砦のある所に、それぞれみな離れて建てられた住居に住んでいた。）手持ちの刺客のうちから、それぞれ十五人をつけてもらい、残りは見張り役として配置された。七月十五日の夜に、扉は突き破られ、グイード、アストレ、シモネットそしてジスモンドが殺害された。他の人たちはどうやら逃れることができた。

　アストレの遺体がシモネットのそれと並んで路上に横たわったとき、見物人たちは、

「特に外国の学生たちは」アストレを古代のローマ人と比較したほどで、そのくらいその姿は堂々と威厳のあるものだった。シモネットの遺体は今なお傲岸にして豪胆なところを留めており、死さえもこの男をよく制することができなかったかのようであった。勝利した側はバリオーニ家の支持者たちのもとを回って歩いて、好意を取りつけようとしたが、誰もが涙にくれて、田舎の領地に旅立つ準備で忙しくしていた。一方、逃げのびた方のバリオーニ家の人たちは市外で兵を集合させると、ジャンパオロを先頭に立てて、つぎの日に市中に突入した。市内に入ると、つい今しがたまでバルチーリアに脅されて殺されるかと怯えていた別な支持者たちが早速これに合流した。聖エルコラーノ教会付近でグリフォーネがジャンパオロの手に落ちたとき、彼はこれを部下の手にゆだねて斬り殺させた。一方バルチーリアとペンナはカメリーノ目指して、この惨劇の首謀者ヴァラーノのもとへ逃亡した。ほんの僅かのあいだに、ほとんど一兵をも損じることなく、ジャンパオロはペルージャ市の支配者となった。

《その結末》

グリフォーネのまだ若く美しい母親アタランタは、この前日グリフォーネの妻ゼノビアとジャンパオロの二人の子供をつれて田舎の領地に引きあげていて、あとを追ってきた息子グリフォーネに母親の呪いを浴びせて何度も追い返していたが、今は嫁と一緒に町へ帰ってきて、まさに死なんとしている息子を探しもとめた。人々はこの二人の女性の姿を見るとみなわきによけた。グリフォーネを刺した者ではないかと見られて、母親の呪詛を誰も身に招きたくなかったのである。だがこれは思いちがいであった。母親自らが、致命となる刃を加えた者たちを赦すよう、息子に懇願した。そしてグリフォーネは母親の祝福を受けながら息を引きとった。二人の女性が血に染まった衣服をつけて広場を越えて行ったとき、人々は畏敬の念を抱いてこれを見送った。このアタランタこそ、のちにラファエッロがあの世に名高い「キリスト埋葬」図（アタランタの依頼を受けて描いた）を描いて献じたその人である。これによってアタランタは自分の悲しみを聖母マリアの至高にして至聖なる悲しみに捧げたのであった。

この悲劇の大部分をつぶさに見ていた大聖堂は、葡萄酒で洗い浄められ、新たに聖別された。アストレの行為が描かれ、このすべてをわれわれに物語ってくれている、善良なるマタラッツォの頌詩のそえられた凱旋門は、あの婚礼の日に建てられたままにそこにいつまでも見られた。

バリオーニ一族のいかにも伝説めいた前史が生れたが、これはこうした戦慄すべき出来事の反映にすぎない。この一族の者はすべて昔から非業の死を遂げた。二十七人もの者が同時にそういう死に様をしたことがあった、とか、すでに一度彼らの家が取り壊され、その煉瓦で道路が舗装されたことがある、などというのがそれである。その後教皇パウルス三世（在位一五三四—四九。メディチ家の人文主義的環境の中で育ち、学術、芸術の保護者としてヴァティカン図書館の拡充などに力をつくした）の治下で、彼らの邸館を取り壊すということが実際に起こっている。

しかし当分のあいだは彼らも立派な心掛けを胸に、自分の党派の秩序を整え、役人たちを性悪な貴族たちから守ったように見える。しかしながらそれでも呪いは、ただ火力が弱まったかに見えるだけの火事のように、あとになるとふたたび燃えあがった。ジャンパオロは教皇レオ十世（在位一五一三—二一。本名ジョヴァンニ・デ・メディチ。学術、芸術の保護者。サン・ピエトロ大聖堂再建のための贖宥についてルターの批判を招いた）の治下、一五二〇年にローマにおびき寄せられて、斬首の刑に処せられた。その息子の一人オラージオは、同じように歴代教皇によって脅かされていたウルビーノ公を支持していたが、ほんのしばらくのあいだだけ、それもきわめて無法な状況のもとにペルージャを領有していて、これがもう一度自分の一族内において残忍きわまる凶行を働いた。一人の叔父と三人の従兄弟《いとこ》が殺害されたのである。そこでウルビーノ公はオラージオに人をやってこう言わせた、もういい加減にせい、と[4]。その兄弟のマラテスタ・バリオーニはフィレンツェの軍司令官であったが、一五三〇年の裏切りによって不朽の名を得た。またその息子のリドルフォはこの一族最後の者で、一五三四年に教皇使節や役人を殺害して、ペルージャにごく短期間ながら、恐ろしい統治を行なった。

《マラテスタ家、ピーコ家、ペトルッチ家》

リーミニの専制君主たちにわれわれはこれからもなおたびたび出会うことになるのだが、シジスモンド・マラテスタ（一四六七年没）（一四一七―六八。有能な傭兵隊長。教皇ピウス二世により不道徳、冷酷と非難されたが、軍事科学への関心を持つ博識な教養人）に見られるほど傲慢、不信仰、軍事的才能そして高い教養を一身に兼ね備えていた者は稀である。しかし、この一門に起こったように、悪行が積み重なると、この悪行が才能をさえも押しつぶす重みとなり、専制君主たちを破滅の淵へ引きずりこむのである。シジスモンドの孫で、先に述べたパンドルフォがどうやら身を持ちこたえたのは、ヴェネツィアが自分の雇っている傭兵隊長はどんなに犯罪を犯してもこれを見捨てようとしなかったからにすぎない。臣下たちが十分な理由からリーミニの居城にいた主君のパンドルフォを砲撃し[5]、そのあとでそこを脱出させたとき（一四九七年）、ヴェネツィアの一人の委員が兄弟殺しやあらゆる凶行の汚名を負ったこの男をふたたび連れ戻している。それから三十年たったとき、マラテスタ一族は追放されたあわれな人たちとなり果てていた。一五二七年頃という時代は、チェーザレ・ボルジアの時代と同じように、こうした小さな王家にとって一種の疫病の時代であって、生きのびた者はほんの僅かにすぎず、そうした人たちにしても幸運を手にしたわけではなかった。一五三三年、ピーコ家出身の小君主たちが統治していたミランドラに、リーリオ・グレゴリオ・ジラルディス（一四七九―一五五二。文学史家、詩人、神話作者）という一人の貧しい学者がいた。この人は劫掠を受けたローマ（一五二七年、皇帝軍によるローマ劫掠。サッコ・ディ・ローマ）を逃れて、高齢のジョヴァン・フランチェスコ・ピーコ（ジャンフランチェスコ・ピーコ・デッラ・ミランドラ。一四六九—一五三三。哲学者。叔父ジョヴァンニの伝記を書いた）（有名なジョヴァンニ（ジョヴァンニ・ピーコ・デッラ・ミランドラ。一四六三—九四。哲学者、人文主義者。その知識は哲学、自然科学、アラビアなどにわたった）の甥）の客を温かく迎える館に身を寄せていたのであった。この老君が自分のために用意しておこうと思った墓標のことで二人が話しあったのがきっかけとなって、一つの論文が生れた(6)。その献呈の辞の日付はこの年の四月となっている。ところがその跋文のなんと悲しみに満ちた内容であることであろう。「同じ年の十月、不運なる国君は夜半に自らの甥に殺害され、命と主権を奪われ給うた。私もまた惨憺たる有様で辛うじて身をもって逃れたのであった。」

パンドルフォ・ペトルッチ（一四五〇—一五一二。シエナの領主。一時チェーザレ・ボルジアに政権の座を追われるが、ルイ十二世の支援を受けて君位に復した）が小派閥によって引き裂かれていたシエナにおいて、一四九〇年代以降行なっていたような無節操な半専制政治は、立入って考察するほどの値打ちもないといってよい。凡庸にして性邪悪であったこの男は、法学教授と占星術師の助力を得て統治し、殺人行為によっていささかの恐怖をまき散らすこともときたまあった。彼の夏の楽しみは、アミアータ山から岩塊をころがし落すことであって、それが何に当たろうと、誰に当たろうといっこうにおかまいなしであった。彼のような人間はどんなに老獪な者でさえ成功しなかったこともきっと成功させたにちがいないのだが、実際そうしたことを首尾よくやりおおせたあとで――チェーザレ・ボルジアの奸計をうまくかわしたのである――、結局後年になると世に見捨てられ、さげすまれて死んだのであった。だが、彼の息子たちはそれからなお長いあいだ一種の半支配権を握って持ちこたえている。

4　比較的有力な王家

《ナポリのアラゴン家》

相当に影響力の大きな王統の中で、アラゴン家は別個に考察しなければならない。この地（アラゴンはスペイン北東部の地名）でノルマン人の時代以来小領主《バローネ》の土地領主制として存続していた封建制度は、すでにこの国家に独特な色合いを与えているのだが、一方イタリアの他の地域では、教皇領の南部と他の僅かな地方は除いて、単純な土地所有が僅かに認められるだけと言ってよく、国家はもはやいかなる権限も世襲とすることを許していない。さらに、一四三五年以来ナポリを占有していた大アルフォンソ（一四五八年没）（アルフォンソ一世。ナポリ王。在位一四四三―五八。アラゴン王アルフォンソ五世）は、彼の実際の後継者もしくは名義上の後継者とは別種の人間である。その輝かしい人となり、民衆のあいだにあって恐れを知らず、人との交わりにおいては堂々として如才なく、晩年、ルクレツィア・ダラーニャに熱烈に恋したときでさえ非難されるどころか、むしろ賛嘆されたアルフォンソであったが、ただ一つ彼には浪費という悪癖があり、[1]これがやがて避けがたい結果を招いたのであった。無道な財務官吏らが初め絶大な権力を握るが、結局彼らの財産は破産した王によって奪われるのである。十字軍の遠征が唱道されたが、それは、これを口実にして聖職者に課税するためであった。アブルッツォ地方で大地震が起こったときには、生存者が死んだ人たちの分までずっと租税を納めさせられた。こうした状況下にありながら、アルフォンソは高貴な賓客があると当代きっての豪華な饗応で客をもてなし（上巻三八頁参照）、また誰かれを問わず、敵にたいしてさえとめどなく施しをして喜んでいた。まして文芸に費された労力にたいしてはもはや限度をしらず、ポッジョ（ポッジョ・ブラッチョリーニ）がクセノポン（前四三〇頃―前三五四頃。アテナイの人。軍人、歴史家。『ソクラテスの思い出』など）の『キューロスの教育』をラテン語に訳したのにたいして金貨五十枚を与えたほどであった。

アルフォンソの跡を継いだフェランテ（フェルディナンド一世）は、スペインのある女性とアルフォンソとの間にできた私生児とされていたが、おそらくはヴァレンシアのマラノス（スペインで強制的にキリスト教に改宗させられたユダヤ人）の男とのあいだの子であったと思われる。(2) 彼を陰気で残忍な人間にしたのが、この血筋のせいであったにせよ、その生存を脅かす小領主《バローネ》たちの陰謀のせいであったにせよ、とにかくフェランテは当時の諸侯のうちで最も恐るべき人間である。休みなく活動し、最も強力な政治的頭脳の持主の一人との定評があり、そのうえ野卑な人間ではまったくなかったフェランテは、その持てるすべての力を挙げて、宿怨を決して忘れることのない記憶力と底知れぬ空とぼけの能力さえ使って敵の絶滅を図るのである。小領主《バローネ》の首領たちがフェランテと姻戚関係にありながら、あらゆる国外の敵と同盟を結んでいたということから、およそ君主の味わうべきあらゆる侮辱を受けていたので、彼は最悪のことが起こっても日常茶飯事のように平然として動じることがなかった。こうした闘争や対外戦の軍資金はまたしても、フリードリヒ二世が使ったようなあのイスラム教的なやり方で調達された。すなわち、穀物とオリーブ油は政府専売とされたのである。またフェランテは、総じて通商を商人頭にして豪商たるフランチェスコ・コッポラ（一四二〇―八七。父の得た塩の専売権などから、国営事業の統轄者となり、巨富を得たと同時に、サレルノの貴族となった）の手にすべてまかせていて、またコッポラは利益をフェランテと分けあい、またすべての船主を自分のところで働かせていた。残りの軍資金は強制借入金、処刑による財産没収、露骨な聖職売買や宗教団体への強請《ゆすり》によって調達した。ところでフェランテは、傍若無人にやった狩猟のほかに、二つの楽しみに耽った。すなわち、自分の敵をよく管理された牢獄に生かしておくか、もしくは死んだ者には防腐処理をほどこして、生前着ていた衣服をまとわせて自分の身辺におくことであった[3]。腹心の者たちとこのような捕虜のことを話題にするときには、いつも忍び笑いをしながら話すのであった。ミイラの収集については秘密にさえされなかった。彼の犠牲になったのはほとんど男ばかりで、裏切りによって捕えられた者や、それどころか王宮での宴席で捕えられた者さえあった。主君への献身のうちに老齢となり、病いを得た宰相アントネロ・ペトルッチにたいするフェランテの仕打ちはまさに極悪非道のものであって、ペトルッチの日々につのる死の不安につけこんで、フェランテは絶えず進物を納入させ、あげくのはてに、小領主《バローネ》たちが起こした最近の謀叛

（一四八五年の王家打倒の反乱）にペトルッチが加担したらしいというのを口実に、これをコッポラもろとも逮捕して処刑してしまった。その一部始終はカラッチョロ（トリスターノ・カラッチョロ。十五世紀、ナポリの著述家）とポルツィオ（カミロ・ポルツィオ。一五二六頃―八〇。歴史家）の筆であまさず描かれているが、その時の処刑のやり方には、身の毛をよだたせるものがある。――この王の息子たちのうち、長子カラブリア公アルフォンソ二世（在位一四四八―九五。カラブリア公、のちにナポリ王）は、後年一族の共同統治を行なった。この男は、粗暴にして残忍な無頼の徒で、その露骨な言動は父にはるかにまさり、実際、宗教とその慣行にたいする軽蔑をあらわに示して憚ることがなかった。当時の専制政治に見られる多少とも優れた、生気あふれる特徴を、こうした君主に求めてはならない。彼らが当時の芸術や教養のうち、自分の身につけているのは、贅沢か、もしくはうわべだけのものである。生粋のスペイン人からして、イタリアではほとんどつねに変質した姿でしか現われない。ましてこのマラノス族の末路（一四九四年および一五〇三年）（フェランテは一四九四年没。フェデリーコは一五〇四年没）にいたっては、種族上の明白な欠陥を示している。フェランテは精神的憂悶と呵責のために死ぬ。アルフォンソ二世は、この一門のうちで唯一の善人である実の弟フェデリーコ（アルフォンソ二世が死に、その息子フェルディナンド二世が夭折したあと、ナポリ王位を継ぐ。在位一四九六―一五〇四）に謀叛の心ありと邪推し、卑劣きわまるやり方でこれを辱しめたので、ついに、これまでイタリアきっての有能な将軍の一人と見なされてきたフェデリーコも分別を失ってシチリアに逃げ、息子の小フェランテをフランス人や全面的に起こった謀叛の餌食にしてしまうのである。この一門のような統治をしていた王家にして、その子供や後裔に王家再興の望みを託そうとするのであれば、せめてこの人たちの生命を高く売らねばならなかったであろうに。だが、コミーヌがこの話を述べる際に、「いまだかつて残酷な人間で大胆であったことはない」(jamais homme cruel ne fut hardi)と言っているが、多少かたよっているとはいえ、大たいにおいて正鵠《せいこく》を得ている。

《ミラノの最後のヴィスコンティ》

ミラノ諸公の公国領は、十五世紀という観点に立って見たとき、真にイタリア流に完成された姿をとって現われており、これら諸公の統治はジャンガレアッツォ(ジャンガレアッツォ・ヴィスコンティ。在位一三九五―一四〇二)以来すでに完全な発達をとげた絶対君主政体なのである。特にヴィスコンティ家最後の君主であるフィリッポ・マリア(在位一四一二―四七年)はきわめて注目に値する人物であって、それは幸運にもその伝記に見事に描写されている。[4] 恐怖というものが高位にある優れた素質の人物さえもどんな人間にしてしまうことがあるかということが、数学的完全さをもって、と言ってもよいくらいにそこに示されている。国家のあらゆる手段と目的は、この人物の安全を図るというこの一点に集中している。ただ、彼の冷酷なエゴイズムもさすがに残虐というところにまではいたらなかった。このうえなく見事な庭園や木陰道があり、そして馬場も擁するミラノの城郭に引きこもっていて、何年ものあいだ市中に足を運ぶことさえない。遠出はきまって、豪壮な城館のある田舎の町である。わざわざ作らせた運河を駿足の馬に引かせて彼を運ぶ一隊の軽舟は、万事礼法に不都合のないよう配されている。城郭に一歩足を踏みいれる者は誰であろうと、百千の眼で監視されたのである。窓辺に立つことさえ何ぴとなりと許されなかった。外部に合図されることを恐れたのである。この君主の側近として仕えることになった者たちにたいしては、巧妙な試験方式が行使された。これに通った者たちに最高の外交上の任務も従僕の仕事も委ねられた。この二つともここではひとしく名誉ある仕事であったのである。またこの君主は長く困難な戦争を行ない、絶えず重大な政治問題のことで奔走していた。そこで彼は、広範な全権を委ねた人たちをひっきりなしに派遣しなければならなかったというわけである。こうした状況にあって彼の安全がどのようにして保たれたかというと、この者たちがたがいに信用しあわないようにし、傭兵隊長らにはスパイをつけ、交渉にあたる者たちや高位の役人たちにはわざと不和の種をまき、特に善人には悪人を配して、彼らを疑心暗鬼に陥らせ、相互に反目させるよう処したのである。フィリッポ・マリアはその心中奥深くにおいても、世界観の対立する両極に拠って安心を得ていた。すなわち、彼は星占いと盲目の運命の神（運命の女神テュケは盲目とされた）を信じ、同時にすべての救護聖人に祈願するのである[4a]。古代の著作家のものを読むと同時に、フランスの騎士物語も読む。そしてとどのつまり、死についての話を決して聞こうとせず[5]、また寵臣であっても臨終となると城郭の外に運び出させ、この幸福の城の中では決して死者の出ることを欲しなかったその同じ人間が、瀉血の傷口を閉じ、この医療を拒んで自分の死を故意に早め、端正かつ威厳を保って生を終えたのであった。

《フランチェスコ・スフォルツァとその幸運》

彼の婿で、その最後の相続人である幸運な傭兵隊長フランチェスコ・スフォルツァ（在位一四五〇―六六年。上巻三六頁、四六頁以下参照）（フィリッポ・マリア・ヴィスコンティの娘ビアンカ・マリアと結婚）は、おそらくあらゆるイタリア人のうちで十五世紀の心情に一番ぴったりの男であったと思われる。天才と個人的力量との勝利がこの男以上に輝かしく発揮された例は他になかった。このことを認めたくない人でも、彼を幸運の女神の寵児として称えないわけにはゆかなかったのである。ミラノは少なくともかくも有名な支配者を戴いていることを、明らかに名誉と感じていた。なにしろ、フランチェスコがミラノ市に入るとき、密集した群衆が彼に馬から下りる暇も与えず、馬上のまま彼を大聖堂の中へかつぎこんだほどであったのだから(6)。こうした事情に精しい教皇ピウス二世がわれわれに数え上げて見せてくれるこの男の生涯の功罪に耳を傾けてみよう(7)。「一四五九年、公が君主会議に臨むためにマントヴァにやってきたとき、六十歳（じつは五十八歳）であった。騎上の姿は青年に変わらず、丈高く、きわめて威圧的な体格、謹厳なる容貌、気さくで悠揚迫らざる話し振り、品位ある一挙一動、心身の天与の才能の渾然一如をなすこと当代に比類なく、戦場にあっては向かうところ敵なし――これがすなわち、卑賤より身を起こし、一国の主権を掌握した男の姿であった。

その妻は美貌にして婦徳高く、その子供たちは、天使のごとく気品があった。公は病気らしい病気を知らず、その主たる願望はすべて達成された。だがこの人にしてなお二、三の不幸があった。妻は嫉妬から夫の愛人を殺した。昔の戦友にして友人であるトロイロとブルーノロは公のもとを去ってアルフォンソ王に奔《はし》った。もう一人の戦友チャルポローネを謀叛の廉《かど》で絞首刑にしなければならなかった。兄弟のアレッサンドロからは、ある時その煽動でフランス人の攻撃を受けるという目にあわされた。息子の一人は公にたいし陰謀を企て、監禁された。公が戦い取ったマルケ州のアンコーナを、戦争でまたふたたび失った。何ぴとたりと、どこかで心の動揺と戦う必要がなかったほど一点の濁りもない幸福を享受することはない。煩労の少ない人が幸福なのである。」学識ある教皇は、幸福についてこのような消極的定義を下して、読者を引きさがらせている。もし教皇にして未来を洞察することができたか、もしくは、まったく無制約な君主権が総じて行きつく結果だけでも論じる意思があったなら、この一族には先行きなんの保証もないのだ、という一般に認められている事実を彼が見逃すことはなかったであろう。あの天使のように美しく、そのうえ入念かつ幅広く教育された子供たちも、成人したときに、際限のない我欲が完全に常軌を逸したものになってゆくのをどうすることもできなかったのであった。

《ガレアッツォ・マリアとロドヴィーコ・イル・モーロ》

ガレアッツォ・マリア（在位一四六六―七六年）（フランチェスコ・スフォルツァの長子。淫乱、破廉恥な行動に耽った暴君の典型とされる。七六年に暗殺される）は体裁振りの大家で、自分の美しい手、支払っている高い給料、自分の受けている金銭上の信用、金貨二百万の財産、自分を取り巻く知名の士、養っている軍隊と鳥狩りの猟師が自慢だった。さらに彼は話し好きであったが、これは彼が弁が立ったからで、ヴェネツィアの使節などを侮辱することがあった場合には、おそらく懸河の弁を振ったものと思われる(8)。だが、こうしたことのあいだに、例えば、一つの部屋に一晩でいろいろな人物画を描かせるといったような気まぐれも見せた。側近の者にたいする恐ろしい残酷な仕打ちや、正気とは思えぬ常軌を逸した振舞いがあった。彼には暴君のあらゆる性質が備わっていると思った空想家も二、三いた。彼らはこの男を殺し、かくして国をその兄弟の手に引き渡したが、その中の一人ロドヴィーコ・スフォルツァ・イル・モーロ（ミラノ公。在位一四八一―九九。イル・モーロは人文主義の教育を受け、為政者としては政治経済に力を注ぎ、この時期ミラノは最盛期に達する。一四九一年に彼と結婚したベアトリーチェ・デステは夫の長年の愛人チェチーリア・ガレラーニを巧みに遠ざけ、また文芸愛好のフェッラーラの気風をミラノに持ちこみ、宮廷に学問と芸術の華をさかせた。文芸の庇護者として、イル・モーロの周囲に芸術家、技術者が集ったが、その中にレオナルド・ダ・ヴィンチもいた）（図版2）はその後、監禁中の甥（兄ガレアッツォの息子ジャンガレアッツォ）を無視して全権を手中に収めてしまった。この簒奪はやがてフランス人の干渉へとつながり、全イタリアの凶運を招くのである。このモーロはしかしこの時代における君主の性格を最も完全に現わしている人物であり、同時にまた一種の自然の産物のようにも見えるのであって、こういうものには心底から腹を立てるわけにはゆかないのである。彼の用いる手段

図版2　ロドヴィーコ・スフォルツァ・イル・モーロ（部分）　パラ・スフォルゼスカ，ミラノ，ブレラ美術館

がおそろしく不道徳なものであっても、それを使うにあたってはまったく天真爛漫であったように思われる。もし誰かが、目的だけでなく、手段についても道徳的責任のあることを彼に納得させようとしたら、おそらく彼は大そう不思議そうな顔をしたことであろう、それどころか、死刑宣告をすべてできるだけ避けたことはじつに特段の美徳ではないかと言い張ったかもしれない。彼は自分の政治力量にたいするイタリア人の半ば神話めいた畏敬の念を当然の貢物のように受けとった[9]。一四九六年になってもなお彼は、教皇アレクサンデル六世は自分の宮廷付司祭であり、皇帝マックス（マクシミリアン一世。神聖ローマ皇帝）は自分の傭兵隊長であり、ヴェネツィアは自分の出納長であり、フランス王は、自分の意のままに走りまわらねばならぬ伝令であると自慢していた[10]。最後の苦境にあってもなお（一四九九年）（ヴェネツィアと結んだルイ十二世のミラノ攻撃）彼は驚嘆すべき冷静さを発揮して、予想されるさまざまな結末を慎重に比較考量し、しかも、これは彼の名誉となることだが、人間本性の善意を信頼しているのである。兄弟の枢機卿アスカニーオ（アスカニーオ・マリア・スフォルツァ、一四五五―一五〇五）がミラノの城郭に立てこもって持ちこたえようと申し出たのを、以前二人が激しく争ったことがあったという理由から、こう言って拒絶する。「猊下《げいか》、お気を悪くなされるな、私は御身《おんみ》を信用していないのだ、兄弟ではあるが。」――すでにモーロは、「自分の帰還を保証するもの」としてのこの城郭の指揮官を一人選び出しておいたのであった。この男はかつてモーロに一度たりとひどい目にあわされたことはなく、いつもよく面倒を見てもらっていたのに、あとになると彼を裏切ってこの城を敵に売ったのであった。[11]——内政においてはモーロは、善良かつ有益な治世を行なおうと努力した、だから実際彼はミラノにおいても、またコーモにおいてさえ、いよいよという時になってもまだ自分の人望を恃《たの》みとしていたのである。それでも晩年になると（一四九六年以降）彼は国家の納税力に過度の負担をかけ、例えばクレモーナにおいて、新税に反対を唱えた名望ある一市民を、ただそうした方が得策だからという理由だけで、ひそかに絞殺させてしまうということがあった。謁見の折りには柵を設けて人々を自分の身から遠ざけるようにしたため、[12]彼と交渉するには誰もが大声で話さねばならないようになったのもこの頃からのことである。——ブルゴーニュの宮廷はもはやなかったから、いまやヨーロッパ随一の華麗を誇るにいたった彼の宮廷では、きわめて背徳的なことが行なわれていた。すなわち、父は娘を、夫は妻を、兄は妹を犠牲にしたのである。[13]しかしながらこの君主は少なくともたゆむことなく活動を続けたのであり、自分と同様に自分の精神的財産を使って生存している人たち、学者、詩人、音楽家そして芸術家を自分の同類と考え、これも自分の活動によって得た当然の応報であるとしたのである。ロドヴィーコ・モーロの設立したアカデミーは、[14]なによりもまずこの人自身のためのものであり、教育されるべき学生のためにあるのではなかった。実際、彼が必要としているのはかの学者、文人などの名声ではなく、この人たちとの交遊であり、この人たちの業績なのである。ブラマンテ（一四四五－一五一四。イタリアの建築家、画家。一四九九年以後ローマでヴァティカンのサン・ピエトロ寺院の再建の設計を指揮した）が最初しかるべき給料を与えられなかったのは確かだが、しかしレオナルド・ダ・ヴィンチ⑮(一四五二―一五一九。イタリア盛期ルネサンスの画家、科学者。初めフィレンツェで活躍。一四八二年からミラノでロドヴィーコのもとに軍事技術者として仕え、大砲、要塞などの兵器を設計した)はさすがに一四九六年にいたるまで正当な給料を受けとっていた――かりにレオナルドが自ら進んでこの宮廷に留まったのでなかったとしたら、いったい何が彼をこの宮廷に引き留めていたのだろうか？　この宮廷世界は彼にたいして、おそらく当時のあらゆる人たちのなんぴともしてもらえなかったほど広く打ち開かれていたのである。だから、ロドヴィーコ・イル・モーロのうちに多少なりと高尚な要素が働いていたことを証拠だてるなにかがあるとすれば、彼の周囲にこの謎めいた巨匠がかくも長く滞在したことこそその証拠なのである。レオナルドは後年チェーザレ・ボルジアとフランソワ一世（在位一五一五—四七。フランス国王。神聖ローマ皇帝の位をカルル五世と争って敗れた。治世においてイタリア文化の導入、フランス文化の興隆に寄与した）に仕えたが、これは彼が、この人たちにも非凡な天性の具わっていることを認め、これを尊重したからであろう。モーロが失脚したあと人手にまかされてひどい育て方をされた彼の息子たちのうち、長子マッシミリアーノ（ミラノ公。在位一五一二—一五）はまったくもう父には似ていなかったが、弟のフランチェスコ（フランチェスコ二世。ミラノ公。在位一五二一—二四、二五、二九—三五）の方は少なくとも奮起して再起をはかる力がなくもなかった。この頃何度となく支配者が交代し、そのため計り知れぬ苦しみをなめていたミラノは、せめて反動勢力にたいしては身の安全を期そうとしている。一五一二年にスペイン軍とマッシミリアーノを前に退却するフランス軍は、この都市に以下のような証書を交付することに応じる。すなわち、ミラノ人はフランス軍の駆逐に関与していない、また、新たな征服者に身を委ねても反逆の罪を犯すことにはならない。[16]この不運な都市がこうした移行期において、例えばアラゴン家の人たちが逃亡した時のナポリとまったく同様に、悪人たち（なかには非常に身分の高い者もいた）の徒党によってよく略奪を受けたということは、政治的観点からも注目しなければならない。

《マントヴァのゴンザーガ家》

十五世紀後半、特によく整備され、有能な君主によって代表されている二つの主権国家があるが、それはマントヴァのゴンザーガ家（一三二八年から一七〇七年にかけてのマントヴァの支配者。ルネサンス期には枢機卿、傭兵隊長、学芸の多くのパトロンを輩出）とウルビーノのモンテフェルトロ家（十三世紀から十六世紀までウルビーノの傭兵隊長および支配者としてロマーニャで栄えた名家）のそれである。ゴンザーガ家はすでに一族としてかなり団結していた。この一族のあいだでは久しい以前から暗殺などは見られなかった、また、家族の遺骸を誰にも見せることができた。ジャンフランチェスコ・ゴンザーガ侯爵[17]（ジャンフランチェスコ二世・ゴンザーガ。マントヴァ侯。在位一四八四―一五一九。一四九五年、フォルノーヴォでフランス軍と戦ったイタリア同盟軍の指揮官）と妻のイザベッラ・デステ（イザベッラ・デ・エステ。一四七四―一五三九。エステのエルコレ一世とアラゴンのエレオノーラの娘。フランチェスコ二世・ゴンザーガと結婚。マントヴァの宮廷を芸術と学問の中心に作りあげた）（図版3）は、時にはその仲のゆるむことはあったにしても、品位のある、睦まじい夫婦として終始し、また、小さくともきわめて重要な彼らの国家がしばしば非常な危機に瀕した時期に、立派な、かつ幸運に恵まれた息子たちを育てている。フランチェスコは君主として、また傭兵隊長として特に公明にして誠実な政策をとるべきだったろうにと言われているが、

図版3　イザベッラ・デステ　レオナルド・ダ・ヴィンチ，1500年，パリ，ルーヴル美術館

当時そういうことは皇帝も、フランス国王も、ヴェネツィアも要求しなかっただろうし、ましてや期待などまったくしていなかったであろう。しかしながらフランチェスコは少なくともタロー川での戦い（一四九五年）（フォルノーヴォの戦い。イタリア同盟軍の指揮官としてフランス軍を破った戦い）以来、武人の誉れということになると、イタリアの愛国者をもって自任し、この心情を妻にも打ち明けていた。この時以後彼女は、例えばチェーザレ・ボルジアにたいするファエンツァの防衛のような、豪勇果敢な忠誠の発露一つ一つをイタリアの名誉回復と感じている。イザベッラについてのわれわれの判断は、この美しい侯爵夫人の学芸庇護にたっぷりとお返しをした芸術家や著作家たちを俟《ま》つまでもない。彼女自身の書簡が、毅然として物に動ぜず、いたずらっぽい眼で物事を観察する、愛すべき女性の姿をあますところなくわれわれに描き出してくれている。ベンボ（ピエトロ・ベンボ。一四七〇―一五四七。詩人、文学理論家、枢機卿。『アソロの人々』などがある）、バンデッロ（マッテーオ・バンデッロ。一四八五―一五六一。短篇作家、聖職者、外交官、軍人。一二一四話からなる『物語集』などがある）、アリオスト（ロドヴィーコ・アリオスト。一四七四―一五三三。詩人。フェッラーラのエステ公家に仕えた。『狂乱のオルランド』、『諷刺詩』などがある）、そしてベルナルド・タッソ（一四九三―一五六九。トルクァート・タッソの父。『詩集』、叙事詩など）は、この宮廷が小さくて無力であり、またその金庫がしばしばほとんど空っぽであったのに、その作品をここに送ったのであった。古い、ウルビーノの宮廷（モンテフェルトロ家のフェデリーコ二世、グイドバルドの宮廷）が瓦解してしまってからというもの（一五〇八年）、この宮廷以上に洗練された社交界はもうどこにも見られなかった。フェッラーラの宮廷（エステ家の宮廷）さえ根本的な点において、すなわち活動の自由という点においてこの宮廷におよばなかったかもしれない。イザベッラは芸術にかけては専門的知識を具えていた。

彼女のささやかではあるが、きわめて質の高いコレクションの目録は、およそ芸術を愛するほどの人ならば何ぴとたりと感動することなく読むことはないであろう。

《ウルビーノ公、フェデリーコ・ダ・モンテフェルトロ。ウルビーノ宮廷最後の輝《かがや》き》

ウルビーノは、真のモンテフェルトロ家の人間であったかどうかはとにかくとして、大フェデリーコ（フェデリーコ二世・ダ・モンテフェルトロ）（在位一四四四―八二年）（図版4）という、およそ侯国の所有する最も卓越した代表者の一人を戴いていた。傭兵隊長としては、彼は当時の傭兵隊長たちが通常持っていたような政治的道義心を抱いていた。すなわち、これらの傭兵隊長はこうした道義心の一半の責任は負うものの、その全部の責任を負うことはないのである。小国の君主として彼は、国外で得た報酬を国内で消費し、自国にはできるだけ少なく課税するという政策を実施した。フェデリーコと彼の二人の後継者グイドバルド（在位一四八二―一五〇八。ウルビーノ公。人文主義者、芸術家のパトロン）とフランチェスコ・マリアについてこう言われている。「彼らは建造物を建て、土地の開墾を奨励し、所定の場所で生活し、多くの人たちを雇って給料を払った。人民は彼らを愛した。[18]」ところで、国家だけがよく計算され、かつ巧みに組織された、精緻な構築体であったわけでなく、宮廷もまたこうした巧緻な仕組みのものであった、それもあらゆる意味においてそうであった。フェデリーコは五百人の廷臣を養っていた。宮廷の官職は、最大の独裁君主の宮廷にもほとんど見られなかったほどに完備していた。しかも、

図版 4　フェデリーコ・ダ・モンテフェルトロ　ピエロ・デッラ・フランチェスカ，1474 年頃，フィレンツェ，ウフィツィ美術館

ひとつとして無駄な出費のされることはなく、何事を行なうにも目的があり、すべては厳正な管理のもとに遂行された。ここではふざけたり、中傷したり、ほらを吹く者はいなかった。宮廷は同時に他の有力な殿方たちの子弟のための軍事教育機関でもなければならず、子弟に教養を修めさせることはフェデリーコ公の面目にかけて果たすべき仕事であったからである。彼が自分のために建てた宮殿（ウルビーノ公館。ルチアーノ・ラウラーナの設計で、ルネサンス建築の傑作の一つ）は華美をきわめたものではなかったが、その設計の非の打ちどころのない点で古典的と言えるものであった。そこに彼はその最大の宝、かの有名な蔵書を集めた。公の国では誰もが彼から利益もしくは収入を得、また一人として物乞いをする者もいなかったため、彼はこの国の中で完全な身の安全を感じていたので、いつも武器を帯びることがなく、ほとんど警護の者すらつれずに出歩いていた。彼が誰でも出入りのできる庭園を散策し、開けはなたれた広間で質素な食事をとりながら、リウィウス（前五九―後一七。古代ローマの歴史家。一四二巻の『ローマ史』を著わした）の著書（四旬節の頃には祈禱書）の朗読に耳を傾けるというようなことは、誰でも真似ができるといったものではなかった。こうした同じ日の午後に彼は古代の分野に関する講演を聴き、それから聖クララ女子修道院に行き、会話用の格子窓のところで院長と神聖な事柄について語り合った。夕方になると彼は、すばらしい眺望を持った聖フランチェスコ教会のかたわらにある草地で宮廷の年少者たちの体育を自ら指導し、また、彼らが鬼ごっこやかけっこで十分体を動かすことを学ぶよう、細心に注意した。公はつね日ごろつとめてこれ以上なく気さくで親しみやすく振舞おうとしていた。彼は、自分のために働いてくれている人たちの仕事場を訪れ、たえず謁見を許し、また、一人一人の願い事をできるだけその日のうちに処理してやった。彼が市中を通ってゆくと、人々はひざまずいて、「お殿様、神があなた様をお守り下さいますように！」(Dio ti mantenga, Signore!) と口々に言ったのも、何の不思議はない。一方識者たちは彼をイタリアの光と呼んだ。[19] ――彼の息子のグイドバルドは、優れた性質を具えていたのに、あらゆる種類の病気と不運につきまとわれていたが、それでも最後には（一五〇八年）その国家を安全確実な手に、すなわち自分の甥であり、同時に教皇ユリウス二世の縁戚の者であるフランチェスコ・マリア（フランチェスコ・マリア・デッラ・ローヴェレ）に引きわたすことができたのであり、フランチェスコもまたこの国土を少なくとも永続的な外国支配から守っている。注目に値するのは、この君主たちが、すなわちグイドバルドがチェーザレ・ボルジアの前に、フランチェスコ・マリア・デッラ・ローヴェレが教皇レオ十世の軍の前に身を屈してさっさと撤退するあの腹のすわった自若たる行動である。彼らは、無益な抵抗をして国土が被害をうけるのを極力避ける方が自分たちの復帰をいっそう容易にし、またそれが歓迎されるものとなることを意識したうえでそうしているのである。ロドヴィーコ・イル・モーロ・スフォルツァもこれと同じような打算をやったが、彼は憎しみを受ける他の多くの原因を忘れていたのであり、これが彼の行手を阻んだのであった。――グイドバルドの宮廷は最も洗練された社交の大学として、バルダッサーレ・カスティリオーネ（一四七八―一五二九。文学者、外交官。ロドヴィーコ・イル・モーロ、フランチェスコ・ゴンザーガ公などの各宮廷に仕え、この間外交官として活躍。社交生活の中で文学活動に力を注いだ。『宮廷人』などがある）によって不朽の姿を得ている。彼は牧歌『ティルシ』（一五〇六年）を廷臣たちの前で朗読して称賛を博し、また後年（一五一八年）その『宮廷人』の会話の場面を、教養の深い公妃（エリザベッタ・ゴンザーガ（一四七一―一五二六。マントヴァ公フェデリーコ・ゴンザーガの次女。一四八九年にウルビーノ公グイドバルドに嫁した。ウルビーノ宮廷のサロンの中心的存在））のサロンにおいて書いている。

《フェッラーラのエステ家。家族内の惨虐と財政状況》

フェッラーラ、モーデナそしてレッジョにおけるエステ家の統治は、圧制と人気受けとのあいだで奇妙なバランスを保っていた[20]。宮殿の内部ではぞっとするような事態が進行している。ある侯妃は継息子とのありもしない姦通の罪で首をはねられる（一四二五年）。嫡出の公子や庶出の公子が宮廷から脱走し、他国にあってもなお追手の刺客に脅えている（あとの方の例は一四七一年）。これに加えて外部からのひっきりなしの陰謀がある。ある庶子のまたその庶子が、唯一の正統な相続者（エルコレ一世（フェッラーラ公。在位一四七一―一五〇五。宗教、学問、芸術を保護。新都市計画により、フェッラーラをヨーロッパ屈指の近代都市とした。子供にアルフォンソ一世、枢機卿イッポーリト、イザベッラなどがいる））から主権を奪いとろうとする。その後（一四九三年）この相続者は、妻（ナポリ王の娘エレオノーラ）が、それも彼女の兄弟であるナポリのフェランテの依頼で自分を毒殺しようとしたのを探知したあと、妻を毒殺したという。こうした悲劇の大詰は、二人の庶子がその兄弟である当主のアルフォンソ一世（フェッラーラ公。在位一五〇五―三四。ルクレツィア・ボルジアと結婚。軍事と外交に専念、炯眼で偉大な知性を秘めた人物）と枢機卿イッポーリト（一四七九—一五二〇）にたいして企てた陰謀であるが（一五〇六年）、これは手遅れにならないうちに露顕して、首謀者らは終身禁錮をもってその罪を償うことになるのである。——さらにこの国家においては税制はきわめて完成しており、またどうしてもそうならざるをえない。これは、この国家がイタリアのあらゆる強大な国家、中規模の国家のあいだにあって最も脅威を受けており、軍備や防衛施設を高度に必要としているという理由からだけでも分かることである。無論、納税力を高めるには、それと同程度に国土本然の豊かさも高められるべきであった。ニッコロ公爵（一四四一年没）（ニッコロ三世・デステ。一三九三頃—一四四一）は、自分の臣民が他国の民よりも裕福になることを明確に望んでいた。急激な人口増加が実際に豊かさの達成された証拠であるとすれば、異常に拡大した首都においで家を借りようにももう一軒もなかった（一四九七年）ということは、確かに重要な事実である。[21]フェッラーラはヨーロッパ最初の近代都市である。この都市において初めて、歴代君主の示唆に基づき整然と区画されたきわめて大きな市区が出来上ったのであった。ここに官吏が集中し、人為的に産業が誘致されることによって、フェッラーラに人々が集って首都住民を形成した。かくて全イタリアからの富裕な亡命者、ことにフィレンツェの亡命者は、ここに移住し、邸館を構える気になった。しかしながら、少なくとも間接税制の方はどうやら間にあう程度の発達段階にしか達していなかったにちがいない。確かにこの君主は、当時イタリアの他の専制君主たち、例えばガレアッツォ・マリア・スフォルツァなどに見られたような救済策を講じていた。すなわち、飢饉の折りには穀物を遠方から取りよせて[22]、これを無償で配分したらしい。ところが彼はそのために生じた失費を、平時において、穀物はともかくとして、他の多くの食料品、すなわち塩づけ肉、魚、果物、そして、フェッラーラの城壁の上や、それにそって大事に栽培された野菜などの専売によって埋合わせをしたのであった。

《売官、国内秩序と建造物》

だが、いちばんいかがわしい収入は、年々新たに任命される官職を売ることによって入る収入である。これは、イタリア全土に広まっていた習慣であるが、ただフェッラーラのことが最もよく報告されているにすぎない。例えば一五〇二年の新年についての報告では、大部分の人たちはその官職を法外な値段（salati きつい塩味の値段）で買ったと言われている。そこにはさまざまな職種、税関吏、御料地管理人（massari）、公証人、都市長官、判事、さらにはカピターニ（Capitani）すなわち領内都市の君主所属長官にいたるまで詳細に挙げられている。大金を投じてこうした職務を買い、民衆からは「悪魔以上」に憎まれている「人食い」の一人として、ティート・ストロッツィ（一四二四―一五〇五。政治家、抒情詩人？）の名が挙げられているが、望むらくはこれがあの有名なラテン詩人でなければよいのだが。毎年同じ時期になるとその時々の君主が親しくフェッラーラ市中を巡回するしきたりがあり、これがいわゆる「偶然のお成り」(Andar per ventura) と言われるもので、この時には少なくとも裕福な人たちからの献上物を受けとった。ただこの場合、贈られるのは金銭ではなく、物品のみであった。

ところでここフェッラーラの君主の誇りとするところは[23]、この都市では兵士にはその給金が、大学教授にはその俸給がきまった日にきちんと支払われていること、兵士は決して勝手に市民や農民を痛めつけることで不満の気晴しをしてはならないこと、フェッラーラは難攻不落であり、城郭の中には莫大な額の鋳造金貨が貯えられていること、こうしたことがイタリア全土に知れわたっていた点にあった。国費と王室費を分けるなどは問題にされなかった。大蔵大臣は同時に内大臣を兼ねていたからである。ボルソ(在位一四三〇―七一年)、エルコレ一世(在位一五〇五年まで)そしてアルフォンソ一世(在位一五三四年まで)の建てた建造物は非常に多いが、大ていは取るにたらぬ規模のものであった[23a]。これを見てもこの王家が、非常な派手好きではあったが――ボルソは金襴の衣服を身につけ、宝石で身を飾ることなく人前に出ることは決してなかった――予測のつかないような莫大な出費を要する事業には決して手を出そうとしていないことが分かる。いずれにせよアルフォンソは、その数奇をこらした小離宮も数々の異変にあえばあとかたもなくなることを知っていたのかもしれない、樹蔭におおわれた庭園のあるベルヴェデーレも、美しいフレスコ画や噴水のある山荘(Montana)も。

《個人的力量の陶冶》

絶えず危険にさらされている状況が、こうした君主のうちに優れた個人的力量を発達させることになったのは否定しえない。これほどに人為的に構成された世界の中で生きてゆくとき、この仕組みに真に精通している者しか成功を収めることができなかった。また君主たるものは誰でも、自分が権力を握るに値する者であることの理由を述べ、またそれを実証しなければならなかった。これら君主たちの性格にはいずれも大きな弱点があるが、しかしどの君主のうちにも、イタリア人の理想を形作っていたものの何かがあった。当時のヨーロッパの君主のうちで、例えばアルフォンソ一世ほどに自己の陶冶に励んだ人がいただろうか？　フランス、イギリスそしてオランダへの旅行は文字通りの研究旅行であって、この旅行によって彼はこの国々の商工業についての正確な知識を得たのであった(24)。彼が休養の時間に旋盤の仕事をしたといって非難するのは愚かしいことである。こうした仕事は、彼が大砲鋳造術の名人であったことと、あらゆる部門の大家を身辺に置くという彼の偏見のないやり方と関連があったからである。イタリアの君主たちは、同時代の北方の君主たちとちがって、貴族階級との交際などを必要としていない。それは、貴族階級が自分こそこの世界で唯一の、尊厳に値する階級と考え、君主をもこうした慢心に引きこむからである。ここイタリアでは、君主はどんな人でもその人の本性を見抜いて、これを用いてよいのであり、またそうしなければならない。同様に貴族もまた、生まれによって閉鎖的世界を作っているとはいえ、社会的関係においてはあくまでも個人の価値が重視されるのであり、階級の価値ではないのである。この点についてはあとでさらに論ずることになろう。

《主君にたいする首都の忠誠。警視総監ザンパンテ》

このような君主の一門にたいするフェッラーラ市民の感情は、ひそかな恐怖と、巧みに案出された意思表示というあの純イタリア式精神と、そして完全に当世風の忠誠心とがじつに奇妙に混り合ったものである。個人的な賛嘆の感情は一変して新しい義務感となるのである。一四五一年にフェッラーラ市は、死去した(一四四一年没)君主ニッコロ三世のために青銅騎馬像を広場に建てた。ボルソはなんの遠慮もなく自分の青銅座像をその近くに据えた(一四五四年)。そればかりかフェッラーラ市は、ボルソの治世が始まるとすぐ彼のために「大理石凱旋柱」を建てる決議まで行なった。国外で、それはヴェネツィアであったが、公然とボルソの悪口を言ったフェッラーラの一市民は、帰国すると告発され、裁判の結果追放と財産没収の判決を言いわたされたが、そればかりでなく、忠義な一市民によって法廷であやうく刺し殺されるところであった。首に引き縄をつけたままこの男は公のもとへまかり出て、なにとぞ宥恕をたまわりますようにと懇願している。大たいこの公国領ではスパイ組織がよく整備されており、また公自ら毎日外来者報告書を検閲している。この報告書の提出は旅館の主人に厳しく義務づけられているのである。ボルソの場合にはまだしもこうした検閲は彼の客好きからきていると言えるのであり、[25] 著名な旅行者は一人として自分の敬意を受けずに自分の国を立ち去らせたくなかったのである。これに反してエルコレ一世にとってこの検閲は、純然たる安全のための措置であった。[26] ジョヴァンニ二世ベンティヴォッリオ（一四四三―一五〇八。ボローニャを統治。十五世紀後半パトロンとして学芸を保護した）の治世下当時のボローニャにおいても、ここを通過する他国の旅行者は誰でも一方の門で通行札を購入しなければもう一方の門を通りぬけることは許されなかった。[27]――君主が絶大な人気を博するのは、威圧的な役人どもをいきなり地面にたたきつけるときであり、例えばボルソが自分の最高枢密顧問官たちを自ら逮捕し、エルコレ一世が長年にわたり人民の膏血をたっぷり吸ってきた収税吏を不名誉の汚名をきせて罷免するときがそうである。そんな時には民衆は、祝いのかがり火を焚き、鐘を打ち鳴らすのである。しかしエルコレは一人の男の横暴を放置しすぎた。それは警視総監、もしくはそういったようなもので（capitaneo di giustizia司法長官）、ルッカ出身の（この地位にはここフェッラーラの土地の者は向いていなかったのである）グレゴリオ・ザンパンテという者であった。公の息子たちや兄弟たちさえこの男には恐れおののいた。彼の命じる罰金はいつも数百、数千ドゥカーテンに達し、拷問は尋問をする前から早くも始まった。極悪の犯罪者たちからさえ彼は賄賂を受けとり、いろいろ嘘をならべて公の赦免を彼らにとりつけてやった。公が神と世の中の敵であるこの男を罷免したならば、人民は公に大喜びで一万ドゥカーテン、いや、それ以上でも支払ったことであろう！　ところがエルコレは彼を自分の代父とし、騎士の称号も与えた。またザンパンテは毎年二千ドゥカーテンを貯えていた。無論彼は、自分の家で飼育された鳩しか食べなかったし、また、弩《いしゆみ》射手や警官の一隊を率いずに通りを行くこともなかった。いよいよこの男を葬りさるべき時がきたのであろう。ザンパンテからひどい侮辱を受けた二人の学生と改宗したユダヤ人が、邸内で午睡中のこの男を切り殺し（一四九六年）、用意してあった馬に乗って、「出てこい、みんな、行って見ろ！　ザンパンテを殺《や》ったぞ」と連呼しながら市中を走りぬけていった。兵士らに追跡させたが時すでに遅く、彼らは早くも近くの国境を越えて安全地帯に達してしまっていた。無論こうなると落首が、あるものはソネットの形で、あるものはカンツォーネの形でわんさと作られた。

《王家の不幸に際しての臣民の服喪》

他方、主権者が役に立つ家臣を大いに尊重している場合、宮廷や住民にもそうすることを強制するのは、まったくこの侯国の精神にそったものである。一四六九年にボルソの枢密顧問官ロドヴィーコ・カセラが死んだとき、その埋葬日には法廷も市中の商店も大学の講座も開くことは許されなかった。一人のこらずその遺骸を聖ドメーニコ教会まで葬送することになったが、これは公もまた親しく葬送をともにするだろうと言われたからである。事実彼は――「一臣下の葬儀に列した、エステ家最初の人であった」――黒衣を身にまとい、涙を流しながら柩のあとを歩み、そのうしろにはカセラの親族一人一人が宮廷の貴顕に導かれて続いた。このあと、貴族たちがこの平民の遺骸を教会から修道院の回廊に運び、遺骸はそこに埋葬された。一般に、君主の喜び悲しみの感情を公的な形で人々もともに頒《わか》つという風は、これらのイタリア諸国家において初めて起こっている。[28]これの核心をなしているのは人間にたいする美しい尊重の念であるのかもしれない。しかしそれが外に現われた形となると、ことに詩人の場合には、きまって表裏のあるいかがわしいものである。アリオストの初期の作の一つで[29]、エルコレ一世の妃、アラゴン家のエレオノーラの死を悼んだ詩には、どんな時代においても捧げられているような、おさだまりの哀悼の美辞の他に、早くも完全に近代的特徴がいくつか含まれている。「このお方の死は、フェッラーラに大きな打撃を与えた。フェッラーラは多年のあいだこの打撃から立ち直ることはあるまい。この都市の恩人は今は天国にあってわれらが執り成し手となられた。この地上は妃に値しなかったからである。もとより死の女神は、われら卑賤の者に迫る時のごとくに、血の大鎌を持って妃に近づかず、慎み深く（onesta）、親しげな容貌もて近づいたので、恐れの心はすべて消え去ったのであった。」だがわれわれはこれとはまったく別な共感の形にも出会う。何事であれ自分の仕える王家の愛顧をこそ大事としなければならず、またこの愛顧を頼みとしている短篇作家たちが、君主の情事を、それもその君主の存命中にわれわれに物語るのである。(30) こうしたやり方は、後世の者には不謹慎の極みに思われようが、当時は罪のないお世辞と考えられたのである。そればかりか抒情詩人たちは、自分たちの仕える高貴な、しかも正式な結婚をしている主君がたまたま起こす情熱さえ詩に歌った。例えばアンジェロ・ポリツィアーノ（一四五四―九四。当時の最も卓越した文献学者。詩人としても優れていた。ロレンツォ・ダ・メディチの子ピエーロとジョヴァンニ（のちの教皇レオ十二世）の家庭教師をした）は大ロレンツォのそれを、ジョヴァンニ・ポンターノ（一四二二―一五〇三。人文主義者。アルフォンソ一世に仕え、ナポリのアカデミーの中心人物となり、ラテン語の散文や詩を著わした）(31) は特に力を入れてカラブリア公アルフォンソ（アルフォンソ二世）のそれを。このあとの方の詩は心ならずもこのアラゴン家の君主の厭わしい心根をあらわにしている。公はこっちの方面でも一番の成功者でなければ承知できないのである。そうでなくて、彼よりうまくやっているような者がいたら、その者こそ災いなるかな！　――きわめて著名な画家たち、例えばレオナルド・ダ・ヴィンチなどが、彼らの主君の愛妾を描いたのも、当然のことと言える。

《宮廷の華美》

だが、エステ家の侯国では他人が賛美してくれるのを待たず、自ら自分を賛美した。ボルソは、スキファノーヤ宮殿に歴代統治者の事績を表わす一連の画の中に自分のものも描かせ、エルコレは自分の即位の記念日を毎年（一四七二年が最初）、明らかに聖体祝日の行列に劣らないような行列で祝った。当日はすべての店が日曜日のように閉じられた。行列のまん中を、庶子も含めてエステ家の者すべてが金襴の衣服をまとって行進した。あらゆる権力と顕職は君主より発するものであり、君主よりなされる個人の抜擢であるということは、この宮廷においてはすでに久しい以前から、[32] 黄金拍車の勲章によって象徴されていたが、ただこれは中世騎士道とはもはやなんの関係もなかった。エルコレ一世はこの拍車にそえてさらに剣ひと振りと金糸で刺繍したマントおよび褒賞金も与えたが、これには疑いもなく規則的な伺候が要求されたのである。

《エステ家の学芸保護》

この宮廷の名を世界的に有名にした学芸保護は、一部は、イタリアで最も完備していた大学の一つであるここの大学で行なわれ、また一部は宮廷勤務と国務の一環として行なわれていた。したがって学芸保護のために特別な犠牲が払われるということはほとんどなかったと言ってよい。ボイアルド（マッテーオ・マリア・ボイアルド。一四四〇頃—九四。伯爵。詩人。フェッラーラ公エステ家の廷臣。叙事詩『恋するオルランド』を著わした）は富裕な地方貴族にしてまた高官であって、本来あくまでも学芸を保護する領分に入るべき人であった。アリオストがひとかどの詩人として名声を挙げ始めた頃は、少なくとも真の意味においては、ミラノの宮廷もフィレンツェの宮廷も、やがてはウルビーノの宮廷ももはや存在せず、ナポリの宮廷については言うまでもなかった。アリオストは枢機卿イッポーリトの楽師や道化師にも等しい地位に甘んじていたが、結局アルフォンソ（アルフォンソ二世デ・エステ）が召し抱えてくれた。これよりのちのトルクァート・タッソ（一五四四―九五。叙事詩人。代表作『解放されたエルサレム』。ゴンザーガ家やエステ家の保護を受けたが、晩年は精神に異常をきたし、不遇のうちに死んだ）の場合は事情がちがっていた。宮廷はこの詩人を手に入れようと本当にやっきになったのであった。

5　専制政治の敵対者

《後代の教皇党と皇帝党》

君主のこのような集中化された権力にたいしては、国家内部のいかなる抵抗も無駄であった。都市共和国建設のために必要な要素は永久に使い果たされてしまっていて、一切は権力と権力行使にむかっていた。貴族はなお封建的領地を持っていたとしても、政治的にはなんの権利もなく、彼らは自分たちも、また雇っていた刺客もそれぞれ教皇党員《グエルフィ》と皇帝党員《ギベリーニ》に分かれて、それに応じた服装をして、帽子に羽根をつけるとか、ズボンに膨《ふくら》みをつけるなどといったことをやっていたらしかった(1)――思慮のある人たち、例えばマキアヴェッリ（一四六九―一五二七。フィレンツェの政治理論家、歴史家。メディチ家復帰で一時追放されたが『君主論』などを書き、ふたたび登用された。『フィレンツェ史』、『ローマ史論』などがある。政治を宗教や倫理から切りはなした点で近代政治学の祖とされる）のような人には、ミラノやナポリが共和国たるには(2)あまりにも「腐敗し」すぎていたことがしっかり分かっていたのである。ずっと以前から暴力の葉陰にかくれて格子垣にそって伸びていった家族間の古い敵意以外のなにものでもなかったあの有名無実の二つの党派について、いくつかの奇妙な裁きが下される。アグリッパ・フォン・ネッテスハイム(3)（一四八六―一五三五。ドイツの医者、神学者、秘術研究家。カバラ的神秘思想をいだき、自然の霊化を説いた）からこうした争いを終結させるよう進言を受けたあるイタリアの君主はこう答えた。やつらがいざこざを起こすと毎年一万二千ドゥカーテンもの罰金がわしのふところに入ってくるのだぞ！――また、例えば一五〇〇年にあのモーロ（スフォルツァ・ロドヴィーコ・イル・モーロ）が一時自国に帰っていたあいだに、トルトーナの教皇党が近くにいたフランス軍の一部を市中に呼びこんで皇帝党に止《とど》めを刺そうとしたとき、フランス人らは無論最初は皇帝派を襲って略奪し、滅ぼしてしまったが、そのあとで教皇党にも同じ行動にでたので、ついにトルトーナはすっかり廃墟と化してしまった。(4)――あらゆる激情と復讐の絶えることのなかったロマーニャにおいても、あの二つの党派の名前は政治的内容を完全に失っていた。しばしば教皇党がフランスにたいして、皇帝党がスペインにたいして好意を抱くべき義務があると信じていたなどは、哀れな民衆の政治的迷妄と軌を一にするものであった。私は、この迷妄をうまく利用した人たちが、これによって特に成功したとは思わない。フランスは何度干渉をしても、そのあとでいつもイタリアを撤退しなければならなかったし、スペインは、イタリアを破壊したあとどうなったかは、われわれのよく知るところである。

《陰謀者たち》

だがわれわれはルネサンスの君主国に話を戻すことにしよう。完全に純正な魂の持ち主ならば、おそらく当時においても、すべての権力は神より出たものであり、またこれらの君主たちは、もし誰もが彼らを自ら進んで、かつ誠意をもって支えてやるならば、やがては善良になり、自分たちの本性がもともと暴力に由来するものであることを忘れるにちがいあるまいなどと理屈をこねたかもしれない。しかしこのような態度は、燃えるがごとき創造欲を授けられた情熱的空想力や心情の持ち主からは望むべくもない。こうした人たちは、下手な医者のように、症状を取り除くことが病気の治療につながると考えたから、君主を殺してしまえば自由は自ずから得られるものと信じた。あるいはそこまでは考えないとしても、全般に広がっている憎悪心にはけ口を作ってやろうとしたり、家族の不幸や個人的な侮辱にたいして復讐をしてやろうとする程度のことはした。支配者の権力が一切の法的制限を免れた無制約のものであったとなると、敵対する方も手段を選ばないことになる。すでにボッカッチョ（一三一三―七五。文学者、人文主義者。ナポリで古典文学、数学、神学を学ぶ。フィレンツェでペトラルカと親交を結ぶ。主著は『デカメロン』。晩年は人文主義的教養に努め、またダンテに傾倒した）(5)がこれを明らかさまにこう言っている。「専制君主を王とか君主と呼び、私の主君としてこれに忠誠をつくせと言うのか？　まさか！　なぜといって、この者は共同体の敵なのだから。この者にたいしては、私は武器、陰謀、スパイ、罠、詭《き》計《けい》を使うことができる。暴君の血にまさるほどに好ましい犠牲はない。」ここでは事の成行きを細部にわたって論ずる必要はない。マキアヴェッリはその著『ローマ史論』(Discorsi)の有名な一章の中で[5a]（第三巻第六章）、古代ギリシアの僭主時代からの古今にわたる陰謀について論じ、それらの陰謀をそれぞれの異なった構想とその成功の見込みから見てじつに冷静に評価している。今は、所見を二つだけ、すなわち、祭事の際の殺害と古代の影響について述べさせてもらいたい。

《教会参りの場での殺害》

警護の厳重な専制君主を、改まった教会参りの場以外の場所で捕えることはほとんど不可能であった。まして君主の一族全部が一堂に会する機会はこれ以外になかった。ファブリアーノ市民がその専制君主一族、キァヴェリ家のものたちを荘厳ミサの行なわれているあいだに、しかも示し合わせていたとおりに、クレド「しかして彼の人は肉体をまといぬ」(Et incarnatus est)の言葉を合図に殺害したのも、このようなわけであった（一四三五年）[6]。ミラノでは、ジョヴァンニ・マリア・ヴィスコンティ公が聖ゴッタルド教会の入口で（一四一二年）、ガレアッツォ・マリア・スフォルツァ公が聖ステファノ教会の中で殺された（一四七六年）。またロドヴィーコ・イル・モーロ・スフォルツァはある時（一四八四年）、寡婦となったボーナ公妃（ボーナ・ディ・サヴォイア。ガレアッツォの妃）の一味の短剣を、この一味の者たちが待伏せしていたのとは別な入口から聖アンブロジオ教会に入ったことで、辛うじて免れるということがあった。この場合、彼らはことさら神にたいし不敬の行為を働くつもりはなかったのである。ガレアッツォの刺客らは、事を決行するに先立ってその教会の聖者に祈りを捧げ、その場所で最初のミサまで聴いている。だが、ロレンツォ（ロレンツォ・デ・メディチ、イル・マニーフィコ。大ロレンツォ）とジュリアーノ・デ・メディチ（一四五三―七八。大ロレンツォの弟）にたいしてパッツィ家（フィレンツェの有力家門で、長年にわたるメディチ家のライヴァル）が陰謀を企てた際に（一四七八年）（弟ジュリアーノのみが殺された。マキアヴェッリ『ローマ史論』第三巻六章、『フィレンツェ史』第八巻三―七章に詳しい）、その一部が失敗に終った原因は、雇われ刺客のモンテセッコが饗宴の席上での殺害を請け負っていたのに、フィレンツェの大聖堂内で決行するとなったとき、これを拒否したことにあった。そこで、彼にかわって、「聖なる場所に慣れていて、そのため気おくれすることのなかった」聖職者たちがしぶしぶながらこの企てに同意したのであった。(7)

《古代の僭主殺害の影響》

古代に関して言えば、倫理上の、特に政治上の問題にたいするその影響についてはさらにしばしば触れるところがあると思うが、支配者たちは、その国家理念ならびにその振舞いにおいて古代ローマ帝国をしばしば明確に手本とすることで、彼ら自ら範を垂れたのであった。そこで彼らの敵対者も、理論的に熟考したうえで事を進めるとなると、早速古代における僭主殺害者の仲間入りをしている。彼らが最も重要な点において、すなわち事を決行するにあたっての決意そのものにおいてこの古代の手本の影響を受けていたかどうかを証明するとなると、これは難しいであろう。しかし古代を引き合いに出すといっても、たんなるきまり文句ややり方の問題だけに終始していたわけではなかった。これを説明するきわめて注目すべき事実が、ガレアッツォ・マリア・スフォルツァの殺害者ジョヴァンニ・アンドレア・ダ・ランプニャーニ、ジローラモ・オルジャーティそしてカルロ・ヴィスコンティに関する報告に残っている[8]（マキアヴェッリ『フィレンツェ史』第七巻三十三、三十四章参照）。彼らは三人ともまったく個人的な動機を持っていたが、にもかかわらずその決断はおそらくもっと普遍的な理由からなされたと思われる。古典学者で雄弁術の教師コーラ・デ・モンターノ（ボローニャ領域部の出身。ミラノにおける名声あるラテン語の教師、人文主義者。ガレアッツォ・マリアも教えたとされる）は一団のごく若いミラノの貴族たちのあいだに名誉や祖国のための偉業にたいする漠然とした欲求を燃えたたせ、ついに先に挙げた最初の二人ランプニャーニとオルジャーティにたいしてミラノ解放の考えを口にしたのであった。まもなく彼は嫌疑をこうむって追放されたので、この若者たちを燃えあがる熱狂の流れにゆだねるほかはなかった。決行のほぼ十日前に、彼らは聖アンブロジオ修道院で厳かに誓いあった。「そのあとで」とオルジャーティは言った、「私は遠く離れた一室において、聖アンブロシウスの御像を仰ぎ見て、われらのために、また聖者の民衆全体のために助力たまわらんことを祈願した。」天におわすミラノ市のこの守護聖人に、自分たちの行為を守護してもらおうとしているのであり、このあと、事が決行されることになっている教会の聖ステファノにも同じことを祈願している。さて、それから彼らはさらに他の多くの青年たちをほとんどこの仕事に引きずり込むようにして仲間にし、ランプニャーニの家を同志が毎晩集まる本部とし、短剣の鞘を使って突きの練習をした。事はうまくいった。しかしランプニャーニはスフォルツァ公の護衛らによってただちに斬り殺され、他の者たちは捕えられた。ヴィスコンティは改悛の情を示したが、オルジャーティはどんなに拷問にかけられても、この行為は神の御心にかなう犠牲であったとの考えをひるがえさず、刑吏が自分の胸を打ち砕いているあいだにもこう言っていた。しっかりしろ、ジローラモ！ みんながお前のことをずっと覚えていてくれる。死は辛い、だが名誉は永遠だ！

《カティリナ的陰謀》

しかし、こうした行為にかける決意や意図がどんなに理想的であったとしても、陰謀の行なわれるやり方からはやはり、あらゆる謀叛人のうちで最も救い難い男、自由などとはおよそ縁のない、まさにあのカティリナ（前一〇八－前六二。共和政末期ローマの政治家。国家擾乱により政権奪取を企てたが、キケロの弾劾演説のために破滅した）の姿がかすかに見えるのである。シエナの年鑑にははっきりと、かの謀叛人たちがサルスティウス（前八六－前三四頃。ローマの歴史家。『カティリナ戦記』などがある）の著書を研究していたと書かれており、オルジャーティ自身の告白からも、そのことが間接的に明らかになっている(9)。他の個所でもわれわれはこの恐ろしい名前にふたたび出会うことになろう。秘密の陰謀を企てるにあたっては、その目的を別問題とすれば、なんといってもこれほど心をそそるお手本はなかったのである。

《専制君主殺害にたいするフィレンツェ人の見解》

フィレンツェ市民のあいだでは、メディチ家を除くか、もしくは除こうとするたびに、暴君殺害は公然と認められた理想と見なされた。一四九四年にメディチ家が逃亡したあと、人々はその邸館からドナテッロ（一三八六頃—一四六六。イタリア初期ルネサンスの代表的彫刻家）[10]の「ユディットと死せるホロフェルネス」のブロンズ群像を持ち出し、これをシニョリーア宮殿の前の、現在ミケランジェロ（一四七五—一五六四。フィレンツェでメディチ家に、ローマで教皇庁に仕えた彫刻家、画家、建築家、詩人。レオナルドとともにイタリア盛期ルネサンス様式を確立）の「ダヴィデ像」が立っている場所に据え、これに「国家安寧の範例として市民これを建つ一四九五年」(exemplum salutie publicae cives posuere 1495) という銘をつけた。ところが今や小ブルトゥス（マルクス・ユニウス・ブルトゥス。前八五頃—前四二。ローマの政治家。カエサル暗殺の首謀者）[11]が断然引き合いに出される、帝国を裏切ったというので、ダンテの作においてもカッシウス（前八三頃—前四二。ローマ共和政末期の政治家。カエサル暗殺者の一人）やイスカリオテのユダ（イエス十二使徒の一人。イエスを裏切って祭司長に売った）とともに地獄のいちばん奥底におかれているあのブルトゥスがである。ジュリアーノ（一四五三—七八。大ロレンツォの弟。パッツィ家の陰謀で殺された）、ジョヴァンニ（一四七五—一五二一。大ロレンツォの次男。のちの教皇レオ十世）そしてジューリオ・デ・メディチ（一四七八—一五三四。ジュリアーノ・デ・メディチの遺児。のちの教皇クレメンス七世）にたいする陰謀に失敗した（一五一三年）ピエトロ・パウロ・ボスコリ（一四七八頃—一五一三。一五一三年二月、メディチ家暗殺計画の首謀者としてアゴスティーノ・カッポーニとともに処刑。マキアヴェッリもこれに加担した嫌疑で投獄された）は、かねてこのブルトゥスに極度に心酔し、カッシウスのような人を見つけたら、かの人の真似をしてやろうと考えていたのだった。そうしているうちにアゴスティーノ・カッポーニがお誂えむきの人として同志となったのである。獄中でのボスコリの最後の言葉は(12)、当時の宗教の状態に関する最も重要な記録の一つであるが、彼がどんなに苦労してあの古代ローマの幻想を振りはらって、キリスト教徒として死のうとしていたかを示している。一人の友人と聴罪司祭は彼にたいして、聖トマス・アクィナスは総じて陰謀なるものを弾劾している、と断言しなければならない。しかしその聴罪司祭はあとになってその友人に、聖トマスは陰謀を区別して、人民の意志に逆らって暴力をもって己れの意にしたがわせるような専制君主にたいする陰謀はこれを許している、とひそかに告白している。――ロレンツィーノ・デ・メディチ（一五一三―四八。アレッサンドロの従弟。ロレンザッチョ（汚いロレンツォ）とあだ名された）がアレッサンドロ公（フィレンツェ公。在位一五三二―三七。ロレンツォ、ウルビーノ公の庶子）を殺害して逃亡したとき（一五三七年）、おそらく真筆の、少なくとも彼の委託を受けて書かれたと思われるこの行為の弁明書が現われたが(13)、その中で彼は暴君殺害自体を最も功績大なる仕事として称賛し、また、アレッサンドロは実際真正のメディチ家の者であり、それゆえ（たとえ遠縁であるにせよ）自分と親戚であるということをふまえて、愛国心から兄弟を殺した（僭主になろうとしたので）ティモレオン（前四世紀末のコリントの将軍。シュラクサイの市民に請われてシチリアに渡り、各市の僭主を倒して平和を回復した）と自分自身を比較して恬然《てんぜん》としている。他の人たちはこの場合ブルトゥスとの比較もしている。ミケランジェロさえずっとあとになってからもこの種の考えに耽っていたということは、彼のブルトゥス胸像（ウフィツィ美術館）から十分推測することができる。ミケランジェロがこの胸像を、彼の作品のほとんどすべてがそうであるように、未完のままに残したが、これは、像の下につけた二行詩に言われているように、カエサル殺害が彼の心にあまりにも重くのしかかったからでは決してなかった。

《陰謀者にたいする民衆の関係》

近代の君主政体にたいして成立した大衆的急進主義を、ルネサンスの君主国家に捜し求めても無駄であろう。各人それぞれにその心中においては君主統治にたいし抗議してはいた、しかし、力を合わせてこれを攻撃するよりは、むしろその治下のもとでどうにかこうにか、もしくは有利に身を処そうとした。当時のカメリーノやファブリアーノやリーミニ（上巻五九頁参照）におけるように、住民が支配者の一族を絶滅するか、もしくは放逐しようと企てるところまですでにきていたにちがいなかった。しかしまた、そうなっても結局主人が代わるだけであろうということも、人々は大てい知りすぎるほどよく知っていたのである。共和国の命運が下り坂にあったことは誰の眼にも明らかであった。

6　共和国

かつてイタリアの諸都市は、都市を国家にするあの力を最高度に発揮したことがあった。

そのためには、これらの諸都市が連合して一つの大きな連盟を結成しさえすればよかった。これは、個々の点ではいろいろの形をとっているとしても、イタリアにおいて繰りかえし起こっている思想である。十二世紀と十三世紀の戦乱の中では、実際に軍事的に強力な大都市同盟が生じている。シスモンディ（一七七三―一八四二。スイスの経済学者、歴史家。『中世イタリア共和国史』十六巻などがある）（下巻一七四頁）は、ロンバルディア同盟（イタリアへの帝権確立をはかったフリードリヒ一世に対抗して、十二世紀に北イタリア諸都市が結成した都市同盟）がバルバロッサ（フリードリヒ一世バルバロッサ。神聖ローマ皇帝。在位一一五二―九〇。北イタリアに勢力を拡大するため一一五八―七八年にかけ四回遠征したが、教皇およびロンバルディア同盟に阻まれ、失敗する）にたいして最後の軍備を整えた時が（一一六八年以降）、おそらく全イタリア連盟を形成することのできた好機であったかもしれないと考えている。しかし、比較的有力な諸都市は、これを不可能にしたような特性をすでに発達させていた。こうした都市は商業上の競争相手としてたがいに極端な手段を使って対抗し合い、自分より弱い隣接都市を圧迫して法的権利のない隷属都市の地位に落したのである。すなわち、これらの都市は結局単独でなんとかやってゆけるので、全体としてまとまる必要はないと考えていたのであり、それぞれ別種の専制政治を行なうための基盤を準備していたのであった。この専制政治が現われたのは、貴族の諸党派間相互の内戦と、これら諸党派と市民との内戦とが確固たる政府を渇望する気持を目覚めさせた時であり、また、一党に偏った党派政治が一般に行なわれていた市民徴募の軍隊は役に立たないとする考えにとっくの昔に慣れてしまったあとで、[1] 既存の傭兵隊がお金のためならどんな事にでも加担するようになった時であった。専制政治は大部分の都市の自由も食い尽した。

これを駆逐したところもあちこちの都市に見られたが、しかしそれは中途半端にすぎなかったり、短期間にすぎないものであった。専制政治は繰りかえしやってきた。これは、専制政治のための内的諸条件が備わっており、これに対抗する勢力は使い果たされていたからである。

独立権を維持した都市のうち、二つの都市は人類の歴史全体にとってきわめて重要な意味を持っている。まずフィレンツェ、これは絶えまのない動乱の都市であるが、三世紀にわたってこの動乱にかかわった個々の人たちと住民全体のあらゆる思想や意図についての報告もわれわれに残しておいてくれている。つぎにヴェネツィア、これは外見上静止し、政治的には沈黙している都市である。この二つの都市の姿は、考えうるかぎりの最も強烈な対照を示すものであり、しかも両都市はこの世界のいかなるものとも比較しえないのである。

十五世紀のヴェネツィア

ヴェネツィアは自らを不可思議な、神秘に満ちた被造物であると認め、その中では昔から人間の知恵とはなにか別なものがなお働いていたのだと考えていた。この都市の厳かな創設については一つの神話があった、四一三年の三月二十五日の正午の頃、パドヴァからの移住者たちがリアルト島に市の礎石を置いた、かくして、蛮族のために引き裂かれたイタリアの中に難攻不落の、神聖な避難所ができたのである、という神話が。後世の人たちは、これら創設者の心のうちにはこの都市が将来偉大なものになるのだという予感がすべて込められていたのだと考えた。この出来事を流麗な六脚韻の詩で賛美したマルコ・アントニオ・サベッリコ（一四三六頃―一五〇六。人文主義者、歴史家。『ヴェネツィア史』などがある）は、都市奉献式を執行する神官に天を仰いでこう呼ばわらせている。「いつの日かわれら重大事を敢行する時あらば、よき首尾を与えたまえ！　今われらは粗末な祭壇の前に跪いている、されど、われらの誓願空しからずば、神よ、いつの日かこの地に大理石と黄金の、百もの神殿が聳え立とう！」(2)――十五世紀の終り頃には、この島の都自体がまるで当時の世界の宝石箱のように見えた。あのサベッリコは宝石箱たるこの都市が見せているその非常に古い円屋根教会、傾きかけた塔、大理石を張ったファサードのあるたたずまいを、また、金箔を被《き》せた天井のある豪華な屋敷と、どの片隅にもある賃貸しの部屋とがうまく調和しているじつにせせこましくも華麗な様を叙述している(3)。彼はわれわれを導いて、リアルト島の聖ジャコメット教会の前の、人がぎっしりとひしめいている広場に連れてゆく。そこでは、ある種世界の商売がなにを商《あきな》っているかは大声の話や叫びからは分からず、たださまざまな声のざわめきによってのみ知られるのである。またその広場の周囲にある柱廊と(4)、それに隣接する街路の柱廊には両替商や何百という金細工師の店が連なり、それらの頭上かなたには商店や倉庫が果てしなく並んでいる。リアルト橋の向こう側に渡ると、サベッリコはドイツ人たちの大きな商館のことを記述する。その商館の大広間には商品と従業員が同居し、その前の運河にはいつも船が相接して停泊している。そこから上の方に行くと葡萄酒船団とオリーブ油の船団があり、そしてそれと並行して、荷役人夫らがうようよしている河岸には、商人たちの倉庫が軒を連ねている。さらにリアルト橋からサン・マルコ広場まで化粧品の露店と飲食店が続く。このようにしてサベッリコは読者をつぎつぎと市区を案内し、ついに郊外の二つの隔離病院にまで導く。これは同時に高い機能性も備えた施設の一つで、これほど完備したものはここ以外に見あたらなかった。総じて一般の人たちのための救済保護は、平時と戦時とを問わず、ヴェネツィア市民の特色をなすものであって、戦時において敵方の者にさえなされた負傷者の看護は、他国人には驚嘆の的であった(5)。とにかく公共施設と呼ばれたものはいずれも、ヴェネツィアにその模範を見出すことができた。恩給制度も、遺族についてのものまでも、組織的に運用された。富、政情の安定そして世界に関する知識が、ここヴェネツィアにおいてこのような事柄について熟慮する態度を成熟させていたのであった。

《住民たち》

物静かな、ゆったりとした足どりで歩み、慎重な話し方をするこれらのすらりとした、ブロンドの髪の人たち[5a]は、服装や態度においてほとんど区別がつかなかった。彼らは妻や娘たちに装飾品、特に真珠をつけさせた。当時、全般にわたって見られた繁栄は、トルコ人によって多大の損失を受けていたとはいえ、なおまことに目ざましいものがあった。また、蓄積された活力と、ヨーロッパが共通して抱いていたこの都市についての先入観によって、後年になってもなおヴェネツィアは、東インド航路の発見、エジプトのマムルーク朝政権の崩壊（新インド航路発見による関税収入の激減のため）そしてカンブレー同盟戦争（ルイ十二世、神聖ローマ皇帝マクシミリアン一世、教皇ユリウス二世などがヴェネツィア共和国の領土分断をねらって一五〇八年カンブレーで結んだ同盟。ヴェネツィア側の巧妙な外交政策により同盟は瓦解）といったきわめて重大な打撃をすら長期にわたって十分耐えぬくことができたのであった。

《国家、そして貧窮貴族による危機》

ティーヴォリ市近傍に生れ、当時の文献学者たちの遠慮のない話し方に慣れていたサベッリコは前とは別な個所で[6]、自分の朝の講義を聴講する若い貴族たちが自分と政治論をやることにまったく乗ってこようとしないのに、少しばかり驚いてこう述べている。「イタリアにおけるあれやこれやの運動について人々はどんなことを考え、話し、期待しているのだろうかと彼らに質問すると、彼らはみんな異口同音に、そんなことはなにも分からない、と答える。」しかし貴族の堕落した連中から、国家の容赦のない取締りがあったとはいえ、いろいろなことを聞きだすことができた、ただ相当の金を払ったうえでのことではあったが。十五世紀も最後の二十五年ぐらいになると、最上級の役所の中にさえ裏切者がいた(7)。歴代教皇、イタリアの諸君主、それどころか共和国に仕えるごく平凡な傭兵隊長らまでが内通者を抱えており、内通者の中にはきまった給料をもらっている者もいた。ついに十人委員会（一三一〇年にヴェネツィアに組織され、主に国家の安全を担当した団体。かならずしも十人からなる委員会ではなく、元首とその六名の評議員が加わることもあった。任期一年。諜報活動、暗殺、秘密外交などを行なった）は、プレガディ委員会（一一七二年にヴェネツィアに設立されたプレガディ会議という元老院会。外交政策、戦争の遂行、経済を管掌した）にも比較的重要な政治情報は隠しておくのがよいと考えるにいたった。それどころか、ロドヴィーコ・スフォルツァ・イル・モーロはプレガディ委員会において確実に一定の投票数を意のままにしていると推測されさえした。こうした内通者を何人か夜間に絞首刑にしたり、内通者を密告した者に高額の報酬（例えば六十ドゥカーテンの終身恩給）を与えたことなどが大いに効果があったかどうかは、簡単には言えない。多くの貴族が貧しかったというのがこれの主たる原因であったが、これは即刻是正するというわけにはゆかなかった。一四九二年に二人の貴族が、国家は官職を持たない貧窮貴族を慰藉するために毎年七万ドゥカーテンを支出すべきである、との提案を行なった。この事案はすんでのところで大評議会（ヴェネツィアの支配集団。一二九七年に貴族以外の参加は停止された。元首の承認により他の各種委員会にメンバーを送った）にかけられるところであった。そうなればこの事案は多数決で可決したかもしれなかった――その時十人委員会はきわどいところで介入し、かの二人の貴族をキュプロス島のニコシアに終身追放してしまった(8)。ソランツォ家の一人が国外で教会の聖物窃盗をやって絞首刑にされ、またコンタリーニ家（ヴェネツィアの名門貴族。八人の元首を輩出した）の一人が押込み強盗をやって鎖につながれたのもこの頃である。一四九九年、同家のもう一人の男が最高行政府《シニョリーア》に出頭し、自分は久しい年月なんの官職にもつかず、収入はわずか十六ドゥカーテンで、九人の子供を抱え、そのうえ六十ドゥカーテンの負債がある、商売の心得も知らず、近頃は路頭に迷っていると嘆いた。二、三の富裕な貴族が、貧窮貴族を無料で住まわせるために家を建てたのも、こうしたことから理解できる。無報酬で、それも沢山家を建造することが、篤行《とっこう》として遺言状の中に書かれているのが見られる。[9]

《国家安泰の原因》

ヴェネツィアの敵がかつてこの種の弊害の結果を本気で当てこんだことがあったが、それはやはり思い違いをしていたのである。ごくつまらない者にさえその仕事にたいしてたっぷり儲けを保証した商業の興隆、地中海東部の植民地、こうしたものが危険な勢力をそうでなくとも政治活動からそらしていたのかもしれないと考えることもできよう。しかしジェノヴァは、これと同じような利点がありながら、激動にみちみちた政治史を持っていなかっただろうか？　ヴェネツィアが揺るぎなき存在を保った理由はむしろ、さまざまな状況が一緒に働いていたことにあるのであって、ここ以外の国ではどこにおいてもそういうことは見られなかったのである。ヴェネツィアは、都市として難攻不落であったが、しかも昔から国外の情勢にはきわめて冷静に熟慮したうえでなければ手を出すことはなく、自分の都市以外のイタリアの党派組織はほとんど無視し、同盟は一時的目的のためにのみ、またできるだけ高い値段で結んだ。それゆえ、ヴェネツィア市民の心情の基調は、誇り高い、いやそれどころか軽侮の念にみちた孤高の精神であり、これは必然的に国内でのいっそう強固な団結心につながっていったが、これに加えて他のイタリア全土がこの都市に向けた憎しみもこの傾向を助長したのであった。さらに、この都市自体の中では、すべての住民は植民地ならびに本土の領地にたいしてきわめて強い、共通の利害関係を持っていた。これは、本土の領地（すなわち（パドヴァから）ベルガモにいたるまでの諸都市）の住民はヴェネツィアでしか物の売買が許されなかったからである。利点とはいえ、これほどに人為的に作られたものが維持されえたのは、ひとえに国内における平穏と和合があったればこそであった——このことをかなりの数の人たちが感じとっていたことは確かである。この理由からも謀叛人たちにとってこの都市は具合の悪い場所なのであった。不満分子が現われても、貴族と市民が切り離されていたため、彼らはばらばらの状態にあり、たがいに接近するのはきわめて難しかった。しかし貴族の内部では、どうかすると危険分子となりかねない者たち、すなわち富裕な貴族たちは、大きな商取引や長い旅行のために、またしょっちゅう繰りかえされるトルコ戦争に従軍することで、あらゆる陰謀の根源である無為の根を断ちきられていた。指揮官は、こうした貴族たちが軍務にたずさわっているとき、軍律に背くようなやり方までして彼らを寛大に扱うこともあった。そこで、ヴェネツィアのカトーともいうべき（大カトー。前二三四―前一四九。ローマの政治家、文人。古代ローマの質実剛健を賛え、ギリシアの文物を排斥したカトーのような厳しい道学者の意）ある人は、たがいに少しでも痛い思いをさせたくないという貴族たちの物怖じが、正義をないがしろにしてまでも存続するようなことがあれば、この国の権勢は失墜するであろうと予言した[10]。それはとにかくとして、広々とした大空のもとでこのように世界各地を往来したことは、ヴェネツィアの貴族に全体として健全な方向を与えたのであった。また、自分の羨望と野心をなんとしても満足させたいという者が現われると、これを公のやり方で犠牲にして葬ってしまうとか、これを始末する行政機関や合法的手段があった。国家元首《ドージェ》フランチェスコ・フォスカリ（一四五七年没）（在任一四二三―五七。国土拡張政策による国力弱体化のため批難され、また息子ヤーコポの犯罪行動による身体、精神の衰弱が原因で退任させられた）がヴェネツィアの全市民の眼前で受けた多年にわたる道徳的責め苦は、貴族政体の中でだけしか起こりえないこうした復讐の最も恐ろしい実例であるかもしれない。

《十人委員会と政治裁判》

十人委員会はあらゆることに干渉し、生殺与奪の、また国庫と軍命令の絶対的権利を握っており、委員会のうちに宗教裁判官を有し、フォスカリやその他の多くの権力者を失脚させたが、この十人委員会は支配階級全体を含んだ大評議会《グラン・コンシーリオ》から毎年新たに選出された。したがってこれは大評議会を最も直接的に表現するものであった。選出に際して大きな陰謀がめぐらされることはほとんどなかったであろう。これは、任期が短く、あとになって責任を問われるということがあるため、この役職が大へん望ましいというものではなかったからである。しかしながら、この十人委員会や他のヴェネツィアの行政機関の作業がどれほど隠密裡にはこばれ、また強権的にやられたとしても、生粋のヴェネツィア人は当局を避けて逃げることはせずに出頭した。その理由は、この共和国の勢力のおよぶ範囲が広くて、本人のかわりにその家族を苦しめることができたという理由ばかりでなく、むしろ大ていの場合その処理の仕方が、少なくとも相応の根拠に基づいたものであり、残虐な気持からされることはなかったからである。[11] 大たい、遠方にある自国の国民にこれ以上大きな倫理的力を及ぼしていた国家はかつてなかったと言えよう。例えばプレガディ委員会の中に裏切者がいたとしても、これは、外国にいるヴェネツィア人の誰もが本国政府に情報を送る生れながらの諜報者であったことで十分埋合わせされたのである。ローマにいたヴェネツィア出の枢機卿たちが教皇庁での秘密枢機卿会議の討論の内容を本国に報告したのは、なにもことあらためて言うほどのことではなかった。枢機卿ドメーニコ・グリマーニ（一四六一—一五二三。ヴェネツィア出身。人文主義者で、芸術のパトロン）は、アスカニーオ・スフォルツァ（一四五五—一五〇五。枢機卿。ミラノ出身）がその兄弟ロドヴィーコ・スフォルツァ・イル・モーロに送った急信をローマの近くで奪いとらせ、ヴェネツィアに送った（一五〇〇年）。当時重大な告発を受けていた彼の父（アントーニオ・グリマーニ。ヴェネツィア元首）は、息子のこの手柄を認めることを公然と大評議会にたいして、ということは全世界にたいして要求した。[12]

《傭兵隊長にたいする関係》

ヴェネツィアがその傭兵隊長らをどのように処遇したかは、先に（上巻四四頁以下参照）示唆しておいた。傭兵隊長らの忠誠についてさらになんらかの特別な保証を求めようとしたとき、彼らの数が多ければいいのではないかということが分かった。数が多いということは、裏切りを難しくさせ、またその発覚も容易にするにちがいなかったからである。ヴェネツィアの兵籍簿を見ると、こんなにも雑然とした寄せ集めの軍隊でどうして共同作戦ができたのであろうかという疑問が起こってくる。一四九五年の戦争の時の兵籍簿には、一万五千五百二十六の騎兵が小規模の部隊の形でばかり載っている。(13) 比較的大規模の部隊を率いているものといえば、その中の千二百騎を率いているマントヴァのゴンザーガと、七百四十騎を率いているジョッフレード・ボルジアくらいで、あとは七百ないし六百騎を率いる六人の指揮者、四百騎を率いる十人の指揮者、四百ないし二百騎を率いる十二人の指揮者、二百ないし百騎を率いる約十四人の指揮者、八十騎を率いる九人の指揮者、六十ないし五十騎を率いる六人の指揮者などである。これらの軍隊の一部は古くからのヴェネツィアの部隊であり、また一部はヴェネツィアの都市貴族と地方貴族の指揮下にある部隊であるが、しかし大部分の指揮者は君主と都市の首長もしくはその親族である。これに加えて、どのように徴募され、指揮されたかはなにも述べられていないが、二万四千の歩兵と、この他におそらく特殊な兵科と思われる三千三百の兵がいる。

《対外政策における楽観主義》

平時においては、本土のヴェネツィア属領諸都市には全然守備隊が置かれないか、置かれたとしても信じられないほど貧弱なものであった。ヴェネツィアはかならずしもこうした諸都市の恭順を当てにしていたわけではなく、それら諸都市の分別をこそ恃《たの》みとしていたのである。カンブレー同盟の戦争の折りには（一五〇九年）、周知のようにヴェネツィアはこれら諸都市のたてた忠誠の誓いを解いて、彼らが敵軍占領下の気楽さとヴェネツィアの温和な支配とを比較するがままにまかせた。これらの諸都市は、裏切ったからといって聖マルコ（ヴェネツィアの守護聖人。すなわち、ヴェネツィア）に背いたことにはならなかったし、したがってなんら処罰を恐れる必要がなかったので、大急ぎでまた昔なじみの統治のもとへ戻っていったのである。ちなみに、この戦争はヴェネツィアの領土拡張欲にたいして百年ものあいだあげられてきた悲鳴の結果であった。ヴェネツィアは利口すぎる人たちがよくやる失敗をときどきやった。すなわち、自分の考えからすれば間尺にあわない愚行はまさか敵だってやるわけがないと考えたのである[14]。おそらく貴族社会にいかにもありそうなこの楽観主義から、かつてコンスタンティノープル占領にむけてなされていたメフメット二世（一四三二—八一。オスマン帝国第七代のスルタン、一四五三年コンスタンティノープルを陥れて、ビザンツ帝国を滅ぼした）の軍備を、それどころかシャルル八世の遠征準備さえすっかり見すごしてしまい、ついに予期しないことが起こってしまったのであった。[15] ところで、カンブレー同盟もこれと同じような事件であった、つまりこの同盟は首謀者ルイ十二世と教皇ユリウス二世（在位一五〇三―一三。教皇領および教皇の世俗的権力拡大に努め、カンブレー同盟を形成。芸術家の保護者）それぞれが抱いていた明白な利害に反していたというわけである。しかし教皇の心中には、侵略を進めるヴェネツィアにたいする全イタリアの積年の憎しみが蓄積していたので、彼は外国人の進駐には目をつぶったのであった。枢機卿アンボワーズ（ジョルジュ・ダンボワーズ。一四六〇―一五一〇。ルーアン枢機卿、ルイ十二世の顧問役）と主君たるルイ十二世のイタリア政策に関しては、ヴェネツィアは両者の悪意ある愚昧さを早くからしっかりと見抜いて、警戒しておかねばならないところであった。他の大部分の国は妬みからこの同盟に参加したのであった、この妬みなるものは富や権力に向けられるときは有益な懲罰の鞭であるが、これ自体はじつに情けない代物《しろもの》なのである。ヴェネツィアは名誉を損うことなくこの戦争から身を引いたが、それでもあとあとまで残る損害を受けなかったわけではなかった。

《統計学発祥の地としてのヴェネツィア》

その基盤が非常に複雑で、またその活動と利害がきわめて広大な舞台に広がっているような国家は、全体を大きく展望し、国力と国にかかる負担、その増減についてたえずバランスをとるようにしているのでなければ、とうていその存立は考えることができないであろう。ヴェネツィアは多分近代統計学の発祥の地としてその権利を主張してよいかもしれない、これにならぶものとしておそらくはフィレンツェがあり、続いて、比較的発達したイタリア諸侯国がある。中世の封建国家はせいぜいのところ君主の権利と収益（土地台帳《ウルバリウム》）の総目録を生みだしているにすぎない。この封建国家は生産を固定したものと解しているが、事実これは生産が、本質において土地にかかわるものであるかぎり、大たいにおいて言えることである。これにたいして西欧全体における諸方の都市はおそらく初期の頃から、工業と商業にかかわる生産をきわめて流動的なものと認識し、この考えに基づいて生産というものを扱ってきた。しかしながらこうした扱いは——ハンザ同盟（中世後期に北海、バルト海沿岸の諸都市が商業上の目的で結成した同盟。ヨーロッパ内陸部、東欧、地中海商業圏へも進出した）の全盛期においてさえ——商業にかたよった収支決算内にとどまった。陸海軍の勢力、政治的圧力や影響は、商業元帳の借方と貸方の欄のあいだに簡単に記載されただけであった。イタリア諸国家にいたって初めて、完全な政治意識から生じたもろもろの帰結、イスラム教的管理という模範および生産と商業にもともと見られたごく古くからある力強い活気が一つになって、真の統計の基礎を据えることになるのである。[16] 皇帝フリードリヒ二世の南イタリアの圧制国家は（上巻一九頁以下参照）、存亡をかけた戦いを目的とした、一面的に権力の集中することを目ざして組織されていた。これに反してヴェネツィアにおいては、究極の目的は、権力と人生を享受し、祖先より受け継いだものをさらに育成し、最も収益の多い産業を自国に集め、たえず新たな販路を開拓することにあった。

当時の著作家たちはこれらの事柄についてじつに率直な態度で意見を述べている。(17) われわれは、この都市の人口が一四二二年に十九万人であったことを耳にする。竈《かまど》の数、兵役につける者の数、自分の足で歩ける者などの数で人口を数えることはもうせず、アニマ(anima 魂、人)の数によって数え、これをもってその他のすべてのものの算定の最も公正中立な基礎とするということを初めてやったのは、おそらくイタリアであった。フィレンツェの人たちがこの頃ミラノ公フィリップ・マリア・ヴィスコンティに対抗してヴェネツィアとの同盟を望んだとき、とりあえずこれは拒絶されたが、そこには、ミラノとヴェネツィア、すなわち顧客と売り手とのあいだの戦争はいかなるものでも愚劣であるという、正確な貿易収支決算表によって証明された明白な確信があったのである。すなわち、公がその軍隊を増強するというそのことだけですでに、税がただちに吊りあげられる結果、ミラノ公国はまえよりも悪い消費者となってしまうというのである。「むしろフィレンツェの人たちが負けるようにしておくのがよい。そうすれば彼らは、自由都市の生活に慣れているから、われわれのところ(ヴェネツィア)へ移住し、絹織物業や毛織物業の仕事も一緒に持ってくるであろう、ちょうど圧迫を受けたルッカの人たちがやったように。」しかし最も注目に値するのは、国家元首モチェニーゴが死に臨んで(一四二三年)その病床近くに呼んだ数人の元老に残した言葉である。(18) そこにはヴェネツィアの全兵力と財産の統計の最も重要な要素が含まれている。私はこのこみ入った文書を綿密に解明したものがあるかどうか、またあるとしたらどこにあるのかも知らない。ただ面白い記事としてつぎのものを引用しておこう。当時、四百万ドゥカーテンの戦時公債を償還したあとなお、国債（il monte）が六百万ドゥカーテンもあった。商取引の総流通額は一千万ドゥカーテンに達していた（と思われ）、これが四百万ドゥカーテンの利益を生みだした（本文にはそう書かれている）。三千の小型帆船（navigli）、三百の大型帆船（navi）そして四十五のガレー船には、それぞれ一万七千人、八千人そして一万一千人の船員が乗り組んでいた。（ガレー船一隻につき二百人以上。）これに一万六千人の船大工が加わった。ヴェネツィアの家屋の見積り価格は七百万ドゥカーテンであり、五十万ドゥカーテンの賃貸料があった[19]。七十ないし四千ドゥカーテンの収入のある貴族が千人いた。――他の個所では、この同じ年の正規の国家歳入は百十万ドゥカーテンと見積られている。国家歳入はこの世紀の中頃には、戦争によって商業活動が妨害されたため、八十万ドゥカーテンに落ちてしまった[20]。

《ルネサンスの遅延》

ヴェネツィアはこのような算定と、これを実際に応用することによって近代的国家機構の大きな一面を最も早く余すところなく示したが、そのかわり、当時イタリアでは最高のものとして尊重されていた文化という点では他よりもいくらか後れをとっていた。ここヴエネツィアでは概して文学的欲求が、とりわけ古典古代を想うときに抱くあの陶酔が欠けているのである。(21)サベッリコの意見では、もともとこの国における哲学と雄弁の才能は、商業と国家機構に関する才能に劣らず優れているという。すでに一四五九年に、ゲオルギオス・トラペツンティオス（一三九五頃―一四八四。ギリシアの学者。教皇エウゲニウス四世のもとで教皇秘書、ローマ大学の教授をつとめる。プラトン、アリストテレスの誤訳を指摘され、名声を失った）がプラトンの『法律』のラテン語訳を国家元首《ドージェ》に献呈し、年俸百五十ドゥカーテンで文献学の教師に任じられ、また最高行政府《シニョリーア》にも自分の著書『雄弁術』を捧げた。(22)しかし、フランチェスコ・サンソヴィーノ（一五二一―八六。ヴェネツィアの著述家、出版業者）がその有名な書物(23)に添えているヴェネツィアの文学史を通読すると、十四世紀に出た本としては歴史書のほかには、ほとんどまだ神学、法学、医学の専門書ばかりであることが分かる。十五世紀になってもここの人文主義は、この都市の重要性にくらべると、エルモラーオ・バルバロ（一四五三―九三。人文学者。ヴェネツィアの貴族。アリストテレスの翻訳、プリニウスに関する著作がある）やアルドゥス・マヌティウス（一四五〇頃―一五一五。イタリアの印刷業者、古典学者。ヴェネツィアで印刷業を創始。アリストテレスなどの古典のほかダンテ、ペトラルカの著作を刊行した）といった人をのぞけば、じつにもう情けないようなものなのである。枢機卿ベッサリオン（一四〇三頃―七二。人文主義者、写本収集家。収集した写本五百冊もしくは六百冊がヴェネツィアに遺贈され、サン・マルコ図書館の中核をなす）がこの国に遺贈した文庫は、散逸と破損からかろうじて守られるという始末だった。学術的事柄については言うまでもなくパドヴァ市（ルネサンス期における学問、芸術の一大中心地。大学は医学、法律、哲学の各学部で名を知られた）があり、そこでは無論医学者と国法についての専門的意見を著述する法学者が断然高い給料を与えられていた。ヴェネツィアのイタリア文学への関与も、長いあいだ些々《ささ》たるものであったが、やがて十六世紀に入って一切の遅れを取り戻すのである。ルネサンスの芸術精神さえヴェネツィアは外部から持ち込ませているのであり、十五世紀の終り頃になってようやくこの運動に参加し、それ独自の絶大な力をあますところなく発揮するのである。といってもなおそこにはかなり独特な精神的逡巡が見られる。

《時期遅れの聖遺物崇拝》

この国家は、聖職者階級をきわめて完全に支配下におき、重要な地位はすべてその任免権を保留し、ローマ教皇庁にたいし一度ならず反抗したのであったが、その一方でまったく特別な色合いを持った公式の信仰心を示したのであった[24]。すなわち、トルコ人に征服されたギリシアから持ってこられた聖遺体やその他の聖遺物は、非常な犠牲を払って入手され、大々的な行列のうちに国家元首《ドージェ》の出迎えを受けるのである[25]。無縫の聖衣を購入するために（一四五五年）一万ドゥカーテンまでの支出が可決されたが、これを手に入れることはできなかった。こうしたことは大衆の熱狂からきているのではなく、上級の国家行政機関のひそかな決議なのであって、そうした決議であれば全然人目を引くことなしにとりやめにすることもできたであろうし、フィレンツェなら同じ状況であればきっととりやめにしたであろう。大衆の信仰心と、教皇アレクサンデル六世のような人の免罪にたいする彼らの固い信仰のことについては、ここでは一切考察しないでおく。しかし、ヴェネツィアが教会を他の国以上に吸収したあとでは、この国家自体が実際一種の宗教的要素を内に蔵することになった。そして国家の象徴である元首《ドージェ》は、十二の大祝祭行列（andate）[26]に際して半ば聖職者のような役目を果たした。ここで行なわれたのはほとんど政治上のいろいろな記憶を記念する祝祭ばかりであって、それらは教会の大祭と張り合うものであった。そうした祝祭のうちで最も華々しいのは、有名な「（元首と）海との婚礼」であり、これはいつもキリスト昇天祭に行なわれた。

十四世紀以降のフィレンツェ

最高の政治意識と最大の豊かさを持った発展形式とが、フィレンツェの歴史において一つに結びついているのをわれわれは見出す。この意味においてフィレンツェは世界最初の近代国家という名に値しよう。君主の諸国家においてはその君主の一族が行なうべき事柄を、ここでは国民全体が行なうのである。鋭利な論理的思考と芸術的創造力とを合わせ持つこの驚嘆すべきフィレンツェ精神は、政治的、また社会的状態をたえず改造し、またこれを同様にたえず記述し、しかるべき方向に調整する。このようにしてフィレンツェは、政治上の学説と理論の誕生の地、実験と飛躍の発祥の地となり、同時にまたヴェネツィアとならんで統計学の故郷ともなり、そしてただひとり、世界のあらゆる国に先立って新しい意味での歴史記述の先鞭をつけたのであった。これにまた、古代ローマへの回顧とその史家たちについての知識が加わった。ジョヴァンニ・ヴィッラーニ（一二七五頃―一三四八。フィレンツェの商人、歴史家。『フィレンツェ年代記』がある。フィレンツェの社会状況の客観的記述と統計的数値により史料として最高のものとされる）も、一三〇〇年のローマの大祭に出席したときに刺戟を受けて大著執筆を思いたち、帰国後ただちにこれに着手したと告白している。(27) しかしながら、あの年にローマに巡礼した二十万人の人々の中には、その才能と志向が彼と似ていたのに、自分の町の歴史を書かなかった者がどんなにか沢山いたことであろう！　それは、誰もがヴィッラーニのように慰めにみちた言葉を書き添えることができなかったからである。「ローマはまさに滅びんとしている。わが故郷はしかし興隆しつつあり、偉大なる事業を遂行する準備が整っている。それゆえにこそ私は自分の故郷の過去をすべて記録しようと思い、それを現在にいたるまで、また私が出来事を自ら経験しうるかぎり続けようと考えている。」そしてフィレンツェは、その有為転変《ういてんぺん》の歴史の証言の他に、なおそれ以上のことをこの都市の歴史家たちによって獲得した。すなわち、イタリアのどこかそこいらの国家などが得た以上の大きな名声である。(28)

《政治意識の客観性》

今われわれが課題とするところは、この重要な国家の歴史を述べることではなく、この歴史によってフィレンツェの人たちのあいだに目覚めた精神の自由と客観性についてただ若干の示唆を与えることである。

一三〇〇年、ディーノ・コンパーニ（一三二三没。フィレンツェの商人、年代記作者。その年代記は正確性に問題があるが、フィレンツェ史の重要な資料）はその当時この都市で行なわれた闘争を記述した。この都市の政治状況、諸党派を駆りたてる内面の動機、指導者たちの性格、要するに遠近の原因とその結果の複雑に入り組んだ様相があますところなくここに見事に叙述されているので、フィレンツェ人の判断力と描写力が全般にわたって卓越していることがはっきりと分かるのである。

《政治家としてのダンテ》

そしてこれらの危機の最大の犠牲者ダンテ・アリギエーリ、これは、故国と亡命によって成熟したなんという政治家であろうか！　彼は統治組織におけるたえまない変更や実験的試みににたいする嘲笑を辛辣な三行連句《テルツィーネ》にして表記したが[29]、これは、同じような政情が起こりそうなところでいつまでも諺のように口にされるであろう。彼は反抗と憧憬の心でその故国に呼び掛けたので、フィレンツェの人たちの心を動かさずにはいなかった。だがダンテの思想は全イタリアと世界に拡がる、そして、彼が考えていたような帝国を実現しようという煽動的言動は誤り以外のなにものでもなかったが、生れたばかりの政治的思索の若々しい夢想は、彼の場合詩的偉大さを孕んでいることを認めざるをえない[30]。ダンテは、こうした道に踏みだした最初の人間であることを自負する。無論アリストテレス（前三八四―前三二二。

ギリシアの哲学者。その学識は、政治、経済、歴史、倫理、論理、美学、生物学などにおよぶ）の手引にしたがっているとはいえ、その流儀はきわめて独自なものであった。彼の考える理想の皇帝とは、公正にして人間愛にあふれ、ただ神にのみ従属する最高審判者であり、法、自然そして神意によって是認されたものであったローマ世界帝国の相続者である。すなわち、その世界征服は適法なものであり、ローマとそれ以外の諸民族とのあいだに下された神の裁きであったとされ、また神はこの帝国を是認され、この帝国の治下において人の子となり給い、その誕生に際しては皇帝アウグストゥス（在位前二七―後一四。初代ローマ皇帝。前三一年、アントニウスをアクティウムの海戦で破り、覇権を握った。内政の充実をはかり「ローマの平和」をもたらした）の人口調査（『聖書』、ルカ二・一参照）を、その死に際してはポンティウス・ピラトゥス（サマリア、ユダヤの総督。民衆の強迫に屈してイエスに死刑を宣告した）の裁判を受け給うたとされた等々。こうした議論はわれわれにはなかなか承服しがたいのであるが、ダンテの情熱にはつねに感動させられる。その書簡において、(31)彼はあらゆる政論家の最初期の人たちの一人であり、特定の政治的意図を持った書簡形式の文書を独力で公刊したおそらく最初期の俗人であろう。彼は早くから時機を失することなくこうしたことを始めていた。ベアトリーチェの死後すでに彼はフィレンツェの状態に関するパンフレットを「全世界の有力者たちにあてて」公布した。亡命時代に書かれたこれよりあとの公開書簡も、皇帝、諸侯そして枢機卿ばかりに向けられている。これらの書簡や『俗語論』の中には非常な苦しみの代価として得た感情がさまざまに形を変えて繰りかえし現われている、すなわち、故国の町を離れて亡命している者であっても、言葉と教養のうちに新しい精神的故郷を見いだすことができるのであり、そういうものはその人から二度ともう奪いとることができない、というあの感情である。この点については、もう一度あとで取りあげることになろう。

《フィレンツェにおける統計学、ヴィッラーニ兄弟》

ジョヴァンニ・ヴィッラーニとマッテーオ・ヴィッラーニ（ジョヴァンニの弟。兄の年代記を書き継いだ）にわれわれが負っているのは、深遠な政治的考察よりもむしろ新鮮な実際的判断やフィレンツェに関する統計上の基礎知識、ならびに他の諸国家についての重要な報告である。[31a] 商業と工業はフィレンツェにおいても政治的思考とならんで国家経済的思考を目覚めさせていた。金融事情全般について、これほど正確な情報を持っていた国はフィレンツェをおいて世界のどこにもなかった。手始めにアヴィニョンの教皇庁を例にとれば、その莫大な現金在高は（教皇ヨハンネス二十二世（在位一三一六―三四。アヴィニョンに教皇庁を設け、財政を立て直し、行政改革を行なった）逝去時に二千五百万金グルデンあった）、このような優れた資料があればこそこれを信ずることができるのである。[32] 例えば、フィレンツェのバルディとペルッツィ両家からのイギリス王の借り入れ金のような、巨額の借り入れ金のことや、この両家が百三十六万五千金グルデンの貸し金――私財と商会の金――を失ったが（一三三八年）、にもかかわらずまた立ち直ったというようなことについての報告は、ここでしか得られない。[33] しかし最も重要なのは、あの当時に記されたこの国家に関する報告である。[34] すなわち、国家歳入（三十万金グルデン以上）と歳出、市の人口（これはまだきわめて不完全で、パンの消費量に基づいて、bocca すなわち口の数を割り出し、九万人と見積っている）と国の人口。洗礼所における毎年の受洗児五千八百ないし六千のうち、男子の方が三百ないし五百人上回っている。[35] 就学児童のうち八千ないし一万人は読み方を学び、千ないし千二百人は六つの学校で算術を学び、加えてほぼ六百人の生徒が四つの学校で（ラテン語の）文法と論理学の教授を受けた。さらに教会と修道院、病院（全体で千以上のベッドを具えている）の統計が続く。毛織工業についてのきわめて貴重な、詳細にわたる報告。貨幣、市の食糧支給、官公吏などについての報告等々。[36] この他に付随的に知らされるものとして、例えば一三五三年以降に新たに国債（monte）が発行されるにあたって、フランチェスコ会派はこれに賛成の、ドミニコ会派とアウグスティヌス会派はこれに反対の考えをそれぞれ説教壇の上で説いたということがある。[37] さらにはまた、ヨーロッパ全体を見渡して、黒死病《ペスト》の経済的結果についてフィレンツェにおいてほど深く注意が払われ、また詳細に叙述されたところはどこにも見いだされなかったし、また見いだすこともできなかったのである。[38] ただひとりフィレンツェの人だけが以下のような事実をわれわれに伝えることができたのであった。すなわち、この伝染病で人口が減れば物価全般が値下りするはずだと予想していたのに、逆に生活必需品や労賃が二倍にはねあがったこと、初めのうち庶民はもう全然働こうとはせず、ひたすら安逸に暮そうとしたこと、ことに下男下女は市中では高額の給料を出さなければ得られなかったこと、農夫は最上の土地でなければ耕そうとせず、痩せた土地はこれをすてて顧みなかったこと等々、さらにまた、黒死病《ペスト》流行のあいだに行なわれた貧民救済のための莫大な遺贈がその後、貧民のある者は死に、ある者はもはや貧しくなくなったために無意味になったように思われたこと、などがそれである。最後に、ある子供のない慈善家が市中の物乞い全部にそれぞれ六デナールを贈るという多額の遺贈があったのがきっかけで、フィレンツェの物乞いについての全体的統計を作成する試みがなされている。[39]

《統計学と文化の結びつき》

物事をこのように統計的に考察するという態度は、その後フィレンツェの人たちのあいだできわめて豊かな発達を遂げた。これのすばらしい点は、高度な意味での歴史的事象、すなわち文化全般と芸術が統計とどう関連しているかを彼らが通常それとなく見せてくれているところにある。一四二二年のある記録[40]は、どれについても同じ筆致で以下のようなことに言及している。すなわちそこで挙げられているのは、新市場（Mercato nuovo）の周囲にある七十二軒の両替店、現金取引き高（二百万金グルデン）、当時新たに始まった金糸産業、絹織物、古代ローマの建造物を地中からふたたび掘りだして復活させるフィリッポ・ブルネッレスキ（一三七七―一四四六。フィレンツェの人。建築家、彫刻家。古代ローマの古典要素を採り入れ、多くの代表的建築を残した）、そして古代の文学と雄弁術をふたたび呼びさますフィレンツェ共和国の書記官長レオナルド・アレティーノ（一三七〇―一四四四。レオナルド・ブルーニ。アレッツォに生れたのでアレティーノと呼ばれた。人文主義者。優れたギリシア語学者で、プラトン、アリストテレスなどをラテン語に訳した）、最後に、当時政情平穏であったこの都市の全般にわたる繁栄と、外国の傭兵隊とうまく片をつけたイタリアの幸運、などである。先に挙げた（上巻一一七頁以下参照）ヴェネツィアの統計は、ほとんどこれと同年のものであるが、はるかに大きな財産、収益そして活動の舞台を示していることは言うまでもない。ヴェネツィアはすでに長いあいだその船団をもって諸方の海域を支配しているのに、フィレンツェは（一四二二年に）ようやくその最初の持ち船であるガレー船を（アレクサンドリアに向けて）派遣するのである。しかしながら、フィレンツェの記録の方により高い精神が働いているのを認めない者がいるだろうか？　このような覚書やこれに類した覚書は、フィレンツェでは十年ごとに作成され、しかもすでに一覧表の形にまとめられたものが見られるが、この地以外ではせいぜいのところ個別的な報告があるだけである。われわれは初期メディチ家の人たちの財産と事業のおおよそを知るにいたっている。彼らは一四三四年から一四七一年までのあいだに喜捨、公共の建造物そして租税に少なくとも六十六万三千七百五十五金グルデンを支出し、そのうち大コジモ（一三八九―一四六四。コジモ・デ・メディチ。大金融業者。芸術家、学者のパトロン。巨富をつぎこんでメディチ家の権力を確立。フィレンツェをルネサンスの中心とした）一人分だけで四十万金グルデン以上に達していた[41]。しかも大ロレンツォ（ロレンツォ・デ・メディチ・イル・マニーフィコ）は、これほどの金がしかるべく支出されていることを喜んでいるのである。それから一四七八年以後にふたたび、この都市の商工業についてのきわめて重要な、またその方式の点でも完全な一覧表が現われるが[42]、その中には、半ば、もしくは全部が芸術に入る項目がいくつか見られる。すなわち、金襴、銀襴およびダマスク織、木彫と象眼細工（Intarsia）、大理石と砂岩のアラベスク彫刻、蠟細工の肖像、金細工と宝石細工がそれである。そればかりか、外面的生活全体を算定するフィレンツェの人たちの天性の才能は、彼らの家計簿、営業帳簿、農業帳簿にも現われており、こうしたものは十五世紀の他のヨーロッパ人のそれに比してかなり優れていると言えよう。それらの抜粋が刊行され始めているが、それは当然のことである。(43)ただ、そこから明確な、一般的結論を引きだすには、なお多くの研究が必要であろう。ともあれ、こうしたものの中にもフィレンツェという独特の国家がまぎれもなく認められる。すなわちこの国には、臨終の床にあって、その息子らが正規の職業に就いていないような場合には、彼らに一千金グルデンの罰金を科するよう遺言によって当局に要請した父親が何人かいたのであった。(44)

さらに、十六世紀前半の時期に関しても、ヴァルキの手になるフィレンツェについてのすばらしい叙述のような記録は、(45)おそらく世界のどの都市も所有していないと言えよう。他のさまざまな面でもそうであるが、この記述的統計においても、その自由と偉大とが死を迎える前に、この都市はもう一度一つの模範を世に示すのである。(46)

《国家体制の形と歴史家》

しかし外面的生活のこうした算定と並行して、先に述べたような、政治生活についてのあの間断のない叙述も現われている。フィレンツェは、イタリアをはじめヨーロッパ全体の他の自由国家よりもいっそう多くの政治形態とその光と陰を体験してきているだけでなく、これについての顚末《てんまつ》の報告も他とくらべものにならないほどにしてきている。フィレンツェは、変転常なき全体世界にたいするもろもろの階級と各個人との関係を映しだす明澄きわまりない鏡なのである。フロアサール（一三三七頃―一四一〇頃。フランスの歴史家。主著『フランス、イギリス、スコットランド、スペイン、ブルターニュの年代記』がある）が描いているようなフランスとフランドルにおける市民にたいする大煽動の光景や、十四世紀のドイツの年代記の物語はじつに意味深いものである。しかしながら、精神面での完璧さ、事件のよってきたる原因を多方面から根拠づける手法にかけては、フィレンツェの人たちは他の誰よりも無限に優っている。貴族政治、専制政治、中産階級と無産階級の闘争、完全な民主政治、中途半端な民主政治、そして見かけだけの民主政治、一王族の優位、神権政治（サヴォナローラを含めて）から、メディチ家の専制君主政治を準備したあの混合政体にいたるまでの一切が見事に記述されているため、これに関与する人たちの胸の奥深く秘められた動機までもが白日のもとにおかれるのである。(47) 最後に、マキアヴェッリはその『フィレンツェ史』（一四九二年まで）において、完全に自分の故郷の町を一個の生命を持った存在として捉え、またその成長過程を個体において起こる自然的過程として把握している。彼はこうした問題をこのように取り扱うことのできた近代人のうちで最初の人であった。マキアヴェッリがカストルッチョ・カストラカーニ（一二八一―一三二八。ルッカの皇帝党の一族。皇帝ルードヴィヒによりルッカ公に任じられた）――彼が勝手気儘に潤色した専制君主の典型――の伝記において悪名高い手法を行使したように、『フィレンツェ史』においても好き勝手な手法を行使しているかどうか、またそうであればどの点にそれが見られるか、これを調査するのは、本論の対象外のことである。その『フィレンツェ史』（Storie fiorentine）のどの一行にも何か異論をはさむべきものがあるかもしれないが、それでもなお全体としてこの書の持つ高い、それどころか無類の価値は決して失われることはないであろう。また彼と時代を同じくする人や後継者たち、ヤーコポ・ピッティ（一五一九―八九。フィレンツェの元老院議員、歴史家、政治著述家）、グイッチャルディーニ（一四八三―一五四〇。フィレンツェの歴史家、政治家。『イタリア史』、『フィレンツェ史』がある）、セーニ（ベルナルド・セーニ。一五〇四―五八。歴史家）、ヴァルキ、ヴェットーリ（フランチェスコ・ヴェットーリ。一四七四―一五三九。フィレンツェの人文主義者、歴史家。マキアヴェッリ、グイッチャルディーニの友人）、これは高貴なる名前で編まれたなんと見事な花環であろうか！　そしてこれらの巨匠の叙述するのはなんとすばらしい歴史であろうか！　フィレンツェ共和国最後の数十年、あの何ぴとも忘れえぬ大いなる観物《みもの》は、こうした人たちの仕事のうちにあますところなくわれわれに伝えられているのである。当時の世界において最高にして最も独自な生存の没落を内容とするこの大量の伝承のうちに、ある人は第一級の珍奇な話の収集しか認めず、ある人は悪魔のような喜びを抱いて貴人や高邁なる人の破滅を確認し、またある人はこうした出来事を大いなる審判であると説明するかもしれない――いずれにしてもこの伝承は、この世の終りにいたるまで、深い思索を求める考察の対象であり続けるであろう。

《トスカーナ国家の禍根》

この都市の事態にしょっちゅう暗影を投げかけることになった根本的な不幸は、フィレンツェがピサの人たちのような、今は屈服しているが、かつては強力な敵であった人たちを支配していたことであった。その必然的結果として、これに不断に圧制が加えられるという状態が生じたのである。これを解消する唯一の、無論きわめて壮大な手段、これはサヴォナローラ（一四五一―九八。フィレンツェのサン・マルコ修道院に拠って共和主義思想のもとメディチ家を攻撃。メディチ家失脚後フィレンツェ共和政の指導者となるが、教皇と民心の反発により焚刑に処せられる）にして初めて、しかも特別幸運な事情が加わってようやく実行できるようなものであったのだが、そうした手段とは、トスカーナを時機を失しないうちに解体して、自由諸都市の連合に組入れることであったろう。この思想こそなによりもまず、まったく時代に合わない妄想として、ルッカの一愛国者を断頭台に送ることになったのである（一五四八年）[48]。これ以後の一切の事は、こうした不幸や、外国の君主にたいしてフィレンツェの人たちが、不首尾に終ったとはいえ、教皇派として示した同情や、そして、外国の干渉にここにいたるまで慣れっこになっていたことから来ているのである。しかし、その聖なる修道士サヴォナローラの指導のもとに、たえず高揚した感情を抱いて、征服した敵を寛大に扱うイタリア最初の例を示しているこの国民を感嘆しない者がいるだろうか？　過去の時代はすべてこの国民に復讐と絶滅しか説いていないのにである！　この場合愛国心と倫理的・宗教的改心とを融合して渾然一体のものとするこの激情は、遠く離れて見ると、やがてまた消えたかに見えるが、その最良の成果はその後一五二九年から一五三〇年にいたるあの銘記すべき攻囲（カルロス五世のスペイン軍によるフィレンツェ攻囲）に際してふたたび新たに輝くのである。フィレンツェにこの激動を呼びよせたのは、グイッチャルディーニが当時書いているように、確かに「愚か者ども」であったが、しかしそのグイッチャルディーニからしてすでに、この者たちは不可能と思われていたことを達成したのだとは認めている。賢者ならばこの不幸を回避したであろうとグイッチャルディーニは言っているが、これは、フィレンツェがまったく名誉を捨て、ただ唯々として敵の手中に身を委ねるべきであったという以外のいかなる意味も持っていない。そうしたならばフィレンツェ市郊外のすばらしいたたずまいや庭園、無数の市民の生命と安寧は守られたであろうが、そのかわり最も大きな道徳的記念の一つが失われていたであろう。

《政治的手腕家》

フィレンツェの人たちは幾多の偉大な事柄において、イタリア人および総じて近代ヨーロッパ人の範例であり、かつ最も初期の典型的現われであるが、また暗黒面についてもさまざまな点において同じことが言える。すでにダンテは、たえずその国家体制の改善を図るフィレンツェを、苦痛をまぬがれようとしてしょっちゅう姿勢を変えている病人にたとえたが、彼はこれによって、フィレンツェにおけるこうした政治生活の変わることのない特性を示したものであった。国家体制は作ることができる、すなわち現存の諸勢力と趨勢を算定することによってこれを新たに製造することができるという大きな近代的謬見は(49)、動乱期のフィレンツェにおいて何度も頭をもたげ、マキアヴェッリさえもこの謬見を脱することができなかった。ここに政治的手腕家が育成され、彼らは権力の人為的移動と配分、極度に選別を行なう選挙方法、有名無実の行政機関などにより永続する政情を確立して、有力者も下層民もひとしく満足させ、あるいはまた欺こうとする。この場合彼らはいたって無邪気に古代を模範とし、ついにはまったく公的な形でも古代から政党名、例えば貴顕党(ottimati)、貴族党(aristocrazia)(50)といったものを借用する。この時以来ようやく世界はこうした用語に慣れ、これに慣習的、ヨーロッパ的意味を付与するようになったが、それ以前の政党名はすべてその当の国だけのものであり、事柄を直接言い表わしているか、もしくは偶然のいたずらから出ているものであった。それにしても、名称というものは事柄にいかに彩《いろど》りを与え、また事柄からいかに彩りを奪うものであるか、じつに驚くべきものがある!

《マキアヴェッリとその国家体制構想》

しかしながら、国家を構築することができると考えたすべての人たちのうちで(51)、マキアヴェッリ（図版5）こそ他に類を見ない最大の者である。彼はつねに現存のもろもろの勢力を生命を具えた、活動するものと捉え、選択肢を正しく、かつ大規模に提示し、自己も他者をも欺かないように努める。彼のうちには虚栄心や帳尻をごまかすような手口はいささかも見られない。彼が書く対象も当然、一般大衆ではなく、国政にあたる者、君主もしくは友人たちである。この人の持つ危うさは決して誤った独創性にあるのでもなければ、またもろもろの概念の誤った敷衍《ふえん》の仕方にあるのでもなく、むしろ、彼自身明らかに辛うじて抑えている強烈な想像力にある。無論彼の政治的客観性はその率直さという点で時に恐ろしいまでのことがある。しかしこの客観性は、人間がどのみちもう正義を信ずることも、公正の存在を自明のことと決めてかかることもできなくなった極度の苦難と危険の時代に生じたものなのである。このような姿勢にむけてなされた道義的憤慨などは、現世紀において四囲の強国の動き方をつぶさに見てきたわれわれには、なんら特別驚くほどのものではない。マキアヴェッリは少なくとも、現下の主要事にすべてを打ち込んで、己れ一個のことは、これを滅却することができたのであった。総じて彼は、最も厳密な意味において愛国者である。もっともこの人の著作には（僅かな言葉は別として）あからさまな熱狂はまったく欠けており、またフィレンツェの人たち自身、結局は彼を犯罪者と見なすにいたってはいるが[52]。よしんば彼に、大部分の人たちと同様に、行状や言説においてひどく気ままなところがあったにせよ、——国家の安寧こそがなんといっても彼の思いのすべて

図版5　マキアヴェッリ　サンティ・ディ・ティート，ロンドン，ナショナル・ギャラリー

を占めていたのである。フィレンツェの新しい国家機構設立について彼の画策した最も完全な計画案は、教皇レオ十世にあてた建白書の中で述べられているが(53)、これは、先にマキアヴェッリが『君主論』を献呈したウルビーノ公ロレンツォ・デ・メディチ(一五一九年没)(在位一四九二―一五一九。大ロレンツォの孫で、粗暴かつ権力欲の強い人物)の死後に起草されたものである。事態の状況は末期的なものであり、すでに完全に破滅状態にあったので、提案された手段と方策はかならずしもすべてが道徳的とは言えない。だが、マキアヴェッリがメディチ家の後継政体として共和国を、それも中間的民主政体を導入しようとしているのは、まことに興味深い。教皇、その特別の支持者たち、そしてフィレンツェのさまざまな利害、こうしたものそれぞれに妥協譲歩したこれ以上精巧な構築物はまったく考えられない。それはまさに時計の機械をのぞき込んでいるような思いである。フィレンツェのためのこれ以外の数多くの根本方針、個別的意見、類似例、政治上の見通しなどは、『ローマ史論』の中に見出されるが、そこには雲間からもれる光のような、こよなく美しいひらめきもある。例えば彼は、共和国の発展法則、すなわち、発展は進行するが、しかもそれは断続的に表面に現われるという法則を認め、また国家機構は柔軟かつ変化しうるものであることを要求し、そうであってのみ突然の死刑宣告や追放が避けられるとするのである。同様の理由から、私的暴行や他者による容喙《ようかい》(「あらゆる自由を死に追いやるもの」)を阻止するために、彼は憎悪されている市民にたいしては司法上の告発(accusa)の導入を望んでいる。フィレンツェではこうした告発のかわりに昔から悪口雑言しかなかったという。彼が見事な筆致でその特徴を描きだしているものとして、危機に際して共和国においてきわめて重要な役割を演じている不本意にして遅きに失した決断がある。こうした論のあいだに、想像力と時代の圧迫とに惑わされて、無条件の民衆賛美をしているところもある。民衆こそ自分の使用人をそこいらの君主などよりも上手に選ぶものであり、また民衆は「説得によって」その誤りを改めさせることができるというのである。(54) トスカーナの支配権については、彼はそれがフィレンツェにあることを疑わず、(ある特別な論考《ディスコルソ》において)ピサの奪回を死活問題であると考えている。また、そもそもアレッツォを一五〇二年の叛乱後も存続させてきたことを遺憾としている。彼はまた、イタリアの諸共和国は外に向かって盛んに発展し、国土の拡張を図ることが許されねばならないとし、これによって自らは外からの攻撃を受けず、国内に平和を保つことができるということを、大筋において認めさえしている。しかるにフィレンツェは、事を為すにあたりつねにその策を誤ってきたのであり、ピサ、シエナそしてルッカを昔から激しく敵視してきているが、「兄弟のように扱われたことで」進んでフィレンツェに臣従しているピストイアのような都市もある、というのである。(54a)

《シエナとジェノヴァ》

十五世紀になお存続していた他の僅かな共和国を、この比類のない都市フィレンツェと比較しようとするだけでも不当というものであろう。じつにフィレンツェはイタリア精神の、それどころか、およそ近代ヨーロッパ精神の格段に重要な仕事場であったのである。シエナはきわめて深刻な組織上の弊害に苦しんでおり、工芸品や美術においてまずまず成功していたとはいえ、これを糊塗《こと》するわけにはゆかないのである。アエネアス・シルヴィウス[55]（教皇ピウス二世。シエナの人）はその生れ故郷の町からまことに切々たる思いを抱いて、財産や遺産の没収、暴力的な行政機関、党派間の確執、こうしたものによって生活を破壊させられることのない「楽しげな」ドイツの帝国直属都市（中世ドイツで地方領主支配下の地方都市にたいし、国王・皇帝直属都市をいう。一二五〇年以後、都市は裁判権を所有し、完全な自治都市となった）を眺めやっている。[56]ジェノヴァはわれわれの考察の圏内に入らないと言ってよい。これは、ジェノヴァがアンドレーア・ドーリア（一四六六頃—一五六〇。ジェノヴァの提督、政治家。カルル五世のもとで少数独裁政治を発展させた。芸術家のパトロン）の時代にいたるまではルネサンス運動全体にほとんど関与していなかったからで、そのためリヴィエラ地方[57]（マルセイユから、イタリア北部ラ・スペツィアにいたる、ジェノヴァを含む地中海沿岸）の人間は、イタリアではあらゆる高尚な教養を軽侮する者と見なされていたのである。この地での党派間の争いははなはだしく荒々しい性格を示し、これにともなって生活全体もきわめて激しく動揺していたから、あれほど革命を経験し、また外国によって占領されることがあったあとで、そのたびにジェノヴァの人たちはどうやってどうにか我慢のできる状態に国を立ちもどせたのか、われわれにはほとんど理解できないのである。これに成功したのはおそらく、国政にあずかっていた人たちすべてがほとんど例外なく同時に商人としても活動していたからであろう。[58]大規模な収益や富がどの程度までなら国情の不安定に耐えうるものであるか、また国内の状態がどの程度までなら遠隔による植民地でも領有できるものであるか、ジェノヴァはこのことを驚くべき仕方で教えてくれる。

ルッカは、十五世紀にはそれほど重要ではない。〔十五世紀の最初の数十年、ルッカがグイニージ家（十世紀以来記録の残るルッカの旧家。銀行業や絹織物業で栄え、一四〇〇―三〇年にルッカの領主）による半専制政治のもとで生きていた頃のこの都市の歴史家ジョヴァンニ・ディ・セル・カンビオ（一三四七―一四二四。ルッカの年代記作者）の意見書が保存されており、これは諸共和国におけるこうした君主の一門全般の状況を示す意味深長な記念碑と見なすことができる。(59) これの著者は以下のようなことについて論じている。都市および領土における傭兵軍の規模と配置。あらゆる官職を、選ばれた支持者にのみ授けること。あらゆる私有武器の記録と疑わしい者の武装解除。追放された者たちの監視と、財産をすべて没収すると威嚇して、亡命地として指定された場所を離れないように仕向けること。ひそかに暴力を行使して危険な暴徒を除去すること。国外に移住した商人や実業家を強制的に帰国させること。支持者だけで構成されている十二ないし十八人の委員会によってこれ以外の市民評議会（consiglio generale）の出現をできるだけ排除すること。傭兵はどうしてもなくてはすまされないので、彼らに使う以外の支出はすべて制限すること。これは、傭兵がいなかったら人々はたえず危険のうちに生きてゆくことになるからであり、また傭兵をいつも上機嫌にしておかねばならないからである（i soldati si faccino amici, confidanti e savi 傭兵を信頼できる味方にし、思慮深くさせるべきである）。最後に、現在の窮状、ことに絹織物工業が衰微していること、といっても他のすべての産業も同様なのであるが、それと、葡萄栽培が衰微していることが認められており、急場しのぎとして、外国産葡萄酒への高い関税と、食料品は除いてすべての物を都市において購入せよという、都市周辺部（contado）への完全な圧迫が提案される。この注目すべき論文はわれわれにとっても詳細な注釈を必要とするところであろう。ここではただ、イタリアにおいては理路整然たる政治的省察が北方の国々よりもずっと早くから発達していたという事実を示す多くの証拠の一つとして、これに言及したにすぎないとしておこう。」

7 イタリア諸国家の外交政策

ところで、イタリアの大部分の国家はその内部においては精緻な構築体、すなわち、綿密に計算され、はっきりそれと分かる基礎の上に建てられている、反省に基づいた意識的創造物であったが、これと同じように、これら国家相互の関係および外国との関係も精巧な仕組みを持ったものとならざるをえなかった。それらの国家のほとんどすべてが比較的新しい権力簒奪によって成立したものであるという事情は、その対外関係にとっても国内にとっても重大な結果を招くことになるのである。こうした国家はいかなる国であれ他国に心を許してこれを全面的に認めるということはない。自国の支配権を樹立し、そして、確立する時に働いたその同じ運《つき》が、隣国にたいしても働くかもしれないのである。専制君主がおとなしくしているかどうかは、その専制君主の一存でどうにかなるというものではない。勢力を拡大しようという欲求、なんでもよい、とにかく動きたいのだという欲求は、正統ならざる者すべてに特有の性質なのである。こうしてイタリアは「外交政策」発祥の地となるのであり、その後こうした外交政策はしだいに他の諸国においても公認の法的状態を代表するようになった。偏見にも、倫理的考慮にもとらわれずに、国際上の諸問題を完全に客観的に処理するやり方は、時として完成の域にまで達することがあり、その場合にはこうした処理の仕方はじつに絶妙かつ雄大の趣きを呈するのであるが、反面これを全体として見た場合には、底知れぬ深淵をうちに蔵するかのような印象を与えるのである。

《ヴェネツィアにたいする妬み》

このような外交政策に見られる陰謀、同盟、軍備、買収そして裏切りが一緒になって、当時におけるイタリアの対外的歴史を形づくっているのである。特にヴェネツィアはあらぬ疑いをかけられて、長いあいだ広く非難の的となってきた。すなわち、ヴェネツィアはイタリア全土を征服しようとしている、あるいは、徐々にその力を衰えさせて、ついに一国また一国となすすべもなくヴェネツィアの腕の中にとびこまざるをえないようにしている、というのである。(1) しかしこれを子細に見ると、この悲嘆の叫びは民衆の中からではなく、君主や政府の周辺から起こっているのに気づく。これは、君主や政府当局はほとんどすべてその臣民のあいだでひどく憎まれている一方で、ヴェネツィアはかなり寛大な統治により全般にわたって信頼をかちえていたことによる。(2) フィレンツェにしても、歯がみをして耐えている隷属諸都市をかかえており、よしんば商売上の妬みやロマーニャにおけるヴェネツィアの勢力展開を考慮に入れなくても、ヴェネツィアとは厄介な立場といった以上の関係にあった。結局カンブレー同盟(上巻一一六頁以下参照)は実際のところ、全イタリアが一致協力して支えるべきであったこの国家ヴェネツィアを弱体化させることになったのであった。

《外国。フランスにたいする好感》

しかしながら他のすべての国家にしても、自分の良心に疚《やま》しいところがあると、誰もが最悪の事を考えるものであることから、たがいにそうした事を予期して、つねに万一にそなえて準備を怠らないでいるのである。小国はとにかくとして、ロドヴィーコ・スフォルツァ・イル・モーロ、ナポリのアラゴン家、教皇シクストゥス四世は、イタリア全土にこのうえなく危険な騒乱をたえず呼びさましていた。この恐ろしい策動がイタリアだけに限定されていたらよかったのだが！　ところが、この場合どうしても他国による干渉や援助が、主としてフランス人やトルコ人によるそうしたことが求められるようになったのは自然の成りゆきであった。

差しあたっては住民自体がすべてフランスに好感を抱いている。ぞっとするような無邪気さでフィレンツェは以前から、フランス人にたいして昔ながらの教皇派的共感を抱いていることを認めている。(3) そしてフランス王シャルル八世が現実にアルプスの南に姿を現わしたときには、全イタリアが歓呼のうちに王に靡《なび》いたので、王とその家臣たち自身なんとも奇怪に思ったほどであった。(4) イタリア人の空想のうちには（サヴォナローラを思ってみるがよい）一人の偉大で聡明かつ公正な救済者にして支配者の理想像が棲《す》んでいた。ただそれは、もはやダンテの考えていたような皇帝ではなく、フランスのカペー家（フランスの王家（九八七―一三二八）のユーグ・カペーからシャルル四世にいたる王家、広い意味ではヴァロア家（一三二八―一五八九）およびブルボン王家（一五八九―一七九二、一八一四―三〇）もふくむ）の王なのであった。シャルル八世が撤退すると、この幻想は大たいにおいて消え去ったが、それでも、シャルル八世、ルイ十二世そしてフランソワ一世がイタリアとの真の関係を完全に見誤っており、じつにつまらない動機によって動かされていたのが分かるまでには、なお長い年月を必要としたのであった。民衆とちがって、君主たちはフランスを利用しようとした。英仏戦争（百年戦争。一三三七―一四五三）が終わりを告げ、ルイ十一世（在位一四六一―八三。フランス王。巧妙な政策により王国を統一。商工業の振興などにより、絶対王政の基礎を築く）がその外交の網をあらゆる方面に投げかけ、さらにブルゴーニュのシャルル勇胆公までもがいろいろ無鉄砲な企てに耽っていたとき、イタリアの各内閣はあらゆる方面から手を差しのべて彼らの意を迎えた。かくしてフランスの干渉は、ナポリとミラノにたいしてはなんの要求も出されなかったとしても、早晩起こらざるをえなかった。現にこうした干渉は例えばジェノヴァやピエモンテではもう久しい以前から起こっていたのであった。ヴェネツィアの人たちはすでに一四六二年にこのことあるを予期していた[5]。ミラノ公ガレアッツォ・マリア・スフォルツァはルイ十一世ともシャルル勇胆公とも上べだけの同盟を結んでいたことから、ブルゴーニュ戦争（一四七四―七七。ブルゴーニュ公シャルルがフランス王ルイ十一世からの独立を図ったことにより起こった戦争）のあいだ、両者から攻撃される恐れを抱かねばならなかったとき、命も縮まるほどの不安にどれほど耐えていたかを、公の書簡がまざまざと示している[6]。

《均衡体制の試み》

大ロレンツォ（ロレンツォ・デ・メディチ。イル・マニーフィコ）の頭にあったようなイタリア四大国家（ミラノ、ヴェネツィア、ナポリ、教皇領）の均衡体制もつまるところは、無法な実験政策やフィレンツェにおける教皇派の盲信を克服して、最善のものに望みを持とうと努力した明るい、楽観的精神の要請にすぎなかったのである。ルイ十一世がナポリのフェランテ（アラゴン家、フェルディナンド一世）と教皇シクストゥス四世と交戦していた大ロレンツォに援軍を申しでたとき、ロレンツォはこう言った。「私にはまだ、自分の利益を優先させて全イタリアの危険をないがしろにすることはできない。望むらくは、フランスの王たちがその武力をこの国で試してみようなどということをかりそめにも考えないように！　そんなことになれば、イタリアはもうおしまいだ。[7]」これと反対に、他の諸君主にとっては、フランスの国王は恐怖を与える手段であったり、恐怖の対象であったりしている。彼らは、なにか窮地に陥って、そこを逃れるのにそれよりうまい方策が見つからないと、すぐさまフランス王を持出して脅かすのである。教皇たちにいたっては、自分たちは一切危険をこうむらずにフランスを操ることができると信じていた。教皇インノケンティウス八世さえ、なにか意にそわぬことがあったら北方に引き退いて、そこからフランス軍を引きつれて征服者としてイタリアへ戻ってくることができると考えていたのである。[8]

《干渉と侵略》

このようなわけで、思慮ある人たちは、シャルル八世によってイタリア侵攻が行なわれるはるか以前から外国の侵略を予測していた。[9]そしてシャルル八世がふたたびアルプスの彼方へ軍を返したとき、いよいよ干渉の時代が始まったということが、今ようやく万人の眼に明らかとなった。それ以後、不運に不運が絡み合う。フランスとスペイン、この二大干渉国はそうこうしているあいだに近代的強国になっていて、うわべだけ帰服させるのではもう満足できず、イタリアにおける影響力と領土獲得を争って、両国が死を賭して戦わざるをえなくなっていることにイタリア人が気づいたときには、もう手遅れであった。この両国は、中央集権化したイタリア諸国家と同じものになり始めていた、それどころか、これを模倣し始めてさえいた、それも途方もない規模において。領土を略奪し、また交換を画策することが、一時期きりのないほど流行した。しかし結局、周知のようにスペインの全面的優位に終わり、スペインは反宗教改革の楯とも剣ともなって、教皇権さえも長いあいだ牛耳ったのであった。哲学者たちの悲痛な省察も、野蛮な人間どもを呼び寄せた者はすべて、どんなにみじめな最期を遂げたかをただ立証する以上には出なかったのである。

《トルコとの連合》

十五世紀においてはトルコ人との提携も公然と、またなんのはばかるところもなく行なわれた。これは、他のことと同様に、政治的成果を収めるための一手段のように思われたのである。連帯的「西欧キリスト教界」という観念は、すでに十字軍遠征が行なわれているあいだにしばしば容易ならぬ動揺を見せていたのであり、フリードリヒ二世は早くもこうした観念の枠をこえて成長していたと思われる。しかしながら、近東勢力（オスマン・トルコ。十三世紀末以降）の新たな進出とギリシア帝国（ビザンツ帝国。三三〇―一四五三）の苦難と滅亡は、大勢において西欧諸国の往古の気分を（その熱情とまでは言わないにしても）ふたたびよみがえらせたのであった。だが、この点ではイタリアは一貫して例外をなしている。トルコ人にたいする恐怖と、また実際の危険がきわめて大きかったと思われるが、それでもなお有力な政府にして、いつの時か不法にメフメット二世やその後継者と意を通じて他のイタリア諸国家に敵対することのなかったような政府はほとんどないといってよい。また、そういうことがなかった場合でも、どの国家も相手がそういうことをやりかねないと考えていた――それでもこれは、例えばヴェネツィア人が、ナポリの王位継承者アルフォンソ一世は配下の者を遣わして、ヴェネツィアの貯水槽に毒を投じさせたとして、彼の罪を言いたてているのにくらべれば、まだましな方である。[10] シジスモンド・マラテスタのような悪人にいたっては、この男はトルコ人をイタリアに呼びよせるかもしれない、といった以上のことは期待されていなかった。[11] しかし、メフメットに――他のイタリア諸政府に使嗾《しそう》されたと言われているが[12]――かつてオトラントを奪われたことのあるナポリのアラゴン家にしても、あとになるとトルコ皇帝バヤズィト二世（一四四六―一五一二。その治世は弟との内訌や王朝内部の陰謀的兵乱に終始した）をヴェネツィアにけしかけたのであった。[13] ロドヴィーコ・スフォルツァ・イル・モーロもこれと同じことをやって非難された。「トルコ人の手に斃《たお》れた者たちの血、トルコ人のもとに捕われている者たちの嘆きは、この男にたいする復讐を求めて神にむかって叫んでいる」とこの国の年代記作者は言っている。あらゆる情報に通じていたヴェネツィアは、モーロの従兄弟のペーザロ侯ジョヴァンニ・スフォルツァ（一四六六―一五一〇。ルクレツィア・ボルジアと結婚）が、ミラノに向かっていたトルコの使節団に宿を貸したことまで知っていた。[14] 十五世紀の教皇のうちで最も尊敬すべき二人の教皇ニコラウス五世（在位一四四七―五五。人文主義を愛好し、学芸、芸術を保護。書物収集家としてヴァティカン図書館の真の設立者と見なすことができる）とピウス二世は、トルコ人のことでこのうえなく深い心痛を抱きながら世を去った。ピウス二世にいたっては、自ら軍を率いてゆくつもりであった十字軍遠征の準備中に病没したのであった。これに反してこの二人の後継者たちは、全キリスト教界から集められたトルコ遠征の義捐金を横領し、また、義捐金を提出すれば授けられる贖宥《しょくゆう》を悪用して、私利のための投機的事業にし、その神聖を汚すのである。[15] 教皇インノケンティウス八世は、バヤズィト二世から年金を受けとるかわりに、その兄弟で亡命中の公子ジェームの牢番をつとめる。また教皇アレクサンデル六世は、コンスタンティノープルにおいてトルコのヴェネツィア攻撃を推進しようというロドヴィーコ・スフォルツァ・イル・モーロの行動を支持するが[16]（一四九八年）、これにたいしてヴェネツィアは公会議を開くといって教皇を脅かす。これをもって見れば、フランソワ一世とスレイマン一世（在位一五二〇―六六。その治世下にトルコは最大の領土を保有、ヨーロッパ政局に介入。行政でも広大な版図にたいし最良の制度をうち立てた）のあいだに締結された悪評高い同盟もなんら新しいものでも前代未聞のものでもなかったことが分かる。

いずれにしても、住民一人一人について見れば、トルコ人の側についてももはや特別恐ろしいことと思わなくなっていた者もいたのである。よしんば彼らが圧制的な政府をこのような態度をとって脅したにすぎなかったとしても、これはやはり、人々がこうした考えにかなり慣れていたというしるしであろう。すでに一四八〇年頃、バッティスタ・マントヴァーノ（ジョヴァン・バッティスタ・スパニョーリ。一四四八―一五一六。マントヴァの生まれ。カルメル会修道士。詩人、伝記作家、宗教作家。ウェルギリウス、ペトラルカなどを模したラテン語の田園詩などがある）は、アドリア海沿岸の大部分の住民がこうしたようなことを予見していること、そして特にアンコーナはそれを望んでいることを露骨にほのめかしている。[17] ロマーニャが教皇レオ十世治下においてはなはだしく抑圧されていると感じていたとき、ラヴェンナ（ロマーニャ地方の都市）の一議員が教皇特使の枢機卿ジューリオ・デ・メディチに面と向かってこう言ったことがある。「猊下、高貴なるヴェネツィア共和国は、教会と争いを起こしたくないので、われわれを手に入れようとしないのです。だが、トルコがラグーザ（旧ユーゴスラヴィアのアドリア海沿岸にある。一二〇五―一三五八年のあいだヴェネツィアの宗主権のもとかなりの自治権が許される）にむかってやってくれれば、われわれはこの国に身を委ねるでしょう。[18]」

当時すでに始まっていたスペイン人によるイタリア制圧を目のあたりにして、これでこの国は少なくともトルコ支配による野蛮化からは守られたのだと考えたのは、腹立たしいとはいえ、それでも、全然根拠がないわけでもない慰めなのである。[19] この国の統治が四分五裂の有様であったため、自力でこうした運命から身を守るのは難しかったであろう。

《政治の客観的処理》

こういうことをすっかり見たあとで、イタリアの当時の施政についてなにかよい点を挙げるということになると、それは、恐怖、激情もしくは悪意によってすでに曇らされていなかったような問題であるかぎり、なんの偏見にもとらわれることなく、客観的にこれを処理することができるということだけである。ここには人為的に導き出されたもろもろの権利をともなう北方的意味での封建制度は存在せず、むしろ、各人が所有している権力は、各人が（通例は）これを少なくとも事実上完全に所有しているのである。ここには、君侯たちの心情を己が心情として、抽象的な体面問題と、そこから生ずるすべての奇妙な帰結にあくまでも固執するような扈従《こじゅう》貴族は存在しない。むしろ、君主と助言者は、情勢にもとづき、達成すべき目的に即してのみ行動すべきである、という点で同じなのである。利用しようという人間にたいしては、また、それがどこの出であろうとひとたび同盟を結んだ人間にたいしては、人を威嚇するような排他階級《カースト》的尊大さが示されることはない。そればかりか、素姓などはまったくどうでもよい傭兵隊長たちの身分は、実力というものについて十分明瞭に物語っている。最後に、政府はいわば、教養ある専制君主であったから、自国および隣国の情勢を、同時代の北方諸政府がそうしたものについて持っていた知識とは比較にならないほど正確に知っており、敵味方の経済的ならびに道徳的面での能力をごく細部にいたるまで算定する。これらの政府は、きわめて重大な誤謬を犯しているとはいえ、天性の統計学者のように見えるのである。

《交渉術》

このような人たちが相手なら、交渉というものが可能であった。このような人たちであればこれを承服させることができた、すなわち事実に基づいた理由を挙げてこの人たちの心を左右しうると期待することができた。ナポリの大アルフォンソ（アラゴン家）がフィリッポ・マリア・ヴィスコンティの捕虜になったとき（一四三四年）、彼はこう言ってヴィスコンティを説得することができた。すなわち、自分の一族にかわってアンジュー家（フランスの伯爵家。この家系からナポリ王、シチリア王、アラゴン王を出した）がナポリを支配することになれば、フランス人をイタリアの支配者にすることになろう、と。そこでヴィスコンティは身代金もとらずに大アルフォンソを釈放し、これと同盟を結んだのであった[20]。北方の君主ならばこのような行動をとることは難しかったであろうし、また、ヴィスコンティに平素具わっていたような道義心を持っている人もいなかったことは疑いない。ロレンツォ・デ・メディチ・マニーフィコ（大ロレンツォ）が信用のならないフェランテ（アラゴン家、フェルディナンド一世）をナポリに訪問したあの有名な話も、事実に基づいた理由の持つ力を固く信頼していたことを証拠だてるものである。ロレンツォは、この男が自分を捕虜にして抑留しておきたいという誘惑を疑いもなく感じており、またそれを実行するに躊躇するほど善良でもなかったのを知っていたのにナポリに赴いたのであった——フィレンツェの人たちがみな唖然としているなかを、である[21]。それというのも、ペロンヌでシャルル勇胆公がルイ十一世にしたように（一四六八年）、強力な王侯を捕え、いくつかの署名をさせ、またその他ひどい侮辱を加えたあとでふたたび生かしたまま釈放することもあるというのは、イタリア人にしてみれば愚かしい行為に思われたからである[22]。そこで、ロレンツォはもはや戻ってこないか、でなければ名誉をになって戻ってくるかのいずれでしかないと人々は思ったのであった。この頃、特にヴェネツィアの使節によって政治的説得術が大いに使われていて、アルプスの北ではイタリア人によって初めてこれがどういうものであるかを教えられたのであったが、この説得術は無論公的な歓迎演説と同日に論じられるべきものではない。というのも、こうした演説はもともと人文主義者たちの学校教育用修辞学に入るものだからである。外交上の交渉においては、通常はきわめて成熟した礼儀作法が行なわれていたとはいえ、無作法な言動や素朴さにも欠けていなかった(23)。だが、その『使節報告書』に見られるマキアヴェッリのような精神の持ち主は、われわれにはほとんど感動的に思われる。訓令は不十分、手当は貧弱、扱いは下級の代理人並みという状況にありながら、彼はその自由で高邁な観察の精神と、生き生きとした報告を伝える喜びを決して失うことがないのである。——〔つぎに、イタリアは特に政治的な「訓令」と「報告」の国であり、今後もそうである。他の国々においても見事な交渉が行なわれていたことは疑いない。しかしながら、もうこんなにも早い時期から夥しい事蹟が残っているのはここイタリアだけである。不安におののくナポリのフェランテの最後の数週間のもので、教皇アレクサンデル六世の官房にあてて出されたポンターノの手になる重大な至急報(一四九四年一月十七日)は、この種の国書の最高の概念を与えてくれる。この至急報は、ほんのついでのことに、ポンターノの夥しい至急報の一つとしてわれわれに伝えられたものである(24)。十五世紀末と十六世紀初頭の他の内閣官房の同じように生々しく、かつ重要な文書はまだ沢山埋れていると思われる、これよりのちの時代についてはさておくとして。――）これらのイタリア人におけるもろもろの状況についての研究と相まって行なわれた、民衆ならびに個人としての人間の研究については、別に一章をもうけて論じることになろう。

8　精密な仕組みとしての戦争

どのようにして戦争もまた精密な仕組みという性格を呈するようになったかは、ここではほんの数語をもって示唆するにとどめておこう。ヨーロッパ中世においては、武人一人一人の修練は、当時広く行なわれていた武器の操作方式の範囲内では最高度に完成していた。また、築城術、攻城術の天才的考案者がいつの時代にもいたことは確かである。しかしながら戦略も戦術も、兵役義務が実際的な面ならびに時間的な面において多大に制約されていることによって、また貴族の功名心によっても発達を妨げられていた。後の方の例を挙げれば、貴族は敵を前にして先陣を争ったり、またたんなる猪突猛進によって、クレーシーの戦い（百年戦争中、一三四六年にエドワード三世の農民の長弓隊によりフランス軍の重装騎士隊が敗れた戦い）やモーペルテュイの戦い（一三五六年、イギリスのエドワード黒太子がフランスのジャン二世を破った戦い）のように、よりによってきわめて重要な戦闘をふいにしてしまった。これに反してイタリア人にあってはごく早い時期から、こうした点において異なった性質の傭兵制度が広く行なわれていた。

《火器》

また火器が早くに完成をみたということも、戦争をいわば一般市民のものとするのに一役買うこととなった。これは、堅固をきわめた城塞といえども大砲の砲撃の前には震えあがったからというだけでなく、技師や大砲鋳造工の技能、また砲手の熟練の技を市民が自分のものとしたことで、こうした能力が前面に出てきたことによる。この場合人々は、個人の重要性が――小規模ながら見事に訓練されたイタリアの傭兵部隊の魂が――あの遠距離から威力を振う破壊の道具によって損われたことを、苦痛と感じないわけではなかった。実際、少なくともドイツでこのちょっと前に発明された小銃(1)にたいして力のかぎり抗議した傭兵隊長も二、三いた。例えばパオロ・ヴィテッリ（一四九九没。フィレンツェの傭兵隊長）(2)は捕虜にした敵の射撃兵たちの眼をえぐらせ、手を切り落させた。自分は大砲を正当と認め、これを使用していたのにである。しかし大勢はこうした発明を大いにやらせる方向に向かっていたのであり、その成果は存分に利用されたのであった。この結果イタリア人は攻撃手段についても要塞構築についても全ヨーロッパの師となった。

《専門家と好事家》

ウルビーノのフェデリーコ（フェデリーコ二世・ダ・モンテフェルトロ）、フェッラーラのアルフォンソ（アルフォンソ一世・デ・エステ）のような君主は、こうした分野の専門知識を身につけていたが、これにくらべるとマクシミリアン一世のような人の知識さえ浅薄にしか見えないであろう。理路整然と論じられた軍事組織全体についての学問と技術は、イタリアにおいて初めて存在した。イタリアにおいて初めてわれわれは、正確な軍略そのものをもって喜びとする、勝敗を超えた態度に出会うのであるが、これこそ、傭兵隊長たちがしょっちゅうやっていた党派の乗りかえや、彼らのまったく現実に即したやり方にじつにぴったりなものなのであった。一四五一年と一四五二年に、フランチェスコ・スフォルツァとジャーコポ・ピッチニーノとのあいだでミラノ・ヴェネツィア戦争が戦われたとき、文学者でポルチェリオという人がピッチニーノの本営につきしたがっていたが、この人はナポリのアルフォンソ王から報告書を作成するよう委託されていたのであった。[3] この報告書は、非常に純粋とは言えないが、しかし流暢なラテン語で、当時行なわれていた人文主義者流の美辞麗句を連ねて書かれ、大たいにおいてカエサル（前一〇〇―前四四。古代ローマの将軍、政治家。『ガリア戦記』『内乱記』がある）を範とし、演説やいろいろな前兆を中にはさんだものである。百年も前から、スキピオ・大アフリカヌス（前二三五―前一八三。古代ローマの将軍、政治家。前二〇二年、ザマでカルタゴの名将ハンニバル（前二四六―前一八三）を破り、第二ポエニ戦争を終結させた）とハンニバルとどちらが偉大であったかが[4]、真剣に争われていたので、ピッチニーノは仕方なく、報告書全体を通じてスキピオと呼ばれる羽目になり、そうするとスフォルツァの方はハンニバルというわけである。ミラノ軍についても客観的な報告をするよう命じられた。そこでこの詭弁家はスフォルツァに取りついでもらって、隊列を視察してまわり、すべてを大いに称賛して、自分がここで眼にしたものもまた後世に伝えようと約束した(5)。これ以外のものでも、イタリアの文献は内省的な識者と知識階級一般の用に供するための戦記や戦略の記録に富んでいる。これに反して同時代の北方諸国における報告、例えばディーボルト・シリング(一四八五没。ベルンの年代記作者)の『ブルゴーニュ戦記』などは形式の不備と、記録をただ忠実に記しているという点で、まだまったく年代記の域を脱していない。最大の好事家《ディレッタント》(6)で、かつて軍事のことでもそうした人として登場しているマキアヴェッリが『戦争の技術』(arte della guerra)を著わしたのもこの頃であった。しかし戦士一人一人の個人的修練は、一組もしくは数組の戦士たちで行なわれたあのものものしい決闘において申し分なく発揮されたが、こうしたものはバルレッタでの有名な決闘(一五〇三年)(ナポリ王国をめぐるフランス王ルイ十二世とスペイン王フェルディナンド一世の戦いで、フランス兵が従軍していたイタリア人を臆病と侮辱したことから、両軍環視の中で十三名ずつのイタリア兵とフランス兵が集団決闘し、イタリア兵が勝った)のずっと以前から慣習となっていたものである(7)。こうした際に、勝利者は詩人や人文主義者から称賛を受けるものと確信していた。これは北方の国では見られないことであった。このような決闘の結果はもはや神の裁きではなく、勝った場合、それは人格の勝利であり、また——見物人にとっては——手に汗握る賭事に決着をつけるものであると同時に、軍隊もしくは国民の名誉心を満足させるものでもある。

《戦争の残虐》

これは自明のことであるが、戦争に関する事柄をこのように完全に合理的に扱うというやり方は、ある事情のもとでは非道きわまる残虐行為の起こる余地を与えることになった。こうしたことは政治的憎悪がそこに働いていなくとも、例えば略奪行為を許すという約束をしただけでも起こりえたのである。スフォルツァが自分の兵士らに許さざるをえなかった四十日にわたるピアチェンツァの蹂躙《じゅうりん》（一四四七年）のあと、この町は久しいあいだ人影もなく、強制的にふたたび植民されねばならなかった(8)。だがこのようなことも、その後外国の軍隊がイタリアにもたらした悲惨さにくらべればなにほどのものでもない。ことにあのスペイン人がそうであった。おそらくは西欧のものではない血が加わったことで、おそらくはまた異端審問の情景に慣れていたことで、天性の悪魔的側面が解き放たれて、こうした行動となって露わになったのかもしれない。プラート、ローマ等々にたいして働いたスペイン人たちの残虐行為によって彼らのなんたるかを知るにいたった者は、以後、カトリック王フェルディナンド（フェルディナンド。スペイン王、カスティリア王としては五世。アラゴン王としてはフェルディナンド二世（一四七九―一五一六）。貴族の特権をおさえ、絶対主義の確立につとめた）やカルル五世には高尚な意味で関心を抱くことは難しいのである。これらの王はその軍隊を暴徒集団と知っていながら、これを解き放ったのであった。彼らの官房の山のような文書は、しだいに世に現われてきて、これからきわめて重要な記録の供給源となろう――だが、われわれを活気づけてくれるような政治思想を、誰もうこうした君主たちの文書の中に求めることはないであろう。

9　教皇権とそれのさまざまな危険

教皇権と教皇領（ローマを中心に中部イタリアにわたる教皇統治下の国家。一三〇九―七六年のあいだ教皇庁がアヴィニョンに移ったため教皇領への教皇の把握が弱まり治安が混乱したが、十五世紀末から十六世紀初めにかけて政治的に強力な教皇が出て、教皇領を拡大強化した）[1]は、まったく例外的な産物ということで、これまではイタリア諸国家全般の性格を検証するときほんの付随的にわれわれの関心を惹いてきたにすぎなかった。通常こうした国家においてわれわれの興味をそそるもの、すなわち権力行使の手段の意識的強化と集中こそ、むしろ教皇領に一番見られないものなのである。これは、教皇領においては世俗的権力を形成するにあたって不十分なところがあると、宗教上の権力がたえずこれをカヴァーし、補ってやるからである。このような構造を持った教皇領が十四世紀と十五世紀初頭になんという厳しい試練を耐えぬいていることであろうか！　教皇権が虜囚の身となって南フランスに移されたとき（教会のバビロン捕囚。教皇庁がローマから南仏アヴィニョンに移された一三〇九―七六年のあいだのこと。前六世紀、ユダヤ人がバビロンに捕囚された事件にちなんで言う）、最初一切が大混乱に陥ったが、アヴィニョンは財力と軍隊と、そして、教皇領をふたたび完全に支配下においた偉大な政治家にして軍人、スペイン人アルボルノス（一三一〇―六七。スペインの聖職者。ペドロ残虐王によりアヴィニョンに追放。教皇特使として教皇領の回復につとめ、教皇のローマ帰還を実現した）とを持っていた。決定的崩壊の危険がさらにずっと大きかったのは、教会分裂《シスマ》（対立教皇の選出によりカトリック教会の統一が破られ、教会間に分裂が生じた状態。バビロン捕囚後、ローマの教皇にたいし、フランスに別の教皇が立てられ、ふたたびアヴィニョンに教皇座がおかれた大分裂（一三七八―一四一七）が最も影響が大きかった）が併発し、ローマ教皇もアヴィニョン教皇も、新たに失われた教皇領をふたたび支配下におくに十分の資力を欠くにいたったときであった。しかし、教会統一が確立されたあと、教皇マルティヌス五世（在位一四一七―三一。教皇の権利と勢力を回復）の治下で教皇領支配はとにかく再建された。教皇エウゲニウス四世（在位一四三一―四七。教会にたいする教皇の至上権を回復すべく努力するが、ローマ暴動が起きたためフィレンツェに逃れた）の治下あの危険が再発したあと、もう一度教皇領を支配下におくことに成功した。しかしながら教皇領は当分のあいだ、イタリア諸国家の中にあって完全に変則的なものに終始した。ローマ内部とその周辺ではコロンナ（ローマ貴族の家系で、政治家、枢機卿を輩出。イタリア南部の教皇領とナポリ王国内に広大な土地を所有）、サヴェリ（ローマ貴族の名門）、オルシーニ（ローマの豪族、後年メディチ家の姻戚として重要な役割を果たした）、アンギイラーラ等々といった貴族の有力な門閥が教皇権に抗した。ウンブリア、マルケ、ロマーニャには、かつてはいくら恭順の心を示しても教皇権からさほど感謝してもらえなかったあの都市共和国が、今はほとんど一つもなかった。そのかわり、恭順や忠誠心を示されても大して意味もなかったような大小の侯家が多数存在していた。こうした侯家は実力をもってよって立つ特別の王家であったから、それぞれまた特別な利害関係も持っているのである。この点についてはすでにこれらの侯家の最も重要なものについて論じておいた（上巻五三頁以下、および七七頁以下参照）。

とはいえ、われわれはここでまた教皇領を全体として簡単に考察しておかなければならない。注目すべき、新たな危機と危険が十五世紀中葉以降教皇領を襲う。それは、イタリア人の政治の気風がさまざまな側面から教皇領をも牛耳り、これを自分の道理にしたがわせようとするからである。これらの危険のうちさほどではないものは、国外もしくは民衆に端を発しており、より大きな危険の源は教皇たち自身のうちにある。

《外国およびイタリアにたいする教皇権の地位》

アルプスの向こう側の外国は差しあたり問題外としておいてよい。教皇権がイタリアにおいて致命的脅威に見舞われたとしても、ルイ十一世治下のフランスも、ばら戦争（一四五五―八五。イギリスの大封建貴族ランカスターとヨーク両家の王位継承をめぐる争いに起因する貴族間の内乱）初頭にあったイギリスも、一時的に完全な混乱状態にあったスペインも、バーゼル公会議を開かせたが、これを棒にふったドイツもまた、教皇権にほんの少しでも援助の手を差しのべることはなかったであろうし、あるいはそうすることもできなかったであろう。イタリアの国内自体には、教皇権が自国に属していることを一種の国民的誇りと考えていたようなにがしかの数の知識人がいたのであり、またそう考えていた無教育な人もかなりいたと思われる。きわめて多くの人たちは、教皇権がそのままの状態で存続するということにある特定の利害関係を持っていた。途方もなく沢山の人たちはいまだに教皇の聖別と祝福の力を信じていた[2]。そうした人たちの中には、教皇アレクサンデル六世の息子（チェーザレ・ボルジア）の命令でいよいよ銃殺されようというその間際になっても、教皇の贖宥《しよくゆう》を乞うたあのヴィテロッツォ・ヴィテッリ（一五〇三没。フィレンツェの傭兵隊長）のような大へんな無法者もいた。(3) しかしながら、教皇へのこうした共感がすべて一緒になったとしても、現存の憎しみや妬みをうまく利用するすべを知っていた真に覚悟をきめた敵を前にしては、教皇権をふたたび救うことはできなかったであろう。

外部からの援助の見通しがかくも望みうすなのにもってきて、教皇権自体の内部にこのうえなく重大な危険が発生する。教皇権は今や本質において世俗的なイタリア君主政治の精神をもって生き、行動していたというその理由だけからも、こうした君主政治の暗黒面をも必然的に知るにいたった。だが教皇権の独特な性質はさらにまったく特別な陰影を持ちこんだのであった。

《教皇ニコラウス五世以来のローマの不穏状態》

まずローマ市に関して言えば、この都市が起こす騒動などは大して恐れるに足りないかのような態度が昔からとられてきた。というのも、民衆の暴動によって追い出されたあれほどの数の教皇がふたたび戻ってきているし、またローマ市民は己れ自身の利害からも教皇庁があってくれることを望まざるをえないからである。(4) しかしながら、ローマは反教皇特有の急進主義を時おり発生させただけでなく、きわめて容易ならぬ陰謀の真只中に外部から眼に見えない手が働いているのさえ見られたのである。例えば、ローマ市に最大の利益を与えた教皇ニコラウス五世にたいするステーファノ・ポルカーリ（一四〇〇頃―五三。ローマの貴族の家柄。ローマで陰謀を企て、ニコラウスを捕えて自分が護民官であると宣言しようとして失敗。マキアベッリ『フィレンツェ史』第六巻参照）の陰謀（一四五三年）がそうである。ポルカーリ[5]は教皇による支配全般の転覆をもくろんだのであったが、名前は挙げられていないが疑いもなくイタリアの諸政府のあいだにその所在を見つけることのできる、気脈を通じていた大物がこれに加担していた。同じ教皇在位期間に、ロレンツォ・ヴァッラ（一四〇七―五七。ナポリの人文主義哲学者。アルフォンソ一世の書記となる。トゥキュディデス、ヘロドトスのすぐれた翻訳がある）はコンスタンティヌス帝の寄進状（中世最大の偽書とされる文書。帝からローマ教皇に帝国の最高権限が寄進されたとするもので、教皇権の世俗権、皇帝権にたいする優越を主張したもの）の真正であるとすることに反論する有名な熱弁を、教皇領の早急な世俗化を希望する言葉で結んでいる[6]。

教皇ピウス二世が戦わねばならなかった（一四五九年）カティリナ的不満分子の徒党も[7]、その目的が聖職者支配全般の転覆にあることを隠さなかった。また首領のティブルツィオは、こうした行動の責を、この願望の成就の時がまさにこの年にあたると彼に約束した預言者たちに帰した。何人かのローマの有力者、ターラントの領主や傭兵隊長ジャーコポ・ピッチニーノは、これと気脈を通じて、支援した。富裕な高位聖職者たちの邸館にどんな獲物が用意されていたかを思うとき（あの者たちは特にアクイレーイアの枢機卿に眼をつけていた）、まったく無防備といってよいこの都市においてあのような企てがもっと頻繁に、かつもっと成功裡に起こらなかったことをむしろ異とせざるをえない。教皇ピウスがローマ以外の地をむしろその居所としたのも理由のないことではなかった。教皇パウルス二世（在位一四六四―七一。教皇領での権威回復にはあまり成功しなかったが、古代記念碑の復興により帝都としてのローマの価値を高めた。ローマ・アカデミーの人文主義者とは衝突した）もなお（一四六八年）、本当にあったのか、それともそう言い立てられているだけなのか、ともかく同じような陰謀のために激しい恐怖を耐え忍んでいる(8)。教皇権はいつかこうした襲撃に屈服せざるをえなかったが、そうでなければ、かの盗賊団を庇護して猖獗《しょうけつ》せしめている有力者らの徒党を力ずくで制圧しなければならなかった。

《ローマの支配者としての教皇シクストゥス四世》

この任務を引きうけたのがあの恐るべき教皇シクストゥス四世であった。彼はローマとその近隣をほとんど完全に制圧した最初の人であった、ことにコロンナ家の人たちを弾圧してからはそう言える。彼が教皇職のことについても、イタリアの政治のことについてもあれほど大胆にして頑強な態度をとり、西欧全体が持ち出した苦情や公会議開催の脅迫にも平然としていることができたのも、この実績があったればこそである。これに必要な資金源となったのは、突如として際限もなく増大した聖職売買《シモニア》で、こうした行為は枢機卿の任命からほんのちょっとした恩恵や認可にいたるまで、あらゆるものにゆきわたっていた(9)。シクストゥスからして、教皇の位を得るのに賄賂を使わなかったわけではなかったのである。

《枢機卿ピエトロ・リアーリオの構想》

なんでも金で意のままになるという風潮が広まったとき、それはローマの教皇座にいつの時かよくない運命を招くことになったが、そうした運命の訪れるのはなおずっと先の話であった。閨閥主義《ネポティスモ》となると事情は別であり、これは教皇職自体を一時今にも根底から覆えしそうになった。あらゆる親類縁者のうちで、シクストゥス教皇の最大の、そしてほとんど独占的と言ってよい寵愛を最初に享けたのは枢機卿ピエトロ・リアーリオ（一四四五―七五。パオロ・リアーリオ・ダ・サヴォーナと教皇シクストゥスの娘ビアンカのあいだの子。フランチェスコ教団の修道士）であった。これは、一つには途方もない贅沢により、一つには、その罰当りな行動と政治構想のことで言いたてられた悪評により、あっという間にイタリア人すべての空想力をとらえてしまったその人である。(10) 彼はミラノ公ガレアッツォ・マリア・スフォルツァと意を通じて（一四七三年）、公をロンバルディアの王とするから、そのあとで公は教皇の近親者《ネポーテ》である自分を金と軍隊で支援して、自分がローマに帰った時には教皇の座に上るのに手を貸してくれるよう画策した。教皇シクストゥスは、そんなことをしなくてもこの男に教皇座を進んで譲ったであろうと思われる。(11) こうした計画はおそらく教皇座の世襲化の結果として、教皇領の世俗化に帰着することになったであろうが、その後この計画はピエトロの急死によって失敗に終った。二番目の近親者ジローラモ・リアーリオ（一四八八没。ピエトロの兄弟。フォルリおよびイーモラの領主。多くの陰謀を企て、フォルリの内乱で死去）は世俗的身分のままで通して、教皇職に手を触れることはなかった。しかし彼以後、教皇の近親者らは強力な侯国たろうとする志向によってイタリアの動揺を増大させる。これ以前には、教皇たちはその近親者たちの利益のためにナポリにたいする宗主権を主張しようとした、ということなども起こった。[12] しかし教皇カリストゥス三世（在位一四五五―五八。ボルジア家の出身。オスマン帝国討伐の十字軍派遣は失敗。閨閥主義により一族の繁栄の基礎を築いた）以後はこうしたことをもうそう気安くは考えることができなかった。ジローラモ・リアーリオは、フィレンツェ制圧（ほかにもいろいろとんでもない計画があった）に失敗したあとでは、教皇領自体を基盤にして支配権を打ちたてることで満足せざるをえなかった。

《ロマーニャにおける閨閥国家》

こうしたことは、ロマーニャではそこの君主や都市専制君主らが教皇の統治権の手に負えなくなるほど勢いを増しそうであったとか、あるいは、ロマーニャは、もしローマがこのようにして干渉しなかったら、すぐにスフォルツァ家やヴェネツィア人の餌食になったかもしれない、ということで正当化されたかもしれない。しかしながら、あの時代に、あのような状況のもとでは、主権を手にするにいたったこのような近親者やその後裔が、自分ともうなんのかかわりもなくなっている教皇たちに引き続き恭順を示すと誰が保証しただろうか？　なお存命中の教皇さえかならずしも自身の息子もしくは甥を信頼していなかったし、ましてや、前任の教皇の近親者を排除して自分の近親者をそこにすえようという誘惑が起きたのも自然の理であった。こうした状況全体が逆に教皇権自体に及ぼした作用はじつに容易ならぬものであった。あらゆる強制手段が、宗教的強制手段さえも、なんのはばかりもなくきわめていかがわしい目的のために用いられ、ペトロの椅子（教皇の座）が持っている本来の目的よりもこうしたいかがわしい目的の方が優先させられたのであった。このような目標が激しい震撼と大方の憎しみのうちに達成されたとき、教皇権の没落に最大の関心を抱いていたような王家が創られるにいたったのである。

《王侯出身の枢機卿たち》

教皇シクストゥスが逝去したとき、ジローラモは惨憺たる苦心の末、またスフォルツァ家（妻の実家）の援助を受けて、彼の巻きあげた侯国（フォルリとイーモラ）にあってどうやら身の保全をはかることができた。これに続いて行なわれた教皇選挙会《コンクラーヴェ》において（一四八四年）――この時にはインノケンティウス八世が選ばれた――教皇権の新たな外的保証にも似ているといってもよいような現象が現われた。すなわち、統治権を有する一門の公子である二人の枢機卿が破廉恥至極にも、教皇選出を支援するかわりに金と位階を手に入れるのである。その二人とはアラゴン家のフェランテ王の息子ジョヴァンニと、ロドヴィーコ・スフォルツァ・イル・モーロの兄弟アスカニーオである[13]。このようにして、少なくともナポリとミラノの王家は獲物に与《あずか》ることによって教皇制度の存続に関与したのであった。さらにもう一度つぎの教皇選挙会において、五人を除いてすべての枢機卿が買収されたとき、アスカニーオは莫大な賄賂を受けとり、そのうえ、次回の選挙には自ら教皇になるという期待を残しておいたのである。(14)

《教皇インノケンティウス八世とその息子》

ロレンツォ・マニーフィコも、メディチ家がなんの利益も得られずに終るようなことのないのを望んだ。彼は娘のマッダレーナ（一四七二―一五一九）を新教皇の息子フランチェスケット・チーボと結婚させ、こうして自分の息子である枢機卿ジョヴァンニ（のちの教皇レオ十世）にたいしてあらゆる宗教上の恩恵が授けられることを期待しただけでなく、婿の迅速な昇進をも期待した。(15)しかしながらこの後の方の点においては、彼は不可能なことを求めたのであった。教皇インノケンティウス八世の場合には、国家を創建しようという向こう見ずな閥族主義は問題になりえなかった、これは、フランチェスケットがまったくなさけない男で、父の教皇と同じく、きわめて低級な意味での権力の享受、特に莫大な額の金銭の獲得だけしか頭になかったからである。(16)それにしても、この父と子がこんな商売のやり方を長いあいだやっていたら、きわめて危険な破局を、すなわち国家の崩壊をもたらさずにはいなかったであろう。

教皇シクストゥスはあらゆる宗教上の恩恵を与え、また顕職を売ることで金銭を手にいれたが、インノケンティウスとその息子は世俗的恩寵を扱う一種の銀行を設立した。そこに高い料金を払いこめば殺人の罪にも赦免が得られるという構造である。それぞれの贖罪会から得た金のうち、百五十ドゥカーテンが教皇の会計局に入り、それを超える分はフランチェスケットの懐に入った。ローマは、特にこの教皇在位期間の最後の頃には、そこには後ろ楯のある者もない者もいたが、とにかく人殺しであふれていた。教皇シクストゥスはその治世をもろもろの徒党を支配下におくことから始めたが、その徒党もふたたび隆盛をきわめている。教皇インノケンティウスは十分に防護されたヴァティカンにいて、あちこちにわなを仕掛け、支払い能力のある犯罪者がそれにかかるのを待っているだけでよいのである。だがフランチェスケットの頭には、教皇が逝去したとき、どうすればできるだけ沢山の有り金を持って行方をくらますことができるか、というこの大問題しかなかった。一度教皇逝去の誤報があった折りに（一四九〇年）正体を暴露したことがあった。彼は有り金全部を——教会の財産を——持ち去ろうとし、周囲の者に阻止されると、せめてトルコの公子ジェームだけでも連れ去ろうとした。これは、高い値でナポリのフェランテあたりに売りつけることのできた生きた財産であったからである。(17)すでに過ぎ去った時代の政治的に起こりえたかもしれない事例について思量するのは難しいことである。だが、ローマはこの種の教皇職をなお二代三代と耐え抜いたであろうか、という疑問がわいてくるのを抑えることができない。旅行者や巡礼ばかりか、ローマ皇帝マクシミリアンの一使節団までも全員ローマ近郊で身ぐるみ剝がされたり、ローマ市内に足を踏み入れられずに、途中で引き返す使節がかなりあったといったほどにひどくなるまで事態を放置しておくのは、敬虔なヨーロッパにたいしても賢明なやり方とは言えなかった。

《スペイン人としての教皇アレクサンデル六世》

天分豊かな教皇アレクサンデル六世（在位一四九二―一五〇三年）（ボルジア家出身）（図版6）のうちには、権力の享受とはいかなるものかという考えが生き生きとした姿で顕在していたが、こうした考えと、当時の状態は無論一致しなかった。実施された最初の措置は、公共の安全をとりあえず回復することと、あらゆる俸給をきちんと支払うことであった。

厳密に考えれば、イタリアの文化形式を問題とする本論ではこの教皇職は無視してもよいかと思う。というのも、ボルジア家の人たち（スペイン系イタリア人）はナポリの王家と同様ほとんどイタリア人とは言えないからである。教皇アレクサンデルはチェーザレ・ボルジアと公然とスペイン語で話しているし、ルクレツィア（一四八〇―一五一九。アレクサンデル六世の子。ペーザロ侯ジョヴァンニ・スフォルツァと結婚するが解消、二度目の夫は殺害される。アルフォンソ一世・デステと結婚し、フェッラーラ公妃となったのちは、宮廷を文芸、芸術の中心とした）はフェッラーラで出迎えを受けたとき、スペインの衣装をつけ、スペインの道化役者の歌で歓迎されている。腹心の家僕はスペイン人からなり、一五〇〇年の戦争におけるチェーザレの悪名高き軍隊も同様で、彼の絞首刑吏ドン・ミケレットも、毒殺者セバスティアン・ピンゾンもスペイン人であったらしい。これ以外のあらゆる活動のあいだに、チェーザレは一度、六頭の荒れ牛を、周りを囲った中庭でスペイ

図版6　教皇アレクサンデル6世（部分）　ピントゥリッキオ，ローマ，ヴァティカン美術館

ンの型通りのやり方にしたがって仕留めたこともある。しかしながら、腐敗はこの一族の者たちにおいてピークに達しているかに思えるが、彼らがこの腐敗とローマにおいて出会ったとき、実はそれはすでにきわめて進んだ状態にあったのであった。

この一族の人たちがなんであったのか、なにをしたのかは、しばしば、またいろいろと物語られてきた。彼らのつぎなる目標は、実際それは達成されたのであるが、教皇領の完全なる支配であった。すなわち群小支配者はすべて[18]――これは大てい、多かれ少なかれ教会の不従順な家臣であった――追放もしくは撲滅され、ローマにおいては二大党派、教皇派を名乗るオルシーニ党ならびに皇帝派を名乗るコロンナ党さえ粉砕されたのである。だが、こうしたことに使われた手段はじつに恐ろしいものであったので、もしある予期せぬ事件（父と息子が同時に毒を盛られる）（父アレクサンデル六世は死去、息子チェーザレは生きのびた。疫病説もある）が事態の全状況を急転させなかったとしたら、教皇権はあのような手段の必然的結果によってどうしても崩壊しないではいなかったであろう。

《外国との関係と聖職売買》

無論、西欧の道徳的憤激のことなどに教皇アレクサンデルは大して留意する必要はなかった。近隣諸国にたいしては、彼は恐怖を起こさせて帰服を強要した。外国の君侯たちは易々として誘いに乗せられ、ルイ十二世などは全力を挙げて彼を援助さえしたが、住民たちはイタリア中部においてなにが起こっていたのか、予想だにしていなかったといってよい。この意味において唯一の真に危険な瞬間、すなわちシャルル八世が間近に迫った瞬間は（一四九四年のイタリア進攻）[19]、思いがけずうまいぐあいに通りすぎた。この時にも教皇権自体は問題にならず、ただ問題になったのはより優れた教皇によって教皇アレクサンデルを排除しようということだけであった。教皇職にとっての大きな、常在の、そして増大しつつある危険は教皇アレクサンデル自身のうちに、そしてなによりも息子のチェーザレ・ボルジアのうちにあったのである。

　この父アレクサンデルの中では、権勢欲、貪欲そして好色が強く、かつ輝かしい資性と結びついていた。とにかく権力と栄華を享受するのに必要なものとあらば、彼はこれを即位の第一日目からあらんかぎり広範囲にわたってわが物とした。この目的のための手段となると、彼はただちになんのためらいもなくこれを用いたように見える。教皇選挙のために費やした犠牲を、彼はたんにふたたび取り戻すだけでは満足しないであろうということ[20]を、また聖職を買うより聖職を売る方にはるかに高い値がつけられるであろうということを、誰もがすぐさま知ったのである。これに加えて、教皇アレクサンデルはかつての自分の職務であった聖庁尚書院副院長や、それ以前につとめた他の職務から、ローマ聖庁職員の誰よりも、物になりそうな金づるを知っており、これを人に優れた実務の才をもって運用するすべを心得ていた。すでに一四九四年という年のうちに、ローマで聖職売買について説教したカルメル会修道士ジェノヴァのアダモが、二十個所の傷を受けて寝所で殺されているのが発見されるという事件が起こった。教皇アレクサンデルは高額の金を支払わさずにはほとんど一人の枢機卿も任命することがなかった。

《チェーザレ・ボルジアと父にたいする関係》

しかし教皇が時とともに自分の息子の支配下に立つようになったとき、暴力の手段はあの完全に悪魔的な性格を帯びたのであり、これは必然的に目的にもはねかえらずにいない。ローマの有力者たちや、ロマーニャの諸君主にたいする戦いにおいて起こったことは、背信と残忍の分野では、例えばナポリのアラゴン家の人たちによってすでに世間が慣れさせられていた限度をさえ上回っていたのであり、欺瞞の才能も相当なものであった。チェーザレが父なる教皇を孤立させるやり方にいたっては、さらにすさまじいものがある。すなわち、兄弟、義兄弟そしてその他の親族や廷臣らが教皇の寵愛を受けるとか、他の地位に就くとかして、それが自分に不都合となると、チェーザレはすぐさまこれを殺してしまうのである。教皇アレクサンデル(21)が自分の最愛の息子ガンディア公（ホアン。一四七六—九七）殺害に同意せざるをえなかったのも、教皇自らがたえずチェーザレにたいして戦戦兢兢《せんせんきょうきょう》としていたのだから当然のことと言える。

《チェーザレの究極の意図》

ところで、チェーザレの胸中深く秘められた計画とはどんなものであったろうか？　彼が支配権を握っていた最後の数箇月、彼がまさにシニガリアの傭兵隊長らを倒して、事実上教皇領の支配者となったときにさえ（一五〇三年）、その身近にいた人たちはかなり遠慮がちにこう言っていた。公はたんに徒党や専制君主を抑圧しようとしているだけで、これはひとえに教会の利益を考えてのことなのだ、公が自分のために取っておいたのはせいぜいロマーニャぐらいのものである、そのうえ公は以後の歴代教皇から感謝の念を受けること間違いないと思われる、オルシーニ家とコロンナ家を厄介払いしてやったのだから、と。[22]だがこれを彼の究極の考えであると認めるような人はいないだろう。一度教皇アレクサンデル自身、ヴェネツィアの使節との歓談の折りに、ヴェネツィアに息子チェーザレの保護のことを頼みながら、ざっくばらんな話としてすでにかなり打明けたことを口にしている。「私は、他日教皇権が私の息子か、さもなければあなた方の共和国の手に落ちるよう配慮するつもりである」と言ったのである。[23]もっともチェーザレはこう言い添えている、ヴェネツィアの望む人しか教皇になるべきではない、またこの最終目的のためにはヴェネツィア出の枢機卿が真に団結しさえすれば足りる、と。彼が自分のことを言っていたのかどうかは、詮議しないでおくことにし、いずれにせよ父のこの言葉は、教皇の座に上ろうとする意図が彼にあったことを証するに十分である。さらにこれ以上のことを、われわれはルクレツィア・ボルジアから間接的に知っている、ただ、エルコレ・ストロッツィ（一四七三―一五〇八頃。詩人）の詩の中のある個所が、フェッラーラの公妃としてあえて洩らすことのできた彼女の言葉の余韻であるとしてであるが。まず、ここでも教皇権にたいするチェーザレの見込みが口にされるが(24)、しかしこうした詩句のあいだにイタリア全土にわたる支配を期待する言葉も響く(25)。そして最後に、チェーザレはまさに世俗の支配者としてこよなく偉大なことを企て、それゆえにかつて枢機卿の帽子を脱いだのだ、ということが暗示される(26)。実際のところ、チェーザレが教皇アレクサンデルの死後、教皇に選ばれようと選ばれまいと、教会領をなにがなんでも確保するつもりであったこと、また、彼の犯した悪事を篤《とく》と考えると、教皇となっても彼が長くは教皇領を確保することはできなかったであろうことも、疑いをさしはさむ余地はない。もし誰かが教皇領を世俗化するというようなことがあるとすれば、それは彼であったろうし(27)、またこれをさらに支配しつづけるためにはそうせざるをえなかったであろう。以上述べたことがすべてわれわれの思い違いでなければ、これこそ、マキアヴェッリがこの大犯罪者を論ずるにひそかな共感をもってした本質的理由である。マキアヴェッリは、「剣を傷口から引き抜いてくれる」のは、すなわち、あらゆる干渉と、イタリアのあらゆる分裂の根源たる教皇権を根絶してくれるのは、チェーザレをおいて他に期待しえないとしたのである。――チェーザレの眼にトスカーナの王国のことをありありと映しだして見せて、チェーザレの本心を読みとったと考えた陰謀家たちを、チ

エーザレは軽侮の念をもってしりぞけたようである。(28)

《不合理な手段》

そうは言っても、チェーザレの言動の諸前提から引きだされる論理的帰結はすべて、おそらく無益なものであろう――これは、彼の特別な、超自然的な独創性のゆえではない、こうした才能は、例えばフリートランド公（アルブレヒト・ヴァレンシュタイン（一五八三―一六三四）であろう。ボヘミア出身の傭兵隊長。三十年戦争の際、財政的・軍事的手腕により神聖ローマ皇帝軍を援助した。その野心と権勢が皇帝や諸侯の猜疑を招き、刺客により暗殺された）と同様、彼にもともとそう大して備わっていなかったのである――この理由はむしろ、彼の用いた手段がそもそも完全に首尾一貫した行動の仕方とおよそ相容れないところにあった。おそらく、夥しい悪行の行なわれた中で、教皇権を救出する見込みはふたたび開けたであろう、よしんば、彼の支配に終止符を打ったあの偶然（毒殺事件）がなかったとしても。

教皇領内にあったあらゆる中間支配者の絶滅はチェーザレに共感以外のなにものももたらさなかったと仮定しても、また、一五〇三年における彼の沖天の勢いにつきしたがっていた軍隊――イタリア最高の兵士と将校そして軍事技師長としてレオナルド・ダ・ヴィンチ――をチェーザレの洋々たる前途を記するものと認めるとしても、それでもまたしても不合理なものの領域に入れられるべきものが他にもあって、そのためわれわれの判断は、同時代の人たちの判断と同様に混乱してしまうのである。特に、これを保有し、支配しよ

うと考えて、たった今獲得したばかりの国家を、チェーザレが劫掠し虐待したことは、こうした不合理な行為に入る。(29)

《暗殺》

さらに、教皇アレクサンデルの在位期の最後の数年におけるローマと教皇庁の状態がそうである。この父と子が正式の追放者名簿を立案していたのであれ、(30)殺害の決定が個々に行なわれたのであれ——このボルジア家の二人は、とにかく自分たちの邪魔になった者たち、もしくはその遺産が彼らに価値あるものに思われた者たちをすべてひそかに絶滅することに力を注いだのであった。資本や動産などは取るに足らぬものであった。教皇にとってそんなものよりもはるかに儲けになったのは、問題になっている聖職者たちの終身年金が打ち切られることであり、空席のあいだの彼らの官職の収入と、新たに補充する際にその官職の売却代金が教皇の懐に入ったことであった。ヴェネツィアの使節パオロ・カペロは一五〇〇年につぎのように報告している。(31)「毎夜ローマでは四人ないし五人の暗殺死体が見つかる、すなわち、司教、高位聖職者などの死体である。そのためローマじゅうが、公(チェーザレ)に殺されるのではないかと恐れおののいている。」チェーザレ自身夜間に護衛兵をひきつれて怯えている市中を巡回した、(32)そうしたのも、彼が、ローマ皇帝ティベリウス(在位前四二—後三七。帝国の保全、拡充に尽した。猜疑心が強く、残忍非情とされる)のように、そのぞっとするような顔(チェーザレは顔に性病の腫瘍があったという）を白昼もはや人眼にさらしたくなかったという理由だけでなく、その常軌を逸した殺人欲を、おそらくは全然見もしらぬ人を殺してでも満足させようとしたためであったと信ずべき十分な根拠がある。すでに一四九九年には、こうしたことによる絶望は非常に大きく、かつ全般に広がったため、民衆は多数の教皇護衛兵を襲い、これを殺すまでになった[33]。だが、このボルジア家の人たちの公然たる暴力の手が及ばなかった者は、彼らの毒薬によって死んだ。多少慎重を要するように思われた場合のためにはあの純白の、おいしい味のする粉薬が使われた[34]。これの効果は急激ではなく、徐々に効いてくるもので、こっそりとどんな料理にも飲物にも混ぜ合わせることができた。すでに公子ジェームは、教皇アレクサンデルからシャルル八世に引渡される前に（一四九五年）、この粉薬を甘い飲物に入れて飲まされた。このボルジア家の父と子もその生涯の終りに、このような毒のために中毒を起こしているが、これは、ある富裕な枢機卿に飲ませようとした毒入り葡萄酒をうっかり自分たちが飲んでしまったからである。公認の教皇史摘要編集者オノフリオ・パンヴィニオ（一五二九—六八。人文主義者。碑文の収集による古代研究などで知られる）は、教皇アレクサンデルが毒殺させた三人の枢機卿（オルシーニ、フェッレリオそしてミキエル）の名を挙げ、また、チェーザレが自分の責任でやった四番目の枢機卿（ジョヴァンニ・ボルジア）をそれとなく挙げている[35]。しかし当時ローマにいた相当富裕な高位聖職者で、毒殺の疑惑をもたずに死んだ人は稀であったかもしれない。地方都市に隠遁してひっそりと暮していた学者たちにさえ、情け容赦なく毒薬が見舞った。教皇の周囲にも奇怪至極な出来事が起こり始めていた。落雷や突風がずっと以前からたびたびおどろおどろしく教皇を襲って、壁や部屋を崩壊させ、彼を恐怖におとしいれていた。一五〇〇年に、(36)こうした現象が繰りかえし起こったとき、誰もがこれは「悪魔の仕業」(cosa diabolica)だと思った。

《最後の年》

事態がこんな状況になっているという噂は、沢山の巡礼者が押し寄せた一五〇〇年の聖年の祝典によって、(37)ついに遠く諸国民のあいだにまで広まったらしい。また、当時の贖宥符発行による破廉恥きわまる搾取が、さらに万人の眼をローマに向けさせることになったのは疑いない。(38)帰国する巡礼たちの他に、奇妙な白衣の贖罪者たちもイタリアから北方へ渡っていったが、その中にはこうした者になりすました教皇領からの亡命者も混じっており、この人たちも口をつぐんではいなかったであろう。だが、西欧諸国の憤激がさらにどのくらい長く続き、またどこまで高まったら、教皇アレクサンデルに直接危険を及ぼすものとなったであろうか、はたしてそれを予測できる者がいるであろうか？　パンヴィニオは別の個所で言っている。(39)「教皇はその遺産を奪うためにさらに他の富裕な枢機卿を抹殺したであろう、もし彼がその息子のために抱いたとてつもないもくろみのさ中に命を奪われなかったとしたら。」また、チェーザレも、父が世を去ったその瞬間に、もし自分も瀕死の床に横たわっていなかったとしたら、どういう行動をとったであろうか？　もし彼がとりあえず、あらゆる手段を講じて準備をととのえ、毒薬を使ってうまい具合に数を減らした枢機卿団によって教皇に選出されたとしたら、ことにその選出がフランス軍が近くにいないような時期に行なわれたとしたら、それはどんな教皇選挙会議となったであろうか！　空想は、このいくつものもしをどこまでも辿ってゆくとき、たちまち底知れぬ深みに迷いこんでしまうのである。

《教皇権の救済者としての教皇ユリウス二世》

ところが事実はこれと異なり、このあとに教皇ピウス三世（在位一五〇三年九月二十二日―十月十八日。ローマ教会の悪弊改革に努めようとしたが、二十七日間の在位で死去）を選出した教皇選挙会議が続き、ピウス三世が間もなく崩じたあとも、教皇ユリウス二世を選出した教皇選挙会議が全体として反動的印象のもとに続く。教皇ユリウス二世の私的行状がどんなものであったとしても、本質的な点において彼は教皇権の救い手である。彼は、伯父の教皇シクストゥス四世以後における諸代教皇の任期中の事態の経過を考察した結果、教皇の威信の真の基盤と条件についてかなり深い洞察を得ていた。これに基づいて彼はここに自分の統治を整え、その揺るぎなき魂の力と情熱のすべてを統治に注いだ。聖職を買収によって得ることはせず、誰からも賛同を得て、彼は教皇の位への階段を上っていった。こうして、少なくとも最高の地位のことでそもそも取引きをするなどということはすっかり跡を絶った。教皇ユリウスには寵臣がおり、その中にはいたって品位のないものもいた。しかしながら、彼はある特別な幸運によって親類縁者を情実を用いて引きたてる必要がなかったのである。すなわち、彼の弟のジョヴァンニ・デッラ・ローヴェレ（一四五七―一五〇一。セニガリア領主）は、ウルビーノ家の女相続人で、最後のモンテフェルトロ家の人グイドバルトの妹の夫であった。この夫婦のあいだの、一四九一年以降に生れた子に、フランチェスコ・マリア・デッラ・ローヴェレ（在位一五〇八―三八）という息子がおり、これがウルビーノ公国における正当な継承者であると同時に、教皇の親族《ネポーテ》（甥にあたる）でもあったからである。教皇ユリウスは、官房においてであれ、出兵に際してであれ、その他とにかく手に入れたものは、高い誇りの心を抱いてこれを教会に委ね、己れのものとはしなかった。教皇領がすっかり崩壊した状態にあるのを見て、教皇はこれを完全に制圧し、パルマとピアチェンツァを加えて拡大したものをあとに遺した。フェッラーラも教会のために取り戻されることがなかったのは、彼のせいではなかった。彼が常時サンタンジェロ城内にたくわえておいた七十万ドゥカーテンは、城代によって他日かならず次代の教皇に引渡されることになっていた。教皇ユリウスは、ローマで死んだ枢機卿の、それどころかすべての聖職者の遺産を、それも容赦のないやり方で相続したが、[40] 毒殺したり、殺害したりした人は一人もいなかった。教皇自ら戦闘に打ってでたのは、彼としてはやむをえない仕儀なのであって、あの当時のイタリアでは疑いもなくこの人の利益となることであった。

つまりそれは、食うか食われるかのどちらかでなければならなかった時代、最上の既得権よりも、個人の実力が物を言う時代であったからである。だが彼はつね日頃「野蛮人を追いだせ！」と声高に力説していたのにもかかわらず、スペイン人がイタリアに真に確かな地歩を占めるのに最も貢献したが、これは教皇権にとってどうでもよいことどころか、むしろどちらかと言えば有利であるように思われたからかもしれない。あるいは、今にいたるまで教会にたいする不変の敬意を期待することができたのは、何よりもスペイン王家からではなかったか、イタリアの諸侯はどうかすると教会にたいして傲慢な考えしか抱かなかったのに？(41)――それはとにかくとして、いかなる怒りもこらえることができず、また、真の好意は決して隠すことのなかった力強く、独創的なこの人物は全体として見た場合、この人のおかれた立場にとってはきわめて望ましい印象、すなわち「恐るべき教皇」(Pontefice terribile)という印象を与えた。彼はそれほど良心の疚《やま》しさを感ぜずにふたたび公会議（一五一二年ラテラーノ公会議を開き、教会改革をめざす反教皇派の宗教会議に対抗）をローマに招集するということさえあえてやることができたのであり、これによってヨーロッパの反教皇派がこぞって、宗教会議を、とわめく声に抵抗したのであった。このような支配者には自分の方針を示す堂々たる外面的な象徴も必要であった。教皇ユリウスはこれをサン・ピエトロ大聖堂の建てかえに見いだした。ブラマンテの企図したその設計は、およそあらゆる統一的権力の最大の表現であると言えよう。だが、これ以外の芸術作品においても、この教皇の追憶と面影は最高の意味において生き続けている。その当時のラテン語の詩さえ教皇ユリウスのために、彼の前任者たちにたいするのとは異なった燃え上がり方をしているのも意味のないことではない。枢機卿アドリアーノ・ダ・コルネート（一四五八―一五二一。教皇アレクサンデル六世のもとで枢機卿、外交官。のち、教皇レオ十世にたいする反乱に関与）の『ユリウス二世の旅』(Iter Julii secundi) の末尾、ボローニャ入城の件《くだり》は、ある独特の、華麗な色調を持っており、またジョヴァン・アントーニオ・フラミーニオ（一四九八―一五五〇。人文主義者。教皇レオ十世のもとで宮廷詩人）はこのうえなく美しい悲歌の一つにおいて、[42]教皇の姿をとった愛国者にイタリアの庇護を嘆願している。

《教皇レオ十世の選出》

教皇ユリウスはラテラーノ宮での公会議において提出した青天の霹靂《へきれき》のごとき教会憲章によって、[43]教皇選出における聖職売買を禁じていた。彼の死後（一五一三年）、金銭欲の強い枢機卿たちはこの禁令をすり抜けようとして、新たに教皇に選ばれることになっている人がそれまで所有していた聖職禄および役職は自分たちのあいだで均等に分配されるべきであるという一般的申し合わせを提議した。それが通っていたなら、彼らは聖職禄の最も多かった枢機卿（まったく無能なラファエッロ・リアーリオ（一四五一―一五二一。メディチ家のロレンツォとジュリアーノ暗殺に加担した））を選んでいたであろう。[44]ところが、神聖な枢機卿団の若手成員は、なによりも自由主義的な教皇を欲していたから、彼らは奮起して、このあさましい策略を妨害した。かくしてジョヴァンニ・デ・メディチ、あの有名なレオ十世が選出されたのであった。

われわれは、ルネサンスの絶頂期に話がおよぶ所では、なおしばしばこの教皇に出会うことになろう。ここではただ、この教皇の治下においてふたたび教皇権が、国内と国外での大きな危険にたびたび遭遇したということを指摘するにとどめておく。枢機卿ペトルッチ、サウリ、リアーリオそしてコルネートといった人たちの陰謀はこれらの危険に数え入れることはできない。それは、こうした陰謀はせいぜい人を交替させるという結果をもたらしえたにすぎなかったからである。すなわち、教皇レオ十世の方も三十一人の新しい枢機卿を任命するというあの前代未聞の新措置の形で、真の対抗手段に出たのであった。この措置はそのうえよい効果を挙げることになった。それは、この措置によってまことの功績に報いたところもあったからである。(45)

《教皇レオ十世の危険な政治計画》

だが、教皇レオ十世がその在位の最初の二年間に辿ったある種の道は、きわめて危険なものであった。彼はじつにもって真剣な折衝によって兄弟のジュリアーノにはナポリ王国を、甥のロレンツォには、もしかしたらミラノ、トスカーナ、ウルビーノそしてフェッラーラを含んでいたような北部イタリアの一大版図を手に入れてやろうと試みた。(46) 教皇領は、このようなやり方で取り囲まれたなら、メディチ家の采地と化していたであろうことは、それどころか教皇領をもはや世俗化する必要もなかったであろうことは明白である。

《増大する外国からの危険》

この計画は全般的な政治状勢によって不成功に終った。ジュリアーノは折よく早めに死んだ。それでもなおロレンツォに国を授けてやろうとして、教皇レオはウルビーノ公フランチェスコ・マリア・デッラ・ローヴェレの追放を企て、この戦争によって計りしれぬ憎しみと貧困を招き、ロレンツォも一五一九年に早世したとき、[47]苦労の末に獲得した国土を教会に納めなければならなかった。彼のやったことは名誉もなく、また他に強いられて行なったものであったが、もしこれを自らの意思でやったのであれば、それは永遠の名誉をもたらしたであろう。さらにまた彼がフェッラーラのアルフォンソにたいして試み、また二、三の弱小専制君主や傭兵隊長にたいして実際に遂行したことにいたっては評判を高めるような性質のものではなかった。こうしたことすべては、ヨーロッパの諸王が年々途方もない政治的賭博に慣れてきていて、それの賭け金と儲けはいつもイタリアのどこかの領土であったといったようになっていったあいだに起こったのであった。[48]これらの諸王の自国内での力が数十年のあいだにかぎりなく増大したあとでは、彼らがいつかその目標を教皇領にまで拡大しないと、誰が保証するだろうか？　教皇レオは、一五二七年に現実のものとなった事件の序幕をさっそく体験しなければならなかった。すなわち、一五二〇年の末頃、スペインの歩兵数部隊が――どうやら勝手に動いたものであったらしいが――教皇領の国境附近に現われた。これはたんに教皇を脅して軍用金を取りたてるのが目的であったが[49]、しかし彼らは教皇軍に撃退された。そして、教階制度の腐敗にたいする世論もここ数年になって以前よりも急速に熟してきた。そして、例えばジャンフランチェスコ・ピーコ・デッラ・ミランドラのような[50]、予見力に優れた人たちは、切実に改革を求めて叫んでいた。こうしている間《かん》に早くもルター（一四八三―一五四六。ドイツの宗教改革者。一五一七年贖宥状の効力を批判する九十五条の意見書を出す。のち聖書の独語訳を試み、また領邦君主や帝国都市による宗教改革を指導）が登場していた。

《教皇ハドリアヌス六世》

教皇ハドリアヌス六世（在位一五二二―二三年）の治下においても、ドイツの大きな運動にくらべれば遠慮がちで、大したことのない改革が起こっているが、時すでに遅かった。教皇ハドリアヌスはこれまでの事態の経過、すなわち聖職売買、閨閥主義、浪費、盗賊の跳梁そして風紀の頽廃にたいする嫌悪の念を露わにする以上のことはできなかった。ルター主義からくる危険は、最も危険なものとさえ思われていなかった。ヴェネツィアの才知豊かな観察者ジローラモ・ネグロは、ローマそれ自体に迫っている、恐ろしい災いの予感を口にしている[51]。

《教皇クレメンス七世とローマ劫掠》

教皇クレメンス七世（在位一五二三―三四。本名ジューリオ・デ・メディチ。人文主義者。ルネサンスの学芸の保護者。ドイツ皇帝カルル五世と対立し、ローマ侵略を受けた）治下、ローマの地平線全体にわたって、時としてこの都の晩夏をすっかり台なしにしてしまうあの灰色がかった黄色のシロッコのヴェールにも似た暗雲がたちこめていた。教皇は国内外で嫌われている。思慮ある人たちの暗然たる思いが絶えない一方で、[52]街路や広場には説教する隠者が立ち現われて、イタリアの滅亡、それどころか世界の破滅をさえ予言し、教皇クレメンスを反キリスト者と呼ぶ。[53]コロンナ家の党派が、このうえなく挑戦的な姿をとって頭をもたげる。抑えのきかない枢機卿ポンペオ・コロンナは、そこにいるだけで教皇権にとって絶えざる悩みの種であったのだが、[54]教皇クレメンスが死ぬか捕えられるかすれば、カルル五世の助けを借りて自分が簡単に教皇になれるかもしれないという期待を抱いてローマ襲撃を敢行する（一五二六年）。教皇クレメンスがサンタンジェロ城に避難することができたのは、ローマにとって幸運ではなかった。だが、彼自身こうして生きながらえて受けとることになっていた運命は、死よりも悪いものと言ってもよい。

強者のみに許され、弱者には命とりになるような種類の一連の裏切行為をやったことで、教皇クレメンスはシャルル・ド・ブルボン公（一四九〇―一五二七。皇帝軍総司令官）とゲオルク・フォン・フルンツベルク将軍（一四七三―一五二八。ドイツ傭兵隊指揮官）率いるスペイン・ドイツ軍の進撃を招くことになった（一五二七年）。カルル五世の政府が大きな懲罰を教皇クレメンスに下そうと考えていたことや、給料の支払われていないカルル五世の粗暴な軍勢がどこまで熱意を持ち続けていられるか、ということを予測しえなかったのは確かである。(55)ほとんど金を払わずにやったドイツでの募兵は不成功に終ったであろう、もし戦いの相手がローマだと知らされていなかったなら。おそらくまだどこかで、カルル五世からブルボン公に発せられたと考えられる指令文書が、それもかなり穏やかな内容の文書が発見されるかもしれない。しかし歴史研究はこうしたものによって惑わされることはないであろう。教皇や枢機卿らがカルル五世の兵士によって殺害されなかったのは、カトリックの王にして皇帝であるカルルにとってまことに幸運なことであった。もしそんなことが起こっていたら、この世のいかなる詭弁もカルルの同罪を免除することはできないであろう。無数の、それほど重要でない人たちが殺害され、そうされなかった人たちは、拷問にかけるとか売りとばすとかいって脅され、金をゆすりとられるということが行なわれた事実は、この「ローマ劫掠」(Sacco di Roma)においておよそどういうことが起こりえたかを十分明瞭に示している。

《その結果と反動》

ふたたびサンタンジェロ城に逃げこんでいた教皇を、カルル五世は、彼から莫大な金額を搾りとったあとでさらに、伝えられるところでは、ナポリに移そうとした。教皇クレメンスはそれをかわしてオルヴィエート(ウンブリア地方の都市)に逃げのびたが、これは、このことを黙認するというスペイン側の意向を一切受けずに行なわれたのだという。[56] カルル五世が一時教皇領の世俗化を意図したことがあったかどうか（誰もがこのことを覚悟していた）[57]、イギリス王ヘンリー八世（在位一五〇九―四七。イギリス王。ローマ教会からの独立を決意、イギリス国教会をつくった。中央集権の実をあげ、絶対主義を強化した）の異議を受けてこの考えを翻えしたのかどうかは、永遠の謎として残るであろう。

だがこうした意図があったとしても、それは決して長く持続することはなかった。荒廃したローマの只中から教会と世俗再興の活力が勃然としておこってくる。例えばサドレート（一四七七―一五四七。枢機卿。人文主義者。傑出したラテン語作家。教皇レオ十世とクレメンス七世の秘書となる）はこのことをいち早く予感し、こう書いている。[58]「私たちの苦難によって神の峻厳な怒りも和らげられ、この恐ろしい罰がふたたび私たちによりよき道義と法への道を拓いてくれるなら、私たちの不幸もおそらく最大の不幸ではなかったと言うべきでありましょう……神のものは、神がこれについて配慮なさるでしょう。だが私たちは、いかなる武力をもってしても私たちから奪いとられることのないであろう改悛の生活を前途に控えています。私たちは聖職の持つ真の栄光と私たちの真の偉大さと力とを神のうちに求めるということにのみ行為と思想を向けようではありませんか。」

事実、この危機の年一五二七年を境として事態が大いに好転したため、まじめな意見がふたたび聞かれるようになった。ローマは、そのなめた苦難があまりに大きかったため、教皇パウルス三世のような人の治下においてさえ二度とふたたびレオ十世の根っから堕落した、陽気なローマに戻ることはできなかった。

《カルル五世と教皇との和解》

その後、教皇権が一度苦難の淵深く沈むことがあったとき、たちまち教皇権にたいして、一部は政治上の、一部は教会の同情が示された。王たちは、自分たちのうちの誰かが不遜にも教皇のための特別な獄吏としての職務をつとめることに我慢がならなかった。そこで彼らは、特に教皇の解放を目的としたアミアンの条約を締結した（一五二七年八月十八日）。彼らはこれをもって少なくとも、皇帝軍の所業が基で生れていた憎悪心をうまく利用したのであった。これと時を同じくして皇帝カルルは、スペイン自体においてひどい窮地に陥った。すなわち、帝に仕える高位聖職者や高官らが拝謁の機会があるごとに、彼にこのうえなく強硬に抗議をしたからであった。喪服をつけた聖職者と世俗の高官らの全体的大謁見が迫ったとき、皇帝カルルは、数年前に鎮圧されたコムネロスの叛乱（一五二〇―二一。カルル五世に不満を抱くスペイン貴族と、重税を課された民衆（コムネロス）の起こした叛乱）のような危険なことが起こりはしまいかとの危惧を抱くにいたり、この件は沙汰やみとなった。[59] 彼は教皇をこれ以上長く酷遇することは決して許されなかったであろう、そればかりかむしろ彼は、対外政策はすべて無視しても、ひどく傷つけられた教皇権と和解すべきであるという、きわめて強い必要に迫られていたのである。すなわち皇帝は、自分におそらくはこれとは別の道を指し示したでもあろうドイツの世論を拠りどころにするつもりもなかったし、同様にドイツの状況一般を拠りどころにするつもりもなかったのである。あるヴェネツィア人が言っているように、皇帝はローマ劫掠の記憶によって良心の呵責を感じていて、(60)そのために、フィレンツェ人を永続的に教皇の一族メディチ家の支配下におくということをもって保証の条件としたあの和解という償いを急いだとも考えられる。教皇クレメンスの近親の者で、新たにフィレンツェ公となったアレッサンドロ・デ・メディチは、皇帝の庶出の娘と結婚させられるのである。

《反宗教改革の教皇権》

その後皇帝カルルは公会議の開催という思いつきを使って教皇権を根本的に自分の権限下におき、これを圧迫すると同時に保護することができた。しかし世俗化というあの最大の危機、さらには、歴代教皇とその近親者そのものによって起こされる内部からの危機は、数世紀のあいだにドイツの宗教改革によって取り除かれたのである。宗教改革があったればこそローマへの遠征(一五二七年)が可能となり、かつ成功もしたのだが、この宗教改革はまた教皇権をむりやり、またしても精神的世界権力を表わすものにしたのであった。すなわち、教皇権は反宗教改革者すべての先頭に立ち、「ただもう現実の状況の中に埋没した状態」から奮起して抜けださなければならなかった。かくして、教皇クレメンス七世の晩年にパウルス三世、パウルス四世(在位一五五五―五九。パウルス三世による革新を継承。厳格で権威主義的とされる)そしてその後継者たちの治下においてヨーロッパの半分が教会から離反してゆく只中で、しだいに成長してくるのが、再生した、まったく新しい教階制度である。これは、自家の内部にひそむ大きく、危険な禍根すべてを、特に国家創立を企てる閨閥主義を避け、[61]カトリックの諸王侯と連携し、新たな宗教的推進力に支えられて、失った勢力を挽回することをもってその主たる仕事とするのである。この教階制度は離反した者たちに対抗するものとしてのみ存在し、またそのようなものとしてのみ理解されねばならない。このように考えるとき、教皇権は道徳的な点においてはその不倶戴天の敵によって救われたとするのは、まことにそのとおりである。また、いまやその政治的立場も、無論スペインの絶えざる監視下にあったとはいえ、強化され、侵しえないものとなった。教皇権は、その臣家の家系（エステ家の正統の家系とデッラ・ローヴェレ家の家系）が絶えたとき、ほとんど労することなくフェッラーラとウルビーノ両公位を相続した。これに反して、もし宗教改革がなかったなら――そもそもそういうことを考えることができるとしての話であるが――教皇領全体はおそらくとっくの昔に世俗の手に移っていたであろう。

10　愛国者たちのイタリア

最後にここでさらに、このような政治状況がこの国民全体の精神におよぼした反応について簡単に考察することにしよう。

十四世紀と十五世紀のイタリアに見られた全般にわたる政治的不安定は、多少でも高貴な心情を持った人たちのあいだに愛国心に根ざす不満と反抗心を呼びおこさずにいなかったことは明らかである。すでにダンテとペトラルカは統合イタリアを声高く宣言し、最高の努力はすべてこれに向けられねばならないと説いた。(1) 無論、これは高い教養を備えた特定の人たちの熱狂にすぎず、国民大多数のなんら承知するところのものではなかったのだ、という異論が出されるかもしれない。だが、イタリアにいまだ統一がないといっても、当時のドイツとて事情はこれとほとんど異なっていなかったかもしれないのである、もっともそこには名前のうえでは統一があり、また承認された元首すなわち皇帝が推戴されてはいたのだが。ドイツを最初に公然と賛美しているのは（中世の宮廷恋愛歌人の二、三の詩句は除いて）マクシミリアン一世時代の人文主義者たちの作品である。(2) しかもそれは、イタリア人の長広舌をそっくり繰りかえしただけといってもよいようなものに見える。にもかかわらずドイツは早くから事実上、ローマ時代以来ここにいたるまでのイタリアとは全然比べものにならない程度において、一つの国民なのであった。フランスはその国民的統一の意識を、大たいにおいてイギリス人との戦いの中でようやく獲得しており、またスペインは、ごく近い同族のポルトガルを併合することさえ長いあいだできなかった。イタリアにとっては、総じて教皇領の存在とその存立条件が統一の障害物なのであって、これを取り除く望みはかつてほとんどなかったといってよい。それにもかかわらず、その後十五世紀において交わされた政治的書信の中で、時として統一的祖国ということが熱心に言及されていることがあるが、これは大てい、同じイタリア内部の、他の国家を侮辱するためになされているにすぎない(3)。国民感情にたいするそれこそ真剣な、肺腑をつく呼びかけは、十六世紀に入ってようやくふたたび聞こえてくるのであるが、時すでに遅く、フランス人とスペイン人がこの国を侵略したあとであった。一地方に限られた愛国心については、この国民感情を代表するものではあっても、これにかわるものではないと言うこともできよう。

第二章　個人の発展

1　イタリア国家と個人

ところで、イタリア人を早くにして近代的人間に造りあげた、唯一のと言わないまでも、きわめて有力な理由がどこにあるかといえば、それは、共和国と専制国家とを問わず、これらの国家の性質のうちにある。イタリア人が現在のヨーロッパの息子たちの長子とならざるをえなかったゆえんはこの点にある。

《中世の人間》

中世においては意識の両つ《ふた》の面——外界に向かう面と人間自身への内面に向かう面——は、あたかも共通のヴェールの下で夢想しているか、もしくは半ば目覚めたような状態にあった。このヴェールは信仰、小児のおずおずとした気持、そして妄想を材料にして織られていた。これをとおして見ると、世界や歴史は世にも不思議に彩《いろど》られて見えた。だが人間は自己を種族、民族、党派、団体、家族（の一要素）として、あるいはその他なにかある普遍的なものとして認識していたにすぎなかった。イタリアにおいて初めてこのヴェールが吹き払われて消え失せる。国家とそしてまた、およそこの世界にあるあらゆる事柄とを客観的に考察し、かつ処理する精神が目覚める。これとならんで、主観的なものも全力を挙げて身を起こす。人間は精神的な個人となり、(1)自分がそのような存在であることを認識する。かつてギリシア人がそのような存在として非ギリシア人にたいして一頭地を抜き、個性的なアラブ人がいまだ種族の域を出ない人間としてのアジア人にたいして一頭地を抜いたのも同じ事情にある。これには政治的状況がきわめて強力に関与していたということを立証するのは、難しいことではないであろう。

《人格の目ざめ》

イタリアでは他の国よりもかなり早い時期にすでに、自立した人格の発展が時おり見かけられる。こうしたことは、同じ頃の北方諸国ではそれほどには起こっていないか、もしくは現われていないのである。リウトプランド（九二二頃―七二頃。イタリアの歴史家、文学者。『贖罪』、『コンスタンティノープル使節報告記』など、ドイツ、イタリアおよびビザンティン間の関係を示す史料として重要）が描きだしている十世紀のあの物すごい無法者らの集団、教皇グレゴリウス七世（在位一〇七三―八五。聖職売買、司教の妻帯、私的叙任を禁止、叙任権問題でドイツ皇帝ハインリヒ四世を破門）と同時代の二、三の者たち（アルバのベンゾー（十一世紀の著作家、司教）を読まれたい）、ホーエンシュタウフェン家の最初の頃の何人かの敵対者たちは、この種の相貌を示している。ところが十三世紀も末になると、イタリアは個性的人間でいっぱいになり始めるのである。個人主義の上におかれていた呪縛は、ここでは完全に破られている。何千という顔が一つ一つ、特殊な相を帯びて際限もなく現われてくる。

ダンテ（一二六五―一三二一。フィレンツェの人。古典の教養をつんだのち、政治活動に入ったが政敵に追放され、各地宮廷の保護のもと『饗宴』、『神曲』などを書いた）の偉大な文学は、他のヨーロッパ諸国がいまだあの種族という呪縛につながれていたという理由だけからも、イタリア以外のどの国においても考えられなかったであろう。イタリアにとって、この崇高な詩人はその溢れんばかりの個性によって、すでにその当時における最も国民的な先触れとなっている。だが、文学と芸術における人間の多様性の叙述、さまざまな彩りをもってされる性格描写については、別に章をもうけて論ずることにしよう。ここでは心理的事実自体だけを問題にする。この心理的様相は完璧な姿で、かつ決然として歴史の中に登場する。すなわちイタリアは、十四世紀になるとおよそ心にもない謙遜とか、また偽善というものをほとんど知らない。[2] 人目を惹くこと、他人と違っていること、また違って見えることをはばかるような人間は一人もいないのである。[2a]

《独裁者とその臣下》

まず第一に、先に見たように、専制政治が専制君主や傭兵隊長自身の個性を最高度に発展させ、[3] つぎに、これらの者の庇護を受けているが、同時に遠慮会釈なく彼らに利用しつくされる有能の士、すなわち秘書、役人、詩人、側仕えの個性を発展させるのである。これらの人たちの精神は必要に迫られて、持続的なものであれ、一刹那のものであれ、己れの内面に秘められた資質すべてを知るにいたる。人生における彼らの享楽も精神的手段によって高められ、凝縮されたものとなり、こうして、権力や勢力が維持される、おそらくはほんの短い期間をできるかぎり価値あるものとしようとするのである。

だが支配されている人たちとて、このような衝動を全然感じないでいたわけではなかった。ここでは、その一生をひそかな抵抗や陰謀のうちに使い果たした人々のことはまったく考慮外におくこととし、例えばビザンティン帝国やイスラム教諸国家の大部分の都市住民のように、純然たる私人のままでいることに甘んじていた人たちのことだけを述べることにする。例えばヴィスコンティ家（十二世紀から十五世紀にかけてミラノを中心に栄えた名家）の家臣たちにとって、一家や個人の威信を維持することは、確かにずいぶんと困難なこともしばしばあった。また隷従ということによって倫理的節操を犠牲にした人も数えきれないほどいたかもしれない。だが、個性的な性格と呼ばれるものはこの限りではない。というのも、政治的無力が全般に拡がっている中では、かえって私生活の向かうさまざまな方向や努力はますます強力に、かつ多方面にわたって発展したと思われるからである。富と教養は、それが発揮され、競い合うことが許されていたかぎり、なお依然として大きかった都市の自由と結びつき、また、ビザンティンやイスラム世界とちがって国家と同一でなかった教会という存在と結びついていたのであるが――こうした要素が一緒になって個性的な考え方の発生をうながしたことは疑いない。また、時あたかも党派間の争いがなかったことも、ここに必要な閑暇を添えることとなった。あるいは真剣な、あるいは道楽趣味的な仕事に精出している政治に無関心な私人は、おそらく十四世紀のこうした専制国家の中に初めて完成した姿で現われたのかもしれない。この問題について記録による報告を求めることは無論できない。この点についてなにか示唆を与えてくれそうな短篇作家は、確かに風変わりな人間を少なからず描いてはいる、しかしそれはいつも一面にかたよった形でしか描かれていないし、また、そこで物語られる話と関係している範囲でしか描かれない。またその話の舞台も、もっぱら共和制の都市である。

《共和国における個人主義》

これらの共和制都市においては、事態はまたもや別なやり方で個性的な性格の形成に有利に働いたのであった。政権を握った党派の交替が頻繁になればなるほど、各個人は、政権の行使と享受に際して、ますます気を引きしめてかからねばならなかった。そのようなわけで、特にフィレンツェ史に姿を現わす政治家や民衆指導者は、[4]きわめて著しい、個性的な生存の仕方を獲得するのであり、これは当時の他の世界にはほとんど例外的にもないものであり、またヤーコプ・ファン・アルテフェルデ（一二九〇—一三四五。フランドルの政治家。ビール醸造業で財をなし、百年戦争でガン市民の政治的指導者となる）のような人にもほとんど見られないものである。

しかし敗れた党派の人々も、しばしば専制国家の家臣たちと似たような立場に陥った。ただ、すでに一度味わった自由もしくは政権は、おそらくは、これを取り返すのだという希望もまた、彼らの個人主義にいっそう強いはずみをつけたであろう。心ならずも閑暇を得ていたこうした人たちのあいだからかえって、例えばアーニョロ・パンドルフィーニ（一四四六年没）のような人が現われる。この人の『家の管理について』(5)（これはレオン・バッティスタ・アルベルティ（上巻二二〇頁訳注参照）の『家庭管理論』第三巻「oeconomicus」を少し変えたもので、それがパンドルフィーニの名で流布した）は完璧に完成された私的生活の最初のプログラムである。彼は個人の義務と、あてにならない恩知らずの公共体とのあいだの差し引き勘定をしているが(6)、そのやり方はこの当時の真の記念碑とも言うべきものである。

《国外追放と世界市民主義》

さらにまた追放というものには、その人を消耗させてしまうか、でなければ最高度に陶冶する性質がある。ジョヴィアーノ・ポンターノ（一四二二―一五〇三。人文主義者）はこう言っている(7)。「わが国の、比較的人口稠密な都市のどこにおいても、自発的に故郷を捨ててきた人たちが沢山見られる。じつに徳というものはどこへなりと携えてゆけるのである。」実際の所、それは正式の追放を受けた人ばかりでは決してなかった、むしろ何千という人たちが故国を自発的に捨てたのであった、政治的もしくは経済的状態自体が堪えられなくなったという理由で。フェッラーラにいたフィレンツェの移住者たち、ヴェネツィアにいたルッカの人たちなどは、一大移民団を形成していた。

このうえなく才気豊かな亡命者たちの中で発展する世界市民主義《コスモポリティスムス》は、個人主義の最高段階である。ダンテは、先に述べたように（上巻一二五頁以下参照）、イタリアの言語と教養のうちに一つの新しい故郷を見出すが、しかもなおこの段階を超えてこうも言っている。「私の故郷はそもそも世界である！[8]」——さらに、屈辱的な条件のもとにフィレンツェへの帰還が提案されたとき、彼はつぎのような返書を送っている。「私は太陽や星辰の光をどこにあっても見ることができないであろうか？　このうえなく高貴な真理についてどこにあっても思いめぐらすことができないであろうか？　そんなわけがないのだから、わざわざ名誉をすて、それどころか屈辱を忍んで民衆や都市の前に姿を現わすこともないのである。日々の糧にこと欠くことも決してないであろう！[9]」その後芸術家たちも昂然と、居住地への束縛からの自由を強調する。ギベルティ（一三七八―一四五五。フィレンツェの彫刻家。生涯の活動の大半をフィレンツェ大聖堂付属洗礼堂のブロンズ扉二面の制作に捧げた）は言う。[10]「一切を学んだ者のみが、国外のどこにあっても他国人ではない。財産を奪われ、友人がいなくても、その人はどの都市にあっても市民であり、運命の転変をひるむことなく侮ることができる。」亡命したある人文主義者も同じようにこう言っている。「およそ学問をおさめた人が居を定める所はどこでも、立派な故郷である。[11]」（古代ギリシア人の世界市民主義も参照。『ギリシア文化史』第五巻一八八頁、第七巻四六五頁）

2　人格の完成

鋭く研ぎすまされた文化史的眼光を持った人ならば、十分完成の域に達した人たちが増加してゆく経緯を十五世紀という時代を通して一歩一歩辿ってゆくこともおそらくできるであろう。こうした人たちが、その精神的生存と外的生存を調和のあるものに仕上げることを意識的な、かつ公然の目標としてかかげていたかどうか、これはそう簡単に言うことはできない。だが、二、三の人たちは、地上の一切のものは不完全であるとはいえ、それが可能な範囲内で、完成した人格を具えていた。例えばロレンツォ・デ・メディチ・イル・マニーフィコ（一四四九―九二。大ロレンツォ。典型的なイタリア・ルネサンスの君主。詩才に富み、文芸、芸術を愛護した）について幸運、才能そして性格に基づいて総合的に吟味することは断念するとしても、そのかわりにアリオスト（一四七四―一五三三。『狂乱のオルランド』などがある）のような個性を、主としてその諷刺詩について観察してみるとよい。そこでは人間の、そして詩人の誇り、己れ自身の享楽に向けた皮肉、洗練をきわめた嘲罵と深甚なる好意、こうしたものが巧みに調整されて、なんとも美しい響きにまで高められているのである。

《多面的な人間》

ところで、人格を最高度に完成させようというこの衝動が、当時の教養のあらゆる要素をわがものとしていたような真に強力な、そのうえ多面的な天性と出会ったとき、ここに、ただイタリアだけに見られるあの「普遍的人間」(l'uomo universale 万能人) が生れた。百科全書的知識の持ち主は、中世全体をとおしてさまざまな国にいた。これは、こうした知識の範囲は狭いものであったからである。同様に、万能の芸術家も十二世紀にまで遡って見られる。これは、建築術の問題はまだ比較的単純で、みな似たようなものであったからであり、また彫刻と絵画においても、形式よりは表現すべき事柄の方が重きをなしていたからである。これに反してルネサンス期のイタリアにおいてわれわれが出会うのは、あらゆる分野において斬新なもののみを創造すると同時に、その種類のものとして完成されたもののみを創造し、しかもなお人間としてもこのうえなく偉大な印象を与える幾人かの芸術家である。これ以外に、その専門とする芸術のほかに、途方もなく広い精神領域においても同様に万能の人間もいる。

ダンテはすでにその存命中に、ある人たちからは詩人と呼ばれ、他の人たちからは哲学者と呼ばれ、また別な人たちからは神学者と呼ばれ(1)、そして、そのすべての著作のうちに人格の抗すべからざる力をあふれんばかりに流露させるのであり、読者は、その題材を度外視してもなお、この力に圧倒されるような感情を抱くのである。『神曲』を確固不動の均斉のとれた作品に彫琢《ちょうたく》するだけでも、どれほどの意志力を必要としたであろうか。さらにその内容に眼を向ければ、外面世界と精神世界全体の重要な問題で、ダンテが究めなかったようなものや、またそれについての彼の見解が――しばしばほんの数語にすぎないこともある――あの時代の最も重要な意見でなかったようなものは一つとしてないといってよい。造形芸術にとってダンテは典拠である――そしてそれは、当時の芸術家たちについて書いた彼の数行の言葉のゆえにではなく、それよりももっと重要な事柄のゆえにそうなのである。そしてやがてダンテは、霊感の源泉ともなった。(2)

十五世紀はなによりもまず多面的人間の時代である。いかなる伝記も、そこで取りあげている人物の素人《しろうと》芸を超えた、重要な余技を挙げていないものはない。フィレンツェの商人にして政治家は、しばしば同時に両《ふた》つの古典語（ギリシア語とラテン語）の学者でもある。最も著名な人文主義者たちがこうした人やその息子たちのためにアリストテレスの『政治学』と『倫理学』の講義をさせられる。(3)その家の娘たちも高い教養を授けられる、実際、高度の個人教育の始まりはもっぱらこうした所に求められるべきである。人文主義者はまた人文主義者で、最大級の多面性が要求される。それは、その文献学的知識がまだ今日のように古典古代の時代についての客観的認識にだけ役立てばよいというのではなく、むしろ現実生活への日常的応用に役立たねばならないからである。例えば人文主義者はプリニウス（大プリニウス、二三―七九。ローマの将軍、政治家。学者としても『博物誌』などの著作がある）を研究するかたわら、(4)博物標本を収集して一つの博物館を作る、古代の人たちの地理学を基にして、近代的な地誌学者になる、古代の人たちの歴史編纂を範として、現代史を編む、プラウトゥス（前二五四頃―前一八四。ローマの喜劇作家。多くはメナンドロスなど、ギリシア新喜劇の翻案）の喜劇の翻訳者として、その上演に際して舞台監督もやったであろう。ルキアノス（一二〇頃―一九五頃。ローマの帝政時代の諷刺作家。『神々の対話』、『死者の対話』などがある）の対話文学にいたるまでの古典文学における、とにかく迫力のある形式はすべて、これを可能なかぎり模倣する、こうしたすべてのことに加えて、さらに秘書や外交官としての職務も務める、かならずしも自分の利益にならない場合であっても。

《万能人、レオン・バッティスタ・アルベルティ》

だが、こうした多面的な人たちの上に、二、三の真の万能の人が高く聳え立っている。当時の実生活上の関心事、教養における関心事を個々にわたって考察する前に、ここ十五世紀の入口の所にかの巨人たちの一人、レオン・バッティスタ・アルベルティ[5]（一四〇四―七二。人文学者、建築家、画家、彫刻家、詩人、哲学者。ルネサンス的「万能人」の最初の典型的人物とされる。『建築論』『家庭管理論』がある）の姿を置くことにしよう。彼の伝記では――断片にすぎないが――芸術家としてのこの人についてはごく僅かしか述べられておらず、また、建築史における彼の高い意義にはまったく言及されていない。そこで、こうした特別な名声がなかったとしても、彼がどれほどの人物であったかをここに明らかにしてみよう。

およそ称賛を博するようなすべての事において、レオン・バッティスタは子供の時から第一等のものであった。彼が体練や体操において万能であったことについて、信じられないような話が伝えられている。例えば足を閉じたまま人の肩を跳びこえたとか、大聖堂の中で硬貨を、それがはるか上の円天井に当たって響くのが聞こえるほど高く投げあげたとか、どんな荒馬も彼を乗せると震えおののいたといったような。――すなわち彼は三つの事柄、歩くこと、騎乗すること、そして話すことにおいて非の打ちどころのない人間と人々に思われようとしたのであった。音楽は先生につかずに学んだ。しかも彼の作品は専門家から驚嘆された。貧窮に苦しみながら、彼は長い年月をかけて両《ふた》つの法律（世俗法と教会法）を研究し、ついに疲労のあまり重病に陥った。二十四歳のとき、言葉の記憶力は低下したが、物事についての理解力は損なわれていないのを知って、物理学と数学に精魂を傾け、かたわら、芸術家、学者、そして靴屋にいたるまでのあらゆる種類の職人にその職についての要諦と経験を尋ねて、この世のあらゆる技能を学んだ。絵画と彫塑は――とりわけ、その人そっくりの肖像を作る技に優れ、それを記憶からだけでも制作することができた――両方とも能《よ》くした。特に驚嘆をまきおこしたのは不思議なのぞきからくりであり、(6)その装置の中で岩山の上に星々の姿や月の出の夜景を現わして見せたり、山なみや入り海が霞《かすみ》のかかった遠方にまで連なる広い風景の中を、陽光を浴びたり雲の影を映したりして船団が近づいてくるところを見せたりした。しかし彼は、他の人たちの創ったものでも喜んで認め、また、およそ人間の創ったものはなんであれ、とにかく美の法則にかなっていれば、それをほとんど神的なものと考えた。(7)これにさらに、まず芸術自体についての文筆活動が加わる。これは、芸術形式の、ことに建築のルネサンスのための境界石であり、最大の証言である。つぎにラテン語の散文作品、短篇小説等々があり、そのうちの二、三のものは古代の作品と間違われた。また、諧謔をまじえた食卓演説、悲歌そして牧歌もある。さらにイタリア語の著作『家庭管理論』四巻や、[8] 愛犬に捧げた弔辞さえある。彼の真剣な言葉や機知に溢れた言葉は、収集しておくだけの値打ちのあるものであった。そうしたものの見本は、何ページにもわたって、先に挙げた伝記の中に載せられている。また彼は、自分の持っていたもの、知っていたことをすべて、真に豊かな天性の人はつねにそうするものだが、なんの惜しげもなく人に分かち与え、自分の最大の発明品ですら無償で人にくれてしまった。最後に彼の人となりの最も奥深い所にひそむ源が指摘される。すなわち、あらゆる事物に触れ、またあらゆる事物の中に入って、神経過敏と言ってよいくらいに、またこのうえなく深い共感の心を抱いてそうした事物と共生することがそれである。見事な樹木やよく実った畑を見ると、彼は涙を流さずにはいられなかった。美しく、威厳に満ちた老人たちを、彼は「自然の至福」として尊び、いくら見ていても見あきることがなかった。申し分のない姿形をした動物も、自然から特別の恩恵を授けられたものという理由から、彼の好意を享けた。病を得た折りには、美しい風景を見ることで一度ならず健康を回復した。[9] 彼が外部世界とこのように謎めいた仕方で親しく交感し合っているのを知るにいたった人たちが、この人には物事を予感する才能もあると考えたのもなんら不思議ではない。彼はエステ家の血なまぐさい危機や、フィレンツェと教皇の、何年も先までの運命を正確に予言していたという。実際彼は人間の内面を見抜く力、観相術をいつでも意のままに使ったのであった。きわめて強烈な意志力がこの人の人格全体に浸透し、かつこれを統括していたことは言うまでもない。ルネサンス期の最も偉大な人たちと同様に、彼もまたこう言った。「人間は、意欲すればただちに、自分の力で何事もなしうるものである。」

また、アルベルティにたいするレオナルド・ダ・ヴィンチ（一四五二―一五一九。盛期ルネサンスの画家、科学者）の関係は、創始者にたいする完成者の関係、好事家にたいする大家の関係である。ヴァザーリ（一五一一―七四。イタリアの画家、建築家、美術家伝記作者）の著作におけるレオナルドについての記述も、レオン・バッティスタ・アルベルティの伝記の記述に見られたような描写によって補われていないのが惜しまれる！　そのため、レオナルドという存在の広大きわまりない輪郭は、永遠にもどかしさを感じながら推測することしかできないであろう。

3　近代的名声

ここまで述べてきた個人の発展に対応するものとして、外部に向けられた新たな種類の自己顕示、すなわち近代的名声というものもある(1)（名声、名誉心については『世界史的考察』四一九頁以下参照）。

イタリア以外の国では、個々の階級は各々独自にそれぞれの、中世的な階級上の栄誉を担って生活していた。例えば吟遊詩人《トルヴァドゥール》（中世南フランスの吟遊詩人。騎士的愛をテーマとし、宮廷の女性を賛美した）や宮廷恋愛歌人《ミンネゼンガー》（中世ドイツの貴族、騎士階級出身の吟遊詩人。トルバドゥールの影響のもと、宮廷で騎士的愛をテーマに高貴な女性に捧げる歌をうたった）の詩人としての名声は、騎士階級にとってしか存在しない。これに反してイタリアにおいては、専制政治もしくは民主政治の前ではどの階級も平等であるという考えが現われている。また、誰にむかっても開かれている社交の始まりもすでに見られ、こうした社交はイタリア語とラテン語の文学を拠り所としているのである。このことは前もってここで言っておかねばならない。社会生活の中に近代的名声というあの新しい要素を芽生えさせるためには、この土壌を必要としたのである。これに加えて、人々が熱心に研究し始めた古代ローマの著作家たちは、名声という観念にどっぷり浸っており、また彼らの作品の内容――ローマの世界支配の描写――からして、渝《かわ》ることのない比較の対象としてイタリア人の生活にしつこくつきまとっていた。これ以後、イタリア人のすべての意欲とあらゆる事業達成への努力は、他のヨーロッパ諸国のまだ知らない倫理的前提によって支配されている。

《ダンテと名声との関係》

ここでもまた、あらゆる本質的問題の場合と同じように、まずダンテの言葉に耳を傾けねばならない。彼はその魂のすべての力を振って詩人の桂冠を得ようと努力した。(2) 政論家としても文筆家としても、自分の仕事が根本的に新しいものであることを力説し、自分はこの道において第一人者であることを強調するだけでなく、そう呼ばれるのを望んでいることも強調する。(3) だがダンテはすでにその散文の著作において高い名声の煩わしさについても触れている。彼は、高名な人と個人的に知己を得たものの、不満を抱き続けている人がずいぶん沢山いることを知っており、これはそうした人たちの子供じみた空想とか、妬みとか、その当人に具わっている固有な不純さなどのせいであると説明している。(4) さらに彼のあの偉大な詩篇にいたっては、名声のいかに空しいものであるかという見解を堅持している、もっともそこには、彼の心情がいまだ名声への憧憬から完全には脱却していないことを露呈しているような言葉も見えるのであるが。「天堂篇」では、水星の領域は、地上で名声を得るに汲々としたあまり「真実の愛の光」を減じてしまった浄福の人たちの住処《すみか》である。(5) だが、きわめて特徴的であるのは、「地獄篇」のあわれな霊たちがダンテに、地上において自分たちへの追憶、自分たちの名声を新たにし、いつまでも生き生きと保つようにしてくれるよう求めるのに、(6) 一方「浄罪篇」の霊たちは代願の祈りを懇願するだけだということである。(7) そればかりか、ある有名な個所では、(8) 名声欲——人に優れようとの大きな望み(lo gran disio dell' eccellenza)——は、精神的な名声が絶対的ではなく、時とともに移ろい、事情によっては後から来るより偉大な者たちによって凌駕され、光を奪われることもある、というその理由だけからもしりぞけられる。

《知名の士としての人文主義者。ペトラルカ》

ところで、ダンテに続いて新たに台頭する詩人にして古典文献学者という種族は、二重の意味において名声を急速にわがものとする。すなわち、彼らは自らイタリアで最も評判の高い知名の士となると同時に、詩人にして歴史家として意識的に他の人たちの名声を意のままにするのである。この種の名声の外的な象徴とみなされるのが、特に詩人の桂冠授与であり、これについてはあとで述べるところがあろう。

ダンテと同時代の人で、アルベルテーノ・ムサットもしくはムッサート（一二六一―一三二九。パドヴァの公証人、歴史家、詩人）はパドヴァで司教と大学学長から詩人として桂冠を授けられたが、すでに、ほとんど神への崇拝と変わらないばかりの名声を享けていたのであった。毎年クリスマスの日には、大学の両《ふた》つの（神学と法学の）教授団の博士と学生たちが厳かに行列を組んでらっぱを吹きながら、おそらくはまた火のともった蠟燭《ろうそく》を手に、彼の門前にやってきて、祝辞を述べ(9)、贈り物をした。こうしたものものしい行事は、彼がカッラーラ家出身で、当時この都市を支配していた専制君主の不興を買うまで（一三一八年）続いた。

ペトラルカ（一三〇四―七四。詩人、人文主義者。その詩才と学識により各地王侯に迎えられる。古典の収集に努め、人文主義の先駆者となった）も、これ以前には英雄や聖者のためだけにあったこの新しいお追従をたっぷり楽しんでいるが、後年になるとむしろ、こういうものは空しく、また煩わしい道連れのように思われると考え、自らそれを納得してさえいる。「後世の人に」という彼の書簡は、(10)世間の好奇心を満足させてやらねばならない年老いた高名な人の弁明の書である。後世の人たちのあいだでは、無論彼は名声を享けたいのである、だが、同時代の人たちのあいだで名声を享けるのは、むしろご免こうむりたいと思っている。(11)幸不幸についての対話の中で(12)名声が話題になると、その空しさを立証する反論者の方にいっそうの力点がおかれている。だが、ビザンティン帝国のパレオロゴス朝（一二五九―一四五三。ビザンティン帝国の最終王朝。モザイク芸術や古代ヘレニズムの復興によりイタリア・ルネサンスなどに影響を及ぼした）の専制君主(13)が自分をその著作を通じて、ドイツ皇帝カルル四世（神聖ローマ皇帝、在位一三四六―七八）が自分を知っているのと同じくらいよく知っているのを、依然としてペトラルカが喜んでいるのを見ると、名声を空しいとする彼の考えを言葉どおりに受けとってよいものだろうか？　実際彼の名声は、すでに生前においてイタリア以外の国にまで広がっていた。また、ペトラルカが故郷のアレッツォを訪れた折りに、友人たちが彼をその生家に案内して、町はこの家の模様を何一つ変えないように配慮(14)していると告げたとき、彼はさもあろうと思いながらも感動を覚えなかったであろうか！

《知名の士の生家の崇拝》

以前には、二、三の偉大な聖者の住居、例えばナポリのドミニコ修道士たちのもとにあったときの聖トマス・アクィナス（一二二五頃―七四。中世スコラ哲学者）の独居房やアッシジの聖フランチェスコ（一一八一―一二二六。アッシジ出身の修道士。フランシスコ修道会の創立者。清貧を否定的禁欲の手段とせず、これを歓喜に変え、修道生活の高い理想を実現した）のマリア聖堂があがめられ、保存されていた。こうした名誉をもたらすあの半ば神話的な崇敬を享けていたのは、このほかにはせいぜい二、三の大法律学者だけであった。例えば、民衆は十四世紀末頃にもなおフィレンツェからほど遠くない所にあるバニョロで、一軒の古い家屋をアックルシウス（一一五〇年頃の生れ）（一一八五頃―一二六三。イタリアの法学者。ボローニャ大学で教え、のちフィレンツェで裁判官となる）の「書斎」と呼んでいたが、結局それは破壊されるままに放っておかれた。(15) おそらく、若干の法学者の（法律顧問や司法書士としての）莫大な収入や政治上の縁故関係が人々の想像力を長いあいだかきたてていたものと思われる。

《知名の士の墓の崇拝》

生家崇拝と軌を一にするのが、有名な人たちの墓の崇拝である。(16) ペトラルカの場合は生家の他に、彼の没した土地全体も崇拝の対象となる。すなわち、アルクア（ヴェーネト地方。ペトラルカが生涯を終え、埋葬された）が彼への追憶からパドヴァの人たちのお気に入りの滞在地となり、優美な住宅で飾られたのであった(17)――これは、北方諸国にあっては、「由緒ある場所」どころか、聖像や聖遺物への巡礼しかなかった時代のことである。自分の土地の有名人や他国の有名人の遺骨を所有することは、その都市にとって名誉にかかわる問題であった。フィレンツェの人たちがすでに十四世紀に――サンタ・クローチェ聖堂建立のずっと以前に（一二九一年着工なので時代が合わない）――自分たちの大聖堂を名士合祀廟《パンテオン》に高めようとどんなに真剣に骨折ったかを見て、人々は驚くのである。アックルシウス、ダンテ、ペトラルカ、ボッカッチョ（一三一三—七五。文学者、人文学者。主著『デカメロン』）そして法学者ザノービ・ダ・ストラーダは、そこに豪壮な墓を持つはずであった。[18]十五世紀の末になってもロレンツォ・デ・メディチ・イル・マニーフィコは自らスポレートの人たちと交渉して、画家フラ・フィリッポ・リッピ（一四〇六頃—六九。修道院に入るが、のちメディチ家のコジモの保護を受け、聖母画に新生面をひらく。色彩画家としてこの時代のフィレンツェ派画家中最大の一人。スポレートで没）の遺骸を大聖堂に葬りたいので譲ってくれまいかと頼んだが、つぎのような返事をもらったのであった。自分たちは大たいあり余るほど誇りとなるものは持ち合わせていない、特に有名な人となるとそうだ、それゆえこの話はご容赦たまわりたい。そこで人々は空墓碑だけで満足せざるをえなかった。ダンテの場合もそうで（ラヴェンナで没）、すでにボッカッチョがダンテの生れ故郷（フィレンツェ）を猛烈にせっついて、その遺骸を返してくれるようにいろいろ交渉させたのに、[19]ダンテは今なおラヴェンナの聖フランチェスコ教会のかたわらに静かに眠っている。「太古の皇帝の陵墓や聖者の霊廟のあいだで、ああ故郷よ、汝が彼に与えうる以上の栄光に満ちた仲間のあいだで。」当時すでに、ある変わった人がなんの咎めも受けずにキリスト十字架像の祭壇から灯明を取り去り、それをダンテの墓に供えて、これをお受けなさい、あなたは、あの方——十字架にかけられた方——よりもこれを受けるに値するのです、と言った、ということがあった。[20]

《古代の高名人の崇拝》

いまやイタリアの諸都市もふたたび、古代以来自分たちの同胞市民や住民であった人たちのことを思い起こす。ナポリはおそらくそのウェルギリウス（前七〇—前一九。ローマ最大の詩人。アウグストゥス帝時代に生れ、帝とその側近マエケナスの庇護のもと『アエネイス』などを書いた。マントヴァで生れ、ブルンディシウムで没。墓はナポリにある）の墓を一度たりと忘れたことはなかったであろう、ある半ば神話的な観念がこの名前と結びついていたという理由からだけでも。パドヴァにいたっては、十六世紀になっても市の建設者たるトロイアの人アンテノル（トロイアのプリアモス王の賢明な顧問役の老人）の本物の遺骨だけでなく、ティトゥス・リウィウス（前五九—後一七。古代ローマの歴史家。パドヴァの生れ。アウグストゥスの愛顧を受け、一四二巻の『ローマ建国史』を著わした）の遺骨も所有していると信じていた。(21) ボッカッチョは、「スルモーナは、オウィディウス（前四五—後一七。ローマの詩人。スルモ（現スルモーナ）の生れ。『恋の歌』により有名となり、『恋の技術』によりローマ社交界の寵児となるが、皇帝アウグストゥスにより黒海沿岸に追放され、その地で没した。他に『転身物語』などがある）が遠く流刑の地に葬られているのを嘆き、パルマは、カッシウス(22)（前四二没。ユリウス・カエサルの暗殺者。その後シリアで、フィリッピの戦で敗れ自殺）がその市壁のうちに眠っていることを喜ぶ」と言っている。マントヴァ（ウェルギリウスの生地）の人たちは十四世紀に、ウェルギリウスの胸像を刻した貨幣を鋳造し、またこの詩人を表わしているという彫像を建てた。当時ゴンザーガ家の後見人であったカルロ・マラテスタ(23)（一三六八—一四二九。リーミニの支配者。リーミニの不敬の徒や偶像崇拝の徒にたいし、厳格に対処）が一三九二年に、貴族の中世的傲慢からかの彫像を倒させたが、この古代の詩人の名声が相当に強かったので、ふたたびこれを建てなおさせないわけにはゆかなかった。おそらく当時すでにマントヴァの人たちは市から二マイルの所にあった洞窟を見物人に見せたであろう。この洞窟はかつてウェルギリウスが瞑想した場所と言われているもので、[24]これはちょうどナポリ近郊にある「ウェルギリウスの学校」(Scuola di Virgilio)と同じようなものである。コーモは両プリニウス（大プリニウスとその甥でかつ養子、政治家にして文人の小プリニウス（六二―一一三頃）。両プリニウス共にコーモ出身）をわがものとし、[25]十五世紀末頃に、その大聖堂の正面に置いた優美な天蓋の中に両人の坐像を安置して、これを賛美した。

《土地の名声を記録する文学。パドヴァ》

歴史記述と新たに生れた地誌はこれ以後、郷土の名声をもはや一つも書きもらすまいと心がけるが、一方北方の国々の年代記では、教皇、皇帝、地震そして彗星についての記録のあいだに、この頃になんとかいう名の有名な男も「盛名をはせた」といったふうな記述が散見されるにすぎない。卓越した伝記文学が、本質的にはこうした名声についての考え方の支配のもとで発展していった経緯は、別の機会に考察することにし、ここでは、自分の都市が名声として自負しているものを記録にとどめる、地誌編者の愛郷心だけに話をしぼることにしよう。

中世においては、諸方の都市はそこの聖者たちや、教会にある彼らの聖遺体とか聖遺物を誇りとしていた。[26]一四五〇年頃にパドヴァで頌詩を書いたミケーレ・サヴォナローラ[27]（一三八四頃―一四六八。ジローラモ・サヴォナローラの父。医師、地誌学者）もその詩を、こういうものを数えあげることから始めている。だがこれに続いて彼は、「聖者ではなかったが、優れた精神と高貴なる才能(virtus)によって、聖者の列に加えられる（adnecti）に値する高名な男たち」に筆を移してゆく――これはちょうど古代において高名な男が英雄神と相ならんでいるのとまったく同じである。(28) これに続く名前の一覧表は、この時代の特色をいかにもよく表わしている。まず、落人《おちうど》たるトロイア人の一隊を率いてパドヴァを建設した、プリアモスの兄弟アンテノルが続き、ついで、アッティラ（四〇六頃―四五三。フン族の王、終始ローマ帝国と抗争。四五二年北イタリアに侵入。翌年パンノニアで没した）をエウガネアの山中で打ち破り、さらにこれを追撃して、リーミニにおいてチェス盤で打ち殺したダルダヌス王（不詳）、大聖堂を建立した皇帝ハインリヒ四世（在位一〇五六―一一〇六。教皇との対立に苦しんだ）、その頭部がモンセリーチェに保存されているマルクスという王といったように続く――つぎに、聖職禄、神学校そして教会の寄進者である二、三の枢機卿と高位聖職者、アウグスティノ修道会士で、有名な神学者フラ・アルベルト、そしてパオロ・ヴェネトや世に名高いピエトロ・ダ・アバーノ（一二五七―一三一五。イタリアの自然哲学者）を始めとする一連の哲学者たち、そしてまた法学者パオロ・パドヴァーノが来る。それからリウィウスと詩人ペトラルカ、ムサット、ロヴァートと続く。軍人の著名人にやや欠けるところがあるように感じられるが、作者はこれを学者の面で埋め合わせをし、精神的名声はずっと長く後世に伝えられてゆくのに、武名の方は往々にしてその人の体とともに葬られてしまうものであり、また武名が後世にまで続いているとすれば、それはひとえに学者のお蔭であるとして、自らを慰めるのである。しかしいずれにせよ、少なくとも他郷の有名な武人が自ら求めてこの都市に骨を埋めているということは、都市の名誉になるというのである。例えばパルマのピエトロ・デ・ロッシ（一三三七没）、ピアチェンツァのフィリッポ・アルチェリ、特に、「凱旋するカエサルにも似た」青銅の騎馬像がすでにサンタントーニオ教会のかたわらに建てられていたナルニのガッタメラータ（一四四二年没）（一三七〇―一四四三。傑出した傭兵隊長）がそれである。つぎに作者は法学者と医学者の一群、多くの人たちのようにただたんに「騎士の位階を受けているというだけでなく、実際にそれに値した」貴族たちを挙げ、最後に有名な技師、画家そして音楽家を挙げる。殿《しんがり》をつとめるのが剣術師範ミケーレ・ロッソで、これは、その道で最も有名な人として諸方にその画像が見られた人であった。

《広く古今の人の名声を称える文学》

地方にあるこうした栄誉の殿堂という舞台装置においては、神話、伝説、文学の上で生み出された評判そして一般大衆の驚嘆が一緒になって働いているのであるが、このように栄誉の殿堂のかたわらで、詩人にして古典文献学者たちは世界的名声を持った人たちを全部祀り入れる名士合祀廟《パンテオン》の建設に従事する。すなわち彼らは、著名な人士、有名な女流についての論集を、しばしばコルネリウス・ネポス（前一一〇頃。ローマの伝記作者。『名士伝』などがある）、偽スエトニウス（ガイウス・スエトニウス、七〇頃―一五〇頃。ローマの伝記作者。『皇帝伝』、『著名者列伝』などがある。偽スエトニウスは不詳）、ウァレリウス・マクシムス（後一世紀、ティベリウス帝時代の通俗史家。『著名言行録』がある）、プルタルコス（四六頃―一二〇以後。伝記作者、随筆家。『英雄伝』、『倫理論集』などがある）（『女の徳性』）、ヒエロニムス（三四〇頃―四一九。キリスト教学者。聖書翻訳、聖書注解など）（『著名者列伝』）等々に直接拠って書く。あるいは彼らは、ペトラルカが特にその『名誉の凱旋』において、ボッカッチョがその『愛の幻影』において書いているような、幻想的な凱旋行列や理想的なオリンポス山上の集いを、何百という名前を挙げて詩に作るが、少なくともその名前の四分の三は古代に属し、残りは中世に属している。(29) 新奇な、どちらかと言えば近代的なこうした要素がしだいにいっそう強調されて扱われるようになってくる。歴史家たちはその著作の中に人物の性格描写をさしはさむようになる。こうして、フィリッポ・ヴィッラーニ（一四〇四以後没。フィレンツェの年代記作者）、ヴェスパジアーノ・フィオレンティーノ（ヴェスパジアーノ・ダ・ビスティッチ。一四二一―九八。フィレンツェの書籍販売業者。学者、伝記作家。多数の写本職人をかかえ、テクストの正確さにも定評があった）そしてバルトロメーオ・ファツィオ(30)（一四〇〇―五七。人文主義者。宮廷史料編纂者）による伝記や、ついにはパオロ・ジョーヴィオ（一四八三―一五五二。医師、のちに歴代教皇に仕え外交にたずさわり、軍事、政治上の出来事を記録。『伝記』などがある）による伝記のような、有名な同時代人の伝記の集成が生れるのである。

　ところが北方の国々には、イタリアがそこの著作家たち（例えばトリテミウス（一四八二―一五一六。ドイツの人文学者、聖職者））に影響を及ぼすまでは、聖者の伝説と王侯や聖職者たちについてのまとまりのない話とか記述があっただけで、こうしたものはまだ明らかに聖人伝に範をとっており、名声すなわちその人自身の力で獲得した声価とは本質的になんのかかわりもないのである。詩人の名声はなお特定の身分に限られており、また芸術家の名前も北方の国々ではほとんどもっぱら、彼らが職人として、また手工業組合の人間として現われる場合にしか耳にすることがないといってよい。

《著述家に依存する名声》

だがイタリアの詩人にして古典文献学者は、先に述べたように、自分は名声を、それどころか永遠性をさえ頒《わか》ち与える者であり、また同様にこれを忘却の彼方に追いやる力も持っている者であるというきわめて強い意識をもともと抱いているのである。(31) すでにボッカッチョは、彼の賛美する佳人が、これからもずっと彼の詩に詠《よ》まれ、そのことで有名になろうとして、いつまでも詩人につれなくしているのを嘆き、今度は非難してみたら効きめがあるかどうか試してみるつもりだ、と女にほのめかしている。(32) サンナザーロ（一四五六―一五三〇。牧歌詩人。代表作は田園詩『アルカディア』で、その後の田園詩の典型となった。他に『悲歌』などがある）はシャルル八世（在位一四八三―九八。フランス国王。一四九四―九五年にイタリアに遠征）の軍を前にして卑怯にも逃走したナポリのアルフォンソを、二篇の見事なソネットで永遠に無名の世界に葬ってやると脅している。(33) アンジェロ・ポリツィアーノ（一四五四―九四。当時の最も卓越した文献学者）は、アフリカにおける発見に関してポルトガル王ジュアン（ジュアン二世。在位一四八一―九五。市場開拓のため発見および航海を奨励）に真剣にこう進言している（一四九一年）、(34) 時機を失して不朽の名声を逃さないよう心を配るように、また「文章に彫琢を加えるための」(operosius excolenda) 資料をフィレンツェの自分の所へ送るように、さもないとあなたも、学者の助けを得られなかったばかりにその功績が「朽ちやすいこの世の大きな塵芥の山に埋められたままになっている」人たちと同じ目にあうかもしれない、と。王は（あるいは少なくとも人文主義的志向を持っていた大臣が）これに同意して、すでにポルトガル語で作成してあったアフリカの事柄についての年代記をイタリア語に翻訳して、これをラテン語に書き直してもらうためにフィレンツェに届けると少なくとも約束しはしたが、実際にそれが実行されたかどうかは分からない。こうした思い上がりは一見したところまったく無意味なもののように見えるかもしれないが、決してそうではない。いろいろな事柄を（きわめて重要な事柄をも）同時代および後代の人たちに伝えるための編纂という仕事は、決してどうでもよいことではないのである。イタリアの人文主義者たちとその叙述法およびそのラテン語は、ずいぶん長いあいだヨーロッパの読書界を実際に支配していた。またイタリアの詩人たちも、十八世紀にいたるまで、どこかの国の詩人などよりも広く、あらゆる人々にもてはやされている。フィレンツェのアメリーゴ・ヴェスプッチ（一四五一―一五一二。イタリアの商人、航海者。一四九九年以来数度にわたりスペイン、ポルトガルのアメリカ遠征に加わり、新大陸を探検した）の洗礼名は、彼の旅行記のゆえに第四番目の大陸の名前になった。また、パオロ・ジョーヴィオはひどく浅薄で、かつ如才なく勝手気ままに振舞いながらも、なお不朽の名声をあてにしていたが、[35]それでも彼はまったく思い違いをしていたわけではなかったのである。

《熱狂的な名声欲》

名声を外面的に保証するこのような仕組みが備わっているのに、ときどきそれを覆っている幕が引き払われることがあり、そうすると、対象や成果とは無関係に、これ以上なく巨大な名誉欲や功名欲が恐ろしいほどむきだしの顔を現わす。例えば、『フィレンツェ史』の序言でマキアヴェッリ（一四六九―一五二七。政治理論家、歴史家。『ローマ史論』、『君主論』などがある）が述べているのがそれである。その中で彼は、先輩たち（レオナルド・アレティーノ（レオナルド・ブルーニ。一三七〇―一四四五。人文主義者）、ポッジョ・ブラッチョリーニ（一三八〇―一四五九。初期人文主義者の最も典型的人物））がこの都市の党派のことについてあまりにも思慮深く沈黙しているのを非難している。「彼らは思い違いをしているのであり、人間の名誉心、名前を永遠に遺したいという欲望を彼らがほとんど知らなかったことを証している。称賛すべきことによって衆に抜きんでることができなかったので、恥ずべきことによって名を売ろうとした者がずいぶんいたではないか！　統治者や国家の行為のような、それ自体偉大さを持っている行為は、それがどんな種類のものであろうと、またどんな結果に終ろうと、つねに非難よりはむしろ名声をもたらすような外観を呈するものであることを、あの著作家たちは考慮しなかった。[36]」慎重な歴史家がいくつかの耳目を聳動する、恐ろしい企てについて記述するとき、その動機としてなにか偉大なこと、記憶されるに値することをやりたいという激しい欲望がそこに働いていたとしている。ここに姿を現わしているのは、卑しい虚栄心がたんに堕落したものではなく、むしろそれは真に魔的《デモーニッシュ》なものである、すなわち、決断がままならないところから、いきおい極端な手段に訴えたり、結果はどうでもよいという気持になったりしているのである。マキアヴェッリ自身、例えばステーフアノ・ポルカーリ（一四〇〇頃―五三。陰謀を企て、教皇ニコラウスを捕えて自分が護民官であると宣言しようとして失敗）（上巻一六五頁参照）の性格をこのように解している。[37] ガレアッツォ・マリア・スフォルツァ（在位一四六六―一四七六。破廉恥な行動に耽った暴君の典型とされる）の殺害者たち（上巻九九頁以下参照）について、諸記録はこれとほぼ同じことを伝えている。フィレンツェ公アレッサンドロ・デ・メディチ（在位一五三二―三七。ロレンツォ、ウルビーノ公の庶子）の殺害（一五三七年）を、ヴァルキ（一五〇三―六五。フィレンツェ共和国の文学者。『フィレンツェ史』がある）さえも（第三巻において）下手人ロレンツィーノ・デ・メディチ（一五一三―四八。アレッサンドロの従兄弟）の（上巻一〇三頁参照）名声欲のせいにしている。[38] パオロ・ジョーヴィオとなるとこの動機をもっとずっと強烈に強調する。すなわちロレンツィーノは、ローマにあった古代の彫像を打毀したためにモルツァ（マーリオ・モルサ。一四八九―一五四四。詩人、人文主義者。『テーベレの妖精』などがある）の誹謗文によってさらしものにされたので、この汚名を忘れさせるような「新機軸」の行為はないかと考えたすえ、自分の親族にして君主である人を殺害したのだ、と。――ここには、極度にいらだった、しかしすでに自暴自棄になっている意力や情熱を内にこめたこの時代の真の特徴が見られる。これは、かつてマケドニアのピリッポス王（在位前三五九―前三三六。アレクサンドロス大王の父。国を統一したのち、カイロネイアで反マケドニア連合軍を破り、ヘラス同盟を結成。東征準備中暗殺される）の時代にエペソスの神殿が放火されたのとまったく軌を一にするものである（前三五六年にアルテミス神殿が破壊されたが、下手人の自白によると名声欲によるものであった。エペソス人はそこで、その男の名を明らかにしないことを決議した）。

4　近代的嘲笑と機知

《個人主義との関係》

名声と近代的名声欲だけでなく、高度に発達した個人主義全般を調整するのが、近代的嘲笑と侮蔑であり、場合によっては機知という無敵の形式である[1]。われわれが中世の時代から知っているものとしては、敵対する軍隊や仇敵となった有力諸侯らがたがいに象徴的な嘲笑を浴びせあって相手をひどく怒らせたり、負けた側がこれ以上ないような象徴的屈辱を負わされたりするといったようなのがある。これに加えて神学論争においても、古代の修辞学や書簡文作法の影響のもとに、すでに機知が一つの武器となり始めているのを時おり見かける。またプロヴァンスの詩は反抗や侮蔑の歌の独特なジャンルを発達させている。中世ドイツの宮廷恋愛歌人《ミンネゼンガー》にも、彼らの政治詩が示しているように[1a]、時としてこのような調子が見られる。しかし機知が実生活の独立した一要素となりえたのは、なんといっても、きまってその槍玉にあげられた犠牲者、すなわち、その人自身のさまざまな要求を胸のうちに抱いている完成した個人が存在するようになってからのことであった。こうなると機知も、言葉や文章だけではもうとてもおさまらず、実際の行為となって現われてくる。機知はからかったり、いたずらをしかけたりする。二、三の短篇小説集の主な内容をなしている、いわゆる悪ふざけ（burle）や愚弄（beffe）がそれである。

十三世紀には成立していたと推定される『古譚百話』は、両極にあるものの対比の所産である機知も、また悪ふざけ《ブルラ》もまだその内容としていない(2)。この本の目的はただ、賢明な談話や意味深い物語や寓話を素朴な美しさを持った表現で再現するところにある。この作品が非常に古いものであることを証明するものがあるとすれば、このように嘲笑が欠如していることがまさにそれである。はたして、十四世紀に入るとすぐにダンテが現われ、その侮蔑の表現によって世界のすべての詩人は、この人の後塵を拝することになる。例えば詐欺師たちを描いたあの雄大な地獄の風俗画一つをとって見ただけでも(3)、ダンテが巨大な喜劇文学の最高の巨匠と呼ばれてしかるべきである。ペトラルカとともに(4)、早くもプルタルコス（『警句集』（Apophthegmata）等々）を範として機知の収集が始まっている。

《フィレンツェ人の嘲笑。短篇小説》

その後この世紀のあいだにフィレンツェで拾い集められた嘲笑の例として、フランコ・サッケッティ（一三三三頃—一四〇〇。フィレンツェの作家。抒情詩、短い滑稽叙事詩などを書いた。代表作は『小噺三百』）がその短篇小説においてきわめて特色ある抜粋をしてくれている。それは大部分本当の意味での物語ではなく、ある種の状況のもとで与えられる返答や、阿呆、宮廷道化師、ひょうきん者、自堕落な女といった連中がそれを口にしてその場をうまく言い逃れるとてつもなく単純な言葉である。その場合のおかしみは、本当の、もしくは見せかけのこのような単純さと、世間の常識的様態や通常の道義心との極端な対照のうちにある。つまり、物事がさかさまに考えられているわけである。表現のあらゆる手段が利用される。例えば北イタリアのある特定の方言を真似るということも行なわれる。機知のかわりにあからさまで、ずうずうしい横柄な態度、あつかましいぺてん、悪態そしてけがらわしい言葉が現われる。傭兵隊長をからかった二、三の笑い話は[5]、書きしるされているものの中でも最も粗野で、また最も悪意のあるものに入る。かなりの数の悪ふざけ《ブルラ》はきわめて滑稽であるが、他人にたいして個人的に優っているとか、勝利したといったことを自分本位に証明しているにすぎないものもかなりある。人々がどこまでたがいに赦しあったか、嘲笑のいけにえにされた者がどのくらいしっぺがえしをして、うまくみんなを味方にひきこむことで満足したか、われわれには分からない。だがやはりそこには冷酷で、心ない悪意が沢山あって、そのためフィレンツェの生活がひどく不愉快なものになったこともしばしばあったと思われる[6]。

《頓智家と道化者》

洒落《しやれ》の考案者、洒落の話し手はすでにそれなしではすまされない人物になっていた。その中には第一級の者もいたにちがいなく、こうした人たちは、競争も、しょっちゅう入れかわる公衆も、理解の早い聞き手（これらのものはフィレンツェに滞在するときに経験する長所ばかりである）もなかったたんなる宮廷道化師の誰よりもはるかに優れていた。このような理由から、ロンバルディアやロマーニャの専制君主の宮廷を客演俳優として遍歴するフィレンツェ人も何人かいたが、[7] 彼らは故郷の町ではどこの小路にも機知がとびかっていて、大して儲けにならなかったので、こうして埋め合せをしたというわけである。このような人たちのいくらか上等のタイプは、愉快な人間（l'uomo piacevole）のタイプで、下等な方のタイプは道化役者《ブッフォーネ》やさもしい寄食者のタイプであり、この連中は、「私が招待されなかったのは、私のせいじゃない」といったへ理屈をつけて、婚礼や宴会の席にもぐりこむのである。この種の手合いはあちこちで若い浪費家が財産をしぼりとる手伝いをし、[8] 大たいにおいて食客《パラシトス》（これについては、『ギリシア文化史』第七巻四九七頁以下参照）として扱われ、嘲笑される。一方これよりも上等の部類の頓智家たちは、自分が王侯のようなつもりで、その機知を真に至高のものと考える。皇帝カルル四世が「イタリア諧謔家の王」と折紙をつけたドルチベーネは、フェッラーラにおいて帝にむかってこう言上した。「陛下は世界をご征服なされますでしょう、陛下は私と教皇の友人であらせられますから。陛下は剣を御手にお戦いになる、教皇様は教書の御印章をもってお戦いになり、私めは舌をもって戦いまする！」[9] これは決してたんなる冗談ではない、ピエトロ・アレティーノ（一四九二―一五五六。諷刺文学者。十六世紀最大の精力的で多才な作家。教皇レオ十世のもとで文名を挙げるが、猥せつな文書により、ヴェネツィアに追放。ここで鋭い政治評論を書いた。『好色浮世ばなし』などがある）出現の前触れなのである。

十五世紀中葉に世に聞えた二人の諧謔家がいたが、その一人フィレンツェの近くの主任司祭アルロットはかなり上品な機知（facezie）で、もう一人フェッラーラの宮廷道化師ゴネッラはおどけた言動で有名であった。この二人の話をカーレンベルクの坊さんの話（不詳）やティル・オイレンシュピーゲル（一五一四年頃に出版された滑稽譚『ティル・オイレンシュピーゲル』の主人公。近年の研究で作者がほぼ確定している）の話と比較するのは考えものである。後の方の話は、その成立の仕方からして、先の場合とはまったく異なっており、半ば神話的なものである。したがって、その話が作られるにあたって一つの民族全体がそれにかかわっており、こうして結局それは、むしろ誰にも広くあてはまり、また理解されるものになっているのに反して、アルロットとゴネッラは歴史の上で、また一地方でだけ知られ、そしてそうした制約を受けた人物であった。だが、ここで一つこの比較を認めて、これをイタリア以外の諸民族の「滑稽話《シュヴァンク》」全般にまで拡げて見るとしよう、すると、ここで全体として分かってくるのは、フランスのファブリオ（十三、十四世紀にフランスで作られた滑稽で諷刺的な韻文による笑話）における「滑稽話」(10)やドイツ人に見られるそれは、まず第一に為になるとか、人を喜ばせることを狙っているのに反して、アルロットの機知やゴネッラのおどけはいわばそれ自体が目的であるということ、すなわち勝ったという満足感を得るためにあるということである。（こう考えると、ティル・オイレンシュピーゲルはまた独自のニュアンスをもったもののように見える、すなわち特別の身分や職業にたいする、大ていはかなりくだらない悪ふざけが人格化したもののように見える。）エステ家のこの宮廷道化師は一度

ならず痛烈な嘲笑と念入りな復讐によって腹いせをしている。(11)

《教皇レオ十世の悪ふざけ》

愉快な人間（l'uomo piacevole）や道化役者《ブッフォーネ》のタイプは、フィレンツェの自由よりも長く生きのびた。コジモ一世・デ・メディチ（一五一九―七四。トスカーナ大公。在位一五六九―七四）の治下にはバルラッキャが、十七世紀初頭にはフランチェスコ・ルスポリとクルツィオ・マリニョリが全盛を誇った。教皇レオ十世（在位一五一三―二一。本名ジョヴァンニ・デ・メディチ。学術、芸術の保護者）にはいかにもフィレンツェ人らしく諧謔家への特別な愛好が見られるが、これはじつに注目に値する。このうえなく洗練された精神的享楽に心を寄せ、このことに飽くことを知らなかったこの頭領も、その宴席に二、三の機知に富んだ道化者や大食芸人をはべらせることを意に介さないばかりか、それを望みさえしている。こうした者の中に二人の修道士と四肢の不自由な者も一人いた。(12) 祝賀の折りには、教皇はこの者たちを食客《パラシトス》として扱うことで、わざとらしく古代めかした嘲笑を浴びせた。すなわち猿や烏をうまそうな焼肉のように見せかけて彼らに供したのであった。総じて教皇レオは悪ふざけを自らやるために自分の手に残しておいた。特に、自分の好きな趣味――詩と音楽――を時として皮肉に扱うことは、いかにもこの人の精神のあり方に合っていた。すなわち、教皇とその何でも屋の執事たる枢機卿ビッビエーナ（ベルナルド・ドヴィッツィ。一四七〇―一五二〇。ジョヴァンニ・デ・メディチを教皇にするため尽力した。『書簡集』、喜劇『カランドリア』がある）は詩と音楽を戯画化したような人物を作り出すのに大いに手をかした。[13] 両人は、一人の善良な老秘書官をあらゆる手をつくして説得にこれ努め、ついに自分が音楽理論の大家であると思いこませることまでやったが、別にそれを自分たちの品位にかかわることとは思わなかったのである。教皇レオはまた即興詩人ガエタのバラバッロを絶えずうれしがらせを言っておだてあげ、当人が本気でカピトリヌスの丘での詩人桂冠授与に打って出る気にまでならせた。メディチ家の守護聖人、聖コスマスと聖ダミアヌスの祭日に、この詩人は、桂冠と緋衣で飾り立てられ、まず教皇の饗宴を詩の朗唱をもって興じさせ、一同が抱腹絶倒するにおよんだとき、今度はヴァティカン宮の中庭で、ポルトガルのマヌエル大王（マヌエル一世。在位一四九五―一五二一）からローマに贈られていた、[14] 黄金の鞍をつけた象に乗せられたのであった。このあいだじゅう、教皇は柄つき片めがねで上から見おろしていた。ところが象は太鼓やらっぱの響き、はたまた喝采の叫び声におじけづいてしまって、聖アンジェロの橋をこえて連れてくることができなかった。

《文学におけるパロディー》

厳粛で崇高なもののパロディーがここで行列のようにわれわれを出迎えているのであるが、こうしたパロディーは当時すでに詩文学の中で強大な地位を占めるにいたっていた。[15] 無論パロディーは、アリストパネス（前四四五頃―前三八五頃。ギリシア最大の喜劇作家。その作品によって政治、道徳、社会への痛烈な諷刺を行なった）があえて槍玉にあげていたのとは異なった犠牲者を探さねばならなかった。というのも、この喜劇作者は偉大な悲劇詩人たちを自分の喜劇に登場させていたからである（『ギリシア文化史』、第四巻四三八頁参照）。だが、ギリシア人のあいだである特定の時代にパロディーを発生させたのと同じ円熟した教養が、ここでもまたそれを開花させたのであった。すでに十四世紀末に、ソネットの形でペトラルカの恋の嘆きの詩や、そうした種類の詩が模倣されてからかわれている。それどころか十四行詩《ソネット》という詩形の持つ荘重さ自体が、もったいぶった愚にもつかない言葉で嘲弄される。さらに『神曲』がまた大いにパロディーにしたくなる作品なのである。ロレンツォ・デ・メディチ・イル・マニーフィコは「地獄篇」の文体でじつに見事な滑稽劇を繰りひろげてみせる腕を持っていた（『酒宴』（Simposio）、別名『飲んべえども』（i Beoni））。ルイージ・プルチ（一四三二―八四。ロレンツォ・デ・メディチの友人。英雄を茶化す喜劇的要素を盛りこんだ叙事詩『モルガンテ』が代表作）はその『モルガンテ』においてあからさまに即興詩人たちを模倣している、さらにまた、彼の詩とボイアルド（一四四〇頃―九四。詩人。フェッラーラ公エステ家の廷臣。叙事詩『恋するオルランド』を書いた）の詩には、それがこうした主題の上を浮遊しているという点だけ見ても、中世騎士文学の、少なくとも半ば意識的なパロディーになっているところがある。つぎにパロディーの大家テオーフィロ・フォレンゴ（一五二〇年頃に全盛であった）（一四九一―一五四四。諷刺詩人。偽名で書かれたラテン語・イタリア語の混淆文の諷刺叙事詩『バルドゥス』、その他『オルランディーノ』がある）となると、もういきなり対象にとびかかる。リメルノ・ピトッコという筆名で彼は『オルランディーノ』を書く。ここでは騎士制度は、おかしなロココ風縁どりとして沢山の近代風の思いつきや生活像の周囲に顔を出しているだけである。またメルリヌス・コッカイウスなる筆名で例の空想上の放浪者たちの行為や遍歴を叙述するが（『バルドゥス』）、これもまた底意を内に秘めた、強い薬味をきかせて、ラテン語まじりの六歩格《ヘクサメトロン》を使い、当時の学者風叙事詩が用いたとする滑稽な、見せかけの考証資料を下敷きにして書かれている（マッケロネーア風作品（Opus Macaronicorum）（ラテン語・イタリア語混淆文体の作品））。これ以後パロディーはつねに、そして時として真に輝かしくイタリア文芸界を代表するものとなっている。

《機知の理論》

つぎに、ルネサンス絶頂期の中頃になると、機知もまた理論的に分析され、いっそう洗練された社交界での機知の実践的応用はどうあるべきかが、より厳密に確認されるようになる。その理論家がジョヴィアーノ・ポンターノである[16]。話術について書かれたその著書の、特に第四巻において、彼は沢山の機知もしくは洒落（facetiae）を個々に分析して、一つの普遍的原理に達しようとしている。身分のある人たちのあいだでは機知をどのように用いたらよいかを、バルダッサーレ・カスティリオーネ（一四七八―一五二九。文学者、外交官）（図版7）はその『宮廷人』の中で教えている[17]。無論この場合、滑稽で、かつ上品な話や言葉を語り伝えて、第三者を愉快にさせることだけが大事なのである。あけすけな機知を弄することはむしろ用心しなければならない。それは、それによって不幸な人々を傷つけ、犯罪者らに名誉を与えすぎたり、有力者や寵愛に甘やかされた者たちの復讐を買うことになるからである。また、このように語り伝える場合でも、身分のある人は芝居っけたっぷりに人真似をするといったことは、つまりしかめっ面などをすることは思慮深くほどほどにしておくよう勧められる。さらに続いて、たんに人の話を語り伝えるにあたっての範例としてだけでなく、将来機知を磨こうとする人たちのための範例として、事柄や言葉についての洒落のおびただしい収集が体系立って種類別に分類されており、その中にはじつに見事なものも沢山ある。それからほぼ二十年後になると、ジョヴァンニ・デッラ・カーサ（一五〇三―五六。聖職者、外交官、作家。反宗教改革時代の卓越した教会行政官。その著『ガラテーオ』はガラテーオという老紳士が若者に礼儀作法を教えるというもの）[18]がそのよき礼儀作法のための手引き書において説いている教えは、これよりもはるかに厳しく、かつ慎重である。いろいろな結果を顧慮して、彼は機知や冗談から、人に打ち勝とうという意図が完全に追放されることを求める。彼は、やがて起こるに相違ない反動の先触れなのである。

《悪口》

じっさいイタリアは、世界がこれ以来二度とこうしたものを示すことができなかったような悪口学校になってしまっていた。ヴォルテール（一六九四―一七七八。フランスの啓蒙思想家、詩人、劇作家。合理主義の立場から社会の迷妄、宗教的非寛容を攻撃した）の時代のフランスにさえこのような例は見られなかった。否定の精神は、ヴォルテールとその仲間に欠けていなかったのだが、この十八世紀の時代においていけにえにするにお誂えむきの沢山の人たちをどこから手に入れたらよかったのだろうか？　高度な、かつ

図版7　バルダッサーレ・カスティリオーネ　ラファエッロ，1514年頃，パリ，ルーヴル美術館

独特な発達をとげたあの無数の人たち、政治家、聖職者、発明家や発見家、文学者、詩人そして芸術家といったあらゆる種類の著名人、また、自分たちの独自性をも遠慮なく発揮していたこうした人たちをどこから手に入れたらよかったのだろうか？　十五世紀と十六世紀にはこのような人たちが一杯いたのである。そしてこの人たちのかたわらでは、広く人々にわたって見られた高い教養が、才気に優れながら無力感に鬱屈している者、天性のあら探し屋や毒舌家といった恐ろしい種族を育て上げていたのであり、この連中の妬みは大量の犠牲者を要求したのである。これにさらに有名人相互の妬みが加わった。このような妬み合いを始めたのが、人も知るように、フランチェスコ・フィレルフォ（一三九八―一四八一。人文主義者。フィレンツェの大学で教えたが、当地の人文主義者と諍いを起こし、のちミラノでヴィスコンティ家、スフォルツァ家に仕えた）、ポッジョ（ポッジョ・ブラッチョリーニ）、ロレンツォ・ヴァッラ（一四〇七―五七。人文主義哲学者。言語学と哲学についての大胆な見解は、ポッジョなどの人文主義者の反発を招いた）などの古典文献学者たちである。その一方で、例えば十五世紀の芸術家たちはまだ、完全に平和的といってよい状態でたがいに腕を競い合っていたのである。これについては、芸術史は留意してもよいことである。

名声の一大市場であるフィレンツェはこうした点において、先に述べたように、暫時のあいだ他のすべての都市よりも先を行っている。「鋭い目つきといじの悪い舌」がフィレンツェ人の人相書である。(19) どんなことにでもちょっとした嘲笑を浴びせるというのが、ここで流行していた日常的しきたりであったらしい。マキアヴェッリは喜劇『マンドラーゴラ』のきわめて注目すべきプロローグにおいて、その当不当はとにかくとして、道徳的力の顕著な低下の原因が全般に見られる誹謗癖にあるとし、ついでに、自分も悪態をつくことにかけては誰にもひけをとらない凄腕の持主であると言って、自分にけちをつけようとする者たちを脅している。つぎにくるのが教皇の宮廷であり、そこは昔からこのうえなくたちの悪い、それでいて最高に機知豊かな舌の持ち主のたまり場であった。すでにポッジョの『滑稽譚』からして教皇庁の書記たちの嘘つき部屋(bugiale)に材料を得たものである。そして、期待を裏切られた猟官者、すでに君寵を得た者たちに立ちはだかる前途有望な敵や競争相手、放縦な高位聖職者の暇つぶし相手がどんなに沢山集っていたかを考えてみるとき、ローマが強烈な誹謗文や、どちらかといえば内省的な諷刺文の真の故郷となったのもあやしむにたりない。さらにこれに、聖職者政治にたいする全般に見られた反感や、権勢者をこのうえなく恐ろしい姿に仕立てあげたがる下層民のあのよく知られている感情が付け加わったものをも計算に入れれば、ここに前代未聞の量の誹謗が生じてくる。[20]事実に基づいた告発であろうと、でっちあげの告発であろうと、こういうものから身を守る最も有効な方法は、それができる人の場合であるが、こうしたことを蔑視することであり、また華やかで愉快な贅沢三昧の生活を送ることであった。[21]しかし傷つきやすい人たちは、深く罪過とかかり合い、さらにいっそう深く不快な中傷を身に受けるとなると、一種の絶望に陥ることがあったかもしれない。[22]人々はだんだんと誰にでもこれ以上なくひどい陰口をたたくようになった、また最も道徳堅固な者ほど意地の悪い言動を身に招いたことはまず間違いなかった。大説教者ヴィテルボのフラ・エジーディオはその功績のゆえに教皇レオによって枢機卿に起用され、また一五二七年の災厄（ローマ劫掠）に際しては有能で人気のある修道士であったことも実証した人であったが、(23)ジョーヴィオがほのめかしているところによれば、この人はその禁欲者風の蒼白な顔色を、濡れた藁を燃やした煙を吸うといった方法で保っていたという。(24)ジョーヴィオは、こういうことを語るときにはまぎれもなく教皇庁の人間である。彼は小話を語ったあとで、自分はそれを信じないが、とつけ加え、最後にもっと一般的な注釈の中で、やはりそこには何かわけがあるかもしれない、とほのめかすのがいつものやり方であった。

《悪の犠牲者としての教皇ハドリアヌス六世》

しかしローマ的な嘲笑の真の犠牲者は、あの善良なハドリアヌス六世（在位一五二二―二三。聖職売買、閨閥主義、浪費、風紀の頽廃にたいする反対など、キリスト教界の改革を唱えたが、市民の反撥を招いた）であった。この教皇を徹頭徹尾滑稽な面からのみ見てやろうという合意ができあがっていたのである。教皇ハドリアヌスは最初からフランチェスコ・ベルニ（一四九七頃―一五三五。フィレンツェの聖堂参事会員。諷刺詩、諧謔詩の他時事問題を扱った。ある人を毒殺することを拒否したので自分が毒殺された）のような男の恐るべき筆鋒を敵にまわしていたが、これは教皇が――言われているように(25)パスクイーノの彫像（これに教皇への諷刺などのビラが一杯はりつけられた）ではなく――諷刺文作者たち自身をテヴェレ河に投げこませるといって脅したからである。この脅しにたいする復讐が「教皇アドリアーノへの一矢」という有名な諧謔詩《カピートロ》であったが、じつはこれは憎しみから出たものではなく、オランダ生れのこの愚にもつかない野蛮人（教皇ハドリアヌス六世はオランダ出身）にたいする軽蔑から出たものであった。教皇のあの乱暴な脅しは、この教皇を選出した枢機卿たちへの仕返しの種としてとっておかれるのである。ベルニとその一派は[26]今日のパリの新聞文芸欄が事実を作り変えたり、つまらないことをなにかいわくありげなものにでっちあげるといった、手のこんだことをするのと同じ手口で辛辣な嘘八百をならべて、教皇の身辺をも描き出す。パオロ・ジョーヴィオがトルトーサの枢機卿の依頼で作成したこの教皇の伝記は、本来頌徳文となるはずのものであったのだが、行間を読みとれるほどの人なら、これを嘲笑の真の見本と見てとるであろう。それは、そこには（ことに当時のイタリアにとって）じつに滑稽な話がいろいろと載っているからである。例えば、教皇ハドリアヌスがサラゴッサの司教座聖堂参事会において聖ランベルトの顎骨を手に入れようと骨折っていたとか、信心深いスペイン人たちが「たっぷり飾りたてられて、いかにも教皇らしく見えるまで」彼に装身具やら衣服を調えてやったとか、教皇がオスティアからローマに向かってそうぞうしく、悪趣味な行列をやったとか、パスクイーノの彫像を河に沈めようか、それとも焼いてしまおうかと協議したとか、どんなに重要な折衝でも食事の報《しら》せがくるといきなり中断してしまったとか、そして結局不首尾な治世の末に、ビールの飲みすぎで命を落してしまったとかいった話がそれである。教皇逝去のあとで、彼の侍医の家が夜間に浮かれ歩く人たちの手によって花環で飾られ、それには、「祖国の解放者に、ローマの元老院ならびにローマ市民（Liberatori Patriae S. P. Q. R.)」という銘がつけられるのである。もっともジョーヴィオは、年金が全体にわたって廃止された際に自分の年金も失ってしまったが、それでも埋めあわせに教会禄をもらったのは、彼が「詩人ではない」、ということはすなわち異教徒ではないという理由からにすぎない。しかし教皇ハドリアヌスは、この種の大きな犠牲の最後の人となるべき定めとなっていた。ローマの災厄（一五二七年）以来、極度に無道な生活とともに、冒瀆的な言辞も目に見えて影をひそめていったのである。

《ピエトロ・アレティーノ》

だがこうした言辞がなお全盛をきわめていたあいだに、主としてローマにおいて、近世最大の毒舌家ピエトロ・アレティーノ（図版8）の才能が開花し終えていた。この人の人となりを一瞥すれば、われわれはこの種のもっと才能の乏しい連中にかかり合う労が省けるというものである。

われわれがアレティーノについて識るのは、主としてその生涯の最後の三十年（一五二七—五六年）のあいだのことであり、彼はこの時期を、彼にとってはここしか考えられなかった避難所ヴェネツィアで過したのであった。このヴェネツィアから彼はイタリアの有名人全部を一種の包囲状態においたのである。そうするとここに、彼の筆鋒を必要とし、

図版8　ピエトロ・アレティーノ　ティツィアーノ，1545年頃，フィレンツェ，ピッティ美術館

もしくはこれを恐れた国外の諸侯の贈り物も流れ込んできた。カルル五世（神聖ローマ皇帝。在位一五一九―五六。スペイン王としてはカルロス一世。対立候補フランソワ一世を破って皇帝に選ばれる）とフランソワ一世（在位一五一五―四七）が二人とも同時に彼に年金を給付することになった、両人ともそれぞれ、アレティーノが相手にいやがらせをしてくれることを期待して。アレティーノは両方にうれしがらせを言っていたが、無論カルル五世の方により密な関係を保っていた。これは、カルルが引き続きイタリアで権力を握っていたからである。テュニスにたいするカルルの勝利（一五三五年）のあとでは、こうした彼の調子は神を崇拝するような、このうえなく滑稽な口調に変わってゆくのだが、この場合、アレティーノがカルルの後楯で枢機卿になれるかもしれないという期待でたえず気を持たされていたということを考慮する必要がある。もしかするとアレティーノはスペインの回し者として特別の保護を受けていたということも考えられる。彼が物を言うか、もしくは沈黙しているかによってイタリアの群小諸侯と世論に圧力をかけることができたからである。教皇の人柄については、親しく知っているという理由から、これを徹底的に軽蔑するようなそぶりをしていたが、本当の理由は、ローマがもはや彼に敬意を払うことができず、また払おうともしなかったからである(27)。彼に居所を提供してくれていたヴェネツィアに関しては、彼は賢明にも沈黙を守っている。権勢者たちにたいするこれ以外の彼の関係は、純然たる物乞いと卑劣な強請《ゆすり》である。

《アレティーノのジャーナリスティックな手法》

このような目的のために公開という手段を大々的に濫用した最初の例がアレティーノに見られる。この百年以前にポッジョとその敵対者とのあいだでやりとりされた論駁書も、意図と口調はこれと同様に下劣であるが、しかしそれらの論駁書はもともと出版物にすることを予定しているのではなく、むしろ一種の秘密の半公開性をねらっているのである。一方アレティーノは、完全にして無条件の公開性ということで商売をしている。彼はある点ではジャーナリズムの開祖の一人である。彼は、大分前にかなり広い範囲に流布したと思われると、自分の書簡やその他の論説を集めて、これを定期的に印刷させている(28)。

痛烈な筆鋒をふるう十八世紀の論説者たちと比較したとき、アレティーノには、さまざまな主義、すなわち、啓蒙主義とか、博愛主義とか、そのほかの道徳や、さらにはまた学問といったものをしょいこんでいないという利点がある。彼の身代は、「《真実》は憎悪を生ず」(《Veritas》odium parit)(「阿諛は友を生ず」と続く。テレンティウスの言葉)という有名な金言に尽きる。したがって、実際また彼にとって、例えば『処女』という自作を否認したり、その他の作品を一生隠匿しなければならなかったヴォルテールのような欺瞞的態度は存在しなかった。アレティーノはそのすべての著作に自分の名前を付し、後年になってもその悪名高い『好色浮世ばなし』(Ragionamento)を公然と自慢している。その文学的才能、その明るく、かつ辛辣な散文、その人間や事物についての豊かな観察は、どんなことがあろうとも彼を注目に値する人物とするであろう、よしんば本格的芸術作品の構想、例えば喜劇の真に劇的な構成などは彼にはついに見られなかったとしても。これに加えて、無礼このうえなく、しかも洗練をきわめた意地悪さの他に、グロテスクな機知をとばす素晴らしい才能があり、この点、個々の例について見るとかのラブレー[29]（一四九四頃―一五五三頃。フランス、ルネサンス時代の人文主義者、作家、医者、司祭など。痛快な笑いと痛烈な社会諷刺を織りこんだ『ガルガンチュアとパンタグリュエル物語』がある）にもひけをとらないくらいである。

《王侯、知名の士とアレティーノの関係》

このような事情のもとで、このような意図と手段をもって、彼は自分の獲物に襲いかかるか、もしくはとりあえずはその周囲を歩きまわる。劫掠されていたローマの悲嘆の叫びが教皇クレメンス七世（在位一五二三―三四。カルル五世と対立し、ローマ侵略を受けた）の幽閉されていたサンタンジェロ城[30]にまで聞こえてきている間《かん》に、彼は教皇に、嘆かずに、むしろ敵を赦すよう促しているが、こうしたやり方はまったくもって悪魔の嘲笑か、でなければ猿の嘲笑である。時として、彼が贈り物をもらう望みをすっかり断念せざるをえないような場合があると、その鬱憤はすさまじい咆哮となって爆発する、例えばサレルノ侯に向けられた諧謔詩《カピートロ》に見られるように。この人は一時アレティーノに金を払っていたが、引き続き払おうとしなくなったのであった。これに反して、パルマ公たるあの恐るべきピエルルイージ・ファルネーゼ（一五〇三―四七。教皇パウルス三世（アレッサンドロ・ファルネーゼ）の息子。パルマとピアチェンツァの公爵）はアレティーノを気にとめたことは一度もなかったらしい。

この君主は大たい良い評判などというものは端《はな》からあきらめていたから、この人を痛い目にあわせるのは、そう簡単なことではなかった。そこでアレティーノは、この君主のご面相は巡査や粉屋やパン屋のそれだといっていやがらせを試みている。[31] アレティーノには、例えばフランソワ一世に呈した諧謔詩《カピートロ》に見られるような、悲しげで、純然たる物乞いの表現となると、たぶん間違いなく滑稽な所もあるが、これに反して脅迫とへつらいを混ぜあわせた書簡や詩は、そこにどんなに滑稽味が感じられても、なんぴとも深い嫌悪の感情を覚えずにこれを読むことはできないであろう。一五四五年十一月にミケランジェロ（一四七五―一五六四。フィレンツェでメディチ家、ローマで教皇庁に仕えた彫刻家、画家、建築家、詩人）にあてた書簡のごときは、[32] おそらく二度と存在しないようなものである。（「最後の審判」について）言葉を極めて絶賛するそのあいだに、ミケランジェロを不信仰、卑猥そして盗み（教皇ユリウス二世（在位一五〇三―一三。教皇領および教皇の世俗的権力拡大に努力。芸術家を保護した）の遺産に関する）のかどで脅迫する、そうしておきながらこの芸術家の気持を和らげるような追って書きの中でこう書きそえる。「もし貴殿が神的な（divino）（di-vino 葡萄酒で一杯の）人間であるなら、私だって水でできた（d'aqua）人間ではないことを、貴殿に示そうと思っただけです。」すなわちアレティーノは――常軌を逸したうぬぼれからか、それとも有名なものはなんでも茶化してやろうという気持からかはどうも分からないが――自分も神のようだと呼ばれることにこだわったのである。無論個人的名声という点では、アレッツォ（アレティーノという名は自分の生地アレッツォから）の自分の生家が町の名所といわれるところまではいった。[33] 無論この一方で、ヴェネツィアにおいて、例えばフィリッポ二世・ストロッツィ（一四八八―一五三八。ストロッツィ家はフィレンツェの銀行家一族。メディチ家と対立、陰謀を企てたフィリッポは捕えられて獄中で死亡）のような、憤慨したフィレンツェ人の誰かと出くわさないように、何箇月も家を出ようとしないこともあった。短剣で刺されたり、袋叩きにされるということもままあったが、[34]ベルニが名高いソネットの中で彼に予言したような成功を相手がおさめるにはいたらなかった。彼は自宅で卒中の発作のために死んだ。

アレティーノは甘言を弄するにあたって注目に値する区別をつけてやっている。イタリア人でない相手にはこれを押しつけがましく、たっぷりと供するが、[35]フィレンツェのコジモ一世（コジモ公）・デ・メディチのような人たちにたいしては別なやり方を心得ている。彼は当時まだ若かったコジモ公の美しさを称賛する、実際この人は美しさという点でもアウグストゥス帝（在位前二七―後一四。初代ローマ皇帝）と大いに共通する所があった。彼はコジモ公の母マリア・サルヴィアーティの金融業を横目で見ながら、公の道義にかなった素行を称賛し、近頃は物価が高くてなどと言って哀れっぽい無心の言葉で結ぶ。ところで、コジモ公は彼に年金を、それも公が平素つましくやっていたわりにはかなり高額の（晩年には百六十ドゥカーテン）年金を与えていたが、[36]これにはおそらく、スペインの回し者としての彼の危険性をある程度考慮しておいた方がいいという下心も働いていたのかもしれない。アレティーノは矢継ぎ早にコジモ公に痛烈な誹謗嘲笑の言葉を浴びせ、その舌の根も乾かないうちにフィレンツェの代理公使にたいして、あなたを近々本国に召還するよう公に働きかけてやると言って脅迫するといったことを平気でした。このメディチ家の当主は結局皇帝カルル五世に自分の心底を見抜かれているのを知っていたものの、それでもなお、皇帝の宮廷に自分のことについてアレティーノが書いた機知や諷刺詩が広まるようなことのないのを望んでいた節がある。「ムッソの城代」として自分の国家を創設しようとしたかの悪名高いマリニャーノ侯爵に呈したお世辞も、じつにもっていんぎんな留保つきのお世辞である。送ってこられた百スクーディの礼として、アレティーノはこう書いてやる。「君主たる者が身に具えていなければならない資質を、あなたはすべて具えておいでです。何事であれ事を始めるにあたって強引さは避けがたいのでありますが、そうした振舞いのためにあなたがあまり粗暴に(37)(aspro)見えるようなことさえなければ、誰もがこのことを納得するでありましょうに。」

《アレティーノの宗教》

アレティーノは世の中の悪口を言うだけで、神についてはさすがにそれをしなかったということが、特別な事としてしばしば強調されている。彼が何を信じていたかは、彼のふだんの行動によってはまったくどうでもよいことなのであり、また、彼が外面上の事由から(38)草したにすぎない信仰についての書も同様である。そう考えないと、アレティーノは当然神を冒瀆することを思いついてもおかしくないのに、どうしてそうしなかったのか、私にはどうも分からないのである。彼は大学の先生でもなければ、理論的思索家や著作家でもなかった。また、脅したりお世辞を言ったりしたところで、神から金をせびりとることができるわけでもなかったし、したがって、拒絶されてかっとなり、瀆神の言葉を吐きたくなることもなかった。大たいこのような人間が得にもならぬ骨折りをするわけがないのである。

こうした性格の人物やこのような行動の仕方がどうやっても通用しなくなっているのは、今日のイタリアの精神のよい兆しである。だが、歴史的考察の側から見ると、このアレティーノにはつねに重要な場所があてられることになろう。

第三章　古代の復活

前置き

《ルネサンスの概念の拡大》

われわれの文化史的概観がこの地点にまで達すると、古代について言及しないわけにはゆかなくなる。それは、古代の「再生」ということが一方的にこの時期全般を表わす総称となってしまっているからである。今まで叙述してきた状態は、かりに古代がなかったとしても、この国民に衝撃を与え、これを成熟させたであろう。また、以下に列挙される精神上の種々の新しい傾向にしても、その大部分は古代がなくても考えられるであろう。しかしながら、これまで述べてきたことがそうであったように、以下に述べることも結局は古代世界の影響によってさまざまな色に彩られているのである。そして、この時代のさまざまな事柄の本質はもともと古代世界がなくとも存在するものであり、また、理解することができるものであるとしても、それが実生活の中に現われる現われ方はやはり古代世界がなければ、また古代世界を介してでなければ考えられない。「古代の再生《ルネサンス》」は、もしこれがそんなにも簡単に度外視できるようなものならば、あの高度な歴史的必然性、それは実際にそうであったのだが、などではなかったであろう。だがわれわれはつぎの一事を本書の主命題として断固主張しなければならない。すなわち、古代の再生運動《ルネサンス》だけがヨーロッパ世界を制圧したのではなく、この古代再生運動がこれとならんで存在したイタリアの民族精神と密接に結びついたことによってこうした結果をもたらしたということである。この場合、イタリアの民族精神が保持した自由は等しくゆき渡っているわけではなく、例えば近代ラテン語文学に注意を払えばすぐ分かることだが、その自由はしばしばきわめて微々たるものであるように見える。一方造形芸術やその他のいくつかの領域においては、こうした自由は際立って大きいのである。また、イタリア人という同一民族の遠く相隔っている二つの文化期を結びつけている力は、きわめて独自なものであり、それゆえにまたそれぞれに正当な権限も与えられており、かつ実り豊かな力であることが明らかとなる。他のヨーロッパ諸国は、そのどこかの国がイタリアから入ってくる大きな刺激を阻止するか、あるいはその大半もしくはそっくり全部を受け入れたりするのを傍観していたと思われる。この刺激を受け入れた場合、われわれの中世的文化形態と観念が時のいたる以前に滅んだことを嘆く理由はなにもないであろう。もし自ら身を守る力があったとしたら、こうしたものはなお生き続けているにちがいないからである。中世的文化形態や観念をなつかしむあの懐古的な人たちをほんの一時間でもこの時代の中で暮させたら、そんな人たちでも烈しく近代の空気を求めるであろう。あのような歴史の大々的推移に際しては個々に咲くあまたの気高い花々も、伝承や詩歌のうちに不朽の命を保証されることもなく、他のものともろともに滅んでゆくのは疑いないところである。だが、そうだからと言って全体を巻きこんだあの大きな出来事が起こらなければよかったと言うわけにはゆかないのである。この全体を巻きこんだ出来事とは、ここまで（そしてここから先もう長くは続かなかったのだが）ヨーロッパを束ねていた教会のかたわらに、新しい精神的媒介物が生じ、これがイタリアから広がっていって、高等な教育を受けたすべてのヨーロッパ人が身にまとう生活上の雰囲気となるということである。このことについて放ちうるかぎりの最も厳しい非難は、それが大衆的でないという非難であり、全ヨーロッパにおいて知識階級と非知識階級の分離がここにいたってようやく避けがたく起こってきているという非難である。だがこの非難は、こうした問題のあることがはっきり分かっていながら、しかも今日なおこれが解決されずにいるということを認めざるをえないとなると、たちまちなんの意味もないものとなってしまう。それにまたこうした分離は、イタリアにおいては、他の諸国に見られるほど厳しく、仮借ないものであったとはとうてい言えないのである。なにしろイタリア人の最大の技巧詩人タッソ（一五四四—九五。叙事詩人。代表作『解放されたエルサレム』。洗練された修辞的技法により独自な詩的世界を築いた）さえしごく貧しい人々にも読まれているのだから。

《中世における古代》

ローマ・ギリシアの古代は十四世紀以来、文化の拠点にして源泉として、生存の目標かつ理想として、部分的には意識的な新しい対立物という形をもとってイタリア人の生活の中へ猛烈に侵入してきたが、この古代は所によってはこれよりもずっと以前に、イタリアばかりでなく、それ以外の中世世界全体に影響をおよぼしていたのであった。カルル大帝（フランク王。在位七六八―八一四。西ローマ皇帝。在位八〇〇―一四。東方経略に努力し、またザクセンを征服して後世のドイツ国の基礎を築いた。学問、文芸の復興にも意を注いだ。いわゆるカロリング・ルネサンスが栄えた）に代表されていた文化は、本質においては、七世紀、八世紀の野蛮にたいして示された一つのルネサンスであったのであり、またそれ以外の何ものでもありえなかった。これに続いて北方のロマネスク様式（八―十二世紀にかけて西欧で行なわれた建築様式。ローマ風の円形アーチ、円柱などを応用した重厚な様式）の建築の中へ、古代から受け継いだ全般に見られる形式基盤の他に、際立って直接的に古代的形式が入りこんでいるように、修道院の学問全体もしだいにローマの著作家たちから大量の資料を取りいれていた。また、こうした著作家たちの文体も、アインハルト（七七四頃―八四〇。フランク王国の政治家。歴史家。カルル大帝に仕え、帝政の運営、外交に活躍した。『カルル大帝伝』は史料として高く評価される）以来模倣されずにいるということは絶えてなかったのである。

《イタリアにおける古代の早期の復活》

だがイタリアにおいては、古代は北方諸国とは異なった目覚め方をしている。ここイタリアの地において野蛮の行ないがなくなるとすぐに、まだなかば古代的なこの民族に自分たちの往昔について認識しようという考えが兆し始める。彼らは往昔の事柄を賛美し、それを再生しようと望む。イタリア以外の国では、古代の個々の要素を学問や思索に資するということが行なわれるが、イタリアにおいては、およそ古代というものに学者も、同時にまた一般大衆も実質的に関与するのである。それは、古代が彼ら自身の、往事の偉大さを想起させるものだからである。ラテン語が容易に理解できること、古代の記憶や記念物がなお大量に残されていることが、こうした動向を強力に促進する。このような動向の中から、そして、この間《かん》にどのみち変化を遂げていた民族精神、ゲルマン的・ランゴバルド的国家組織、ヨーロッパ全般に見られる騎士道、北方からのその他の文化的影響、また宗教と教会、こういったものが拮抗して働いた中から、やがて一つの新しい渾然たる姿が現われてくる。すなわち、全ヨーロッパの指針となる模範たるべく定められていた近代イタリア精神である。

《十二世紀のラテン語詩》

野蛮の行ないが止むと、造形芸術のうちにたちまち古代的なものが生動し始める様は、例えば十二世紀のトスカーナの建造物や十三世紀の彫刻を見るとき、そこにははっきりと認められる。詩歌においてもこれに類似した例がないわけではない、ただ、十二世紀最大のラテン語詩人、それどころか、当時のラテン語文学というジャンル全体を牛耳っていた詩人がイタリア人であったと推定してもよいとすればの話であるが。それは、いわゆる『カルミナ・ブラーナ』（十九世紀初めの南独のベネディクトボイエルン修道院で発見された写本で、中世の放浪学生、下級聖職者の作った歌を集大成したもの。恋や酒、世情諷刺を内容とする）の中の最も出来のよい作品の作者である。現世とその歓楽を自由気儘に楽しむ喜び、これの守護神として古《いにしえ》の異教の神々がふたたび姿を現わしているのだが、こうした喜びが絢爛《けんらん》たる流れとなって押韻された詩節を通してほとばしる。これを一気に読むとき、ここで歌っているのはイタリア人、いやおそらくはロンバルディア人ではないかとの想いを誰しもほとんどすてることができないであろう。これにはいくつかの確たる理由もある[1]。これら十二世紀の遍歴学僧(clerici vagantes)のラテン語詩は、その際立った、非常な猥雑さも含めて、ある程度までヨーロッパ共通の産物であることは言うまでもない。しかしながら、「フィリスとフローラ」や「胸のうちで燃えあがって」といった歌の作者は、おそらく北方の人ではなかったと考えられる。また、「明るい月の光が遅くなって天空に上るまで」(p. 124)の作者である観察眼の細やかな、繊細な享楽の徒もそうであろう。ここにあるのは古代的世界観の再生《ルネサンス》であり、中世の押韻形式とならぶと、それだけいっそうはっきりとそれが目につくのである。この世紀とつぎの世紀は、六歩格や五歩格を入念に真似て作り、またさまざまな古代的、特に神話的添え物を主題の中に提示しているが、しかもあの古代的印象を少しも惹きおこしていない作品がずいぶん見られる。確かにグイリエルムス・アップルス(十一―十二世紀、年代記作者)から以後の六歩格の年代記、その他の作品においては、ウェルギリウス(前七〇―前一九。ローマ最大の詩人。『アエネイス』を書いた)、オウィディウス(前四五―後一七。ローマの詩人。『恋の技術』、『転身物語』など)、ルカヌス(三九―六五。ローマの叙事詩人、ネロ帝の詩友として信頼を得るが、ネロ暗殺の陰謀に加わり、露見、自殺を命じられる。『内乱記』がある)、スタティウス(四五頃―九六頃。ローマの詩人。『テバイス遠征譚』、『アキレウス物語』などがある)そしてクラウディアヌス（四―五世紀。ローマの詩人。異教的ローマの最後の大詩人とされる。神話的叙事詩『プロセルピナの略奪』など）についての熱心な研究に出会うことがしばしばある。しかしながら古代形式はたんに学識の問題だけに止まるものであり、これは、ボヴェのヴァンサン（一一九〇頃―一二六四。フランスの学者。当時のきわめて広汎な知識を集成した百科事典を著わした）流の雑事集成家や、神話学者にして寓意作者リルのアラヌス（一一二〇頃―一二〇二。フランスのスコラ学者、哲学者。中世のアリストテレス説の開拓者）に見られる古代的資料とまったく異なるところがない。ルネサンスとは個々について模倣したり収集したりすることではなく、再生なのである。そして、このような再生は実際に十二世紀の無名の遍歴学僧のあの詩の中に見ることができる。

《十四世紀の精神》

だが、古代にたいするイタリア人の大々的、かつ全面的な肩入れは、十四世紀になってようやく始まるのである。このために必要であったのは、都市生活の発展であって、こうした発展はイタリアにおいてのみ、しかも当時ようやく見られるにいたったものであった。すなわち、貴族と市民が分けへだてなく住み、かつ事実上平等であること、教養の必要を感じ、またそのための閑暇と資力の余裕がある社会が広く形成されることがそれである（上巻二一四頁参照）。しかし教養は、中世の空想世界から抜け出そうとしたとき、ただちにたんなる経験的知識だけをもってして自然世界と精神世界を認識するにいたったかというと、そういうわけにはゆかなかった。教養には指導者が必要であった。そして古典的古代はそのような指導者として、精神のあらゆる領域における客観的で明白な真理をたっぷりたずさえて現われたのであった。人々は感謝と驚嘆の心を抱いてこの古典的古代から形式と素材を受けとった。しばらくのあいだは、この古代があの教養の主たる内容となった。[2]イタリアの全般にわたる状況もこのことに有利に働いた。中世の帝権は、ホーエンシュタウフェン家の没落以来、イタリアを断念してしまっていたか、またはこれを持ちこたえることができなかった。教皇権はアヴィニョンに移ってしまっていた。現実に存在している大部分の列強は専横で、合法性を欠いていた。しかし自覚を持つにいたった精神は、確固たる新しい理想の探索に取りかかっていた。こうしてローマ・イタリアによる世界支配という幻影と要請は人心をとりこにすることができたばかりか、コーラ・ディ・リエンツォ（一三一三年頃—五四、民衆運動の指導者）の手によって実際にそれを実現しようと試みるところまでいったのであった。彼が、特に最初護民官になったとき、その課題に取りかかったやり方は、無論奇妙な喜劇にしかなりようがなかった。しかしながら国民感情にとって古代ローマの想起は、断じて無価値な拠り所ではなかった。事実人々は、その文化をもって新たに装備を整えたとき、やがて自分たちは世界の最先端を行く国民であるとの感を抱くようになったのである。

　ところで、これらもろもろの精神の運動をその全幅の姿で描くのではなく、たんにその外面的輪郭のみを、しかも主としてその発端の姿を描くのが、われわれに課せられたつぎ

の課題である。(3)

1　廃墟の都ローマ

《ダンテ、ペトラルカ、ウベルティ》

なによりも言えることは、いまや廃墟の都ローマ(1)自体が、『ローマの驚異』とか、マムズベリのウィリアム（一〇九〇―一一四三頃。イギリスの歴史家。マムズベリ修道院の司書）の論文集が書かれた時代とは異った種類の崇敬の念を受けているということである。信心深い巡礼者の空想も、魔法を信ずる者や埋蔵の宝を探す者の(2)空想も、歴史家や愛国者の空想とならべられると、記録の中ではしだいに影が薄くなってゆく。ローマの城壁の名は畏敬に値し、この都が建てられている土地は、人々の語る以上に尊い、というダンテ（一二六五―一三二一。イタリアの詩人。フィレンツェの人。政敵に追放され、各地宮廷の保護のもと『饗宴』、『神曲』などを書いた）の言葉は(3)、この意味に解されねばならない。記念祭があると大挙してローマを訪れた人たちも、本当の意味での文献にはほとんど何一つ敬虔な追憶を残していないと言ってよい。一三〇〇年の記念祭の最高の収穫は、ジョヴァンニ・ヴィッラーニ（一二七五頃―一三四八。フィレンツェの商人。歴史家。『フィレンツェ年代記』を書いた）が（上巻一二四頁参照）、ローマの廃墟を眺めているうちに、歴史を書こうという気持が澎湃《ほうはい》と起こり、この決意を胸に秘めて故郷に帰ったことである。ペトラルカ（一三〇四―七四。詩人、人文主義者。その詩才と学識により各地王侯に迎えられる。古典収集に努め、人文主義の先駆者となった）はさらに、古典的古代とキリスト教的古代とのあいだで分裂していた風潮をわれわれに伝えている。彼はジョヴァンニ・コロンナ（一三四八没。ペトラルカの友人。枢機卿）と一緒にしばしばディオクレティアヌス（在位二八四―三〇五。ローマ皇帝。帝国に四分割統治体制を導入、帝国を統一。後期ローマ帝国の基礎を築いた）の公共浴場の巨大な丸屋根によじ登った有様を物語っている。(4)そこの澄んだ大気の中で、深い静寂の中で、広大な展望の只中で、二人は仕事や家のことや政治についてではなく、周囲の廃墟を眺めながら、歴史のことについてともに語り合ったのである。その際ペトラルカはむしろ古代を、ジョヴァンニはむしろキリスト教の時代を支持したのであった。さらに二人は哲学のことや、もろもろの技芸の創始者のことも語り合った。これ以来ギボン（一七三七―九四。イギリスの歴史家。『ローマ帝国衰亡史』がある）やニーブール（一七七六―一八三一。ドイツの古代史家。主著『ローマ史』）にいたるまで、この廃墟の世界はいかにしばしば歴史についての瞑想を呼び起こしたことであろうか。

これと同じ分離した感情をファツィオ・デリ・ウベルティ（一三〇五―六八頃。詩人。ダンテの『神曲』を模して叙事詩『世界物語』を書いた）も、一三六〇年頃に書いた『世界物語』(Dittamondo) の中でもらしている。この著書は虚構の、空想旅行記で、『神曲』においてウェルギリウスがダンテを案内したように、古代の地理学者ソリヌス（三世紀のローマの著作家。地誌上の珍奇な事物を諸著から抜粋した『奇聞集』を著わした）がこの著者を案内している。二人は聖ニコラウスに敬意を表してバーリ（イタリア南部プーリア州の州都）を、大天使ミカエルへの信心からガルガノ山を訪れるが、ローマにおいてもアラチェリの聖伝説やトラステーヴェレにあるサンタ・マリア教会の聖伝説のことが述べられる。それでも古代ローマの世俗的な壮観の方にすでに目立って重きがおかれている。ぼろぼろの衣服をまとった気高い老女が——それはローマ自身である——二人に栄光に満ちた歴史を物語り、古《いにしえ》の凱旋行進の様子をこと細かに物語る。(5) それから老女は、この見知らぬ旅人たちをともなって市中を案内し、七つの丘や多くの廃墟の由来を説明する——「私がどんなに美しかったか、あなた方が理解できるように」(che comprender potrai, quanto fui bella!) ——。

《ポッジョの時代に現存した廃墟》

残念ながら、アヴィニョン時代と教会分裂時代の教皇たちのこのローマは、古代の遺跡に関しては、数世代以前の状態とはもう格段に違ったものとなっていた。ある致命的な破壊のために、なお残っていたきわめて重要な古代建造物の特色が奪われてしまったに違いないのであり、すなわちそれが、一二五八年頃に元老院議員ブランカレオーネによって行なわれた、ローマの有力貴族たちの所有する百四十の堅固な邸館のとり壊しなのである。つまり貴族は疑いもなく最もよく保存されていた最上の廃墟の中に居を構えていたということである。(6) こういうことが行なわれたにもかかわらず、現在建っている建造物にくらべれば、当時ははるかに沢山のものが依然として残っていたのである。ことに、多くの遺跡は当時なお大理石の上張りや化粧張り、前方に置かれた円柱等々の装飾を残していたと思われるが、今では煉瓦でできた骨組みしか残っていない。ここにいたって、この古い都の真剣な地誌の始まりがこのような事情と結びついたのであった。ポッジョ（一三八〇―一四五九。初期人文主義者の最も典型的人物）のローマ散策において(7)初めて遺跡そのものの研究が古代の著作家の研究や碑文の研究と（彼は藪という藪をかき分けて碑文を探し歩いた(8)）より密接に結びつけられるのであり、空想は抑えられ、キリスト教ローマへの想いは故意に排除されるのである。ポッジョの仕事の範囲がもっとずっと広く、また挿絵もつけられていたらと思うのだが！　彼は八十年後にラファエッロ（一四八三―一五二〇。イタリアの画家、建築家。レオナルド、ミケランジェロとともにルネサンス三大巨匠の一人）が出会ったよりもはるかに多くの遺跡にまだ出会っている。彼自身なおカエキリア・メテラの墓碑や、またカピトリヌス丘の山腹にある神殿の一つの柱列前面を最初は完全な形で見たのに、あとになるともう半壊の状態にあるのを見出している。これは、大理石が相変わらず、これを焼いて簡単に石灰にすることができるという不幸な原料的価値を持っていたからである。ミネルヴァ神殿の力強い柱廊玄関も少しずつこうした運命に屈していった。一四四三年のある報告書は、この石灰焼成がなお続いていることを報じ、「これは恥ずべきことだ。近年の建物はいずれも情けないものであり、そしてローマの美は廃墟にこそあるのだから(9)」と書いている。当時の住民は田舎風のマントを身につけ、ブーツをはいていたから、よその土地の人の眼には牛飼いとしか映らなかった。事実家畜らは河岸地区《バンキ》にまで入りこんで草を食んでいた。唯一の社交的集いは、あるきまった贖宥のために教会の礼拝に出席する時であった。

こうした機会には美しい女性たちを眼にすることもあった。

《ブロンドゥス、教皇ニコラウス五世、教皇ピウス二世》

教皇エウゲニウス四世（一四四七年没）（在位一四三一―四七。バーゼル宗教会議と争い、フィレンツェに追われた。学芸に関心を寄せた）治世の最後の数年に、フォルリのブロンドゥス（フラーヴィオ・ビオンド。一三九二―一四六三。歴史家、考古学者。エウゲニウス四世に仕える。『ローマ帝国堕落史（十巻）』などがある）は、すでにフロンティヌス（三〇頃―一〇四。ローマの将軍、文人。『統帥術』、『ローマ市水道論』などがある）や古代の行政区集録を利用したり、（おそらくは）アナスタシウス（八七九年頃。司書、伝記作家。教皇歴代史を編纂）も利用して『再建されたローマ』（Roma instaurata）を書いた。彼の目的は、現存するものをただ叙述するだけといったようなところにあったのでは全然なく、むしろ滅び去ったものを見つけ出すことにあった。彼は、教皇に捧げた献呈の辞の内容にそって、ローマには広く廃墟が見られるが、この都には聖者たちのすばらしい聖遺物があると述べて、自らを慰めている。

教皇ニコラウス五世（在位一四四七―五五年）（人文主義を愛好し、学芸、芸術を保護した）とともに、ルネサンスに特有であった、新しく壮大な精神が教皇の座に登る。ローマという都市そのものが新たに重みを増し、また美化されることによって、今や廃墟にたいする脅威が増大する一方で、この都市のいわば名誉称号であるこれらの廃墟にたいする配慮も増大した。教皇ピウス二世（在位一四五八―六四。アエネアス・シルヴィウス。人文主義者として歴史、地理などを研究）は考古学についての関心ですっかり満たされている。彼はローマの古蹟のことはほとんど述べていないが、そのかわりイタリアの他の古蹟全体に注意を払い、またこの都の周辺にある古蹟についても広範囲にわたって初めて正確な知識を持ち、これを記述している。(10) 無論聖職者にして地理学者でもあったこの教皇は、古代の記念物にもキリスト教の記念物にも、また自然の驚異にもひとしく興味を抱いている。それとも、例えば教皇が、ノーラは古代ローマの記憶やマルケルスの武勇によってよりも（プルタルコス『英雄伝』「マルケルス」一〇以下参照）、聖パラリヌス（三五三頃―四三一。ローマの詩人、聖人。南イタリア、ノーラの司教）の追憶によっていっそう大いなる誉れを持っていると書いたとき、本当は別な風に書きたかったところをこう書いたのであろうか？　教皇の聖遺物への信仰が疑わしいというわけではないが、彼の精神はしかし明らかにもう、自然や古代への学究的関心、記念碑的なものの保護、現実の生活についての才気に満ちた観察の方にいっそう強く傾いているのである。教皇としての最後の数年においてもなお、足痛風に悩みながらも、このうえなく快活な気分で、椅子かごに乗って山や谷を越えてトゥスクルム、アルバ、ティブル、オスティア、ファレリイ、オクリクルムへ運んでもらい、そこで眼にした一切のものを書き留める。彼は古《いにしえ》のローマ街道や水道の跡を辿り、ローマ周辺の古代諸部族の境界を定めようとする。ウルビーノの大フェデリーコ（フェデリーコ二世・ダ・モンテフェルトロ。一四二二―八二。ウルビーノ公。傭兵隊長としての収入を芸術、宮殿、公共事業に注ぎ込んだ）とともにティブルへ遠出した折りには、古代とその戦争のこと、ことにトロヤ戦争についての語らいのあいだに両人の時はこよなく喜ばしく過ぎてゆく。マントヴァ会議（一四五九年）へ赴く途上でさえ、無駄であったとはいえ、プリニウス（大プリニウス。二三―七九。ローマの将軍、政治家。『博物誌』などを著わす）が述べているクルシウムの迷路を探し、またミンチオではウェルギリウスの別荘と言われているものを検分している。この教皇が略文書作成官にさえ古典ラテン語を要求したのは、当然のことと言ってよい。なにしろこの教皇は、かつてナポリ戦争の時に、アルピノ人たちがマルクス・トゥリウス・キケロ（前一〇六―前四三。ローマの政治家、雄弁家、哲学者。弁論、政治、哲学等に関する多数の著作が現存する。アルピヌム（現アルピノ）の生れ）ならびにガイウス・マリウス（前一五七―前八六。ローマの将軍。政治家。ローマに初めて職業軍隊を導入した。アルピヌムの生れ）と同郷人であり、今なおそこの多くの人たちがそうした名前をつけられているというので、彼らに特赦を施したくらいなのだから。識者にして保護者であるこの教皇にのみ、ブロンドゥス（フラーヴィオ・ビオンド）は、ローマ古代の総合的叙述の最初の大きな試みである彼の『凱旋するローマ』(Roma triumphans)を献呈することができたのであり、またこの人にだけ献呈したいと思ったのである。

《ローマ以外の古代》

この頃になるとローマ以外の地でもローマの古代遺物にたいする熱意が目覚めていたことは言うまでもない。すでにボッカッチョ[11]（一三一三―七五。文学者、人文学者。主著『デカメロン』）はバイアエ（ナポリの西にある町）の廃墟世界を「古《いにしえ》の外壁ではあるが、近代的心情の人たちにとっては新しい」と言っている。それ以来その廃墟はナポリ近郊最大の名所と見なされてきた。早くもあらゆる種類の古代遺物の収集も始まっていた。ダンコーナ・チリーアコ（一三九〇頃―一四五五。イタリアの商人、古物収集家。イタリア、エジプト、ギリシア等を旅行し、碑文を写し、写本、貨幣などを収集した）はイタリアだけでなく、さらに古代の「世界」(Orbis terrarum)の他の国々をもくまなく歩きまわって、大量の碑文やそうした古代の遺物のスケッチを持ち帰った。なぜそんな苦労をするのかと聞かれたとき、彼はこう答えた。死んだ人たちをよみがえらせるために、と。(12)

《古代ローマに出自をもとめる諸都市と諸家》

個々の都市の歴史は昔から、真偽はともかく、ローマと関係があったとか、ローマによって直接建設されたとか、もしくは植民されたことを示唆してきた。(13)迎合的な系譜学者たちも、個々の家柄をローマの有名な家系に遡って結びつけるということを早くからやっていたらしい。これはなかなか愉快なことであったので、十五世紀になって見え始める批判の光を浴びても、人々はこの風を止めなかった。教皇ピウス二世はヴィテルボ（イタリア中部ラツィオ州の市、ローマの北にある。シエナはトスカーナ州にある）で、至急ご還幸給わりたいと請うローマの雄弁家たちになんのこだわりもなくこう語りかける。(14)「ローマはまことに、シエナと同様私の故郷である。なぜなら、私の一門であるピッコローミニ家はその昔ローマからシエナに移住したからであり、アエネアスとかシルヴィウス（ピウス二世は、エネア・シルヴィオ・ピッコローミニ、通称アエネアス・シルヴィウスといい、シエナの出）といった名前が私の家族でしばしば使われているのがその証拠である。」おそらく彼は、ユリウス一門（ユリウス・クラウディウス朝。カエサル、アウグストゥスなどを輩出した）につらなる者とされたいくらいだったろう。教皇パウルス二世――ヴェネツィアのバルボ（パウルス二世はピエトロ・バルボといい、ヴェネツィアの富裕な商人の出）――のためにも配慮がなされ、彼の一門は、ドイツの家系――じつはこれが邪魔になっているのだが――であるのに、ローマのアヘノバルブス家に結びつけられて、これが移民とともにパルマに辿りつき、その子孫が党争により分裂したためヴェネツィアに移住したのだとした(15)。マッシミ家がクゥイントゥス・ファビウス・マクシムスから、コルナーロ家がコルネリウス一門から出たと主張しているが、これは別に異とするに及ばない。これに反して、短篇小説作家バンデッロ（一四八五―一五六一。短篇作家、聖職者、外交官、軍人。『物語集』などがある）が自分の家系を高貴な東ゴート人の一族に連なるものと考えようとしているのは、このあとに続く十六世紀としては相当に際立った例外である（I. Nov. 23）。

《ローマ人の心情と要求》

ここでローマに話を戻すことにしよう。「当時自らローマ人と称していた」住民たちは、ローマ以外のイタリアが自分たちに呈してくれた溢れんばかりの喜びの感情に熱心に応えた。われわれは、教皇パウルス二世、シクストゥス四世（在位一四七一―八四。文学と芸術のパトロン）そしてアレクサンデル六世（在位一四九二―一五〇三。放縦で打算的な教皇として悪名が高い）治下において華麗な謝肉祭の行列が行なわれるのを見るであろう。これはあの頃一番人気のあった空想上の心象、古代ローマの皇帝《インペラトル》たちの凱旋行進を表わしたものであった。なにか激越な感情を起こさせるようなことがあると、こうした形をとって現われずにはいなかったのである。人々の心情がこのような風潮のうちにある中で、一四八五年四月十八日にこういうことが起こった。

《ユリアの遺骸》

すなわち、古代ローマの少女のすばらしく美しい、保存のよい遺骸が発見されたという噂が拡まったのである。(16) アッピア街道のそばの聖マリア・ヌオヴァ修道院の地所にあるカエキリア・メテラの墓の外側の所で、古代の墓標を掘り起こしていたロンバルディアの煉瓦積み工たちが、「クラウディウスの娘、ユリア」という銘が刻まれていた、と言われているのだが、そのような大理石の石棺を見つけた。この先の話は想像の領域に入る。このロンバルディアの職人たちは、遺骸の装飾や副葬品として石棺の中にあった装身具とか宝石をさらってただちに姿をくらました。遺骸には防腐剤が塗られており、たった今息を引きとったばかりの十五歳の少女のようにじつにみずみずしく、今にも動きだしそうであった。また、それはまだまったく生きている時のような肌の色で、眼と口を半ば開いているとさえ言われた。人々はそれをカピトリヌス丘のコンセルヴァトーリ宮殿に移した。すると、それを見ようとして、そこへ向かう文字どおりの巡礼が始まった。この少女の姿を写生しようという人も沢山やってきた。「それは筆舌につくしがたいほど美しかったからである。そのことを言ったり書いたりしても、それを自分の眼で見なかった人にはどうしても信じられないであろう。」しかし教皇インノケンティウス八世（在位一四八四—九二）の命令で、それは夜ひそかにピンチアーナ門の外にある秘密の場所に埋めさせられた。コンセルヴァトーリ宮殿の大広間には空の石棺だけが残った。おそらく、この遺骸の頭部にはその少女の顔に合わせて作られた、蠟とかそうした物でできた理想的様式の、彩色されたマスクがかぶせてあったのであろう。そして、この話に出てくる、金粉を置いた毛髪がこれにまことによく似合っていたことであろう。この出来事で心を動かされる点は、話の内容ではなくて、人々がついに今現実に眼の前で見ることができたと信じている古代人の体は、現在生きているすべてのものよりもどうしてもすばらしいものでなくてはならない、という動かしがたい先入観である。

《発掘と測量》

こうしている間に、いろいろな発掘物によって古代ローマについての実際的知識が増大した。すでに教皇アレクサンデル六世治下において、人々はいわゆるグロテスク模様（花、果実、人間、動物などの空想的形象を接合した唐草模様。この名称は最初に発見されたローマの地下墓所 grotta から）、すなわち古代人が壁面や円天井を飾った装飾を知るにいたり、またアンツォの港でベルヴェデーレのアポロン像を発見した。教皇ユリウス二世（在位一五〇三―一三。芸術家を保護した）治下に、ラオコオン像、ヴァティカンのウェヌス像、クレオパトラのトルソーなどの華々しい発見が続いた。[17] 有力者や枢機卿たちの邸館も古代の彫像やそうした美術品の断片でいっぱいになり始めていた。教皇レオ十世（在位一五一三―二一。学術、芸術の保護者。書物、写本の収集に努め）のためにラファエッロは古代ローマの都全体を理想的に復元するというあの企画を立てた。これについて語っているラファエッロの(もしくはカスティリオーネ(一四七八―一五二九。文学者、外交官。『宮廷人』を著わした)の)有名な書簡がある。(18)なお依然として続いている、特に教皇ユリウス二世治下でなお行なわれている破壊について烈しく慨嘆したあとで、彼は教皇に呼びかけて、古代のあの神のような人たちの偉大さと力の僅かに残った証《あかし》を保護し給うよう嘆願している。かの古代の人たちを思うとき、高尚なことをなしうる能力を持つ人たちは今もなお情熱をかきたてられるというのである。さらに彼は驚くべき鋭い判断をもって比較芸術史一般の基礎を据え、最後に、この時以後通用している「測量」という概念を確立する。すなわち彼は、どの遺跡についても平面図、正面図そして断面図を別々に要求する。この時以後考古学が、この神聖な世界的大都市およびその地誌と独特な形で結びついて、どのように特別な学問に成長していったか、ウィトルウィウス派(前一世紀のローマの建築家、建築理論家ウィトルウィウスの考え方を体系化しようとする学派)(19)のアカデミーは少なくとも巨大な計画だけでも立てたかといったことは、これ以上詳細に論ずることはできない。

《教皇レオ十世治下のローマ》

ここではむしろ教皇レオ十世のもとに足を留める理由がある。それは、この人の治世においては古代の享受は他のあらゆる享楽と深くからみ合って、ローマにおける生活を気高いものとしたあの不思議な印象をつくり出したからである。ヴァティカンには歌と絃の調べが鳴りひびいていた。それらの響きは、この世の生を歓び享受せよと命ずるかのように、ローマ全市の上へ拡がっていった、もっとも教皇レオはそうやっても、憂いや苦痛を払いのけるという目的をほとんど達成できなかったし、また、陽気に生活して自分の寿命を延ばそうという意識的な目算も、[20]早い死によって思惑はずれになったのであったが。パオロ・ジョーヴィオ（一四八三―一五五二。歴代教皇に仕え、軍事、政治上の出来事を記録した）が起案している教皇レオのローマという輝かしい心象《イメージ》から、人は決して逃れることはできないであろう、もっともそこには暗い面のあることもしっかりと立証されている。すなわち、栄達を求める者たちの奴僕的境涯、借金にあえぎながらも地位にふさわしく暮さねばならない高位聖職者たちの人目を忍ぶみじめさ、[21]教皇レオの文芸保護における場当たり的で成り行きまかせな施策、最後に、完全に破綻的な彼の貨幣経済がそれである。[22]こうした事情をじつによく知っていて、これを嘲笑していたあのアリオスト（一四七四―一五三三。詩人。『狂乱のオルランド』ほか）は、しかもなおその六番目の『諷刺詩』において、自分とともにこの廃墟の都を案内してくれるであろう高い教養を具えた詩人たちとの交遊、この都で彼自身の詩作に与えてくれるであろう学問的な助言、最後に、ヴァティカン図書館の所蔵する貴重な図書、こうしたことについての、それこそあこがれにみちた心象を描いてみせている。彼は言う、もし自分をフェッラーラの使節としてふたたびローマに行く気にさせようとするなら、こうしたことこそ自分を釣る真の好餌なのであって、とっくに断念していたメディチ家の庇護によせる期待などではない、と。

《廃墟にたいする感傷的気分》

これらの廃墟そのものは、考古学的熱中と重々しい愛国的気分のほかに、ローマの内外にはやくも哀調を帯びた、感傷的気分も目ざめさせた。すでにペトラルカとボッカッチョの作品に、この種の気分を偲ばせるものが見られる（上巻二六二頁、二六八頁参照）。ポッジョは（上巻二六五頁参照）しばしばウェヌスとローマ（ローマにその名を与えた女）の神殿を訪れるが、それは、この神殿が、かつて非常にしばしば元老院の会議で聞かれたカストルとポルックスの神殿であると考えたからで、彼はそこで大雄弁家クラッスス（ローマの執政官。在任前七五）、ホルテンシウス（前一一四―前五〇。ローマの雄弁家、政治家）、キケロの思い出にふけるのである。つぎに教皇ピウス二世が、特にティブルの記述において、[23]申し分なく感傷的な気分を吐露する。それからほどなくして、ポリーフィロの話[24]（ドミニコ会修道士フランチェスコ・コロンナが書いた哲学的恋愛物語『ポリーフィロの夢』。一四九九年に出版）に出てくる最初の理想的な廃墟の光景と描写が生れる。すなわち、巨大な丸屋根と列柱の残骸、そのいたる所に年経《としふ》りたプラタナスや月桂樹や糸杉が繁茂し、またやぶが荒れ茂っている、そうした情景である。聖書の物語においては、どうしてかはよく分からないが、キリスト誕生の描写を宮殿の、なるべく壮麗な廃墟に移して行なうのが慣例となる。[25]あとになると、ついには人工の廃墟が豪華な庭園になくてはならぬものとなったが、これは先に述べたのと同じ感情が実地に応用されて現われたものにすぎない。

2　古代の著作家たち

《十四世紀における古代の著作家たちの書籍の普及》

ところで、古代の建築上の遺物や、また一般に芸術上の遺物よりも限りなく重要なのは、言うまでもなく文書として遺されたもの、すなわちギリシア語ならびにラテン語の古文書である。実際そうしたものは、これ以上なく絶対的な意味においてあらゆる認識の源泉と考えられた。あの大いなる発見の時代の著作物についてはしばしば記述されてきた。ここではあまり注意を払われていない二、三の点を付け加えることしかできない(1)。

古代の著述家たちの影響がイタリアではずっと以前から、特に十四世紀のあいだを通して非常に大きいように見えるが、これはやはり、新しいものが発見されたからというよりは、むしろもうずっと以前から知られていたものが普及して沢山の人たちの手に渡ったところからきている。きわめて広く流布しているラテン語の詩人、歴史家、雄弁家そして書簡作家、ならびにアリストテレス（前三八四―前三二二。ギリシアの哲学者）、プルタルコス（四六頃―一二〇頃。ギリシアの倫理学者、伝記作家）そして少数のその他のギリシア人の個々の著作に準拠したかなりの数のラテン語訳、これがボッカッチョやペトラルカの世代を夢中にさせていた、実際に手にすることのできた書籍の主たる内容であった。ペトラルカは、自分は読めもしないのに、ギリシア語のホメロス（ギリシア最古の叙事詩『イリアス』と『オデュッセイア』の作者に与えられた名。前八〇〇年以前の人と考えられる）を所蔵していて、これを崇拝していた話はよく知られている。ボッカッチョはカラブリア生れの一ギリシア人の手を借りて、『イリアス』と『オデュッセイア』の最初のラテン語訳をまずまずといった程度に仕上げた。十五世紀になってようやくぞくぞくと新しい発見が始まり、筆写によって図書館を組織的に設置し、またギリシア語からの翻訳をきわめて熱心に推し進めるということが起こる。(2)

《十五世紀における古典書籍の発見》

極度の窮乏に陥るまでがんばった当時の何人かの収集家の熱狂がなかったら、われわれは疑いもなく、現在まで伝わっている著作家たち、特にギリシアの著作家たちのほんの一部しか所有していないであろう。教皇ニコラウス五世はすでに修道士の時から、古写本を買ったり、それを筆写させるために、多額の借金を背負いこんでいる。当時すでに彼はルネサンスの二大情熱の対象たる書籍と建築に身を捧げることを公然と告白している。(3) 教皇となったときも、この約束を守った。彼のために写本家たちは筆を走らせ、探索者は世界の半分を探しまわった。ペロット（ニッコロ・ペロット、一四二九—八〇）はポリュビオス（前二〇三頃—前一二〇。古代ローマの歴史家。ギリシア人。主著『歴史』四十巻がある。冒頭の五巻のみ伝存）のラテン語訳で五百ドゥカーテンを受けとり、グァリーノ（一三七四—一四六〇。人文主義者、教育者。ギリシア語の研究によって知られる）はストラボン（前六四頃—後二一頃。ギリシアの歴史家、地理学者。『地理』十七巻がある）のラテン語訳で一千金貨グルデンを受けとり、教皇があまりにも早く逝去されたので、さらに五百金貨グルデンを受けとるはずのものがふいになった。教皇は五千巻、もしくは、数え方によっては九千巻を所蔵する文庫を遺したが、[4] これはもともと教皇庁のあらゆる廷臣に使用させるためのものであって、ヴァティカン図書館の基礎となった。この文庫は、かつてプトレマイオス・ピラデルポス王（前三〇八―前二四六。エジプト王。強力な経済、行政機構を組織し、学者、文人を招き、アレクサンドリア文学の黄金時代を現出した）がアレクサンドリアでしたように、宮殿自体の中に、その最も高貴な装飾をして陳列されることになっていた。黒死病《ペスト》のために教皇が宮廷ともどもファブリアーノに移ったとき、彼は、翻訳者や編纂者たちに死なれては困るので、彼らも一緒に引きつれていった。

《図書館、写字生、写本家》

コジモ・デ・メディチ（一三八九―一四六四。イル・ヴエッキオ（大コジモ）。芸術家、学者のパトロン。フィレンツェをルネサンスの中心とした）の周囲に集っていた学者仲間のサークルの一員であったフィレンツェ人のニッコロ・ニッコリ（一三六四―一四三七。写本の収集、古典の筆写、翻訳などを学者にさせた。彼の遺した書物はコジモによりサン・マルコ修道院内の公的図書館の基礎となった）[5] は、その全財産を書物の獲得のために使い、ついに無一文になったとき、メディチ家は、ニッコリが書物購入に要した費用には金に糸目をつけずいくらでも融通した。アンミアヌス・マルケリヌス（三三〇頃―四〇〇頃。ローマ帝政末期の歴史家。歴史的洞察力にすぐれた『ローマ史』がある）の著作やキケロの『弁論家論』等をわれわれが今日完全な形で所有しているのは、このニッコリのお蔭である。彼はコジモを説いてリューベックの一修道院からプリニウスの最良の写本を購入させた。ニッコリは寛大な心で自分の蔵書を貸出し、また自分の家でも人々に読みたいだけ読ませ、読んだものについて彼らと話し合った。八百巻で六千金貨グルデンと評価された彼の収集になる書物は、その死後コジモの仲介によって、公開を条件としてサン・マルコ修道院に収蔵されることになった(図版9)。

書物の二大発見者グァリーノとポッジョのうち、ポッジョの方は、(6)ある部分ニッコリの代理人として、周知のように南ドイツの諸方の大修道院でも写本の探索をしたが、それもコンスタンツの公会議に列席する機会をうまく利用したのであった。彼はそこでキケロの六つの演説写本と、クインティリアヌス(三五頃―九六頃。ローマの修辞家。『弁論術教程』十二巻などがある)の最初の完全な写本、ザンクト・ガレン写本、すなわち今日のチューリヒ写本を発見した。三十二日のあいだに彼はそれらを完全に、しかもきわめて美しく書き写したという。彼はシリウス・イタリクス(二八―一〇一頃。ローマの叙事詩人。『ポエニ戦争』十七巻)、マニリウス(前一―後一世紀頃。ローマの著述家。『アストロノミカ』)、ルクレティウス(前九九頃―前五五頃。ローマの詩人。『物の本性について』)、ウァレリウス・フラックス(?―九〇頃。ローマの叙事詩人。『アルゴ船遠征譚』八巻)、アスコニウス・ペディアヌス(前九―後七六。ローマの文法学者)、コルメラ(後一世紀中期。農学者。『農業論』など)、ケルスス(後一〇〇頃。ローマの法学者)、アウルス・ゲリウス(一二三頃―一六五。ローマの作家。『アッティカ夜話』二十巻)、スタティウスなどの写本を根本的に補完することができた。彼はレオナルド・アレティーノ(レオナルド・ブルーニ。一三七〇―一四四五。人文主義者)と共同で、プラウトゥス(前二五四頃―前一八四。ローマの喜劇作家)の最後の十二の戯曲、ならびにキケロの『ウェレス弾劾』の演説を世に出した。古典古代への愛国的心情から、高名なギリシア人の枢機卿ベッサリオン(一四〇三頃―七二。人文主義者。写本収

図版９　サン・マルコ修道院図書館　ミケロッツォ・ミケロッツィ設計，フィレンツェ

家集）[7]は、異教ならびにキリスト教の内容の六百巻の古写本を大へんな犠牲を払って収集したが、さてここで、これを寄贈してもよいような安全な場所を探すことになった。これは、自分の不幸な故国が、いつかまた自由をとりもどしたとき、自国の失われた典籍をふたたび見出せるようにしたいと考えたからである。ヴェネツィアの政庁が（上巻一二一頁参照）それを収蔵する場所を建設する用意がある旨を表明した。今日もなおサン・マルコ図書館がその貴重な逸品の一部を保管している。[8]

有名なメディチ家の図書館がこれと時を同じくして出来たという事情については、それこそ特別な歴史があるのだが、ここではそれに立ち入って述べることはできない。ロレンツォ・イル・マニーフィコ（一四四九―九二。ロレンツォ・デ・メディチ。大ロレンツォ。詩才に富み、文芸、芸術を愛護した）のために主として収集にあたったのは、ヨハンネス・ラスカリス（一四四五頃―一五三五。ビザンティンの学者。大ロレンツォの依頼でギリシアの古文書を購入するため近東に赴いた）であった。周知のようにこの収集は一四九四年の略奪のあと枢機卿ジョヴァンニ・デ・メディチ（教皇レオ十世）によってもう一度少しずつ買いもどされねばならなかった。

ウルビーノの図書館[9]（現在ヴァティカンにある）はあらゆる点でモンテフェルトロ家の大フェデリーコの創設になるものであるが（上巻八二頁参照）、彼はすでに子供の時から収集を始めており、あとになるとつねに三十人ないし四十人の写本家《スクリトリ》をさまざまな場所で働かせ、その間に三万ドゥカーテン以上の金をこれに費やした。この図書館は、主としてヴェスパジアーノ（ヴェスパジアーノ・ダ・ビスティッチ。一四二一―九八。フィレンツェの書籍販売業者。学者、伝記作家、多数の写本職人をかかえ、テクストの正確さにも定評があった）の手を借りて、きわめて組織的にその業務が継続され、完備された内容のものとなった。これについてのヴェスパジアーノの報告は、当時の図書館の理想像として特に注目すべきものである。例えばウルビーノにはヴァティカン図書館、フィレンツェのサン・マルコ図書館、パヴィアのヴィスコンティ家図書館それぞれの蔵書目録、それどころかオクスフォードの蔵書目録さえあり、また、ウルビーノが著作家一人一人の著作を完全に所蔵している点でこれらの図書館に何倍も優っていることを誇りとした。量においては、おそらくまだ中世のものと神学に関するものが優勢であったと思われる。そこにはトマス・アクィナス（一二二五頃—七四。中世イタリアの神学者、スコラ哲学者、聖人）、アルベルトゥス・マグヌス（一一九三頃—一二八〇。ドイツのスコラ哲学者、神学者、自然科学者、聖人）、ボナヴェントゥラ（一二二一—七四。イタリアのスコラ神学者、聖人）といった人たちの著作が全部あった。それ以外にもこの図書館の内容はきわめて多方面にわたっており、例えば、とにかく手に入れることのできるすべての医学書が所蔵されていた。「当代の著作家」のあいだでは、十四世紀の大作家、例えばダンテ、ボッカッチョの全作品が第一位を占め、つぎに、二十五人のえり抜きの人文主義者たちの著わした、いずれもラテン語とイタリア語の著作、および翻訳したすべての著作がこれに続いた。ギリシア語の古写本の中では、教父たちのものがきわめて優勢であったが、それでも古典作家たちにおいては特に、ソポクレス（前四九六頃—前四〇六。ギリシア三大悲劇詩人の一人）の全作品、ピンダロス（前五二二または五一八—前四四二。ギリシア最大の合唱隊歌詩人）の全作品、メナンドロス（前三四一—前二九一。新喜劇の代表的作家。一九〇五年に四篇の大きな断片が、一九五五年に一篇が発見された）の全作品の名が一気に挙げられる——このメナンドロスの古写本は、明らかに早くにしてウルビーノから姿を消したにちがいない[10]、そうでなければ文献学者たちがすぐにこれを出版していたであろうから。

当時写本や図書館がどのようにして生じたかについては、ほかにも二、三報告がある。ある古代の著作家の稀少な原典、あるいは完全なものとしてはそれだけしかない原典や、まして唯一つしかない原典を内容としているような相当に古い写本を直接買い付けることは、あくまでもめったにない幸運の贈り物であったことは当然であり、またそうしたことは大たい当てにされていなかった。写字生の中では、ギリシア語を解した者が第一等の地位を占め、特別の意味をこめて写本家（scrittori）という敬称を受けた。こうした人たちの数はいつの時代でも少なかったのであり、その報酬も高かった[11]。それ以外の、ただの写字生（copisti）のうち、一部はこの仕事だけで生活した労働者であり、一部は副収入を必要とした貧乏学者であった。奇妙なことに、教皇ニコラウス五世の頃のローマの写字生は大ていドイツ人やフランス人であった[12]。これはおそらく、教皇庁になにか求めるものがあって、その間の生活費をかせがねばならなかった人たちであったのであろう。ここで一例を挙げれば、コジモ・デ・メディチ・イル・ヴェッキオがフィエーゾレの山腹に創設したお気に入りの大修道院《バディア》のために急いで図書館を設置しようとしたとき、ヴェスパジアーノを呼び寄せたところ、つぎのような忠告を受けた。すなわち、欲しいと思う本が売りに出されていないからといって、たまたまあった本を買うというようなことは止めて、むしろ筆写させるのがよい、と。そこでコジモは日当で費用を支払うという契約を彼と結んだ。ヴェスパジアーノは四十五人の筆写家を雇い、二十二箇月で二百巻の完成した写本を納入した[13]。筆写に際して基準となった目録は、コジモが教皇ニコラウス五世[14]より手ずから渡されていたものであった。（当然、教会関係の文献と共誦祈禱用に備えられた書物が、他のものを断然圧倒していた。）

書体は、この時代の本を見るだけでも喜びを味わわせてくれるようなあの美しい新イタリック体であって、この書体の始まりはすでに十四世紀にまで遡って見られるものである。教皇ニコラウス五世、ポッジョ、ジャンノッツォ・マネッティ（一三九六―一四五九。フィレンツェの人文主義者）、ニッコロ・ニッコリその他の有名な学者たちはもともと能書家で、麗筆を要求し、麗筆でなければ我慢できなかった。これ以外に、本の装飾も、細密画が入っていなくても、きわめて趣味のよいものであり、中でも章の初めと終りを軽やかな線状の模様で飾ったラウレンツィアーナ図書館（フィレンツェにあるメディチ家所有の図書館。一族の手で収集された写本などを収めるために一五二三年ミケランジェロの設計で建築された）の古写本がそれを証明している。写本の材料は、貴顕の人たちのために筆写された場合には、つねに羊皮紙しか使われなかった。ヴァティカン図書館とウルビーノ図書館にある本の装丁は一様に銀の留め金具のついた深紅のビロードであった。書物の内容にたいする畏敬の念を可能なかぎり上品な体裁によって表わそうという心情があったから、突然出現した印刷本が当初抵抗にあったのも理解できる。ウルビーノのフェデリーコ（フェデリーコ二世・ダ・モンテフェルトロ）なら、印刷本を所蔵することを「恥ずかしいと思ったであろう(15)」。

《書物の印刷》

だが筆写に疲れた人たちは——書物を書き写すことで生活していた人たちではなくて、書物を所有するために、それを筆写しなければならなかった多くの人たちは——あのドイツ人の発明に歓声をあげた(16)。古代ローマ人の典籍を、ついで古代ギリシア人の典籍をも復刻するために、この技術はすぐにイタリアで使われるようになり、また長いあいだこの地でのみ活躍した。だが、こうした典籍に誰もが感謝したところから当然考えられてもよいほど、この印刷の問題は急速には進展しなかった。しばらくたってから、著者と出版業者との近代的関係の発端が形成されるのである(17)。また教皇アレクサンデル六世治下において、予防的検閲が行使されたが、これは、かつてはなおコジモはフィレルフォ（一三九八―一四八一。人文主義者。フィレンツェでコジモ・デ・メディチや当地の学者と争い、ミラノに去る）に書物の破棄を要求することができたのに、今はもう簡単にそういうことができなくなっていたからである(18)。

《ギリシア研究の概観》

古典語の研究および古代全般の研究が進歩するのと関連して、ここにいたって徐々に原典批判が生じてきた経緯については、学問一般の歴史と同様、本書の対象となることはほとんどない。われわれが取りくまねばならないのは、イタリア人の知識そのものではなく、むしろ文学と実生活の中で古代がいかに再生されるかというこの点である。そうではあるが、ここでこうした研究それ自体についてなお一言述べることを許されたい。

ギリシアに関する学問は、おおむねフィレンツェと、十五世紀および十六世紀初頭に集中している。ペトラルカとボッカッチョの与えた刺戟は、(19)せいぜい二、三の熱狂的好事家の関心を惹きおこした以上には出なかったように思われる。その一方で、学識のあるギリシア人亡命者の移民団が亡びるとともに、ギリシア語の研究も一五二〇年代に途絶えてしまった。(20)北欧の人たち（エラスムス（一四六五—一五三六。オランダの人文学者。多くの古典の校訂、注解、ギリシア劇のラテン語訳などにより近代文献学の先駆者）、エティエンヌ一家（フランスの出版業一族。アンリ・エティエンヌ（一五三一—九八）は多くの古典を刊行し、またギリシア語大辞典五巻を編纂した）、ブダエウス（ギヨーム・ビュデ。一四六八—一五四〇。フランスの古典学者、人文主義者。ギリシア古典のラテン語訳、ギリシア語研究で知られる））がこの間にギリシア語をものにしていたのは、まことに幸運なことであった。あの移民団は、マヌエル・クリュソロラス（一三五〇—一四一五。ギリシアの外交官。コンスタンティノープルの生れ。フィレンツェでギリシア語教授となり、ギリシア古典のラテン語訳を行なう）とその親族ヨハンネス、ならびにトラペズスのゲオルギオス（一三九五—一四八四。クレタ島生れのギリシアの学者。古典の翻訳の不備により名声を失う）から始まった。その後、コンスタンティノープルが占領された頃と、そのあとにヨハンネス・アルギュロプーロス（一四一五頃—八七。ビザンティンの古典学者。フィレンツェで古典学の教授。メディチ家の家庭教師をつとめる）、テオドロス・ガゼース（一四〇〇頃—七五。ギリシアのテッサロニカに生れ、イタリアに来てギリシア語を教える）、自分の息子テオピロスとバシリオスを有能なギリシア人に育てたデメトリオス・カルコンデュラス（一四二四—一五一一。ギリシア語の最初のホメロス叙事詩を刊行した）、アンドロニコス・カリストス（不詳）、マルコス・ムスロス（一四七〇頃—一五一七。ギリシアの学者）、そしてラスカリスの一族（ヨハンネス（一四四五頃―一五三三）、コンスタンティノス（一四三四―一五〇一）など、ビザンティンの学者一族で、メディチ家や教皇のもとで古典学に寄与した）が他の多くの人たちと一緒に渡来した。しかしトルコ人によるギリシア征服がすっかり終ってからは、亡命者の子弟と、おそらくは（クレタ島の）カンディア人やキプロス人を除いては、学識ある新たな後継者はもはや一人もいなかった。ところで、教皇レオ十世の死とほぼ時を同じくして、ギリシア研究一般の衰退も始まっているということは、おそらくその原因の一端が精神的潮流全般の変化と[21]、古典文学の内容がかなり飽満した状態になり始めていたところにあったと思われるが、しかし、この衰退が学識あるギリシア人の死に絶えるのと時を同じくしていたということも、まったく偶然というわけではないのは確かである。イタリア人自身のあいだでのギリシア語の研究は、一五〇〇年頃の時代を基準にすると、すさまじいばかりに盛んなように思われる。当時ギリシア語を話すことを学んだ人たちは、例えば教皇パウルス三世（在位一五三四―四九。学芸を奨励、ヴァティカン図書館の拡充など）やパウルス四世（在位一五五五―六九。厳格で権威主義的。聖職者の悪習を改めさせた）のように、半世紀後に老人になってもそれができたのであった[22]。だがこの研究にこれほどまで関心を寄せるというのは、生粋のギリシア人との交際なくしては考えられないことであった。

フィレンツェ以外では、ローマとパドヴァはほとんどつねに、ボローニャとフェッラーラ、ヴェネツィア、ペルージャ、パヴィーアといった都市は少なくとも時々は、ギリシア語の有給の教師を雇っていた[23]。ギリシア学の研究がヴェネツィアのアルド・マヌッチ（アルドゥス・マヌティウス。一四五〇頃―一五一五。イタリアの印刷業者）の印刷所に負うところは限りなく大きかった。ここで最も重要な、かつ最も広範囲におよぶ古典作者の著書が初めて印刷されたからである。アルドはこれに自分の財産を賭けたのであった。彼は世にも稀な編纂者にして出版者であった。

《オリエント研究》

古典の研究とならんでオリエントの研究も相当大きな広がりを持つにいたったということを、少なくともここで一言触れておく必要がある。フィレンツェの碩学で、かつ大政治家であったジャンノッツォ・マネッティ（一四五九年没）において、[24]ユダヤ人にたいする教義上の論駁と、ヘブライ語およびユダヤに関する学問全体の習得とが初めて結びついた。彼の息子アーニョロは子供の時からラテン語、ギリシア語そしてヘブライ語を学ばされた。教皇ニコラウス五世にいたっては、ジャンノッツォに聖書を全部新しく翻訳させさえした。これは、当時の文献学の考え方が、ウルガータ聖書（標準ラテン語訳聖書。ヒエロニムス（三四〇―四一九頃）による訳）を廃棄する方向へ進んでいたからである。[25]これ以外にも、ロイヒリン（一四五五―一五二二。ドイツの古典学者、人文学者。ドイツにおけるギリシア学とヘブライ学の創設者）よりもずっと以前からヘブライ語をも自分の研究に取り入れていた人文主義者が何人もいた。ピーコ・デッラ・ミランドラ（ジョヴァンニ・ピーコ・デッラ・ミランドラ、一四六三―九四。哲学者、人文主義者。その知識は古典文学、哲学、自然科学、アラビアなどにわたっていた）は学識あるラビとしても通ったほど、タルムード（ユダヤ教の聖典）と哲学について申し分のない知識を有していた。人々がアラビア語の研究を思いついたのは、たぶん間違いなく医学の側からであった。すなわち、医学は偉大なアラビアの医師たちの著作の古くさいラテン語訳ではもう満足しようとしなかったのである。これの外面的なきっかけとなったのは、イタリアの医師をかかえていたオリエント駐在のヴェネツィア領事館であったかもしれない。ヴェネツィアの医師ヒエロニモ・ラムージオはアラビア語の医書を翻訳して、ダマスクスで死んだ。ベルーノのアンドレア・モンガーヨは、(26)アウィケンナ(イブン・スィーナ。九八〇—一〇三七。アラビアの哲学者、医学者)を研究するために長いあいだダマスクスに滞在し、アラビア語を学び、その著作を校訂した。ヴェネツィア政府はその後、この特殊な部門を研究させるためにモンガーヨをパドヴァの大学の教授に任じた。

《古代にたいするピーコ・デッラ・ミランドラの態度》

人文主義の活動全体に論を転ずる前に、ここでさらにピーコのもとに留まらねばならない。彼は、古典的古代を一面的に強調する風潮に反対して、あらゆる時代の学問と真理を声高く、また力をこめて擁護した唯一の人である。(27)彼はアヴェロエス(一一二六—九八。スペインのアラブ系哲学者、医学者。アリストテレスの諸著の注釈は中世西欧学界のアリストテレス研究の基礎となった)やユダヤ人学者だけでなく、中世のスコラ学者をもその実質的内容に応じて尊重する。彼はこの人たちがこう言っているのを耳にするように思う。「われわれは、文字の末にこだわる人たちの学派の中でではなく、聖者の集いの中で永遠に生きるであろう。そこではアンドロマケの母やニオベの息子たちについて議論されるのではなく、神の事柄や人間の事柄のもっと深い根拠について議論されるのである。この集いに近づく者は未開人といえども霊智（Mercurium）を、舌先にではなく、胸の内に持っていたことと気づくであろう。」力強い、また断じて美しさにも欠けていないラテン語と、明快な表現を所有していたピーコは、些事にこだわる用語上の潔癖や信用された形式となるとなんでもやたらに有難がるような態度を軽蔑する、ことにそうした態度が一面に偏した姿勢とか、事物の中に含まれている大きな真理をすっかり犠牲にするといったことと結びついている場合にはなおさらである。ピーコの姿を見るとき、もし反宗教改革が高尚な精神生活全体をかき乱すようなことがなかったとしたら、イタリアの哲学はさぞかし壮大な転回をとげたであろうに、との思いを抱いてもおかしいとは言えない。

3　十四世紀の人文主義

ところで、大いに尊敬されていた古代と今現在とのあいだの仲だちをし、この古代を現在の教養の中心的内容にまで高めた人たちとは誰であったのだろうか？　それは、今日と明日では異なった顔を見せる千態万様に姿を変える一群であった。しかし、この人たちが市民社会の新しい構成要素であるということぐらいは、その時代の人たちには分かっていたし、またこの人たち自身も自分たちがそういうものであることを知っていた。彼らの先駆者としては多分間違いなく、先にその詩について話題にした（上巻二五九頁参照）十二世紀のあの遍歴学僧が考えられるであろう。それと同じような一所不定の生活、同じような自由な、それどころか、自由を超えた人生観、詩の同じような擬古風化の、少なくとも兆しがあの人たちにも見られる。ところがここにいたって、中世の教養の前に、すなわち本質においてなお依然として宗教的な、また聖職者によって育まれている教養全体の前に、主として中世の向こう側にあるものを拠り所とする新しい教養が立ちはだかる。この教養の積極的担い手が重要な人物となってくる(1)。それは、この人たちが古代人の知っていたことを知っているからであり、古代人の書いたように書こうとするからであり、古代人が考えたように考え始め、やがては古代人が感じたように感じさえし始めるからである。この人たちが身を捧げる伝統は、無数の場所で再生されてゆくのである。

近年しばしばこう嘆いている人たちがいる。すなわち、一三〇〇年頃フィレンツェに見られたような、ほかの土地よりもはるかに自立度の高い、外見上本質においてイタリア的教養のもろもろの発端が、その後人文主義者の活動によってすっかり水没してしまった(2)、と。その人たちはこう言う、当時フィレンツェでは誰でも字が読め、驢馬追いですらダンテのカンツォーネを歌い、また、現存のイタリア最上の写本は、もともとフィレンツェの写本職人の手になるものであった、当時は、ブルネット・ラティーニ（一二二〇―九五頃。イタリアの詩人。政治家。詩『知識の宝庫』は哲学、歴史、修辞学などの知識を含み、ダンテの『神曲』の構成に暗示を与えた）の『知識の宝庫』（Tesoro）のような通俗的百科事典の誕生さえ可能であった、こうしたことすべての根底には、国政への参加によって、商売や旅行によって、なかんずく一切の懶惰な生活の組織的排除によってフィレンツェにおいて輩出するにいたっていた力量ある人物が広く見られたということがあった、事実また当時フィレンツェ人は世界のどこでも尊敬され、また役に立つ人間であった、教皇ボニファティウス八世（在位一二九四―一三〇三。教会法学者で、古典に造詣深く、ローマ大学を創設した）がちょうどあの頃にフィレンツェ人を第五の元素（地水火風の四元素に加えて）と名づけたのも理由のないことではなかったと。またその人たちは言う、一四〇〇年以来、人文主義の進出が激しくなるにつれて、イタリア固有のこうした強烈な傾向は萎縮し、これ以後はどんな問題の解決も古代のみを頼みとするようになり、そのため著作文献はたんなる引用のためにしか使われないようになっていった、自由の滅亡さえこれと関連がある、それは、こうした学識は古代の権威への隷属の上に立っており、都市の法律をローマ法のために犠牲にし、また、こうしたことをやるためにも専制君主の寵を得ようとし、またそれを得たからである、と。

《人文主義の避けがたい勝利》

　このような非難はこれからもしばしばわれわれの関心を惹くことになろう。その場合、こうした非難が向けられている本当の範囲や、人文主義による損失の代償が論議されるであろう。ここではなによりも、力強い十四世紀の文化そのものが必然的に人文主義の完全な勝利を目指して突き進んだこと、イタリア特有の精神世界の中の、よりによって最も偉大な人たちがかえって十五世紀の際限のない古代騒ぎ熱への門戸を開いたこと、このことのみを確認するにとどめておく。

《ダンテ、ペトラルカ、ボッカッチョの関与》

そうした人たちのうちでまず挙げるべき人は、ダンテである。かりにダンテ級の天才が相ついで輩出し、イタリア文化をさらに前進させることができたとすれば、イタリア文化はたとえ古代的要素でどんなに強く満たされていても、つねにきわめて独自な、国民特有の印象を与え続けずにはいなかったであろう。ところで、イタリアも全ヨーロッパも第二のダンテを生み出さなかった。その結果、なんと言ってもダンテこそが古代を力強く文化生活の前面に押し出した最初の人ということになってしまったのである。彼は『神曲』において古代世界とキリスト教世界を同格とは言えないまでも、絶えず並行させて扱っている。初期の中世が旧約聖書と新約聖書の物語や人物を組み合わせて、いろいろなタイプの人間と、これに対立するタイプの人間を作ったように、ダンテも通常同一の事実についてキリスト教的な例と異教的な例を合わせて叙述している。(3) ここで忘れてならないのは、キリスト教の空想世界と物語はなじみのあるものであるのにひきかえ、古代にまつわる空想や物語はどちらかと言えばなじみのうすいものであり、そのため大いに期待させ、またわくわくさせるようなものであったということ、そして、ダンテのような人がいて無理やり両者間の平衡を保たせるということがもうなくなったとき、古代の空想世界や物語の方が、世間一般の人たちの抱く関心という点で、どうしても優位にたたざるをえなかったということである。

《先駆者としてのペトラルカ》

ペトラルカは現在大部分の人たちの頭の中では、イタリアの偉大な詩人として生き続けている。これにひきかえ、同時代の人たちのあいだで彼の名声のよってきたる原因がどこにあると考えられていたかというと、それは断然、彼が古代をいわば一身に具現していて、ラテン語の詩のあらゆるジャンルを模範としていた点と、そして古代の個々の事柄について述べている論文として価値のあった書簡を書いた点であった。もっともこの価値ということについては、われわれには合点がゆかないが、古代便覧などのなかったあの時代にはしごく納得のゆくものなのであった。

ボッカッチョについても事情はまったく同じようなものである。彼は、アルプスの北の方でその『デカメロン』が大して知られていない時分から、二百年のあいだ全ヨーロッパで、ラテン語で書かれた神話学的、地理学的、伝記的論集だけで有名であった。その中の一つ、『神々の系譜について』の第十四巻と十五巻には注目すべき付録がおさめられていて、そこで彼はこの世紀にたいする若々しい人文主義の地位を論じている。彼が絶えず「詩歌」のことしか口にしていないからといって、勘違いをしてはならない。というのも、子細に見るならば、彼が「詩歌」と言うとき、それは詩人にして文献学者の精神活動全体のことを指しているのだということに気づくであろうから。(4) 彼がこのうえなく辛辣に攻撃するのはこうした活動の敵対者である。すなわち、美食や贅沢三昧の生活のことしか頭にない軽薄な無学者たち、ヘリコン山（詩歌女神たちが住むというギリシア、ボイオティアにある山）、カスタリアの泉（ギリシア、デルポイの近くにあるアポロンと詩歌女神たちの聖なる泉）そしてポイボス・アポロンの杜《もり》がたんなるばか話としか思えない詭弁的神学者たち、詩歌などは、金にならないかぎり、余計なものだと考える業突張《ごうつくば》りの法学者たち、最後に、異教と背徳についてとかく苦情を述べたがる（遠回しに言ってはいるが、それと分かるように名指されている）托鉢修道会士がそれである。(5) これに続いて積極的弁護が行なわれる。すなわち、詩の賛美、特に、詩のどの部分にもそれがあると考えねばならない奥深く秘められた、ことに寓意的な意味を持った詩、無知な人たちの鈍い感覚に喝を入れるのに用いられてしかるべき、十分正当な難解さを込めた詩の賛美がそれである。そして最後に著者は、異教一般にたいするこの時代の新しい関係を、明らかに自分の学問的著作を援用しつつ、正当化する。(6) すなわち、原始キリスト教会がなお異教徒から身を守らねばならなかった当時は、当然今とは違った事情にあったかもしれない。今日では――イエス・キリストに感謝を！――真の宗教の基盤は強固となり、あらゆる異教は根絶され、勝利を収めた教会は敵の陣営を占拠している、今は異教をほとんど（fere）なんの危険もなしに考察し、論じることができる、と。これこそ、その後ルネサンス全体が自己の主張を正当化するのに用いたのと同じ論拠である。

こうしてこの世界に一つの新しい事柄と、そしてこれを代表する新しい人間階級が存在することになった。この事柄が勝利の行進のさ中に立ちどまり、わざわざ自分を抑えて、純粋に国民的なものにある程度の優先権を持たせてやるべきであったかどうかを論議するのは無益なことである。人々が、古代こそイタリア国民の最高の栄誉であるという確信以上に強い確信を抱いていなかったことは言うまでもない。

《詩人の戴冠式》

詩人にして文献学者たちのこの最初の世代に特有なのは、実の所ある象徴的儀式であるが、これは十五世紀、十六世紀になっても廃《すた》れてはいないが、しかしその高尚なパトスは失われてしまっているような行事なのである。桂冠をもってする詩人への戴冠式がそれである。中世においてこの儀式がいつ始まったか明らかではない。また、これが確固とした典礼にまでなったことも一度もなかった。それは公然のデモンストレーションであり、文学的名声が目に見える形で現出したものであり、(7) その理由からも不安定なものであった。この儀式について、例えばダンテは半ば宗教的な清祓《せいふつ》式のことを考えていたらしい。彼は、何十万というフィレンツェの子供たちと同様に、自分も洗礼を受けた聖ジョヴァンニ教会の洗礼盤の上で自ら冠を戴こうと思っていた[8]。伝記作者は言っている。彼はその名声のゆえにどこででも桂冠を受けることができたであろうのに、故郷以外のどこにおいてもそれを受けようとしなかったので、無冠のまま死んだ、と。さらにわれわれはこの伝記作者から、この習慣はこの時まで一般に行なわれていなかったこと、またこれはギリシア人から古代ローマ人に伝えられたものとされていたことを知らされる。事実これについての最も近い記憶は、ギリシアを手本にして創始された、キタラ奏者、詩人そしてその他の芸術家たちのカピトリヌス丘での競演に由来するものであったと考えられ、この競演はドミティアヌス帝（在位八一―九六。猜疑心が強く、専制的であったが、一面財政手腕に優れ、真の教養人でもあった）以来五年目ごとに催され、おそらくはローマ帝国滅亡後もしばらくは生きのびたものと思われる。ところで、ダンテが望んだように、あえて自ら桂冠を戴こうとするような詩人は二度とそう容易には現われなかったとなると、ここに、桂冠を授与するのはどの機関か、という問題が生じた。アルベルティーノ・ムサット（一二六一―一三二九。パドヴァの公証人、歴史家、詩人）（上巻二一六頁参照）は、一三一〇年頃パドヴァで司教と大学学長から桂冠を授けられた。ペトラルカの桂冠授与（一三四一年）をめぐっては、たまたまフィレンツェ人を学長に戴いていたパリの大学と、ローマの市庁とが争った。そればかりか、ペトラルカが自ら選んだ審査官アンジュー家のロベルト王（ナポリの国王。在位一三〇九―四三。文芸、芸術のパトロン）はその式典をナポリに移してやりたかったであろうが、しかしペトラルカは他のどんな桂冠授与よりもカピトリヌス丘でのローマの元老院議員による桂冠授与の方を望んだのであった。しばらくのあいだ、実際こうした桂冠授与は引き続き名誉心の目標であった。桂冠授与はそのような目標として、例えば身分の高いシチリアの官吏ヤコブス・ピッツィンガの心をそそっている。[9] ところがその頃、皇帝カルル四世（神聖ローマ皇帝。在位一三四六－七八）がイタリアに現われた。彼は儀式を執り行なうことで虚栄心の強い人たちや思慮のない大衆に畏怖の念を起こさせることを真の喜びとした。詩人に桂冠を授ける仕事は、かつては古代ローマの皇帝の責務であった、したがって今は自分のなすべき責務である、という勝手な仮説を立てて、彼はピサでフィレンツェの学者ザノービ・ダ・ストラーダに桂冠を授与したが、[10] ボッカッチョはこれを大いに不満とし（第二章3の注9）、この「ピサの桂冠」(laurea pisana) を完全な効力を有するものと認めようとしていない。実際、どうしてこの半スラヴ人の皇帝（ボヘミア王ヨハンの子）がイタリアの詩人たちの価値を判定するようなことになったのか、問題にしてもよかった。だが、それでもこの時から、イタリアを巡幸する皇帝たちはここかしこで詩人に桂冠を授与するようになり、その後十五世紀になると歴代教皇や他の諸侯もこれに遅れをとるまいとし、ついには場所や事情はもう一切おかまいなく桂冠が授与されるようになった。ローマでは教皇シクストゥス四世の時代にポンポニウス・ラエトゥス（ポンポーニオ・レート。一四二八－九八。人文主義者。ローマ時代の生活習慣の極端な愛好者。ローマ・アカデミーを創立した）のアカデミー[11]が自ら桂冠を授与した。フィレンツェ人は、自分の都市の有名な人文主義者たちに桂冠を授けたが、しかしその場合その人たちの死後に初めてこれを授けるという心づかいをしている。カルロ・アレティーノ（カルロ・マルスッピーニ・アレティーノ。一三九九―一四五三。フィレンツェの初期人文主義者サークルのメンバー）も、レオナルド・アレティーノもそのようにして桂冠を授与された。カルロにはマッテーオ・パルミエーリ（一四〇六―七五。詩人、歴史家。フィレンツェの商人一族の出。人文主義教育を受ける。宗教詩『生の都市』、『市民生活論』などがある）が、レオナルドにはジャンノッツォ・マネッティが公会議議員列席のもと、全市民の前で賛辞を述べた。演説者は棺台の頭部の所に立ち、棺台の上には絹の衣服をつけた遺骸が横たわっていた。[12] さらにまたカルロ・アレティーノは墓碑（サン・クローチェ教会にある）によって顕彰された。その墓碑はルネサンス全期を通じて最も見事なものの一つである。

4　大学と学校

これから論題にしようとしている、教養にたいする古代の影響は、前提としてまず第一に、人文主義が各地の大学を制するということがなければ考えられないことであった。だがこれは、その程度においても、結果においても、思っていたほどのものではなかった。イタリアの大部分の大学は、[1] 十三世紀、十四世紀が経過する中で、生活が豊かになるにつれて教養についてもいっそう厳しく配慮されることが要求されるにおよんでようやく表に現われてくる。最初これらの大学は大てい、教会法、世俗法、医学の三つの講座しか持っていなかった。時のうつるにつれてこれにさらに修辞学者、哲学者そして天文学者が加わったが、天文学者は、いつもそうというわけではなかったが、占星術師と同一視された。俸給はそれぞれひどく異なっていた。時には資産と言えるほどのものが贈られることさえあった。教養の程度が高まるにつれて、対抗心も芽生えてきて、大学はたがいに有名な教師を引き抜こうとした。こういう状況のもとで、ボローニャは時として国家収入の半分(二万ドゥカーテン)を大学につぎ込んだこともあったという。教授の任用は通常期限つきでしか行なわれず[2]、学期ごとに期限を切って行なわれることもあった。そのため大学講師たちは、俳優のように、放浪生活を送っていた。だが、終身にわたる任用もあった。時には、ある場所で教えたことをほかの所では決してもう講義しないという約束がなされることもあった。その他、自ら申し出てする、無給の教師もいた。

《十五世紀における大学教授としての人文主義者》

先に挙げた地位のうち、修辞学教授の地位が、とりわけ人文主義者の目標であったことは言うまでもない。だが、人文学者が法学、医学、哲学もしくは天文学のいずれにせよ、そうした分野の学者としても足を踏み出すことができるためには、その人が古代についての実際的内容をどの程度身につけているかに成否はかかっていた。学問の内部の事情にも、大学講師の外部の事情にも、まだいたって柔軟性があった。さらに、法学者と医学者一人一人が断然高額の俸給を取り続けていたということ、とりわけ法学者は、諸種の請求権や訴訟のためにこれを雇っていた国家の大物の顧問として、そうした報酬を受けていたということも見逃してはならない。また十五世紀のパドヴァには、年額千ドゥカーテンという法学者の俸給があった。(3) またパドヴァは、それまでピサで七百金グルデンの俸給をとっていたある有名な医師を、二千ドゥカーテンの俸給と開業の権利を与えるということで雇おうとした。(4) ピサの教授で、法学者のバルトロメーオ・ソチーニはパドヴァの教授に任用するというヴェネツィアからの申し出を受諾し、そこに赴任しようとしたところ、フィレンツェ政府に拘留され、一万八千金グルデンの保釈金を積んでようやく釈放されたのであった。(5)これらの学科がこのように高く評価されたことからも、著名な文献学者たちが法学者や医学者として実力をあらわしたことも理解されよう。その一方において、なんらかの学科において一角《ひとかど》の者たろうとした人は、しだいに強い人文主義的色彩を帯びざるをえなかった。人文主義者たちの別な方面での実際的活動については、すぐこのあとで言及することになろう。

しかしながら、文献学者が文献学者として任用された場合には、個々の事例においてかなり高額の俸給や副収入をともなっていることがあったとしても、それは総じてはほんの束の間のものであったから、同じ一人の人間が沢山の大学を兼任して働くことがありえた。(6) 明らかに人々は人事の交替を好んだのであり、どの新任者からも新しいことを期待した。

これは、まさに成長の段階にあり、したがって学者の人格に頼るところが大きかった学問の場合には容易に説明のつくことである。また、古代の著作家たちについて講ずる者が、その人の教えている都市の大学の本属教師であったとはかならずしも言えない。往来の便がよく、講義のために自由に使える場所（修道院など）が沢山あった場合には、私的な招聘だけで十分であった。

《大学以外の教育機関》

フィレンツェの大学が最高の栄光を極め、教皇エウゲニウス四世の廷臣や、おそらくはすでに教皇マルティヌス五世（在位一四一七―三一。教皇の権利と勢力の回復に努力した）の廷臣までもが講義室に殺到し、カルロ・アレティーノとフィレルフォがたがいに競って講義をしていた十五世紀の最初の数十年には、[7]サント・スピリト教会のアウグスティノ会修道士たちのもとにはほとんど完全といってよい第二の大学があり、アンジェリ修道院のカマルドリ会士たちのもとには学識ある人たちの立派な団体があったが、それだけではなく、著名な私人たちもたがいに協力し合い、あるいは一人一人が骨を折って、自分や他人のために、文献学や哲学の一種の講座を開かせた。ローマにおける文献学と考古学の研究活動は、大学（Sapienza）と長いあいだなんらかの関係をほとんど持ったことがなく、またその活動の一部は教皇や高位聖職者一人一人の特別な、個人的保護にのみ支えられ、一部はもっぱら教皇の官房の任命を受けて行なわれていたと言ってもよいであろう。教皇レオ十世の治下になってようやく、八十八人の教員を擁する大学《サピエンツァ》の大規模な再編が実施されたが、これらの教員の中には古代学の研究でもイタリア屈指の高名な学者たちがいた。しかしこの新たな栄光は短いあいだしか続かなかった。——イタリアにおけるギリシア語の講座については、すでに（上巻二八六頁以下参照）簡単に述べておいた。

全体的に見て、当時の学問伝達の様相を心中に思い浮かべるためには、今日におけるわれわれの大学の仕組みからできるだけ眼をそらすようにしなければならないであろう。個人的交際、討論、ラテン語が常用されていたこと、少なからざる人たちのあいだでギリシア語も常用されていたこと、最後に教員人事の頻繁な交替と書籍の稀少、こうしたことが当時の勉学に、われわれにはなかなか想像できないような姿を与えていたのである。

ラテン語の学校は、およそ名のある都市ならどこにでもあった。しかもこれは、たんに上級の学問研究に進む予備教育のために必要であったからではまったくなく、むしろ、ラテン語の知識は読むこと、書くこと、計算することについで必要であり、そのつぎに論学と続いていたからである。これらの学校が教会に従属していたのではなく、都市の管理下にあったのは重要なことのように思われる。二、三の学校には、たんなる個人的運営によるものもあったかもしれない。

ところで、この学校制度は、卓越した人文主義者一人一人の指導のもとに、合理的に改善されて、大きく、より完全なものとなっただけでなく、さらに高い教育が行なわれるようになった。北部イタリアの二つの侯家の子弟の訓育には、この種のものでは唯一無二と言うことができたような教育機関が結びついている。

《高次の、自由な教育。ヴィットリーノ》

マントヴァのジョヴァン・フランチェスコ・ゴンザーガ（ジャンフランチェスコ一世。マントヴァ侯）[8]（一四〇七―四四年統治）の宮廷に、あの堂々たるヴィットリーノ・ダ・フェルトレ（一三七八―一四四六。人文主義者。ジョヴァン・フランチェスコに招かれ、宮廷の子弟のために学校を設立した。徹頭徹尾教育者で、著作はほとんどない）が現われた。彼は、全存在をただ一つの目的に捧げ、この目的を達成するための力と識見を最高度に具えているあの人たちの一人であった。彼はまず君主の一門の公子と公女を教育した、しかも公女のうちの一人を真の学識を具えるまでに訓育さえした。しかし彼の名声が広くイタリア中に広まり、遠近の有力者、富豪の子弟がその門下に入ろうとしたとき、ゴンザーガ侯は、自分の抱えていた教師がそれらの子弟をも教えることを許しただけでなく、マントヴァが上流社会の教育の場となっていることを、マントヴァの名誉と考えていた節《ふし》がある。この地において初めて、学問に関する授業とともに、体育とあらゆる高尚な運動も全校の生徒にバランスよく課せられたのであった。これに加えて、さらにまた別な生徒の一団があり、これの訓育こそおそらくヴィットリーノは自分の人生の最高目標と目していたのであった。すなわちそれは、家は貧しいが、才能豊かな子供たちで、彼はこれを自分の家で養い、あの上流の子たちと一緒に、「神への愛の気持ちで」(per l'amore di Dio すなわち、無償で) 教育した。そしてこの上流の子たちはここで、才能以外なにも持たない者たちと同じ屋根の下に住むことに慣れさせられたのであった。ゴンザーガ侯は彼にもともと年三百金グルデン支払えばいいことになっていたが、さらに不足分全部も補塡してやり、それはしばしば年俸と同じ額に達することもあった。侯は、ヴィットリーノが一文たりと私しないことを知っており、また、貧乏な子弟を一緒に教育することが、この驚嘆すべき男を自分に仕えさせるための暗黙の条件であるのをそれとなく感づいていたことは疑いない。この人の家の気風は、修道院にも見られないほど厳しく宗教的なものであった。

《フェッラーラにおけるグァリーノ》

ヴェローナのグァリーノの場合は、(9) 学問の方により重点がおかれている。彼は一四二九年にニッコロ・デ・エステ(ニッコロ三世・デ・エステ。一三九三頃—一四四一)の招聘を受けて公子レオネッロの家庭教師としてフェッラーラに着任し、その教え子がほぼ成人した一四三六年以来、雄弁術とギリシア・ラテン両古典語の教授として大学でも教えた。すでに彼はレオネッロのほかに、さまざまな地方からやってきた別の生徒を沢山持っていて、また自分の家には貧しい生徒のうちから選りすぐった者たちを住まわせ、その費用の一部もしくは全部を負担して扶養してやった。自分の夜の時間は遅くまで、これらの生徒の復習の相手をすることに捧げられた。ここもまた厳しい宗教心と道徳心を養う場所であった。この人たちと同じ世紀の大部分の人文主義者たちは、こうした点ではもはや称賛を受けていないが、これは別にグァリーノやヴィットリーノのような人がいたばっかりにそういう評価をされたわけではなかった。グァリーノがこれだけの仕事をやりながら、しかもなお絶えずギリシア語の翻訳をし、自身の大きな著作を物すことがどうしてできたのか、とても理解することができない。

《公子の教育》

このほか、イタリアの大ていの宮廷では諸侯の子弟の教育は少なくともその一部分が、そして一定期間、人文主義者たちの手に委ねられたが、これによって彼らは宮廷生活に一歩深く足を踏み入れることになった。公子の教育に関する論文を執筆することは、これ以前には神学者の任務であったが、今は当然これも人文主義者たちの仕事となる。例えばアエネアス・シルヴィウス（一四〇五―六四。のちの教皇ピウス二世。人文主義者。優れたラテン語学者、芸術保護者）(10)はハプスブルク家の二人の若いドイツの王侯に、これから彼らが受けるべき教育についての詳細な論文を送り、その中で当然のことながら、イタリア的意味での人文主義を振興するよう二人に熱心に説き勧めている。シルヴィウスは、それがいわば馬の耳に念仏であることを知っていたのであろう、それゆえこの著作が他の人たちの手にもわたるよう配慮している。だが、君侯にたいする人文主義者たちの関係については、さらに別に節を設けて論ずることにする。

5 人文主義の後援者

《フィレンツェの市民。ニッコロ・ニッコリ》

まず最初に注意を払うに値するのは、古代の研究を一生の最高目標として、ある者は自ら大学者となり、ある者は学者たちを支援する大好事家となった、主としてフィレンツェに住む市民たちである（上巻二七八頁以下参照）。この人たちは特に十五世紀初頭の過渡期にとってきわめて重要であったが、これは、彼らにおいて初めて人文主義が日常生活の必要不可欠な要素として実際的な働きをするようになったからである。彼らのあとに続いてようやく、君侯や教皇も真剣に人文主義と取り組むようになった。ニッコロ・ニッコリやジャンノッツォ・マネッティについてはすでに何度も述べた。ヴェスパジアーノはニッコリのことを（Vesp. Fior., p. 625）、自分の身の回りのものについても、古代的気分を乱すことのあるようなものはまったく我慢がならなかった男として描いている。すばらしい古美術品を一杯おいてある家にいて、感じのよい話し方をする、長衣を身にまとった美しい姿は、きわめて特異な印象を与えた。万事について並はずれてきれい好きであったが、ことに食事のときにそれがはなはだしく、彼の前には純白のリンネルの上に古代の容器や水晶の杯がならべられて出された。(1) ニッコリがフィレンツェのある遊び好きな青年を、自分が関心を抱いている世界にうまく誘い込むその品のよいやり方は、(2) どうしてもここでそれを紹介せずにおくわけにはゆかない。

ピエーロ・デ・パッツィはある高貴な一門である商人の息子で、いずれ商人となるように定められており、風采もよく、この世の楽しみにすっかりうつつをぬかしていて、学問のことなどまるっきり頭になかった。ある日、この青年がパラッツォ・デル・ポデスタ(3)のそばを通りかかったとき、ニッコリは彼を呼びとめて指しまねいた。青年は、まだ一度も話をしたことがなかったが、この高名な人の手招きにしたがって近寄っていった。ニッコリは彼に尋ねた。君のお父上はどなたかね？——彼は答えた。メッセル・アンドレーア・デ・パッツィです。——ニッコリはさらに尋ねた。君の職業はなにかね？——ピエーロは、いかにも若い人たちのしそうな返事をした。人生を大いに楽しんでいますよ（attendo a darmi buon tempo)。——ニッコリは言った。あんな立派なお父上の子で、しかもこんな容姿に恵まれていながら、ラテン語についての学問のないのを恥ずかしいと思わないのかね、それは君の大した飾りになるだろうに。もしこの学問を学ばなければ、君はまったく重んじられることはないだろうし、若い盛りが過ぎてしまえば、なんの取り柄（virtù）もない人間になってしまうのだよ。ピエーロはこれを聞いたとき、ただちに、それは真実だということが分かったので、こう答えた。先生が見つかれば、ぜひその学問に精出したいと思います。――ニッコリは言った。先生のことなら私にまかせなさい。そして実際ニッコリはポンターノという名のラテン語とギリシア語を教授する学識ある人をピエーロに世話し、ピエーロはこの人を家族の一員のように遇し、年百金グルデンの俸給を与えた。ピエーロはこれまでの遊惰な生活をすてて、今や日夜勉学に励み、あらゆる教養ある人たちの友となり、寛仁大度の政治家となった。彼は『アエネイス』全巻とリウィウス（前五九―後一七。古代ローマの歴史家）の多くの演説を暗唱することができたが、その大部分をトレッビオにある別荘とフィレンツェのあいだの途上で暗記したのであった。

《ジャンノッツォ・マネッティ。初期のメディチ家の人たち》

これとは別な、もっと高尚な精神から、ジャンノッツォ・マネッティ[4]は古代を鼓吹している。早熟の人で、ほとんどまだ子供の時に、早くも商人としての見習い期間を終え、ある銀行家の簿記係になった。だがしばらくすると、この仕事が空しくはかないものに思われてきた。彼は学問に憧れ、学問によってしか人間は不死性を手に入れることができないと考えるようになった。こうして彼はフィレンツェの貴族のうちで初めて、書物の山に埋れる毎日を送り、先に述べたように、当代最高の学者の一人となった。しかし国家が彼を代理公使として、税務官として、また（ペーシャとピストイアの）総督として任用したとき、彼は、人文主義についての自分の研究と信仰心の共通の成果たる高い理想が己れのうちに目覚めたかのように、その職務を遂行した。彼は、国家の決めた税金を、それがいかに酷税であろうと取り立て、その労にたいしてなんの報酬も受けとらなかった。地方長官となったとき、彼は一切の進物を拒絶し、穀物輸送に心を配り、休みなく訴訟を調停し、総じて激情にかられている人たちを抑えるのに善意をもって全力をつくした。ピストイアの人たちは、彼らの二つの党派のうちのいずれに彼が心を寄せているのか、ついに一度も突きとめることができなかった。いわば市住民すべての持っている共通の運命と権利の象徴にしようとするかのように、彼は余暇を利用して市の歴史を書いた。それはのちに緋色の装丁をほどこされ、神聖なものとして市庁舎に保管された。任地を去るにあたっては、市は彼に市の紋章をつけた幟旗《のぼりばた》と見事な銀の兜を贈った。

この時代にフィレンツェにいたこれ以外の学識ある市民についてては、なんといってもけ（これらの人すべてと知己であった）ヴェスパジアーノの著書を参照するようお願いしなければならない。それは、この人の文章から感じられる調子や雰囲気、彼がこの人たちと交遊するについてどうしても必要とした条件の方が、この人の個々の実績そのものよりもいっそう重要であるように思われるからである。彼の著書のこうした無上の価値は、翻訳されればもう失われずにはいないだろうし、まして、われわれが今はこれで我慢せざるをえないこの簡単な示唆だけではなおさらそういうことになるであろう。彼は大著述家では

図版 10　コジモ・デ・メディチ（大コジモ） ポントルモ，1519 年，フィレンツェ，ウフィツィ美術館

ない。しかしこの人たちの活動をあますところなく知っているし、またこの活動の精神的意義について深く思いをいたすだけの能力を持っているのである。

つぎに、十五世紀のメディチ家の人たち、中でもコジモ・イル・ヴェッキオ（一四六四年没）（大コジモ）（図版10）とロレンツォ・イル・マニーフィコ（一四九二年没）（大ロレンツォ）（図版11）がフィレンツェと彼らの同時代の人たち全体に影響をおよぼす源《もと》となった魅力を分析しようとすると、当時の教養界においてこの二人が指導的立場にあったということが、あらゆる政策とならんでそこにきわめて強い力として関わってくる。商人にして、同時にまた一地方の党首というコジモの地位にあって、さらに加えて、思索し、研究し、著述をするあらゆる人たちを味方に引き入れている者、生れながらにしてフィレンツェ人の中で第一等の者であり、さらにその教養によってもイタリア人中最高の人と目される者、このような者は事実上一人の王侯である。さらにコジモに与えられるべき特別な名誉として、プラトン哲学[5]を古代思想界のこよなく見事な精華であると認識し、この認識を自分の周囲に行きわたらせ、かくして人文主義の内部に古代の第二の、より高い新生を生み出したということがある。その経緯についてはきわめて詳しくわれわれに伝えられている[6]。すべては、学殖豊かなヨハンネス・アルギュロプーロスの招聘と、晩年におけるコジモのいたって個人的な熱意とに結びついていた。したがって、プラトン哲学に関しては、偉大なマルシーリオ・フィチーノ（一四三三―九九。人文学者、哲学者。コジモの庇護下、プラトン、プロティノスなどをラテン語に訳し、フィレンツェのアカデミーの学長となった）もコジモの精神的息子

図版11　ロレンツォ・デ・メディチ（大ロレンツォ）　ヴァザーリ，1534年頃，フィレンツェ，ウフィツィ美術館

であるとあえて自称している。ピエーロ・デ・メディチ（ピエーロ・イル・ゴットーゾ。一四一六―六九。コジモの息子）のもとで、フィチーノはすでに一学派の頭目を自任していた。このピエーロの息子で、コジモの孫である貴顕の人、大ロレンツォも逍遥学派《ペリパトス》からフィチーノの門に移った。ロレンツォの学友で最も高名な者としては、バルトロンメーオ・ヴァローリ、ドナート・アッチャイウォーリ（一四二八―七八。メディチ家の外交官。人文主義者、詩人、哲学者、歴史家）そしてピエールフィリッポ・パンドルフィーニの名が挙げられる。感激した師は、その著作のいくつかの個所でつぎのように明言した、ロレンツォはプラトン哲学の深奥を隈なく窮め、この哲理なくしては、良き市民、良きキリスト教徒となることは難しいとの確信を表明した、と。ロレンツォのまわりに集まった学者たちの有名な集会は、理想主義的哲学のこうした高尚な性向によってたがいに結びつけられていたのであって、この種の他のどの団体よりも際立っていた。このような環境の中でしか、ピーコ・デッラ・ミランドラ（ジョヴァンニ・ピーコ・デッラ・ミランドラ）のような人は幸福と感じることができなかった。だが、およそ言葉として口にしうるかぎりの最もすばらしいことは、古代をこのように礼賛していながら、ここは同時にイタリア詩壇の聖地でもあったということ、また、ロレンツォの人格からさまざまに放射されるすべての光線のうちで、最も強力な光線はロレンツォその人であると言ってよいということである。政治家としてのロレンツォについては、各人の思うように判断するがよい（上巻一三〇頁以下、一四七頁参照）。その罪過と運命についてフィレンツェが下した決着に、どうしてもという場合のほかは、外国人がむやみに口をはさむことはない。だが、最も不当な攻撃は、ロレンツォが精神の領域においてわざわざ凡庸な者たちを庇護したとし、一方、レオナルド・ダ・ヴィンチ（一四五二—一五一九。一四八二年頃、それまで滞在したフィレンツェをすてて、ミラノに去っている）や数学者のフラ・ルーカ・パチョーリ（一四五〇頃—一五二〇頃。北イタリア各地で数学を教えた。当時の美術、代数、三角法の知識を集成、紹介。レオナルドの友人）が国外に留まり、トスカネッリ（一三九七—一四八二。数学者、地理学者。フィレンツェで人文主義者のサークルに加わった）、アメリーゴ・ヴェスプッチ（一四五一—一五一二。イタリアの商人、航海者）などが少なくとも援助を受けずに終ったのもロレンツォのせいであるとして、彼を非難することである。もとより彼は万能の人ではなかったが、かつて才能の士を保護し、援助しようとしたすべての有力者のうちで最も多才な人物たちの一人であり、また、おそらくはなににもましてこの人のより深い、内面の欲求の結果としてこうした保護援助を行なった人であった。

この十九世紀においても、教養全般の価値と、とりわけ古代の価値を重んずべきことがよく声を大にして宣言されている。しかし、こうした要求はあらゆる要求のうちで第一等に位置すべきものであるという考えに熱狂的にすっかり傾倒し、またそういう考えを承認するような姿勢は、なんといっても十五世紀と十六世紀初頭のあのフィレンツェ人以外どこにも見られない。これには、いかなる疑念も一掃する間接的証拠がある。もし勉学がこの世で生きる上での最も貴重な財宝であると必ずしも絶対的に見なされていなかったとしたら、世の親たちがあれほどしばしば家の娘たちを勉学に向かわせることはなかったろうし、パッラ・ストロッツィ（一三七三頃—一四六二。フィレンツェの政界を代表する政治家。人文主義者。一四三四年、メディチ家により追放された）のように、亡命地が幸運の滞在地となることもなかったであろうし、また、ふだんやりたい放題をやっていた人間が、フィリッポ・ストロッツィ（一四八八―一五三八。メディチ家と対立、陰謀を企て、メディチ家を追放。メディチ家復帰後、国外亡命）のように(7)プリニウスの『博物誌』を批判的に論ずる力や、そういうことをやりたいという気持をなお維持しているということもなかったであろう。われわれはこういう人たちのことを褒めるとか非難しようというのではなく、精力的にその独自性を発揮しているある時代精神を認識しようとしているのである。

フィレンツェ以外にもイタリアには、単独に存在するサークルや、まとまったいくつかの社交団体が時としてあらゆる資力を投じて人文主義のために力を尽し、自分の所に在住する学者たちを援助していた都市がまだかなりあった。あの時代の書簡集を読むと、われわれはこの種の個人的結びつきを沢山知ることができる。(8)多少とも高い教養を具えていた人たちの公《おおやけ》に示されている心情は、ほとんど例外なくここに述べた方向にむかっていた。

《諸君侯。教皇ニコラウス五世以降の歴代教皇》

だが、このへんで君主の宮廷における人文主義に注目することにしよう。専制君主が、自分と同じように己れの人格、己れの才能を頼りとする文献学者と内面において深い繋がりを持っていたことは、先にすでに示唆しておいた（上巻二四頁以下、二〇九頁参照）。しかし文献学者は、自ら認めているように、より潤沢な報酬という点だけでも、自由都市よりも宮廷の方を好んだ。アラゴンの大アルフォンソ（アルフォンソ一世。ナポリ王（一四四三―五八）。アラゴン王アルフォンソ五世（一四一六―五八）。学芸庇護のため大度王と言われる。スペイン出身）がイタリア全土の支配者となるかに見えた頃に、アエネアス・シルヴィウス[9]が同郷のあるシエナ人にこう書き送っている。「もしアルフォンソの支配のもとでイタリアが平和を得られるものなら、都市の統治のもとで（平和が得られる）よりも、その方がよいと思われるのだが。なぜなら、君主の高貴なる心は卓越したものにはなんであれ報いるからである。[10]」この場合も、ここに見られる見苦しい面、金で購われたこのへつらいを近年あまりに強く際立たせすぎてきた。これは、かつて人文主義者が称賛したというので、人々があの君主たちにあまりにも強く好意的な感情を抱かせられたのと同じである。全体として見ると、君主たちが自分たちの時代と国における教養の先頭に――その教養がどれほど片寄ったものであっても――立たねばならないと信じていたという事実は、なんと言っても君主たちにとって圧倒的に有利な証拠であることには変わりがない。二、三の教皇にいたっては[11]当時の教養が辿りつく帰結にたいしてなんの危惧も抱いていなかったということに、思わず知らずなにか感銘を覚えるものがある。教皇ニコラウス五世は教会の運命については安心していた。それは、何千という学者が教会に味方し、援助してくれるだろうと考えていたからである。教皇ピウス二世の場合には、学問のために払った犠牲はとうてい大規模なものとは言えず、その取り巻きの詩人たちもごく凡庸なものに思われる。しかし教皇自身は、彼の前々任者（教皇ニコラウス五世）とくらべると、いかにも学者の国の個性的な統領といってよく、また自信たっぷりにこの名誉を享けている。教皇パウルス二世にいたって初めて、書記官たちの奉ずる人文主義にたいする恐れと不信の念が教皇の心を一杯に満たすにいたった。彼の三人の後継者シクストゥス四世、インノケンティウス八世そしてアレクサンデル六世は、確かに人文主義者たちの献辞を受けとり、詩人たちの望むがままに詩を献げさせはした――六歩格で書かれたらしい『ボルジア家の歌』（アレクサンデル六世はボルジア家出身）というのさえあった[12]――。しかしこれらの教皇たちは別な方面であまりにも多忙であり、自分たちの権力の足場としては別なものを念頭においていたので、詩人にして文献学者たちとあまりかかり合うことがなかった。教皇ユリウス二世の周囲には詩人たちの姿が見られたが、これは、彼自身が詩の重要な題材であったからである（上巻一八六頁参照）。いずれにしても教皇が彼らのことを大して気にかけていたようには思えない。彼のあとに教皇レオ十世（図版12）が継いだ、「ロムルスのあとにヌマ（ローマの建国者初代王ロムルスに続く二代目王（在位前七一五―前六七三）。知性と敬虔の上に立ち、宗教上の諸制度を確立）が続いたように」、ということはすなわち、前の教皇職において鳴り響いた干戈の音のあとに、人々は詩歌の女神たちにすっかり身を捧げた教皇を待望したのであった。ラテン語の美しい散文と快い響きの詩句を楽しむことは、レオの日々の生活の予定表の中に一緒に組まれていた。確かにこの点では彼の学芸保護は大いに成功をおさめ、そのラテン語詩人たちは数えきれないほどの悲歌、頌歌、エピグラム、訓戒詩を作って、その中でジョーヴィオの伝記にみなぎっているあのレオ時代の陽気で輝かしい息吹をありありと描き

図版 12　教皇レオ 10 世と 2 人の枢機卿　ラファエッロ，1518 年頃，フィレンツェ，ウフィツィ美術館

出している。[13] おそらくヨーロッパの歴史全体を見渡しても、その生涯に語るに足るべき出来事が少ないわりには、あのように多方面から賛美された君主はいないであろう。詩人たちがこの教皇に伺候するのは主として正午の頃で、弦楽の名手たちの演奏が終った時であった。[14] しかし、大勢の詩人たちの中でも最優秀の一人がそれとなくもらしているところによると、[15] 彼らはこれ以外に庭園であろうと宮殿の奥の間の中であろうと、どこでも教皇に近づこうと試み、それでもうまくゆかなかった者は、オリンポスの神々が全部出てくるような悲歌の形をとった懇願の手紙を書き送ってうまくゆくかどうか試してみた。[16] なにしろこの教皇レオという人はお金というものをだまって見ていることができず、ひたすら人々の上機嫌な顔を見たいと思っていたような人であったから、そのお金の恵み方は、これに続く懐《ふところ》のさびしい時代になると、たちまち神話に美化されて人々の記憶に呼びおこされたほどであった。[17] 彼の行なった大学《サピエンツァ》再編については、すでに述べた（上巻三〇三頁参照）。人文主義に及ぼしたレオの影響を過小評価しないようにするには、そこにまぎれ込んでいる多くの下らないことに眼をうばわれないことが大切である。彼自身これらの事柄を扱う場合に時として示す、どうかと思われるような皮肉な態度に惑わされてはならない（上巻二三四頁以下参照）。こうしたことに判断を下すにあたっての出発点として考えねばならないのは、もろもろの大きな精神的可能性であるが、こうした可能性は物事を「活気づける力」の分野に入るものであり、またこの可能性は、大たいの所でもこれを算定することはまったくできないが、相当に厳密な研究をしてみれば、かなりの数の個々の事例について実際に指摘することはできるようなものである。イタリアの人文主義者がほぼ一五二〇年以来ヨーロッパに及ぼした影響は、つねになんらかの形で、レオから発した衝撃を前提としている。彼こそは、新たに手に入ったタキトゥス（五五頃―一二〇頃。ローマ帝政時代の歴史家。『ゲルマニア』[18]、『年代記』などがある）の著作の印刷免許状の中であえてつぎのように言ったその教皇である。偉大なる著作家は生活の規範であり、不運に際しての慰めである。学者への援助と優れた書物の獲得は、以前から予の最高の目標としてきたところである。今もまた、本書の印刷に助成措置を図ることによって、人類の利益に貢献しうることを天に感謝する。

一五二七年のローマ劫掠は芸術家を四散させたように、文学者をも四方八方へ追い散らしたが、この不運な出来事はしかし、今は亡きこの偉大な学芸保護者の名声を、ここにいたってようやくイタリアのすみずみまでも広めたのであった。

《ナポリの大アルフォンソ》

十五世紀の世俗的君主のうちで、古代にたいして最高の熱狂を示しているのはナポリ王、アラゴン家の大アルフォンソである（上巻六四頁以下参照）。この熱狂の示し方は純真そのもので、記念物や著作に現われた古代世界は、彼がイタリアに入って以来大きく圧倒的印象を彼に与え、今はこの印象下に生きてゆかざるをえなかったように見える。不思議なくらいあっさりと、彼は反抗的なアラゴン地方（スペイン北東部の地方）をその近隣地方もろとも兄弟に譲りわたし、自分は新しい領土の方に全力を打ちこんだ。彼はある場合は相前後して、ある場合は同時に、トラペズスのゲオルギオス、マヌエル・クリュソロラス、ロレンツォ・ヴァッラ（一四〇七―五七。人文主義哲学者）、バルトロメーオ・ファツィオ（一四〇〇―五七。人文主義者）[19]そしてアントーニオ・パノルミータ（アントーニオ・ベッカデッリ。一三九四―一四七一。詩人。『アルフォンソ王言行録』などがある）を召しかかえ、これらの人たちは彼の修史官となった。パノルミータはアルフォンソとその廷臣に毎日リウィウスを講じさせられ、これは出兵のあいだでも陣営で続けられた。これらの人たちの俸給として、毎年二万金グルデン以上の出費があった。ファツィオには『アルフォンソの歴史』の執筆のために五百ドゥカーテン以上の年俸が与えられ、その完結にあたってはつぎのような言葉を添えてさらに千五百金グルデンが贈られた。「これはそなたに与える報酬ではない。そなたの仕事はおよそ金で支払うことのできぬものである。たとえ予が最良の都市の一つをそなたに与えたところで十分とは言えぬ。だが、いずれ予は、そなたを満足させるようにするつもりである。」王がジャンノッツォ・マネッティをこれ以上ない輝かしい条件で秘書官に召し抱えたとき、「予は、予が最後のパンをもそなたと分けあうつもりである」と言った。ジャンノッツォは、王子フェランテ（フェルディナンド一世。ナポリ王。在位一四五八―九四。アラゴン王アルフォンソ五世の庶子）の婚儀に際してすでにフィレンツェの祝賀使節としてナポリに来たことがあったが、この時彼はアルフォンソ王にただならぬ印象を与え、王は「銅像のように」身じろぎもせずに玉座に座り、蚊を追うのさえ忘れるほどであった。王のお気に入りの場所はナポリの城の図書館であったらしい。彼は海の眺めの特別美しい窓辺に座り、賢者たちが例えば三位一体について議論するのに耳を傾けた。実際王は宗教心も大へん篤く、リウィウスやセネカ（前五―後六五。ローマのストア学派の哲学者、ネロの師。反逆の疑いをうけ、ネロに死を命じられた）のほかに聖書も講義させ、聖書の言葉をほとんど暗記していた。王がパドヴァにあるリウィウスの遺骨と言われているものに（上巻二二〇頁参照）どんな気持を寄せていたか、これを正確に察知できる人がいるだろうか？　さんざん頼みこんだすえに、ヴェネツィア人からその腕の骨を一本もらいうけ、これをナポリでうやうやしく受けとったとき、彼の胸中にはキリスト教的なものと異教的なものとが奇妙に交錯していたかもしれない。アブルッツィ地方に出兵していた折りに、人がはるか遠くのスルモーナを指さして、あれがオウィディウスの故郷であると教えたとき、彼はこの都市に挨拶を送り、その地方の守護神に感謝を捧げた。明らかに、この偉大な詩人が自身の未来における名声についてなした予言を[20]（いつの日か他国の人がスルモーナの町を見てこう言うであろう、「かくも偉大な詩人を生むことのできた町を、それがどんなに小さくとも、私は偉大な町と呼ぶ」と。オウィディウス『恋の歌』三、十五）、自分が今実現できることが、彼にとって快かったのである。またある時は、自ら古代風に振舞うことで喜んだこともある。すなわち、決定的に征服したナポリへの有名な入城（一四四三年）の折りがそれである。市場《メルカト》からほど遠くない所の城壁に四十エレの幅の破れ口があけられ、王はそこをとおって、古代ローマの凱旋将軍のように、黄金の車に乗って入城した。[21]その時の記憶は、カステロ・ヌオヴォ（新城）の中のすばらしい大理石の凱旋門によって永遠化されている。――彼のナポリ王家（上巻六五頁以下参照）は、この古代にたいする感激も、彼の立派な性質も、ほとんど、もしくは全然受け継がなかった。

《ウルビーノのフェデリーコ・ダ・モンテフェルトロ》

アルフォンソよりも格段に学識のあったのは、ウルビーノのフェデリーコ[22]（フェデリーコ二世・ダ・モンテフェルトロ）である。彼はそれほど多くの人を身辺に集めず、浪費は一切せず、また、万事がそうであったが、古代を学ぶにも計画的に行なった。ギリシア語からの大部分の翻訳といくつかのきわめて重要な注釈、改訂などは、この人と教皇ニコラウス五世のためになされている。フェデリーコは多額の支出をしたが、それは、彼の必要とした人たちに適切に与えられたのであった。詩人たちののさばる宮廷ということは、ウルビーノでは問題にならなかった。主君自身が最大の学者であった。古代は彼の教養の一部にすぎなかったことは言うまでもない。非の打ちどころのない君主、最高指揮官そして人間として、彼は当時の学問全般の大きな部分を習得していた。それも実践的目的のために、ひたすらこのことだけのために。例えば神学者として、彼はトマスとドゥンス・スコトゥス（一二六六―一三〇八。イギリスのスコラ哲学者。トマス学派と対立した）とを比較研究し、また、オリエントとヨーロッパの古代の教父たちのことも、オリエントの教父の方はラテン語の翻訳によって、知っていた。哲学においては、彼はプラトンを同時代の人であるコジモにすっかり任せてしまっているように思われる。だがアリストテレスについては、『倫理学』と『政治学』に精通していただけでなく、『自然学』やその他のいくつかの著作にも通じていた。これ以外の読み物では、彼の所蔵していた古代のあらゆる歴史家のものがかなり優位を占めていた。「彼が繰りかえし読み、また講じさせた」のは、これら歴史家の書であって、詩人のそれではなかった。

《スフォルツァ家とエステ家》(23)

スフォルツァ家の人たちもすべて、多かれ少なかれ学識を具え、学芸保護者たるの実を示した（上巻五三頁以下、七〇頁以下参照）。これについては折りにふれて述べておいた。フランチェスコ公（一四〇一―六六。ミラノ公。傭兵隊長）は、自分の子弟を教育するにあたって人文主義的教養を授けているが、政治的理由からも当然と考えられる事と思っていたかもしれない。君主がどんなに教養の高い人たちとも同等に交際することができた場合、誰もがこれを長所と感じていたように思われる。さらに、自身優れたラテン語学者であったロドヴィーコ・イル・モーロ（在位一四八一―五九。フランチェスコ・スフォルツァの次男。文芸の保護者）は、精神的なものすべてに関心を示しているが、それはすでに古代をはるか超えたところにまで達している（上巻七二頁以下参照）。

これよりも小型の支配者たちもまた、この人たちと同じような美点を身につけようと努めた。こうした支配者たちが宮廷お抱えの文学者を養ったのは、ひとえにこれら文学者の称賛を受けたいがためであったと考えるなら、それはこの支配者たちにたいして不当な仕打ちをすることになろう。フェッラーラのボルソ（フェッラーラ公ボルソ・デ・エステ。在位一四五〇―七一。学芸の保護者）のような君主は（上巻八七頁参照）、詩人たちが『ボルソの歌』などを作って熱心に彼のご機嫌を伺っているのに、詩人たちの手で不朽の名声を残しておいてもらうことを当てにしているかのような印象を全然受けない、あんなに虚栄心が強いくせにである。こうしたものを期待するには、彼の支配者としての感覚が格段に発達しすぎているのである。しかしながら、学者との交際、古代にたいする関心、ラテン語をもってする、洗練された書簡文の技法を習得したいという欲求は、当時の君主の地位と切り離せないものであった。実際的な面で高い修業をつんでいたアルフォンソ公（アルフォンソ一世・デ・エステ。フェッラーラ公。在位一五〇五―三四）でさえ、若い頃病弱であったところから、自分の注意が手仕事によって気晴らしをするという片寄った方向に向いてしまったことを、どんなにか嘆いていることであろうか（上巻八八頁参照）(24)！　それとも彼は、こうしたことを口実にして結局は文学者を遠ざけようとしていただけなのであろうか？　彼ほどの人の心の内は、当時の人たちでもよくうかがい知ることができなかった。

ごく小型の、ロマーニャの専制君主たちでさえ、一人もしくは数人の宮廷人文主義者がいないとなると、ことはそう簡単にはゆかないのである。そのような場合には、教育掛りと秘書官が同一人物であることがたびたびあり、これが時には宮廷の執事にさえなる(25)。人々は一般にこうしたこせこせした状況を少し性急すぎるくらいに軽蔑しがちであるが、それは、精神の至高の事柄こそ規模などとは無関係であるのを忘れているものである。

《シジスモンド・マラテスタ》

厚顔無恥な異教徒であり、また傭兵隊長であるシジスモンド・マラテスタ（一四一七―六八。不道徳、冷酷と非難されているが、軍事科学への関心を持つ博識な教養人）の支配下にあったリーミニの宮廷では、いずれにしてもある特別な活気が全体に行きわたっていたにちがいない。マラテスタは多数の文献学者を周りに集め、そのうちの二、三の者には、例えば田舎の領地を授けるというように、たっぷり手当を施し、一方他の者は士官に任じて、少なくとも生計が立てられるようにした[26]。彼の城――シジスモンドの城（arx sismundea）――で、彼らは往々にしてひどく闘志むき出しの論争を、彼らの言う「王」（rex）の御前で行なう。彼らはそのラテン語の詩で、言うまでもなくシジスモンドを賛美し、美しいイゾッタ（イゾッタ・デリ・アッティ。のちに正式に結婚した）との情事を歌う。リーミニのサン・フランチェスコ教会の有名な改築は、もともとこのイゾッタのために、彼女の墓標、神のようなイゾッタの聖所（Divae Isottae Sacrum）として営まれたのであった。また、文献学者が死ぬと、この教会の左右の外壁の壁龕《へきがん》を飾っている石棺の中（またはその下）に横たえられる。さらに碑文にこう書かれる。この者は、パンドゥルフスの子シジスモンドゥスの治世に、ここに葬られる、と[27]。この君主のような怪物が教養を重んじ、学者との交遊を求めたというのは、今の世ではとうてい信じられないことであろう。ところが、この君主を破門し、これを人形《ひとがた》にして（in effigie）火刑に処し、彼と戦った人、すなわち教皇ピウス二世はこう言っている。「シジスモンドは各国の歴史に通じ、哲学について非常な知識を有していた。彼が手をつけたすべての事に、彼は生れながらにして向いているように見えた」(28)と。

6 古代の再生――書簡文技法

しかし、共和国も君侯や教皇も、二つの目的のために人文主義者がいなくてはやってゆけないと考えていた。すなわち、書簡の作成と祝典などにおける公的演説がそれである。

《教皇の官房》

秘書はただたんに文体という点から優れたラテン語学者でなければならないというのではなく、むしろ逆に、人文主義者でなければ、秘書に必要な教養と才能が具わっていると信じてもらえないのである。そういうわけで、十五世紀における学問の大家たちは大てい、その生涯の少なからぬ年月をこんな具合にして国家に仕えて過したのであった。この場合、生国や出自は問題にされなかった。一四二九年から一四六五年にかけて筆を揮ったフィレンツェの四大秘書のうち、(1)三人がフィレンツェの従属都市アレッツォの出身である。すなわち、レオナルド（レオナルド・アレティーノ）（ブルーニ）、カルロ（カルロ・アレティーノ）（マルスッピーニ）そしてベネデット・アッコルティ（一四一五―六四。フィレンツェで法学を教え、のちフィレンツェ共和国の首相となる。アレッツォ出身）がそれである。ポッジョは、同じくフィレンツェ領のテラ・ヌオーヴァ出身であった。とにかくもうずいぶん以前から、市の最高の官職のいくつかには原則として他国人があてられていたのである。レオナルド、ポッジョそしてジャンノッツォ・マネッティは、一時教皇の秘書でもあった。カルロ・アレティーノもこの職に任じられることになっていた。フォルリのブロンドゥス（フラヴィーオ・ビオンド）と、いろいろなことがあったが、結局ロレンツォ・ヴァラもまた同じ顕職に昇った。教皇ニコラウス五世とピウス二世[2]以来、教皇の宮殿はきわめて優れた人材をますます沢山その官房に引き入れるようになり、これは、十五世紀における、通常は文学的心情のないあの最後の諸教皇の治下においてさえ見られたのである。プラーティナ（一四二一―八一。人文主義者。伝記作家。教皇パウルス二世のアカデミー弾圧に抗したため、投獄される。のち、教皇シクストゥス四世のもとヴァティカン図書館長となる）の『教皇伝』に記されているパウルス二世の生涯は、自分の官房、すなわち、「教皇庁から受けただけの光輝を教皇庁に与えた詩人や雄弁家たち」のあの団体を遇するすべを知らなかった唯一人の教皇にたいする、人文主義者の愉快な復讐以外のなにものでもない。席順争いが始まると、例えば枢機卿会法律顧問たちがこれら秘書たちと同じ地位を、それどころか彼らよりも上位を要求するようなことになると、この誇り高い殿方がいきり立つのを眼にさせられる[3]。そういう時に一気呵成にその名を挙げて引きあいに出されるのが、「天上の秘密」（Secreta coelestia）を明かされた福音史家ヨハネであり、ムキウス・スカエヴォラ（前六世紀の古代ローマの伝説的人物。ポルセンナ王を刺そうとして捕えられ、右手を焼いてその勇気を示したと言われる）が王その人かと思ったポルセンナ王の書記であり、皇帝アウグストゥスの秘書であったマエケナス（前七〇頃―前八。ローマの政治家、文人。アウグストゥスの友人、助言者。文芸の愛好家、保護者）、ドイツで尚書と呼ばれる大司教たちなどである。(4)「教皇書記官たちは、この世の最高の仕事を掌中に握っている。というのも、カトリックの信仰、異端の撲滅、平和の確立、最強の君主たちのあいだの調停、こうした事柄において、筆をもってこれを自由処理する者として彼らをおいて誰がいるであろうか、と言えるからである。彼ら以外の誰が全キリスト教界の統計的概観を提供してくれるであろうか？ 彼らこそが、教皇の発せられる文書によって諸王、諸君侯そして諸国民を驚嘆せしめるのである。彼らが教皇使節にたいする命令や訓令を作成する。しかも彼らの受ける命令を、彼らは教皇から受け、また夜、昼のいかなる時もその命令を待ちうけている。」だが彼らの名声は、教皇レオ十世の二人の有名な秘書にして文章家ピエトロ・ベンボ（一四七〇―一五四七。詩人、文学理論家。枢機卿）とヤーコポ・サドレート（一四七七―一五四七。人文主義者。枢機卿）にいたって初めて頂点を極めた。

《書簡体の尊重》

どこの官房でも洗練された文章が書かれていたわけではなかった。きわめて純正さを欠くラテン語を使った無味乾燥なお役所式文体というものがあって、この方が大半を占めていた。コーリオ（一四五九―一五一二頃。ミラノの歴史家。ロドヴィーコ・スフォルツァの委託でミラノの歴史を書いた）が伝えているミラノの公文書を見ると、こうした文体のかたわらにじつに奇妙に際立っている二、三の書簡があるが、これらの書簡は王家の家族自身によって、それもきわめて重大な時点において書かれたものに相違ない。(5) これらのものはいたって純正なラテン語語法で書かれている。苦境のさ中にあってさえ文体を乱さないということは、立派な礼儀作法の要請として、また習慣の結果としてここにこうした形で現われたのである。

あの時代にキケロ、プリニウスなどの書簡集がどんなに熱心に研究されたかは想像がつく。すでに十五世紀にラテン語の手紙の書き方の手引き書や用例集が（文法や辞典といった大きな著作の傍系として）沢山現われており、諸方の図書館に所蔵されているその分量の多さには今日でも驚かされる。しかし、その資格もない者までが生意気にもこうしたものを参考にしてラテン語書簡に挑むようになればなるほど、この道の大家たちはますます気をひきしめるようになった。ポリツィアーノ（一四五四―九四。人文主義者、詩人）の書簡や、十六世紀初頭ではピエトロ・ベンボの書簡はその後、ラテン語の文体のみならず、書簡文技法そのもののおよそ人の到達しうる傑作として世に現われている。

これとならんで、十六世紀になるとイタリア語による古典的な書簡体が現われる。ここでもまたベンボが先頭に立っている。これは、ラテン語から意識的に遠ざけられた、完全に近代的な文体であるが、しかも精神においては古代にすっかり浸透され、それの支配下にある。

これらの書簡の一部は内密に書かれてはいるが、しかし大ていは、公開されるかもしれないことを顧慮して、またおそらくは例外なく、それらの書簡の洗練された文体のゆえに他の人たちの眼にも触れることもあろうと意識して書かれていると考えられる。また一五三〇年代以後すでに印刷された書簡集も出始めるが、その一部は乱雑に並べられたじつにさまざまな書簡文範であり、一部は個々の人たちの文通である。またこの同じベンボは、ラテン語の書簡筆者として有名であったが、イタリア語の書簡筆者としても有名になった。[5a]

7 ラテン語の演説

書簡執筆者よりもはるかに華々しく登場するのが演説家であるが、[1] これは、聴くことが第一級の楽しみとされ、古代ローマの元老院とその演説家たちの幻想があらゆる人たちの心を占めていたような時代、国民にあってこそのことである。雄弁は、中世においては教会に避難していたが、今やそれは教会から完全に解放される。雄弁はおよそ高尚な生存を営むための欠くことのできない要素であり、装飾なのである（古代ギリシアの雄弁術については『ギリシア文化史』第五巻六八頁以下、古代末期の雄弁術については『コンスタンティヌス大帝の時代』三〇〇頁以下、三二六頁以下参照）。祝祭に見られる非常に多くのちょっとした合間は、現今では音楽で埋められるが、当時はラテン語もしくはイタリア語の演説をするために使われたのであった。これについては読者がそれぞれ想いをめぐらして見られるがよい。

《演説家の身分にたいする無関心》

演説家がどんな身分の者かは、まったくどうでもよいと考えられた。なによりも必要とされたのは、大家の域にまで完成された人文主義的才能であった。フェッラーラのボルソ（ボルソ・デ・エステ）の宮廷では、侍医のジェローニモ・ダ・カステッロが、フリードリヒ三世（神聖ローマ皇帝。在位一四四〇―九三）ならびに教皇ピウス二世歓迎の式辞を述べさせられている(2)。既婚の平信徒が、祝祭や葬儀があるごとに、それどころか聖徒祭に際してさえ、教会で説教壇に上っている。ミラノの大司教が聖アンブロシウスの祝日に、まだ叙階を受けていなかったアエネアス・シルヴィウスを登壇させたということは、イタリア人以外のバーゼル公会議議員たちにはなにか珍しいことに思われた。神学者たちがぶつぶつ不平を言うのを無視して、公会議議員たちはこれを承認し、むさぼるようにこの人の言葉に耳を傾けた(3)。

まず、公的演説の行なわれる比較的重要で、また、かなり頻繁にあった機会を概観してみよう。

《荘重な公式演説ならびに歓迎演説》

なによりもまず言わなくてはならないのは、国家相互間で派遣される使節がオラトーレ(oratóre 雄弁家)と呼ばれるのも理由のないことではない、という事実である。秘密交渉とならんで、お定まりの十八番の演説、公的演説があり、これはできるだけ派手な状況のもとで行なわれたのであった。[4] 通常は、しばしば非常に大勢いた一行の中から、全員の承認を得た上で、一人だけが出て代表演説を行なった。しかし教皇ピウス二世のようなこの道の大家は、誰でもこの人に自分の弁舌を聞いてもらいたいと思ったところから、使節一行全員の演説を一人一人聞かされることもあった。[5] このあとで、弁舌の巧みな、学識ある君侯たち自らが、進んで、また見事に、イタリア語もしくはラテン語で演説をした。スフォルツァ家の公子たちはこうした訓練がよくされていて、ガレアッツォ・マリア(一四四四―七六。ミラノ公、在位一四六六―七六)はごく幼少の折りに、すでに一四五五年のヴェネツィアでの大協議会において、練習用演説を流暢に暗誦した。[6] また彼の妹のイッポーリタは一四五九年のマントヴァ会議の席上で愛らしい演説をして教皇ピウス二世歓迎の挨拶を述べた。[7] ピウス二世自身、演説家としてその生涯のあらゆる時期において、自分の身分の究極の昇格を目指して力強く準備していたことは明らかである。あの雄弁の名声と魅力がなかったら、教皇庁最大の外交家にして学者であったこの人でも、教皇になることはおそらくなかったであろう。「彼の高揚した演説以上に崇高なものはなかったからである。[8]」疑いもなく彼はこの理由からも、すでに選挙の前から、数えきれないほどの人たちによって教皇職に最もふさわしい人と目されていたのであった。

さらに、君侯たちは荘重な謁見のたびに挨拶の演説を受け、しかもそれが何時間にもわたる長広舌になることもしばしばあった。無論こういうことが見られるのは、その君侯が演説好きで知られていたか、もしくはそういう人と見られたいと思っていた場合だけで、[9]また、宮廷文学者、大学教授、役人、医師もしくは聖職者らの他何であれ、満足のゆく弁士の控えがあった場合にかぎられていた。

その他どんな政治的機会も貪欲にとらえられ、また演説者の名声しだいで、教養を尊ぶすべての人が馳せ参ずる。毎年の官吏新規採用に際しては、新任司教の任命に際してさえ、誰か一人の人文主義者が登場させられ、サッポー風詩節もしくは六歩格でスピーチをする時もある。[10]相当数の新任の役人からして、自分の専門分野について、例えば「公正について」といった論題で有無を言わせず演説させられる。こうした訓練ができていた者は幸いである。フィレンツェでは傭兵隊長たちさえ――それが何者であろうと、またどういう考えでいようとおかまいなく――この国ではやっている演説熱に引っぱりこまれ、学識深き書記官の手で指揮杖を手渡されるとき、集ったすべての民衆の前で長広舌をふるわせられる。[11]政府関係者がよく国民の前に姿を見せる荘重な回廊、ロッジャ・デ・ランツィの下側もしくはそれに接した所にそれこそ専用の演壇（rostra, ringhiera）が設けられていたようである。

《弔辞》

いろいろな記念日のうちでは、特に君侯の命日が追悼演説によって哀悼される。本来の弔辞ももっぱら人文主義者に委ねられ、人文主義者はこれを教会の中で俗服のまま朗読する。しかもそれは、君侯の柩のかたわらにおいてだけでなく、役人やその他の著名人たちの柩のかたわらでも行われるのである。[12] 婚約や婚礼の演説についてもこれと同様のことがしばしば行なわれる。ただこれは教会ではなくて、宮殿の中で行なわれた（ようである）。例えば、アンナ・スフォルツァ（ミラノ公ガレアッツォ・マリア・スフォルツァの娘）とアルフォンソ・デステとが婚約した際に、ミラノの城中でフィレルフォが行なった演説がそうである。（城中といっても、それは宮殿内の礼拝堂で行なわれたと言ってよいであろう。）名望ある私人も、高雅な贅沢としてこうした婚礼演説家を招請することに反対しなかったであろう。フェッラーラでは、こういう機会があるとさっさとグァリーノに頼んで、[13] 弟子の一人を送ってもらうようにしている。教会自体は、婚礼に際しても葬儀に際しても本来の儀式の面倒しか見なかった。

《大学での演説と兵士らへの演説》

大学の演説では、新任教授紹介の際の演説と、開講の際の教授自身による演説は、[14] 修辞的効果を最大限発揮して行なわれている。通常の講義も本来の演説に近づくことがしばしばあった。[15]

弁護士の場合には、その時々の聴衆しだいで演説をどのようにやるかの規準が変わった。事情によっては、演説に文献学的・考証学的飾りがたっぷりほどこされることもあった。まったく特有のジャンルとして、戦闘に先だち、また戦闘のあとで兵士らにたいしてなされるイタリア語のスピーチがある。ウルビーノのフェデリーコ（フェデリーコ二世・ダ・モンテフェルトロ。傭兵隊長）は、[16] この点では模範的であった。戦闘の準備を整えて立ちならぶ部隊をつぎつぎに回って、これに誇りと感激を吹きこんでいった。十五世紀の従軍作者、例えばポルチェリオが記しているかなりの数の演説は（上巻一五八頁以下参照）、一部は架空のものに過ぎないが、一部は実際に話された言葉に基づいていると思われる。一五〇六年以来、もっぱらマキアヴェッリ（一四六九―一五二七。政治理論家、歴史家。『フィレンツェ史』、『君主論』などがある。）が推進して組織したフィレンツェ市民軍にたいし、[17] 閲兵式の際に、あとになると特別の年祭の際に行なわれたスピーチは、これとはまたいくらか異なっていた。これは、広く愛国心に訴える内容のものであって、各市区の教会の中で、そこに集まった市民軍を前にして、胸甲をつけ、剣を手にした一市民がこのスピーチを行なったのである。

《ラテン語の説教》

最後に、十五世紀においては、多くの聖職者たちが古代の教養を愛好するサークルに参加し、その中で一角《ひとかど》のものと認められようとした場合には、本来の説教が演説とほとんどもう区別できないことも時としてある。なにしろ、もう生前から聖者として、民衆に敬慕されていた辻説教者ベルナルディーノ・ダ・シエナ（一三八〇―一四四四。イタリアのフランシスコ会の改革者。会の規則の厳守を説き、偉大な説教家として人気を博した）さえ、イタリア語だけで説教しなければならなかったのに、有名なグァリーノの修辞学の授業を軽蔑しないことを己れの義務と考えていたのだから。説教者への要求、ことに四旬節の説教者への要求は当時、疑いもなく昔に変わらず大きかった。説教壇で説かれるおそろしく長たらしい哲学を我慢して聴くことのできた聴衆や、また、教養のためにそれを望んだらしい聴衆もちょいちょい見られた(18)。だがわれわれがここで取りあげるのは、ラテン語をもってする、身分の高い臨時説教者である。先に述べたように、学識ある平信徒が弁舌の機会を少なからず彼らから奪っていた。聖徒記念日における一定の演説、葬儀や婚礼の演説、司教紹介の演説等々、そればかりか、親しい聖職者が初めてミサを執り行なう際の演説や修道会総会における式辞にいたるまで、平信徒に委ねられるというわけである(19)。しかし、少なくとも十五世紀における教皇庁の廷臣を前にしての説教だけは、それがどんな祝祭の場合でも、通常修道士がこれを行なっている。教皇シクストゥス四世の治下では、ジャーコモ・ダ・ヴォルテラがこうした祝祭説教者を、技法のそれぞれの原則に基づいて、きちんと記録し、また批評している[20]。教皇ユリウス二世治下において、式辞演説者として有名であったフェードラ・インギラーミは少なくとも聖職者叙階を受けており、ラテラーノの司教座参事会員であった。この頃になると、このほかにも高位聖職者の中に優雅なラテン語に通じている人たちがかなり見られた。一般的に言って、十六世紀になると、世俗的人文主義者がこれ以前から持っていた途方もない特権も、他の点でもそうであるが、弱められてきているように見える。これについては以下において詳述することにする。

《古代の修辞学の復活》

ところで、これらの演説は全体としてどのような性質、どのような内容であったのだろうか？ 生れながらの能弁が、中世全体を通じてイタリア人に見当たらなかったことは一度たりとなかったであろう。また、いわゆる修辞学は、昔から自由七学科（自由人にふさわしい高等な教養を意味する。ローマでは文法、修辞学、弁証術、算術、幾何学、天文学、音楽で、ギリシアの包括的教養を模範とした。『ギリシア文化史』第六巻二八〇頁、『コンスタンティヌス大帝の時代』三二六頁参照）の一つであった。しかし、古典古代方式の復活ということが問題になると、それに功績のあった人としては、フィリッポ・ヴィッラーニ（一四〇四以後没。フィレンツェの年代記作者）の報告によれば[21]、一三四八年になお若くして黒死病《ペスト》のために死んだ、フィレンツェ人ブルーノ・カシーニが挙げられねばならない。彼は完全に実践的意図から、すなわち、フィレンツェ人たちが協議会、特に公《おおやけ》の集会において気後《きおく》れすることなく、かつ機敏に登壇することができるように、古代人の規範にならって着想、演述、身振りそして態度を総合的に論じた。この他にもわれわれは、早くから完全に応用を目指した修辞学的教育のあったことを聞いている。なによりも重視されたのは、高雅なラテン語を使ってその場その場にぴったりの文句を即席で述べられることであった。キケロの演説や理論的著作、クインティリアヌスや皇帝の称賛演説家たちについての研究の進展、自前の新しい教科書の出現[22]、文献学全般の進歩の利用、人々がそれを用いて自身の思想を豊かにしようとし、またそうせずにいられなかった大量の古代の思想や事物、——これらのものが相まって、新しい弁論術の特性を完成させたのである。

《形式と内容、古典の引用》

にもかかわらずこの特性は個人それぞれによってはなはだしく異なっている。相当数の演説には真の雄弁の気がみなぎっている。ことに、あくまでも本題から逸脱することのない演説にはこのことが言える。教皇ピウス二世の演説として現存しているのは、おおむねこの種のものである。さらに、ジャンノッツォ・マネッティ[23]が到達した驚異的作用は、彼がどんな時代にもほとんどいなかったような演説家であることをうかがわせるものである。この人が使節として教皇ニコラウス五世の御前とか、ヴェネツィアの元首《ドージェ》や評議会の前での公式会見の場で行なった大演説は、のちのちにまで語り草となったような事件であった。

これに反して多くの演説家は、こうした機会をとらえて、高貴な聴衆にいくらかお世辞をならべたついでに、古代からとってきたやたらと沢山の言葉や事柄を述べたてた。こうした演説を二時間、いや三時間ものあいだどうして我慢して聴いていられたのか、これは、当時古代にたいする実際的関心が強かったこと、——印刷術の普及する以前には——古代の文物を論じた著作物が不十分で、また比較的稀であったことを考慮に入れた場合にしか理解できない。このような演説は、先に（上巻二九四頁参照）ペトラルカの相当数の書簡に当然与えられてしかるべきであるとしたあの価値を、なおいぜんとして持っていたのである。それでもやり過ぎのものも二、三あった。フィレルフォの大部分の言い回し《オラティオ》は、古典と聖書の引用文の嫌悪すべきごたまぜで、これが決まり文句の紐で連ねられたものである。こうした言葉のあいだで、賞揚しようとしている有力者たちの人格がなんらかの規準、例えば枢要徳（正義、賢慮、剛毅、節制）にしたがって称賛される。フィレルフォや他の人たちの演説のうちに、その中に実際に含まれている、僅かではあるが、時代史的に価値のある要素を発見するのは大へんな苦労をしなければならない。例えばピアチェンツァの教授にして文学者であったある人が、一四六七年にガレアッツォ・マリア公（ガレアッツォ・マリア・スフォルツァ）歓迎の演説をしたとき、この演説はガイウス・ユリウス・カエサル（前一〇〇—前四四。古代ローマの将軍、政治家）から説きおこし、古典古代からの大量の引用を演説者自身の寓意的著作からの引用と混ぜ合わせ、このの支配者にたいするきわめて無遠慮な、そして有益な教訓でもってしめくくっている。(24)幸いにもすでに夜もかなりふけてきたので、演説者はその称賛演説を文書にして奉呈することで満足せざるをえなかった。フィレルフォもある婚約祝辞演説を、かの逍遥学派アリストテレスは云々、という言葉で始めている。他の人たちも開口一番、プブリウス・コルネリウス・スキピオは云々、と言い放っている。これはもう演説者も聴衆も引用句の出るのを待ちきれないといった体《てい》である。十五世紀も終りになると、趣味が突然純化される。こうなったのは、主としてフィレンツェ人の貢献によるものである。この時から引用句を用いるにあたって、きわめて慎重に節度が守られるようになる。それは、この間《かん》に各種事典が以前よりも沢山出まわるようになって、これまで諸侯や民衆を驚嘆させていた引用句がその中に集められているのを誰もが知るようになったことから生じた当然の結果であった。

《仮構の演説》

大部分の演説は仕事机で作成されたから、その原稿はすぐ引続いて配布され、公刊されるのに使われた。これに反して偉大な即席演説家の演説は、速記に取られねばならなかった。[25]——さらに、われわれの所有する演説のすべてが、実際に演説されるために書かれているとも言えなかった。例えばロドヴィーコ・スフォルツァ・イル・モーロにたいしてなされた老ベロアルドゥス（一四五三—一五〇五。人文学者）の称賛演説は、たんに文書として送られたものにすぎない。[26]そればかりか、世界のあらゆる地域の仮想的宛名を付した書簡が練習用書簡として、書簡文範として、おそらくはまたなんらかの意図をもった文書として構想されたように、仮構の機会にたいしてなされる演説や(27)、有力な官吏、君侯そして司教といった人たちにたいする歓迎の挨拶の範例としての演説もあった。

《雄弁の衰退》

雄弁術にとっても、教皇レオ十世の逝去(一五二一年)とローマ劫掠(一五二七年)とは、それが衰退にむかう時期と考えられている。この永遠の都の悲嘆から逃れ出るやいなや、ジョーヴィオは(28)、一面に偏ってはいるが、にもかかわらずおそらくは圧倒的真実をこめてこの衰退の原因をつぎのように記している。

「かつては上流階級のローマ人にとってラテン語の表現を練習する学校になっていたプラウトゥス(前二五四頃―前一八四。ローマの喜劇作家。その言葉は奔放で、韻律は自在、独特の機智、滑稽に富む)やテレンティウス(前一九五頃―前一五九。ローマの喜劇作家。その文体は洗練されて雅致に富む)の喜劇の上演は、イタリア喜劇によって駆逐されている。優雅な演説家は今はもう昔のような報酬も称賛も見出さない。それゆえ、例えば枢機卿会議弁護士たちもその陳述の序文にしか彫琢を加えず、残りの部分は要領をえないごたまぜのまま、つっかえつっかえ吐き出すことしかしない。説教や臨時の儀式の際の演説もひどく沈滞してしまった。枢機卿もしくは世俗の有力者に弔辞を捧げるということになると、遺言執行人は、金貨百枚の謝礼を払わねばならないようなその町一番の演説家には依頼せず、むしろ素性の知れない、厚顔で、口うるさい男を安く雇う。これは、たとえどんなひどい非難であろうと、とにかく人の口の端《は》にのぼりさえすればよいと考えているような連中である。猿が喪服を着て説教壇に立ち、涙ながらの、かすれたつぶやきから始めて、しだいに騒々しくわめきちらすようになっていっても、死者はなんにも感ずるわけがない、と考えるのである。教皇がもろもろの職務を遂行するにあたって行なう荘重な説教も、もはやしかるべき報酬をもたらさない。あらゆる修道会の修道士がふたたびこうした職務をわがものとし、まったく無教養な聴衆にするような説教をやっている。ほんの数年前にはまだ、教皇ご臨席のもとで行なわれたミサの際のこうした説教は、司教の職への道ともなりえたのに。」

8　ラテン語の論文

人文主義者たちの書簡文技法と雄弁術に続いて、ここでさらに、彼らの行なったこれ以外の仕事で、多少なりと古代の再生でもあるような仕事について述べることにしよう。これに入るものとしては、まず直話《じきわ》形式あるいは対話形式の論文があり、(1)後者は直接キケロを範としたものである。この種類のものをいくらかでも正当に評価するために、つまりこれを退屈の源ということで端《はな》から退けないようにするために、二つのことが考慮されねばならない。中世からようやく逃れ出たこの時代は、倫理的、また哲学的性質を持った沢山の個々の問題において、自らと古代とのあいだを特別に仲介してくれるものを必要とした。そして、それをやってくれたのが論文の著者と対話の著者であった。彼らの著書の中には、われわれには陳腐な言葉としか思われないようなものが沢山現われるのであるが、こういうものとても彼らと彼らの同時代の人たちにとっては、古代以来誰も二度と論議することのなかったような事柄について、彼らが苦心の末に新たに獲得した考え方なのであった。さらにまた、そのような著書で使われている言葉自体が、特に自らの言葉に耳をすまして聴き入るようなものなのであった――その場合、それがラテン語であろうと、イタリア語であろうと、どちらでもよかったのである。そうした言葉は、歴史叙述もしくは式辞においてよりも、また書簡においてよりもいっそう自由で、かつ幅広い分野にわたる文章を形づくっている。そしてこの種のイタリア語の著作の二、三のものは、今日にいたるまで散文の模範とされている。それらの著作には、その事柄の内容のゆえに、本書ですでに言及されたか、もしくはこれから引用されるものがかなりある。ここではこれらの著作を一つのまとまったジャンルとして論じざるをえなかった。ペトラルカの書簡と論文から始まって十五世紀末頃にいたるまでは、演説家の場合と同じく、ここでも古典古代の資料を蓄積することが大部分の人たちの主要な仕事となっている。その後このジャンルは、特にイタリア語のものは、しだいに成熟をとげ、ベンボの『アソロの人々』、ルイージ・コルナーロ（一四六七―一五六六。栄養学者。その飽食の生活のため医師に死ぬとおどされ、節制につとめた）の『質素な生活について』をもって完全な古典的円熟に到達する。ここにおいても決定的なことは、あの古典古代の資料がこうしている間《かん》に大きな特別の編纂物となって、しかも今では印刷されさえして、所蔵され始めていて、論文作成者が執筆に際して困るようなことがなくなっていたことであった。

9 歴史記述

人文主義が歴史記述をも自分の分野の仕事とすることになったのは、どうにも避けがたいことであった。これらの歴史書をこれ以前の年代記、特に、ヴィッラーニ家の人たちが著わした年代記（ジョヴァンニ・ヴィッラーニの著わした年代記を弟のマッテーオが増補した）のような見事な、絢爛として活気に満ちた著作とちょっと比べてみただけでも、誰しも大いに慨嘆することであろう。こうした著作のかたわらでは、人文主義者たちの物するすべての歴史書は、しかも、例えばフィレンツェの史料編纂における彼らのすぐつぎの、そして最も有名な後継者、レオナルド・アレティーノ（レオナルド・アレティーノ・ブルーニ）とポッジョ（ポッジョ・ブラッチョリーニ）のものはいよいよもって、なんと色あせ、また月並にただ小ぎれいなだけに見えることであろうか。絶え間なく読者を苦しめてやまないのは、ファツィオ、サベッリコ（一四三六頃―一五〇六。人文主義者、歴史家）、フォリエタ、セナレーガ（バルトロメーオ・

（セナレーガ。一四五〇—一五一四。歴史家）、プラーティナ（マントヴァ史において）、ベンボ（ヴェネツィア年代記において）のような人たち、さらにジョーヴィオ（各歴史書において）のような人すらがあやつるリウィウス風の、またカエサル風の美辞麗句のあいだで、最上の個性的かつ地方的色彩や現実の全経過にたいする関心が呻吟しているのではないか、という予感である。このような懸念が増大するのは、リウィウスという模範そのものの価値が見当ちがいな所に求められたということ、すなわちリウィウスは「無味乾燥な、生気のない伝承を豊かな優美に変えた」という点に求められたことに人々が気づく時である。[1]そればかりではない、歴史記述は文体の表現手段によって読者を興奮させ、刺戟し、震撼させなければならぬ、という容易ならぬ告白（上述書）さえ見出される――まさか歴史記述に詩歌の役割が務まるわけがあるまいに。ついには、この同じ人文主義者たちが時として公然と認めているような、近代の物事にたいする軽侮の念（こうした姿勢については、『コンスタンティヌス大帝の時代』二九九頁以下参照）[2]は、こうした近代の物事を取扱うについて不都合な影響を及ぼさずにおかなかったのではないか、という疑問も起こってくる。ここにいたって読者は心ならずも、昔ながらの流儀をあくまでも忠実に守っている、ラテン語とイタリア語で記述する慎《つつ》ましい年代記作者、例えばボローニャとフェッラーラの年代記作者の方にいっそうの関心と信頼を寄せるようになる。そして人々は、イタリア語で記述する本来の年代記作者のうちで比較的優れた人たち、マリーン・サヌート（一四六六—一五三六。ヴェネツィアの年代記作者）、コーリオ、インフェッスーラ（ステファノ・インフェッスーラ。一四四〇—一五〇〇。年代記作者）といったような人たちにさらにずっと大きな感謝の気持を捧げなければならないと思う。こうしてついに十六世紀が始まるとともに、母国語で書くイタリアの大歴史家たちの輝かしい、新たな系列が始まるのである。

《ラテン語の相対的必要性》

事実、同時代史は、その国の言葉を存分にあやつって書かれた方が、無理にラテン語化されるよりも好都合であったことは異論の余地がなかった。しかし、遠い昔の出来事を物語ったり、歴史の研究をするのにもイタリア語の方がより適していたかどうかは、あの時代としてはさまざまな答えの出てくる余地を残す問題である。ラテン語は当時、学者たちの共通語《リングァ・フランカ》であったが、それはただたんに国際的な意味での、例えばイギリス人、フランス人そしてイタリア人のあいだでの共通語であったというにとどまらず、イタリア国内の各地方間の共通語でもあった。すなわち、ロンバルディア人、ヴェネツィア人、ナポリ人は、自分たちの地方のイタリア語を使った書き方をすると――もっともそうした方言はずっと以前からトスカーナ語化されていて、その地方の方言はかすかな痕跡として残っているにすぎなかったが――フィレンツェ人の承認を得られなかったのである。こういう問題は、読者をたちどころに確保できた地方的な同時代史の場合には乗りこえられたであろうが、もっと広い読者層が求められなければならなかった過去の歴史の場合には、ことはそう簡単にはゆかなかった。この場合には民衆の地方的関心は、学者たちの広い範囲にわたる関心のためにあえて犠牲にされたのである。例えばフォルリのブロンドゥス（フラーヴィオ・ブロンドン）がその学問的大著を半ばロマーニャなまりのイタリア語で著わしていたとしたら、それはどれほどの読者層を得たであろうか？ そうした著書は、フィレンツェ人がこれを認めなかったというその理由からだけでも、間違いなく世に知られることなく終ったであろう。だがそれらはラテン語で書かれたため、全ヨーロッパの学問に絶大な影響を及ぼしたのであった。またフィレンツェ人自身も無論十五世紀にはラテン語で書いていたが、これは、彼らが人文主義的な考えを持っていたという理由からだけでなく、同時にまた普及をよりいっそう容易にしようという目的からでもあった。

最後に、同時代史に材料を得たラテン語の叙述もあり、これはイタリア語で書かれた最も優れた同時代史の持っている価値を十全に具えている。リウィウスに範をとった、とぎれることのない叙述法、相当な数の著者が陥った、強引に自分の考えに合わせようとするプロクルステス（ギリシアの盗賊で、旅人の体がベッドより短ければ引きのばし、長ければその部分を切り落とした）のベッド流の方式が終ると、たちまちこれらの著者は様相を一変した姿を見せる。やむをえない場合以外はとても辿ってゆけないような膨大な歴史書を著わしたあの同じプラーティナが、あのジョーヴィオが、突如としてすばらしい伝記叙述者であることを示すのである。トリスターノ・カラッチョロ（五十世紀。ナポリの著述家）、ファツィオの伝記的著作、サベッリコのヴェネツィア地誌等々については、すでにその機会があった時に述べておいた。また、これ以外の人についてもさらに取りあげることがあろう。

《中世研究。ブロンドゥス》

過去に材料を得たラテン語による叙述は、なによりも古典古代にかかわるものであったことは言うまでもない。しかし、こうした人文主義者にはむしろ求めても無駄なように思えるのだが、じつは、中世の全般にわたる歴史について二、三の重要な研究が存在するのである。この種の最初の重要な著作は、プロスペル・アクイタヌス（後五世紀。ガリアの年代記作者。三七九年から四五五年にいたる出来事を記した『執政年代記』がある）が筆を擱いた所から書き始めている、マッテーオ・パルミエリの年代記であった。つぎに、たまたまフォルリーのブロンドゥスの『ローマ帝国堕落史（十巻）』（五世紀から十五世紀までのローマ史を扱っている）を繙《ひもと》く人は、そこに「ローマ帝国没落以後の」（ab inclinatione Romanorum imperii）世界史が、ギボンの場合のように、それぞれの世紀の著作家たちの史料を十分研究した上で書かれているのを見いだして、少なからず驚くであろう。この二つ折り版の著書の最初の三百頁はフリードリヒ二世（一一九四―一二五〇。神聖ローマ皇帝（一二一二―一五〇）、官僚的政治機構の整備、文芸の奨励で知られる）の死にいたるまでの中世初期を扱っている。しかもこれが書かれたのは、北方諸国の人たちが誰でもよく知っていた教皇年代記や皇帝年代記、また『諸時代の束』（Fasciculus temporum）（不詳）といった程度の域でなお足踏みしていたあいだのことであったのである。ブロンドゥスが個々の点についてどんな文書を利用したか、またそれがどこに集められているのを見いだしたのか、これを批判的に立証することは、今のわれわれの仕事ではない。しかし近代の歴史編纂史において、このことでいつか彼に敬意が表されねばならないであろう。ブロンドゥスのこの一書のことを考えるだけでも、当然こう言ってもよいと思う、古代の研究がなかったら中世の研究はありえなかった、と。古代の研究こそが初めて、歴史にたいして客観的な態度で関心を寄せるということに精神を慣れさせたのである。無論これに加えて、中世は当時のイタリアにとってどのみち過ぎ去った時代であり、また精神は、中世が今は自分の外部にあって直接のかかわりを持たなかったために、この時代の実体をよく見抜きえたということがあった。とはいえ、精神が中世をただちに公平に、ましてや畏敬の念をもって評価したとは言い難い。もろもろの芸術の内部には、中世の生み出した作品にたいする強い偏見が住みついている。そして人文主義者たちは、自分たち自身の台頭の日をもって新しい時代の幕開《まくあ》きであるとしているのである。ボッカッチョは言う。(3)「神はイタリアという名前を憐れみ給うたのだと、私がいつの日から思い、また信じ始めているかと言えば、イタリア人たちが強奪や暴力とは別な方法で、すなわち彼らの名を不朽にする詩歌の道によって名誉を求めるかぎり、神の大いなる善意はイタリア人の胸の中へ、古代人のそれと同じ魂をふたたびくだし給うのを見て以来のことである。」

《批判の始まり》

だが、こうした一面的で、また不当な考え方も、卓越した天分を有する人々の研究を排除することはなかった。しかもこれは、他のヨーロッパの国々ではまだこうした研究などは問題外であったような時代の話なのである。かくして今や、中世を研究するにあたって史実を批判的に扱うという態度がはぐくまれる。これは、あらゆる資料を合理的に扱う人文主義者たちの姿勢が、中世についての歴史資料を扱う上でも役にたたずにはいなかったという理由からも当然のことであった。十五世紀になるとこの姿勢が早くも個々の都市史にも浸透し、かくしてフィレンツェ、ヴェネツィア、ミラノ等々の太古史から取られた後代の雑然たる作り話は姿を消すにいたる。この一方で北方の国々の年代記は、十三世紀以来でっちあげられた、詩的には大てい無価値なあの空想の織物をなお長いあいだ引きずってゆかねばならないのである。

その土地固有の歴史と名声との密接な関係については、先にフィレンツェの事を述べたときに（上巻一二三頁以下参照）すでに触れておいた。ヴェネツィアとてこれの後塵を拝するわけにはゆかなかった。例えばフィレンツェ人の演説家が大々的勝利を収めたとき、[4]ヴェネツィアの使節団は大急ぎで、わが国もまた演説家を一人派遣するようにと本国に書簡を送っているが、これと同じようにヴェネツィア人は、レオナルド・アレティーノ（レオナルド・ブルーニ。フィレンツェの人文主義の中心的存在）やポッジョ（ポッジョ・ブラッチョリーノ。フィレンツェ初期人文主義の最も典型的人物）の著作にひけをとることのないような歴史をも必要とするのである。このような前提のもとで、十五世紀にはサベッリコの『十巻史』が、十六世紀にはピエトロ・ベンボの『ヴェネツィア史』(Historia rerum venetarum)が生れたが、両書とも共和国の明白な委託を受けて書かれたもので、後者は前書の続篇である。

《イタリア語の歴史記述》

つぎに、十六世紀初頭のフィレンツェの大歴史家たちは(上巻一三一頁以下参照)、ラテン語学者のジョーヴィオやベンボとはもともとまったく異なった人間である。この人たちはイタリア語で書くが、これは、ただたんに彼らが当時のキケロ崇拝者たちの洗練をきわめた優雅さともはや張合うことができなかったという理由からだけではない。むしろ彼らは、マキアヴェッリ[5]のように、自分たちの使用しようとしている素材が生きた現実を観照することによって得られたものであるということから、これを身近な生活上の慣習であるイタリア語を使ってほんのわずかなりと言い表わしたいからであり、また、彼らとしては、グイッチャルディーニ(一四八三―一五四〇。フィレンツェの歴史家、政治家。『フィレンツェ史』などがある)やヴァルキ(一五〇三―六五。フィレンツェの文学者。『フィレンツェ史』がある)やその他の大部分の人たちのように、事態の経過についての自分たちの見解をできるだけ広く、かつ深く世人に影響させることが切実な問題であったからである。フランチェスコ・ヴェットーリ(一四七四―一五二九。フィレンツェの人文主義者)のように、彼らが少数の友人たちのために書く場合でさえ、そうする必要もないのに、彼らは内心の衝動にうながされて人々や事件に有利な証言をし、それらの事件に彼らが関与したことについての自分たちの意見を表明し、弁明せずにいられないのである。

その場合彼らは、その文体と言葉にどれほど独自性が見られるとしても、やはり古代からきわめて強い感銘を受けているように思われるのであり、また、古代の影響がなかったとはまったく考えられないように見える。彼らはもはや人文主義者ではない、しかしながら彼らは人文主義を通り抜けてきた人たちなのであり、古典古代の歴史記述の精神においては、あのリウィウス流のラテン語学者の大部分の人たちが持っている以上のものを身に具えている。すなわちそれは、古代人がそうしたように、他でもない市民が、市民のために筆を執《と》る、というあの精神である。

10　教養の全般にわたるラテン語化

われわれは他の専門学科の中にまで人文主義につきしたがって入ってゆくには及ばない。それというのも、これらの専門学科のどれにも特別の歴史があり、この歴史の中では、当時のイタリアの研究者たちが、とりわけ古代について彼らが新たに発見した専門的内容によって(1)、大きな、新しい一時期を画しており、そうなるとそのつどこの時期を出発点として、明確さの点ではそれぞれ異なっているが、その当の学問の近代的時代が始まるからである。哲学についてもわれわれは特別な歴史的叙述を参照するよう指示しなければならない。イタリア文化にたいする古代の哲学者の影響力は、見る人によって途方もなく大きいように思われることもあれば、きわめて些細なものに思われることもある。アリストテレスのもろもろの概念、主として早くから流布していた『倫理学』(2)と『政治学』から出ている諸概念がどのようにしてイタリア全土の教養階級の共有財産となったか、また抽象化の方法全体がいかにアリストテレスの支配下にあったかを再吟味してみるならば(3)、古代の哲学者の影響力のいかに大きかったかが分かるのである。これに反して、古代の哲学者たち、そしてフィレンツェの熱狂的プラトン主義者たちですらこの国民の精神に教義上の影響をほんの僅かしか与えていないことを考慮する場合には、あの影響力はきわめて些細であったと言える。こうした影響を思わせるような外観を呈しているものは、大ていの場合、教養全般の沈澱物、イタリア独自の精神的発展の結果にすぎないのである。これについては、宗教のことを論ずる時にさらに二、三付言するところがあろう。だがほとんど大ていの場合、広い範囲にわたる教養のことなど問題にされることさえないのであり、むしろ個々の人物もしくは学者仲間の発言しか取りあげられることはない。この場合ですら、古典古代の学説を真に習得することと、たんに流行にのってこういうものに手を出すこととは、つねに区別されねばなるまい。というのも、多くの人たちにとっておよそ古代なるものは流行にすぎなかったからであり、また、古代について学殖の深かった人たちにとってさえそうだったからである。

《古代風の名前》

しかしながら、われわれの世紀から見れば衒《てら》いのように思われるものの全部が全部、かならずしも当時実際に衒いであったとするには及ばない。例えば、ギリシア風の名前やローマ風の名前を洗礼名として使うなどは、小説に出てくる（特に女性の）名前が今日好んで使われるのにくらべれば、どう考えてもずっとすてきだし、また尊敬に値する。古代世界にたいする熱狂が聖者にたいするそれよりも大きくなるとさっそく、貴族は息子たちにアガメムノン、アキレウス、テュデウス（ギリシア神話上の人物。カリュドン王オイネウスの子。ディオメデスの父）といった名前をつけ、[4]画家は息子をアペレス（前三四〇頃―前三〇〇頃。画家。アレクサンドロス大王の宮廷画家）、娘をミネルウァ等々と名付けているのは、[5]ごくあたりまえで、また自然のことに思える。もともと捨ててしまいたいと思っていた姓のかわりに、響きの美しい古代風の姓を名乗ったということは、この意味でも十分弁護できるであろう。同じ都市に住む住民全部が生れ故郷の名を共通に名乗ってはいるが、まだ全然家族名にはなっていなかったような場合、その故郷の名が同時に聖者の名前であるということで都合が悪いとなると、疑いもなくむしろ進んで故郷名は手放された。サン・ジエミニャーノのフィリッポは、カッリマクスと自称した。自分の一族に見そこなわれ、侮辱されていたが、他国で学者として大成した人は、たとえそれがサンセヴェリーノとかいう名前の人であっても、誇らしげにユリウス・ポンポニウス・ラエトゥスとあえて改名した。ある名前をラテン語もしくはギリシア語にすっかり翻訳してしまうことも（その後ドイツではこれがほとんど例外なく習慣となった）、ラテン語を話し、かつ書いていた世代の人たちや、また、ただたんにその語形変化が可能であるばかりか、散文や韻文の中へ一緒に組み入れやすい名前を必要としていた世代の人たちには、大目に見てやってもよいかもしれない。洗礼名であろうと姓であろうと、ある名前を中途半端に変えて、ついにはそれに古典的な響きや新しい意味を持たせるようになると、これはもう非難されてもしかたがなかったし、またしばしば滑稽なものになることもあった。そういうわけで、ジョヴァンニはヨヴィアヌスもしくはヤヌスに、ピエトロはピエリウスもしくはペトレイウスに、アントーニオはアオニウス等々になり、さらにサンナザーロはシンケルスに、ルーカ・グラッソはルキウス・クラッスス等々になった。こうした事についてひどく嘲笑的な意見を述べているアリオストも[6]、やがて人々が自分の子供に彼の作品の主人公や女主人公の名を付けているのを身をもって経験することになった[7]。

《ラテン語化された生活状態》

ラテン語の著作家のあいだで生活諸般の事情、官職名、業務、儀式等々が古代風化されたことも、あまり厳しく批判するわけにはゆかない。例えばペトラルカからアエネアス・シルヴィウスにいたる著作家のように、人々が飾らない、流暢なラテン語で満足していたあいだは、こうしたことは無論目を引くほどには見られなかった。ところが、人々が絶対に純粋なラテン語、ことにキケロ風のラテン語を目指すようになってからは、この古代風化は避けがたいものとなった。そうなると、近代的な事柄は、人為的にその名称を改めなければ、もはや文体全体としっくり合わなくなったのである。そこで小煩《こうるさ》い学者どもは、市参事会員を誰彼の区別なく元老院議員（patres conscripti）と呼び、女子修道院をどれもウェスタ女神の処女たち（virgines Vestales）と呼び、聖者はすべて神的なるもの（divus）もしくは神（deus）と呼んで喜んでいたが、パオロ・ジョーヴィオのような一段と洗練された趣味を持った人たちは、避けられない場合はとにかく、こういうことはしなかったように思われる。ジョーヴィオはこんなことに重きをおいていないから、彼の響きの美しい語句の中で枢機卿たちが元老院議員（senatores）と呼ばれ、その首席枢機卿が元老院の長（princeps senatus）と呼ばれ、破門が呪詛（dirae）と呼ばれ(8)、謝肉祭がルペルカリア祭（Lupercalia）（ルペルクスの名のもとに祭られた森の神ファウヌスの、ローマで行なわれた祭）等々と呼ばれていても、べつに気にさわるようなことはない。このような文体上の問題からその人の考え方全体を性急に推断するのをいかに慎まねばならないかは、こうした著作家に接するときにかえって分かるものなのである。

《ラテン語絶対支配の要求》

ここではラテン語の文体の歴史そのものをあえて辿ることはしない。まる二世紀をとおして人文主義者たちは、およそラテン語こそが唯一の、品位ある文章語であり、またあくまでもそうでなければならないかのように振舞った。周知のように、ポッジョは、(9)ダンテがその偉大な詩篇をイタリア語で書いたのを遺憾に思っている。ダンテは実際にあの作品をラテン語で書こうと試み、「地獄篇」の冒頭を最初は六歩格の詩形で書いていたのである。イタリア文芸の全運命は、ダンテがラテン語で書くというこのやり方を続けなかったことにかかっていた。(10)またペトラルカもなお依然として、自分のソネットやカンツォーネよりは、むしろ自分のラテン語の詩の方を恃《たの》みとしており、また、ラテン語で詩作せよという要求は、アリオストにたいしてもされている。文学上の事でこれ以上強い強制が行なわれたことはかつて一度もなかった。(11)しかしながら、文学はこうした強制の大部分を巧みにすり抜けた。現在われわれはつぎのように言ってもおそらく過度の楽観論ととられることはないであろう。すなわち、イタリアの詩歌がラテン語とイタリア語という二つの手段を持っていたのはよかったのだ、というのも、イタリアの詩歌はこの二つの手段を持っていたことによって独自で卓越した仕事を成し遂げたからである、しかもそれは、その完成されたものを見ると、なぜここではイタリア語で詩作され、そこではラテン語で詩作されたかが分かるといった具合に行なわれているのである。おそらく散文についても同じことが言えるであろう。イタリア的教養が世界に占める位置、その世界的名声はひとえに、ある種の題材がラテン語で――urbi et orbi（ローマの都と世界で（すなわち、どこでも））――書かれたことによっていたが、[12]一方イタリア語の散文においては、ラテン語では書くまいという内面の戦いをへた人たちがかえって、これ以上ないような見事な筆さばきを見せたのであった。

《キケロおよびキケロ崇拝者》

十四世紀以来、散文の最も純粋な源と目されていたのは、争う余地なくキケロであった。これは彼の語彙、文構造そして文学上の構成法を巧みに生かしている抽象的論証法のみに起因していたのではは全然なかったのであり、むしろ書簡作者としての好ましい態度、演説家としての耀《かがや》き、哲学的叙述家としての明晰で、観照的手法がイタリア人の精神のうちにたっぷり反響を見出したのであった。すでにペトラルカは、人間としての、また政治家としてのキケロの弱点を完全に見抜いていた。[13]ただ、彼はキケロにあまりに大きな尊敬を抱いていたので、そのことを喜べなかったのである。ペトラルカ以来、なによりもまず書簡文技法はほとんどもっぱらキケロにならって磨かれ、他のジャンルも、物語の類は除いて、この人のあとを追った。だが、キケロの原典の裏付けのなかったような表現はいかなるものもこれを断念する真のキケロ主義は、ロレンツォ・ヴァッラの文法的著作がイタリア全土にわたって影響を及ぼし、古代ローマの文学史家自身の言説が吟味され、比較されたのち[14]、ようやく十五世紀末になって始まるのである。ここにいたってようやく人々は、古代人の散文の持つ文体上の微妙な差異をより精密に、またこれ以上なく厳密に分別《ぶんべつ》し、そしてキケロのみが絶対的模範である、もしくは、すべてのジャンルを含めて言おうとするなら、「あの不朽の、ほとんど神々しいと言ってよいキケロ時代[15]」のみが絶対的模範である、という結論に何度も到達して心安らぐ安心感を覚えるのである。今やピエトロ・ベンボ、ピエーリオ・ヴァレリアーノ（一四七七—一五五八。人文主義者、詩人。高い学識により尊敬される。『ウェルギリウス校訂』、『俗語についての対話』などがある）といった人たちがその最善の力をこの目標につぎこんだ。この流れに長いあいだ抵抗し、最古の著作家たちの用例を基に擬古調の語法を組みたてていた人たちも[16]、ついに屈服して、キケロの前に膝を屈したのである。こうしてロンゴリウスはベンボに、五年間キケロしか読まないようにと説得された。彼はそれどころか、キケロに出てこないような言葉は一語たりと使わないと固く心に誓いさえした。このような気分はやがて、エラスムスと老スカリゲル（一四八四—一五五八。人文主義者。キケロの文体の模倣に関しエラスムスと論争し、キケロ崇拝の主張を擁護した）がそれぞれ主導していた学者間の大論争となって爆発した。

それというのも、キケロの崇拝者といえどもかならずしもその誰もが、キケロを言葉の唯一の源泉であると認めるほど偏狭ではなかったからである。十五世紀においてもなお、ポリツィアーノとエルモラーオ・バルバロ（一四五三―九三。詩人、古典学者。『プリニウス校訂』、アリストテレス『修辞学』のラテン語訳などがある）は意識的に、独自の個性的ラテン語語法をめざすということを教えていた[17]、無論「溢れんばかりの、大へんな」蘊蓄《うんちく》の上に立ってであるが。そして、このことをわれわれに伝えてくれているパウロ・ジョーヴィオその人もこの目標を追求している。彼は沢山の、ことに美的性質を持った近代的思想を初めて、また非常な努力をしてラテン語で言い表わした。これはかならずしもすべてがうまくいっているわけではないが、時には注目すべき力と優雅さを具えていたものもあった。彼がラテン語で書いた当時の偉大な画家と彫刻家の性格描写には[18]、このうえなく才気溢れるものと、ひどい出来そこないとが相並んでいるのが見られる。自分の名声は「ラテン語が自分の治世中にその勢いを増したと言われること」（ut lingua latina nostro pontificatu dicatur facta auctior）にこそあるとした教皇レオ十世[19]も、自由な、排他的でないラテン語語法の方に傾いていたが、楽しみ事にもっぱら心を向けていた教皇にしてみれば、これ以外には考えようがなかったのである。自分が聴いたり、読んだりすることのできたものが真にラテン語的で、生き生きとしていて、優雅であると思われれば、彼としてはそれで十分なのであった。

《ラテン語の会話》

最後に言っておきたいのは、キケロはラテン語の会話の手本には全然ならなかったということである。そのため、会話ということになるとどうしても人々は、キケロとならべて、神とも仰がれる他の人たちを崇拝しなければならなかった。この隙間に入ってきたのが、ローマ市の内外でかなり頻繁に行なわれたプラウトゥスとテレンティウスの喜劇の上演であって、これは出演者たちにとって話し言葉としてのラテン語を練習するまたとない機会となっていたのであった。すでに教皇パウルス二世治下において、テアヌムの学識ある枢機卿（おそらくピストイアのニッコロ・フォルティグエッラ）は、プラウトゥスのものであればどれほど保存が悪く、また、配役のリストが失われている作品でも敢然とその研究に挑戦し、その言葉のことではこの作者の全作品に最大の注意を払うということで称賛される。(20) こうした作品を上演しようという強い気持を人々に起こさせたのも、おそらくこの人の力によるものかもしれない。その後ポンポニウス・ラエトゥスがこの仕事を引受けた。そして、有力な高位聖職者たちの居並ぶ柱廊広間でプラウトゥスが舞台にかけられた折りには、(21) ラエトゥスが舞台監督をやった。一五二〇年頃からこういうことが行なわれなくなったのを、ジョーヴィオは、先に示したように（上巻三四三頁参照）、雄弁術衰退の原因の一つに数えている。

終りにここで、芸術の領域に見られるキケロ主義の類似事例を指摘しておく。すなわち、建築家たちのウィトルウィウス主義がそれである。しかも、ここにおいてもルネサンスに一貫して働いている法則、教養における運動は芸術における類似の運動に例外なく先行するという法則が現われているのである。ここで問題になっている場合について言えば、枢機卿アドリアーノ・ダ・コルネート（一五〇五年？）（一四五八—一五二一。教皇アレクサンデル六世のもとで枢機卿、外交官）から最初の絶対的ウィトルウィウス主義者まで数えるとすると、この両運動のあいだに横たわる開きはほぼ二十年になるかもしれない。

11　近世ラテン語の詩歌

結局のところ、人文主義者たちの最高の誇りは、近世ラテン語の詩なのである。この詩が人文主義の特性を示すのに役立つかぎり、これについてもここで論じられねばならない。この近世ラテン語の詩がどれほど完全に偏見なるものを味方にしていたか、またこの詩の決定的勝利がまさに目睫《もくしょう》の間《かん》に迫っていたことを、先に（上巻三五九頁以下参照）示しておいた。これは最初から確信をもって言っておいてもよいのであるが、当時の世界で最も才気に満ちあふれ、最も発達をとげたこの国民が、詩歌においてイタリア語のような言葉を放棄したのは、たんなる愚かさからではなく、なにか意義あることをやろうと思ったからにちがいない。ある圧倒的な事実がこの国民を促してそうさせたに相違ないのである。

それが古代にたいする驚嘆であった。この驚嘆が、真の、ひたむきな驚嘆はどんなものもそうであるように、必然的に模倣という行為を惹き起こしたのであった。別な時代にも、また別な民族のあいだにもこれと同じ目標を目ざす個別的な試みが数多く見られる。しかし、ただイタリアにおいてのみ、近世ラテン語の詩歌を盛んにしたいとする気持の持続と、この詩歌をさらに発展させる力という二つの主要条件がそろっていた。すなわち、この国民の教養階級が全面的にこれを歓迎したことと、古代イタリアの創造的精神が詩人たち自身のうちに、部分的にではあるが、ふたたび目覚めて、太古の弦の奇《く》しき余韻を響かせたことである。このようにして生れてくる最上のものは、もはや模倣ではない、むしろそれ固有の、自由な創造である。もろもろの芸術において他に由来する形式を使うことに我慢のならない人、どのみち古代そのものを尊重しないか、もしくは反対に、これを魔法めいて近寄りがたく、また模倣を許さないものと考える人、最後に、例えば音節についての沢山の長短の形を新たに発見するか、もしくは推しはかって使わねばならなかった詩人が規則に違反したりすると、これを大目に見ることのできない人、このような人はこうした著作物を無視するがよい。彼らの多少とも美しい作品は、なんらかの絶対的批判に挑戦するために創られているのではなく、詩人や、何千という彼の同時代人を喜ばせるために創られているのである[1]。

《古代の歴史を題材とした叙事詩。『アフリカ』》

一番うまくゆかなかったのは、古代の歴史や伝説に題材をとった叙事詩であった。生き生きとした叙事的文学の決定的条件は、周知のように古代ローマの手本にすら認められず、それどころかホメロスを除いてはギリシア人にすら認められない。そうであれば、この条件がどうしてルネサンスのラテン語文学者に見出されるであろうか。しかしながら、それでもペトラルカの『アフリカ』は大たいにおいて、近世のなんらかの叙事詩におとらず多数の熱狂的読者や聴き手を見出したらしい。この詩の意図と成立の事情については、興味を惹かないこともない。十四世紀は、第二次ポエニ戦争（前二一八―前二〇一。スキピオ・アフリカヌス率いるローマがザマでハンニバルを決定的に破った）の時代を古代ローマ精神と文化の最盛期であると見抜いていたが、これはじつにまっとうな感覚であった。ペトラルカはこの時代を扱おうと思い、またそうしないではいられなかったのであろう。かりにシリウス・イタリクス（二六頃―一〇一頃。ローマの叙事詩人。その叙事詩『ポエニ戦争』などは一四一七年にポッジョらによって発見された）が当時すでに発見されていたとしたら、彼はおそらく別な題材を選んでいたであろう。だがこれ以外の題材がなかったのだから、十四世紀がスキピオ・大アフリカヌス（前二三五―前一八三。古代ローマの将軍、政治家）を賛美するのは、しごく当然のことであった。そのため、すでに他の詩人、ザノービ・ダ・ストラーダもこの課題に立ちむかっていた。ただこの人はペトラルカを大へん尊敬していたので、すでにかなり筆の進んでいた自分の詩を引っこめたのであった。[2]もしこの『アフリカ』という作品を評価するなんらかの理由があったとすれば、それは、当時も、またその後も、誰もがスキピオにたいして、彼がまだ生きているかのような関心を抱いていたということ、スキピオがアレクサンドロス大王（前三五六―前三二三。マケドニア王、古今の名将の一人）やポンペイウス（前一〇六―前四八。古代ローマの将軍、政治家）やカエサルよりも偉大であると考えられていた点にあった。[3] 近代の英雄叙事詩において、その時代にこれほどに人気があり、じつは歴史上の題材でありながら、見方によっては神話的な題材であることを誇っているようなものがどのくらいあるであろうか？ 今日では無論この詩自体全然読むに堪えないものである。これ以外の歴史的主題については、文学史を参照するようお願いしなければならない。

《神話を題材とした文学作品》

古代の神話を基に、これをさらに詩として展開するとか、神話の中の詩的に欠けている部分を埋めるということになると、もうそれだけで有り余るほどの実りがあった。この面にはイタリアの文学は早くから手を出していた、ボッカッチョの『テセウス物語』などがすでにそれであり、これは彼の最高の詩作品と考えられている。教皇マルティヌス五世の治下で、マッフェオ・ヴェージョ（一四〇七―五八。詩人、人文主義者。パヴィーア大学で詩学を講義、さまざまなテーマでラテン語の詩を書いた）はウェルギリウスの『アエネイス』の続編としてその第十三巻をラテン語で書いた。その後、ことにクラウディアヌス風の比較的小さな試みがいくつか見られる、『メレアグロスの歌』、『ヘスペルスの歌』等々がそれである。しかしなんといっても一番注目に値するのは、新たに案出された神話である。これらの神話はイタリアの最も美しい地方を神々、ニンフ、精霊、そしてまた牧人さえも含めた劫初《ごうしょ》の住民で満たしている、なにしろこれらの神話の中では、叙事詩的なものと牧歌的なものとがもはや分離されていないのであるから。ペトラルカ以来、ある場合は物語体の、ある場合は対話形式の牧歌において、牧人生活がすでにまったくと言ってよいほど紋切り型のものとなり(4)、好き勝手な空想や感情の外衣として取り扱われているということは、あとでこのことを論ずる機会にふたたび指摘されねばならないであろう。ここでは新しい神話だけを問題にする。他のどこよりもはっきりと、こうした神話においで明るみに出るのは、ルネサンスにおける古代の神々は二重の意味を持っていることである。すなわち、一方ではこれらの神々は言うまでもなく普遍的概念のかわりとなり、寓意的人物を無用にしている。また一方では同時にこれらの神々は、詩歌の自由で独立した一要素、どんな詩にも混ぜ合わすことが可能で、また、つねに新たな組み合わせが可能であるような、いかなるものにも対応できる美の一片でもある。ボッカッチョはフィレンツェ周辺の神々や牧人の空想上の世界を材料に使い、イタリア語で書かれた『アメートの妖精物語』や『フィエーゾレの妖精物語』において大胆に先頭を切っていた。しかし傑作はおそらくピエトロ・ベンボの『サルカ』(5)かもしれない。そこでは妖精ガルダへのサルカという名の河神の求婚、バルド山の洞窟の中での華やかな婚礼の宴のことが歌われ、予言者テイレシアスの娘マントの予言として、ミンキウスという子供の誕生、マントヴァ市建設、そしてこのミンキウスとアンデスの妖精マーヤの息子として生まれることになっているウェルギリウスの未来の名声について歌われる。この華麗な、人文主義的ロココ風作品のために、ベンボはじつに美しい詩句とウェルギリウスに寄せる結びの挨拶の詩句を考え出しており、こうした詩句を読むとどんな詩人でもうらやまずにはいられまい。このような作品は通常、たんなる空疎なおしゃべりにすぎないと軽蔑されるものであるが、この点については、趣味嗜好に関しては議論する能わず、ということにしておく。

《キリスト教を題材とした叙事詩。サンナザーロ》

さらに、聖書と教会のことを内容とする六歩格の詩形で書かれる、大規模の叙事的な詩が起こった。作者たちはこういうものを作って教会の発展に資しようとか、教皇の寵を得ようといったことをかならずしも意図していたわけではなかった。きわめて優れた作者たちの場合には、さらには、『処女マリアの歌』の作者、バッティスタ・マントヴァーノ（ジョヴァン・バッティスタ・スパニョーリ。一四四八―一五一六。詩人、伝記作家、宗教作家。ウェルギリウス、ペトラルカなどを模したラテン語の田園詩がある）のような、もっと下手な作者たちの場合でさえ、その博学難解なラテン語詩をもって聖なるものに奉仕しようという、じつに立派な願望がその前提にあったと考えてよいであろう。無論カトリック信仰にたいする彼らの半異教的見解は、こうした願望と調和しすぎるほど調和していたのであった。ジラルディス（リーリオ・グレゴリオ・ジラルディス。一四七九―一五五二。文学史家、詩人、神話作者）はこういう作者を若干数えあげているが、その中では、ヴィーダ（マルコ・ジローラモ・ヴィーダ。一四八五―一五六六。司教、ラテン語詩人。『詩の技法』、『国家の尊厳についての対話』などがある）が『キリストの歌』によって、サンナザーロ（一四五六―一五三〇。牧歌詩人。『アルカディア』などがある）が三歌からなる『聖母の出産』によって第一等の地位を占めている。サンナザーロは、異教的なものとキリスト教的なものをなにはばかることなく押し込んだ、均斉のとれた詩句の力強い流れによって、描写の具象的力によって、申し分なく見事な出来映えによって読者に感銘を与える。彼は比較されることを恐れずに、ウェルギリウスの『牧歌』第四歌の詩句を飼葉桶のかたわらにいる牧人たちの歌の中へ編み込んでいる。彼岸の世界を叙述するにあたっては、彼はダンテを思わせる大胆さをそこかしこで見せている。例えばダヴィデ王が、イスラエル人の族長たちのいる古聖所《リンボ》（キリスト以前の正しい人たちなどの霊魂が住むとされる、地獄と天国の中間の場所）において立ちあがって歌をうたい、予言をするとか、あるいは、あらゆる根元存在の図像でほのかに光っている神衣をまとって、玉座に坐す永遠者たる神が天界の霊たちに呼びかけるなどがそれである。他の個所では、彼はなんのためらいもなく古代の神話を聖書の題材と結びつけているが、しかもこれが全然奇妙に見えないのは、彼が異教の神々をいわば枠としてしか利用せず、これに主役を振りあてていないからである。あの時代の芸術上の力量を全体にわたって知ろうと思うほどの人は、このような作品でも受け容れるようでなくてはならない。

《神話の混入》

キリスト教的なものと異教的なものとの混合は詩歌の場合、通常造形芸術の場合よりもずっと障害となりやすいので、サンナザーロの功績はそれだけいっそう大きいように思われる。造形芸術はこうした混合がなされる場合、つねになんらかのはっきりした具体的な美によって眼を損なわずにおくことができ、また一般に、詩歌よりもその題材の実際的意味に依存している度合がずっと少ない。それは、想像力が造形芸術の場合はむしろ形態をよりどころに、詩歌の場合はむしろ事柄をよりどころにそれからそれへと働いてゆくからである。敬虔なバッティスタ・マントヴァーノはその『祭暦』[6]の中でこれとは別な方策を求め、神々と半神たちを聖書の物語に出させてやるかわりに、教父たちがしたように、これらの神々を聖書の物語に敵対させるのである。すなわち、天使ガブリエルがナザレで聖母マリアに（聖霊によるみごもりの）祝福を与えているあいだ、メルクリウスがこの天使のあとを追ってカルメル山から飛んできて、戸口で立聞きをする。このあとで、メルクリウスは今耳にしたことを集った神々に報告し、彼らを煽動してとんでもない決意をさせる。無論彼の別な作品において[7]、テティス（ギリシア神話の海の女神）、ケレス（ローマ神話の農耕の女神）、アエオルス（ギリシア神話の風の神）等々がふたたび聖母マリアとその栄光に進んで臣従しなければならないことが何度もある。

サンナザーロの名声、沢山のその模倣者、当時の最大有力者たちが寄せる熱狂的敬意――こうしたすべてのことは、彼がこの時代にとっていかに必要であり、かつ貴重な存在であったかを示している。宗教改革当初における教会のために、彼は、完全に古典的でありながら、しかもキリスト教の教義にしたがって詩作をするという問題を解決した。教皇レオも教皇クレメンス（クレメンス七世、在位一五二三―三四。教皇レオ十世の甥。ジューリオ・デ・メディチ）も、このことでは彼に大いに感謝の意を表明したのであった。

《同時代史を題材とした詩》

最後に、六歩格と二行詩の形で同時代史も題材にされた。それらは、ある場合はむしろ叙事風の、ある場合はむしろ頌歌風のものであったが、しかし通例は一人の王侯もしくはその一門を称揚するために作られたのであった。このようにして『スフォルツァの歌』、『ボルソの歌』、『トリウルツィオの歌』といったような作品が生れた、もっとも、詩人がこれをもってその目的を達したようなものは一つもない。というのも、およそ名声を得、不朽の名を留めたほどの者は、この種の詩によってそうしたものを得ることはなかったからである。すなわち、このような詩にたいしては、世人は消しがたい反感を抱くものである、たとえ優れた詩人がそれにかかわっているとしても。これとまったく異なった印象を与えるのは、有名な人士たちの生活に題材を得ている、風俗画風に、大仰でなく仕上げられた、比較的ささやかな個々の情景を歌ったもので、例えばパーロ郊外での教皇レオ十世の狩を歌った美しい詩や[8]、アドリアーノ・ダ・コルネートの『ユリウス二世の旅』（上巻一八六頁参照）がそうである。この種のすばらしい狩の描写では、エルコレ・ストロッツィ（一四七三―一五〇八頃。詩人）や、今挙げたアドリアーノのものなどもある。近代の読者がこれらの詩のうちにひそむおもねりのためにたじろいだり、立腹させられたりするとすれば、それは残念なことである。題材を取扱う見事な技量と、時として容易ならぬ歴史上の価値によって、こうした優美な詩には、われわれの時代の、今のところは有名な詩の相当数にあるいは保証されている以上の、長い生命が保証されているのである。

総じてこうした作品は、激越なものやありふれたものが控え目に混入されていればいるほど、つねにその出来栄えはいっそうよくなるものである。有名な大家たちの比較的小さな叙事詩的作品にも、奇妙な神話的混入物のために知らず知らずなんとも言いようもないくらい滑稽な印象を惹きおこしてしまうようなものがいくつかある。例えばエルコレ・ストロッツィのチェーザレ・ボルジアに捧げた弔詩（上巻一七八頁参照）[9]がそれである。そこではローマ（ローマにこの名を与えた神話上の人物）の嘆きの言葉が聞かれる。すなわちローマはスペイン人の教皇カリストゥス三世（在位一四五五―一五八。ボルジア家の出）と教皇アレクサンデル六世（ボルジア家の出）にそのすべての望みをかけ、ついでチェーザレを神の約束した人と考えていたのであった。そしてチェーザレ（チェーザレ・ボルジア。一四七五―一五〇七。教皇アレクサンデル六世の庶子。教皇庁の権力政策を遂行。苛酷な方策により挫折）の物語が一五〇三年の破局（チェーザレの父教皇アレクサンデル六世が逝去した時、彼自身瀕死の病床にあった）にいたるまで一通り述べられる。つぎに詩人は詩歌女神《ムーサ》に、あの時神々の御心はどのようなものであったのか、[10]と尋ねる。するとエラト（独吟抒情詩の女神）はこう物語る。オリンポス山上では、パラス・アテネがスペイン方に、ウェヌスがイタリア方に味方した。両神はユピテルの膝にすがって懇願するが、ユピテルはこれに接吻を与えてなだめ、こう言いわけをする、私といえどもパルカたち（ローマの運命の女神）の紡いだ運命に抗することはできない、だが神々の約束はエステ-ボルジア家の子によって実現するであろう、と。[11] ユピテルはエステ、ボルジア両家の怪奇な故事来歴を物語ったのち、かつて――強く執りなしがなされたのに――メムノン（『イリアス』におけるトロイア方の勇士でアキレウスに討たれる）やアキレウス（ギリシア方の勇士で、パリスの矢にうたれて死ぬ）のような人にも不死が与えられなかったように、チェーザレにもこれを与えることはできない、と断言する。最後にユピテルは、チェーザレが生前になお多くの人たちを戦場で倒すであろう、という慰めの言葉をもって話を終える。そこで軍神マルス（女神ウェヌスの夫）はナポリに行き、戦争の準備をし、一方パラス・アテネはネーピへと急ぎ、そこで病床にあるチェーザレのもとに教皇アレクサンデル六世の姿となって現われる、そして彼に、運命を受け容れ、己が名の誉れで満足するがよい、と二、三訓戒を与えたのち、教皇の姿をした女神は「鳥のように」飛び去って姿を消す。

しかしながら、出来、不出来はともかく古代の神話が織り込まれているものはすべて忌みきらうとなると、時によっては大きな楽しみをもたらすこともあるものをいたずらに放棄することになる。それ自体月並なこうした要素を、絵画や彫刻の場合と同じく、時として非常な気品あるものとしたのは、技巧であった。文学愛好家のためには、例えば雅俗混交体戯詩のような、パロディーの始まり（上巻二三五頁以下参照）さえも欠けていない。このあとジョヴァンニ・ベッリーニ（一四三〇頃—一五一六。画家。十六世紀ヴェネツィア派の創始者）の滑稽な「神々の饗宴図」が早くもこれに類似のものとして現われている。

六歩格の叙事的な詩の相当数も、たんなる習作か、散文体の報告書を韻文になおしたものであり、読者は、散文体のものを見つければ、むしろこちらの方がよいと考えるであろう。ついには、周知のように、私闘であれ、儀式であれ、なんでもすべて詩に詠《よ》まれた、宗教改革時代のドイツの人文主義者たちにしても事情は同じであった[12]。とはいえ、これをたんに暇で他にすることがなかったからとか、詩を作るのがあまりに容易であったからといった理由に帰するのは、不当というものであろう。少なくともイタリア人の場合このことは、三行詩節《テルツィーナ》で書かれたイタリア語の報告や歴史叙述やまたパンフレットさえ同時に大量にあったことが証明しているように、文体にたいする感受性が紛れもなく過剰であった結果なのである。ニッコロ・ダ・ウッツァーノ（一三五九—一四三一。フィレンツェの寡頭政体の有力者）が新憲法をのせた彼の文書を、マキアヴェッリが同時代史についての彼の概観を、ある人はサヴォナローラ（一四五二—九八。イタリアの伝道師、教会改革者）[13]の伝記を、またある人はアルフォンソ大度王のピオンビーノ攻囲記等々を、いっそう強烈な印象を与えるために、この七面倒なイタリア詩格の鋳型に流しこんだが、他の多くの人たちも自分たちの読者の心を惹くために六歩格を必要としたのかもしれない。

《教訓詩。パリンゲニウス》

読者はこの詩型でどういうものを受けいれることができたか、またなにを求めたのかは、教訓詩が最もよくこれを示している。教訓詩は十六世紀においてじつに驚くべき隆盛を見、錬金術、チェス、養蚕、天文学、性病等々を六歩格で歌い、さらにいくつかの、広範囲にわたるイタリア語の詩もこれに加わる。通常今日の人たちはこうしたものを読みもせずに下らないと決めつけるものであるが、これらの教訓詩が実際どの程度まで読むに値するのかは、われわれとしてもきめかねるところである。[14] ただ一つ確かなのは、美意識においてわれわれの時代よりも限りなく優れていた諸時代、すなわち、後期ギリシア世界と古代ローマ世界そしてルネサンス期はこのジャンルの詩歌なしではすますことができなかったということである。これに異議を唱えて、今日こうした詩の形態などいらぬものとしてこれを排除しているのは、美意識の欠如のゆえではなく、むしろ真面目さの度合が増し、教えるに値するものはすべてこれを多面的立場に立って扱うようになったためであると言う人があれば、それはそう言わせておくことにする。

これらの教訓詩の一つは、今日でもなおまだ出版されることがときどきある。フェッラーラの隠れ新教徒、マルケルス・パリンゲニウス（一五〇〇頃―四三頃。詩人。迫害から逃れてきたカルヴァン派の避難所をフェッラーラに設けたルネ・ド・フランスのサークルに所属していた）の『生命の黄道十二宮』がそれで、著者は神、徳そして不死という最高の問題に外面的生活のさまざまな状況についての論議を結びつけており、この面から見てもこの人は風俗史に関する侮りがたい権威である。しかしながら、おおむね彼の詩はすでにルネサンスの枠からはみ出している、実際また、その真面目な教訓的意図に合わせて、寓意がすでに神話をしのいでいる。

だが、詩人にして文献学者が古代に断然接近している分野は、抒情詩、それも特に悲歌であり、その他さらにエピグラムであった。

比較的軽妙なジャンルにおいては、カトゥルス（前八四頃―前五四頃。ローマの抒情詩人。ヴェロナ生れ。抒情詩、恋愛詩、物語詩などがある）が真に魅惑的な影響をイタリア人におよぼしている。優雅なラテン語の抒情短詩《マドリガル》、ちょっとした誹謗詩、意地の悪い短信詩のかなりの数のものは、カトゥルスにならった純然たる言い替えである。さらに死んだ小犬や鸚鵡《おうむ》を悼む詩は、レスビアの雀について歌った詩（カトゥルスの『レスビアの歌』に雀を歌ったものがある。第二、第三歌）からとった言葉はそこに一つもないが、しかもこの詩想に完全に拠って書かれている。一方この種の小品には、ある事実関係が明らかに十五、十六世紀のものであることを示唆しているのでなければ、専門家といえどもその本当の年代のことでだまされかねないようなものもある。

《抒情詩とその限界》

これに反して、サッポー（前六一〇頃―?。女流詩人。出身地レスボスの方言で種々の韻律を駆使し、大胆かつ率直に自然と人の心を歌った）風、アルカイオス（前七―前六世紀。レスボス島の貴族出身。痛烈な政治詩のほか恋、酒宴の歌を作った）風等々の韻律の頌詩では、どこがどうというわけではないのだが、それが近代の起源のものであることをはっきりと露呈していないような頌詩は一つも見当たらないと言ってよいかもしれない。こういうことが起こるのは大ていの場合、古代においてはようやくスタティウス（四五頃—九六頃。ローマの詩人）に独自のものとして見られるような修辞的饒舌と、そして、このジャンルにはどうしても要求される抒情詩的収斂《しゅうれん》の際立った欠如とによるのである。ある頌詩の個々の部分も、二ないし三詩節を一緒にして見れば、あるいは古代の詩の断片のように見えるかもしれないが、もっと長い詩全体となると、古代的色合いを留めているものはめったにない。事実そのとおりだとすれば、例えばアンドレア・ナヴァジェーロ（一四八三—一五二九。学者、歴史家、詩人、外交官。ヴェネツィアの有識者の中心人物）のウェヌスに捧げた美しい頌歌の場合のように、古代の傑作のたんなる焼き直しなどは容易に見抜くことができるのである。(15)

《聖者に捧げる頌詩》

二、三の頌詩作者は聖者崇拝のテーマを自在に使い、類似の内容のホラティウス（前六五—前八。ローマの詩人。アウグストゥス帝の重臣マエケナスの庇護のもと優れた作品を書いた。『抒情詩集』、『諷刺詩』などがある）やカトゥルスの頌詩をいたって上品に真似て祈願詩を作っている。例えば大天使ガブリエルに寄せる頌詩を作ったナヴァジェーロ、特に、異教風の祈禱を代わりに使ったことで相当に極端なことをやっているサンナザーロがそれである。サンナザーロはとりわけ自分がその名をもらった聖者を賛美した。(16) その聖者の礼拝堂はポジリップの浜辺の景勝の地にある詩人の小さな別荘の一部をなしていた、「そこは大海の大波が岩に湧く泉を飲み込み、ささやかな御堂の壁に打ち寄せる所。」詩人の喜びは毎年の聖ナザリウス祭である。この小聖堂を特にこの日に飾る葉形飾りや花綵《はなづな》は、詩人には捧げ物のように思われる、追放されたアラゴンのフェデリーコ一世（ナポリ王。在位一四九六―一五〇四）とともに、はるかロワール河河口のサン・ナゼールに亡命中にも、詩人は深い悲嘆に満たされて、聖名祝日に自分の名親聖者のもとに黄楊《つげ》の枝や柏《かしわ》の葉の環を供える。詩人はポジリップじゅうの若者たちが彼の祝いの日のために花環で飾った小舟でやってきた、過ぎし年月のことを回想し、帰国の日の来たらんことを祈願する。(17)

《悲歌および、それに類似の詩》

うっかりすると本物の古代詩かと思われるのは、とりわけ悲歌の韻律を持った、もしくは形だけ六歩格で、内容は本来の悲歌からエピグラムにまでわたっているいくつかの詩である。人文主義者たちは古代ローマの悲歌詩人の原典をきわめて自在に扱ったから、模倣においてもあの悲歌詩人に絶対負けないと自負していた。ナヴァジェーロの歌った夜に寄せる悲歌は、この時代の、そしてこの種の誰かの詩に見られるように、あのお手本の名残りをいまだ留めているが、しかもなおこよなく美しい、古代的響きを持っている。一般にナヴァジェーロ(18)はつねに、まず真に詩的内容を得るべく心を用いる、そうした上でこれをお手本のままにではなく、むしろ巨匠らしい自由な態度で詞華集、オウィディウス、カトゥルス、さらにはまたウェルギリウスの『牧歌』の様式をもって表現する。神話はごく控え目にしか用いない、例えばケレスなど、農村の神々への祈りにおいてきわめて素朴な生活の営みの場景を描き出そうとする場合などがそうである。スペインへ使節として派遣された帰路において書いた故郷に寄せる以下の詩は、最初の部分だけで終っているが、もし残りの部分も最初の部分にふさわしいものであったら、ヴィツェンツォ・モンティ（一七五四―一八二八。詩人、文学者。アカデミア・デッラ・アルカディアの会員）の「美しきイタリアよ、いとしき浜辺よ」(Bella Italia, amate sponde) のような完璧な作品となりえたであろうに。

ようこそ、神に愛された土地よ、幸い多き岸辺よ、
ようこそ、愛しきウェヌスの快い隠れ家よ、
かくも多くの労苦のあとでは汝らを見て魂と心に償いをしたい、
汝らの腕に抱かれて不安な憂いを胸からすっかり追い払いたいもの！

悲歌《エレゲイア》もしくは六歩格の詩形はおよそ高尚にして荘重な内容を入れる器《うつわ》となる。そしてこよなく高貴な、愛国的高揚（上巻一八六頁参照。教皇ユリウス二世に献げる悲歌）ならびに支配者に向けられたおそろしく派手な賛美は、この詩形を使ってこれを表現しようと

する[19]。しかし、ティブルス（前四八頃―後一九。ローマのエレゲイア詩人。牧歌的田園生活への愛と憧れを歌った）のある詩に見られるいとも優しい憂愁もまたこの詩形に表現の道を求めている。教皇クレメンス七世（在位一五二三―三四）とファルネーゼ一門にたいするへつらいの詩でスタティウスとマルティアリス（四〇頃―一〇四頃。ローマの諷刺詩人。大部分エレゲイア詩形の『エピグラム詩集』などがある）の詩と張合っているマーリオ・モルサ（一四八九―一五四四。ローマの詩人）は、病床から『友に寄す』という悲歌を書き、その中で古代の詩人たちの悲歌と同じくらい美しく、かつ真に古代的な死の想いをもらしている、しかも本質をなす部分は古代人から一つも借りていないのである。ところで、ローマの悲歌の本質と全体像を最も完全に認識し、これを完璧に模倣したのは、サンナザーロであった。この形式の種々さまざまな、優れた詩をこれほど沢山書いた人は彼をおいて他にはいないであろう。――個々の悲歌については、それらの実際的内容の点からさらにときどき述べることがあろう。

《エピグラム》

最後に、ラテン語のエピグラム（寸鉄詩）（元来、彫りつけるの意より、記念碑、墓碑に刻まれた碑文。のちに文学上の芸術形式となり、さまざまな感情、印象、思いつきなどを簡潔な形で鋭く表現するもの（寸鉄詩）となった。『ギリシア文化史』第四巻二三八頁以下参照）はあの時代にあっては重大な事柄であったということがある。それは、巧みに綴られた数行の詩句が、記念碑に刻まれ、あるいは哄笑とともに口から口へと伝えられて、一学者の名声の基《もとい》となることがあったからである。エピグラムによって名声を得たいという願望は、すでに早くから現われている。グイード・デッラ・ポレンタ

（グイード・ノヴェッロ・ダ・ポレンタ。一二七五頃—一三二〇。ラヴェンナの領主。ダンテを招いてあつく遇した）がダンテの墓を記念碑をもって飾ろうとしている、という噂が知れわたると、「注目を惹きたいと思っている者の、また亡き詩人に敬意を表そうとしている者の、あるいはポレンタの寵を得ようとしている者の」手になる墓碑銘が各地から続々と届いた。[20] ミラノの大聖堂にある大司教ジョヴァンニ・ヴィスコンティ（一三五四年没）の墓碑には、三十六行の六歩格の詩文の下に「パルマの人、法学博士ガブリウス・デ・ザモレイス殿、この詩句を作る」なる文句が読める。主としてマルティアリスの、またカトゥルスの影響下に、この分野の広大な文献がしだいに形づくられていった。最高の勝利は、あるエピグラムが古代のものと見なされたり、古い石碑を盗用したものと見なされたりする場合であり、[21] あるいは、そのエピグラムが大へん優れていると思われたので、例えばベンボの二、三のもののように、イタリア全土で暗誦されるほどになった場合であった。ヴェネツィア国家はサンナザーロに三節の二行詩からなる彼の頌詞の謝礼として六百ドゥカーテンを支払ったが、これは気前のよい浪費などでは決してなく、むしろエピグラムを、あの当時の教養ある人たちすべてがエピグラムについて抱いていた考え方にぴったりなものとして、すなわち名声の最も凝縮した形として、評価した結果であった。一方また、機知に富んだエピグラムになんの不快感も感じることがなかったほど権勢を誇りえた人は当時一人もいなかった。また有力者自身も、彼らが刻ませた碑文にはどんなものでも、慎重で、学識ある助言者を必要とした。それというのも、例えばそれが滑稽な墓碑銘などであったりすると、世間を面白がらせるのが目的の文集に載せられる危険があったからである。[22] 碑銘文学とエピグラム文学とがたがいに手を握った。碑銘文学は古典古代の石碑文のきわめて熱心な研究の上に築かれていたのである。

エピグラムと碑銘の都は、特別な意味においてあくまでもローマであった。世襲を許さなかったこの国家では、各人が自らそれぞれ自分の名を不朽にする道を講じなければならなかった。同時に、寸鉄の嘲笑詩は出世の競争相手を倒す武器でもあった。すでに教皇ピウス二世は、その首席宮廷詩人カンパヌスが教皇治世のちょうどうまい時機を逃さずとらえて仕上げたいくつかの二行詩を満足げに数えあげている。その後これに続く歴代教皇の治下に諷刺的なエピグラムが栄え、教皇アレクサンデル六世とその一族にたいしては言語道断な傲慢無礼の極に達した。サンナザーロは無論そのエピグラムを比較的安全な場所にいて作ったが、他の人たちは宮廷の近くに迫って危険きわまりないことでもあえてやった(上巻二四二頁以下参照)。かつて教皇アレクサンデルは、ヴァティカン図書館の入口に張られてあった八篇の脅迫的二行詩のために、[23] 護衛兵を八百人増員させたことがあった。その作者が捕えられたとしたら、教皇がその者にどのような仕打ちをしたであろうか、想像に難くない。――教皇レオ十世治下においては、ラテン語のエピグラムはなくてはならぬ日々の糧《かて》であった。教皇を賛美するためであれ、誹謗するためであれ、また名指しでか、名を秘してかはともかく、敵や槍玉に挙げられた者を懲らしめるためであれ、また、機知、いやがらせ、哀悼、瞑想の対象、それが真実のか、架空のかはとにかくとして、そうした対象を言い表わすためであれ、これ以上ぴったりの詩形はなかった。当時、アンドレーア・サンソヴィーノ（一四六〇頃―一五二九。彫刻家、建築家。「キリストの洗礼」像など盛期ルネサンスの最も優れた作品を作った）がサンタゴスティーノ教会のために制作した聖母マリアおよび聖アンナと幼児キリストの有名な群像に捧げるためのラテン語の詩を作ることで、百二十人を下らない人たちが辛苦したのであった、もっとも、信心からではなく、むしろその群像の注文主の歓心を買わんがためであったが。[24] というのも、この注文主、教皇の嘆願書伝奏官で、ルクセンブルク出身のヨハン・ゴーリッツ（ヨハンネス・コリュキウス。十五世紀半ば―一五二七。文芸保護者。美術収集家）は、聖アンナ祭に礼拝などを執りおこなわさせるだけでなく、カピトリヌスの丘の中腹にある自分の庭園で文人たちの盛大な饗宴を催したからである。当時は、教皇レオの宮廷で幸運を探し求めていた詩人たちの群れをのこらず、フランチェスコ・アルシルス（一四七二―一五四〇。人文主義者）がやったように、[25]『ローマの都の詩人たちについて』（De poetis urbanis）といった独特な長篇詩の中であれこれ吟味するのも骨折りがいのあることなのであった。このアルシルスというのは、教皇の保護やその他の保護を一切必要とせず、また、同僚の詩人にたいしても言うべき時は歯に衣《きぬ》着せることなく言いたいことを言った男であった。――教皇パウルス三世以降になると、エピグラムはわずかにその余韻を時たま響かせているにすぎない。これに反して碑銘文学はこれよりも長く栄え、十七世紀に入ってようやく装飾過多な文体に完全に屈服するのである。

ヴェネツィアにおいても碑銘文学には特別な歴史があり、われわれはフランチェスコ・サンソヴィーノ（一五二一—八六。ヴェネツィアの著述家。出版業者）の『ヴェネツィア』の助けを借りてこの歴史を辿ることができる。元首《ドージェ》邸館内の大広間にある歴代元首肖像につける題辞（Brievi）は、きまって依頼された仕事であった。これは、二ないしは四行の六歩格の詩で、その人物の果たした執務の重要な業績が詠《よ》みこまれているものであった[26]。その後、十四世紀の元首の墓には、事実しか含まれていない簡潔な散文体碑文が記されていたが、それとならんで大げさな六歩格の詩句もしくはレオ詩格もあった。十五世紀になると、文体を入念に練るということが盛んになり、十六世紀にはそれが頂点に達し、やがて無用の対句、擬人法、激越な調子、信条の礼賛、一言をもってすれば、誇張が始まる。あてこすりを言ったり、故人をあからさまに称賛することで婉曲に相手を非難するといった筆法が相当頻繁に使われる。その後また、意図的に簡素な表現を持った碑銘が現われるが、それはずっと後になってからである。

建築物と装飾模様は、碑銘を——しばしばいくつもかさねて——取りつけられるように初めから完璧に案配されていたが、一方例えば北方のゴシック様式などは、碑銘のために適当な場所を作るのに大へんな苦労をするわけで、墓標に取りつける碑銘の位置は例えば一番破損のおそれのある個所、すなわち墓石の縁などによくあてがわれている。

《雅俗混交体戯詩》

ところで、以上述べたことによって、われわれがイタリア人のこのラテン語の詩歌の固有の価値を読者に納得させたとは決して思っていない。われわれの意図したのはただ、この詩歌の文化史的位置と必然性を大まかに示すことであった。ちなみに、当時すでにこうしたものの戯画が現われていた(27)。いわゆる雅俗混交体《マッケロネーア》の戯詩がそれで、その代表作、マッケロネーア詩集（Opus macaronicorum）はメルリヌス・コッカイウス（すなわち、マントヴァのテオーフィロ・フォレンゴ（一四九一—一五四四。諷刺詩人。コッカイウスの偽名で出版された『バルドゥス』などがある））の作である。内容についてはさらに触れることもあろう。形式に関して言えば——これは、ラテン語と、ラテン語の語尾を持ったイタリア語とを混合した六歩格その他の詩句である——この作品の滑稽味は主として、この混合した言葉が言い間違いだらけのように聞えるところにある、ちょうど張切りすぎたラテン語の即興詩人が懸河の勢いでまくし立てるときのように。ドイツ語とラテン語でこれを模倣したものでは、こういう滑稽味はでてこない。

12　十六世紀における人文主義者の没落

《人文主義者への非難とその責任の度合》

十四世紀の初頭以来、詩人にして文献学者たちの輝かしい数世代はイタリアと世界を古代への礼賛でもって満たし、教養と教育のなんたるかを根本的に規定し、国政をさえしばしばつかさどり、また古典古代の著作物を力のかぎり復刻したが、その後十六世紀になると、この階級の人たちはのこらず大方のあからさまな不評をまねくことになった、しかも、彼らの学説や知識などなくてもよいとは誰もまだまったく思っていなかった時代なのにである。人々はなお引き続きこの人たちのように演説し、物を書き、詩を作っているのに、個人的にはもう誰もこの人たちの仲間に入ろうとはしないのである。この人たちの意地のわるい高慢と、恥知らずな自堕落とに起因する二つの大きな非難に、早くも第三の非難が、まさに始まろうとしている反宗教改革の声が唱和する、すなわち彼らの不信仰に起因する非難である。

ここでまず疑問とせざるをえないのは、これらの非難が、真実のものであるか、ないかはともかくとして、どうしてもっと早く世に広く知れわたらなかったのであろうか、ということである。じつは、こうした非難はすでにずいぶん早くから人々の耳に入っていたのだが、特別影響を及ぼすことがなかったのである。その理由は明らかに、古代の実際的内容ということになると、人々はまだこれらの文学者にすっかり頼りきっていたからであり、またこれら文学者たちはきわめて私的な感覚でこれを所有し、維持し、そして普及させていたからである。ところが、古典作家の典籍の印刷本(1)や上手に編纂された大きなハンドブックとか参考書の類が急激に普及したために、人々はさっそく人文主義者たちとの絶えざる個人的交わりからかなりの程度解放されることになった。そして、彼らがいなくともまずどうやらやってゆけるようになると、たちまち先のような世論の急変が起こったのである。この激変の中にあって人文主義者たちは善き人も悪しき人もひとしく苦しんだのであった。

大たい、あのような非難の声を挙げた張本人は、じつに人文主義者自身なのである。かつて一つの階層を作り出したあらゆる人たちのうちで、この人たちくらい団結心に乏しかった者はいなかった、あるいは、なにか奮起しようとするようなことがあったとき、この人たちくらいこうした一つ気持を尊重することの少ない者はいなかったのである。さらに、彼らがたがいに相手にぬきんでようとし始めると、もう手段は選ばなかった。あっというまに彼らは、学問上の根拠を武器として使うかわりに、誹謗やこれ以上なくひどい中傷をもってする攻撃に転ずるのである。彼らはその敵を論駁するのではなく、すべての点でこれを絶滅しようとする。こうした態度のいくばくかは、彼らの環境と地位に由来している。われわれは、彼らが誰にもまして大声を発する機関の役割を果たした時代が、名声と嘲笑の大波のためにどんなに激しく翻弄されたかを見た。実生活の中での彼らの立場にしても大ていは、自分たちで絶えず自らの生存を防衛せざるをえなかったようなものであった。こうした雰囲気の中で彼らは物を書き、熱弁を揮い、たがいに相手のことを筆端にのせたりしあったのである。ポッジョの著作だけとっても、その中には、この連中全体にたいしてある種の偏見を呼び起こすに十分の卑猥な言葉が含まれている――そしてこのポッジョ著作集こそ、アルプスのこちら側でも、向こう側でも、最も頻繁に出版されずにはいなかったものなのである。十五世紀のこうした連中のうちに、非の打ちどころのないように見える人物が見出されても、あまり早まって喜ばないようにするがよい。少し広く探して見れば、つねにこの人にたいするなんらかの中傷に出会うのであり、こうした中傷は、たとえこれを信じなくても、その人の姿に暗い影を投じるであろう。多くの猥褻なラテン語の詩や、例えばポンターノ（一四二二―一五〇三。多才な人文主義者。詩人。ラテン語の詩や散文を著わした）の対話篇『アントニウス』に見られるような、自分の家族への当て擦りなどが、さらにこのような傾向を助長した。十六世紀はこの種の証拠を残らず知っていて、ここで問題になっているような種類の人間にはそうでなくともうんざりしていたのであった。この種の人たちは、自分たちの犯したことにたいして、また自分たちにこれまで寄せられてきた過分な名望にたいして償いをさせられたのである。彼らの意地の悪い運命は、この国民の最大の詩人が彼らについて粛々と、かつ超然と、軽侮の言葉を発することを欲したのである。(2)

今やこうしたものに合流して世間全体の反感となったこれらの非難には、とにかく理由がありすぎるほどあった。とはいえ道徳的厳格さと信仰心を示すある種の顕著な傾向は、なお依然として相当数の文献学者のうちに生きていた。そして、もしこの階層全体を非とする人がいるとすれば、それはあの時代についての知識に乏しいことのあらわれである。だが多数の文献学者たちには、中でも最も声高な人たちには、負うべき責めがあった。

彼らの責めを明らかにし、おそらくそれを軽減することのできる事情が三つある。すなわち、幸運が彼らにほほえみかけていたとき、過度に華々しくちやほやされたこと、彼らの外面上の生活を保証するものがなかったため、栄光と悲惨が主人のご機嫌や敵の悪意しだいで目まぐるしく変転したこと、そして最後に、人々の心を混乱させる古代の影響である。古代は文献学者たちの道義心を損なっただけで、彼らに古代の道義心を伝えることはなかったのである。宗教的な事柄においても、古代は彼らにたいし主として懐疑的、否定的な面から影響を及ぼしたが、これは、古代の諸神信仰という既成のものを彼らが受け容れるということはなんといっても考えられなかったからである。古代を教条的に把握したために、すなわち、あらゆる思考と行動の模範として把握したというまさにこのことのために、かえって彼らはこの場合不利な立場に陥らざるをえなかった。だが、古代世界とこの古代世界が産みだしたものを申し分のない偏狭さで崇拝した世紀が存在したということは、もはや個々の人間に責めがあるのではなく、むしろ高次の、歴史的摂理であった。ここにいたるまでの、またこれ以後の時代の教養はすべて、ここで述べられたようなことが起こったという事実の上に、そしてこのようなことが当時あれほど完全に一面に偏し、かつ他のあらゆる生活目標をないがしろにして行なわれたという事実の上に成り立っているのである。

人文主義者たちの閲《けみ》した経歴を見ると、大たいにおいてそれはきわめて堅固で、倫理的に優れた素質を具えた者でなければ、害を受けずにこれを切り抜けることのとうていできないようなものであった。最初の危険がしばしば両親から来たことは確かである。両親は、当時すべてに通用した人文学者という階級に属した時に就くべき将来の地位のことを考えて、往々にして異常に早熟なわが子を神童(3)に仕立てあげた。ところが神童というものは通常ある段階で伸びが止まってしまうものである、そうでない場合でも、筆舌につくしがたい苦しい試練のもとにさらなる成長と名望を戦いとってゆかねばならない。意欲的な若者にとっても、人文主義者の名声と輝かしい振舞いは危険な誘惑であった。若者には、自分だって「天賦の高邁な精神によって卑俗にして下賤な事柄などにもはや眼もくれずにいることが(4)」できるように思われた。このようにして人々は波瀾にみちた、心身をすり減らす生活の中へ身を投じたが、そこでは極度に緊張した勉学、家庭教師の職、秘書の職務、大学教授の地位、諸侯への臣事、命にかかわる敵対関係やそれにともなう危険、熱狂的称賛と雨と注がれる嘲笑、贅沢と貧困、これらのものが入り乱れてつぎからつぎへと続いた。このうえなく堅牢な知識さえ、ごく薄っぺらな生半可の知識に出し抜かれることも時としてありえた。しかし最大の不幸は、この階層の人たちが定まった家郷というものとほとんど両立することがなかったということであった。それは、この階層の人たちが居所の変更をまさしく必要としていたか、もしくは、この階層が人を、どこにあっても長くは安住できないような気分にさせたからである。この人たちがそこの土地の人たちに飽きたり、敵意の渦に巻きこまれて居心地が悪くなったりするその一方で、土地の人たちの方でも絶えず新しいものを求めていたのである（上巻三〇一頁参照）。ここにおいても、ピロストラトス（二―三世紀。ローマ帝政時代のギリシアのソフィスト。『テュアナのアポロニオス伝』、『ソフィスト列伝』を著わした）が記述しているような帝政時代のギリシアのソフィストたち（『ギリシア文化史』第五巻六三頁以下、第七巻二〇一頁以下、『コンスタンティヌス大帝の時代』三二九頁以下参照）のことを思い出させるものが少なからずあるが、それでもソフィストたちの方がより有利な状態にあった。すなわち、ソフィストたちの大部分は財産を所有していたか、もしくは彼らの方が容易に欠乏に耐えられたし、そもそも安楽な生活をしていたのであり、それは、彼らが学者というよりは、演説の実地の大家であったからである。これに反してルネサンスの人文主義者は、大いなる学識を身につける術を心得ていなければならず、またじつにさまざまな状況や仕事の渦に耐える術も心得ていなければならない。これに加えて、憂《う》さを紛らすためには、自堕落な享楽があり、また世間がどのみち人文主義者というのはどんな悪辣なことでもやりかねない人間だと考えると、たちまち世間で通用している道徳すべてに無関心になるということがある。このような性格は、尊大な気持があってこそ考えられるものなのである。こうした性格は、時流に乗って上層に留まるためにだけでも、この尊大な気持を必要とする。また、憎しみと崇拝がこもごも来たるという状況は、どうしても彼らのこの気持を強めずにいないのである。こうした性格は、解き放たれた自己中心的姿勢のきわめて特異な実例であり、また、そうした姿勢に払われた犠牲でもある。

こうしたことについての苦情や諷刺的叙述は、先に述べたように、すでに早くから始まっている。それというのも、どんな成熟した個人主義にたいしても、どんな種類の名声にたいしても、懲罰の鞭としてある種の嘲笑が存在したからである。そのうえ、一番ひどい材料を提供したのが当の人文主義者本人なのであった。人々はこれを利用しさえすればよかったのである。十五世紀においてもなお、バッティスタ・マントヴァーノは七つの怪物(5)を列挙するとき、人文主義者を他の多くの者たちと一緒に「傲慢《スペルビア》」の項目に入れている。マントヴァーノは、アポロンの息子だとうぬぼれている人文学者たちが、不機嫌で、陰険な顔つきをし、穀粒をついばむ鶴のように、己れの影を眺めたり、称賛のことで身もほそる不安に打ち沈みながら、うわべだけはもったいぶって歩く様を描いている。しかしながら十六世紀は彼らを正式に告訴した。アリオストの他にこのことを証言しているのは、とりわけ彼らの文学史家ジラルディスであり、この人の論文(6)はすでに教皇レオ十世の治下に著わされたが、おそらく一五四〇年頃に書き改められたらしい。それを読むと、文学者たちの道義的無節操と悲惨な生活についての、古今からとられた戒めとなる実例がおそろしく大量にわれわれに向かって押しよせてくる。そしてその合い間には全般にわたる厳しい非難が明確に述べられる。この非難の内容は主として、激越な感情、虚栄心、頑迷、自己賛美、放縦な私生活、あらゆる種類の淫行、異端信仰、無神論、——さらに、信念のともなわない能弁、政府にたいする有害な影響、言葉の細部への拘泥、師にたいする忘恩、文学者を最初好餌をもって誘っておきながら、そのあとで飢えさせる王侯たちに鞠躬如《きっきゅうじょ》として仕える卑屈な態度等々である。そして最後に、黄金時代についての所見をもって結んでいる。すなわち、まだ学問などが存在しなかった当時にこそ黄金時代が支配していた、と言うのである。これらの非難のうちの一つ、異端信仰にたいする非難はやがてきわめて危険な色合いを持つものとなった。ジラルディス自身、後年になって、若い時分に書いたまったく害のないある著作(7)を再版するにあたって、フェッラーラ公エルコレ二世（在位一五三四—一五九。エステ家）のマントにすがらねばならない。それは、当時すでに、神話の研究などよりは、キリスト教の問題に時間を使った方がよいと考える人たちが発言権を握っているからである。ジラルディスはこれと反対に、神話の研究こそこのような時代においては学問的叙述の唯一無害な、すなわち、中立的な対象と言ってよいということを考慮するよう求めているのである。

《人文主義者たちの不運》

だが文化史には、非難とならんで人間的共感も重きをなしているような証言を求める義務があるとするなら、しばしば引用したピエーリオ・ヴァレリアーノの著書『学者の不幸について[8]』に優るような資料は他にない。これはローマ劫掠の暗澹たる印象のもとに書かれたものであり、このローマ劫掠は、学者たちをも巻きこんだ悲惨と相まって、この著者には、すでに久しく学者たちに猛威をふるっている悪運の最後のもののように思われる。ピエーリオはここにおいて、おおむね正しい、また偽らざる感情にしたがって書いている。彼は、才気あふれる人々をその天才のゆえに責めたてる特別の、高貴な神霊《ダイモン》を持出してもったいぶるようなことはせず、むしろ、しばしばたんなる不運な偶然が事を決定するものとして現われるような出来事のあることを確認するのである。彼は悲劇を書きたいと思っているのではない、あるいは一切の原因を高次の心的葛藤に求めようとしているのでもない。この理由からも彼は日常平凡なことも持出すのである。かくしてわれわれは、騒然たる時代にあってまずその収入を失い、しかるのちにその地位も失う人たち、二つの地位を追って結局一つの地位も得られなかった人たち、その所持金を衣服に縫いこんで肌身離さず持ち歩き、強奪にあって狂死する人間嫌いの守銭奴、教会禄を受けとるようになり、以前の自由恋しさにすっかりふさぎこんでやせほそってゆく人たちを知るにいたる。つぎに、熱病や黒死病《ペスト》のために多くの人が若くして死んだことが悼まれる。こんな時には、彫琢された著作が寝具や衣服もろとも焼きすてられるのである。生きながらえた人たちにしても同僚に生命を脅かされて苦しむ。何人かの者は強欲な下僕に殺され、あるいは旅の途中で悪人たちに捕えられ、身代金が払えないために、牢獄の中で飢え死にさせられる。秘められた心痛、身に受けた侮辱そして冷遇のために死にいたる者も少なくない。あるヴェネツィア人は、神童だった幼い息子が死んだため、悲嘆のあまり死ぬ。そうすると母親とその兄弟もやがてそのあとを追う、まるでその子供が彼らすべてを招きよせるかのように。かなり多くの人たちが、ことにフィレンツェ人が自殺によって命を絶ち[9]、他の人たちは専制君主の秘密裁判によって死を遂げる。こう見てくると、これでもなお幸福な者がいると言えようか？　幸福になるとすればどんな方法で？　例えばこのような悲惨にたいして感覚をすっかり鈍麻させることによって？

《人文主義者と対照的な人物》

ピエーリオはその叙述を対話形式で運んでいるが、その話し手の一人はこの問いにうまい回答をしている。それはあの立派なガスパロ・コンタリーニ枢機卿（一四八三―一五四二。ヴェネツィアの哲学者、政治家、神学者、宗教改革者。ローマにあって教会改革の有能な中心人物となる。後世に大きな影響を与えた『ヴェネツィアの官職と共和制に関する五書』などがある）である。この人の名前が挙げられるだけでわれわれは早くも、当時こうした問題について考えられた最も深遠にして真実なる事の、少なくともいくばくかが聴かれるのではないかと期待してもよい。この枢機卿には、ベルーノのウルバーノ・ヴァレリアーノ修道士（一四四〇―一五二四。ピエーリオ・ヴァレリアーノの叔父にして師）が幸福な学者の象徴のように思われる。この人はヴェネツィアで長いあいだギリシア語の教師をつとめ、ギリシアと近東諸国を訪れ、晩年になってもなお各国を、一度も馬などに乗ることなく、走破し、びた一文私財を貯えず、名誉も立身もすべてしりぞけ、晴れやかな老年を過したのち、八十四歳で世を去った、一度梯子《はしご》から落ちたことを除いては、いっときも病床にあったこともなく。この修道士と人文主義者たちとの違いはなんであったか？　人文主義者たちには、彼らが適切に役立てうる以上の自由な意志と解き放たれた自己中心的姿勢がある。これに反してこの托鉢修道会士は、少年の頃から修道院で過し、食事や睡眠ですら一度も自分の好きなようにとったことがなかったのであり、それゆえ強制をもはや強制とは感じなくなっていたのである。このような習慣のおかげで、彼は非常な労苦の只中にあって内面的にこのうえなく安らかな生活を送り、また、こうしたことから受ける印象によって聴講者たちにそのギリシア語による以上の感銘を与えたのであった。こうして聴講者たちは、自分たちが不運の中にあって嘆き悲しむか、それともこれを克服して元気を取りもどすべきかは、自分たち自身の心の持ちよう一つにあることを納得したように思えた。「窮乏と労苦のさ中にあってさえ、彼は幸福であった。それは、彼がむしろそういう労苦や窮乏した状態を望んでいたからであり、彼は贅沢に慣れず、空想に身を委ねず、気まぐれな所も、貪欲な所もなく、むしろつねにほんの僅かなもので、あるいは何もなくても満足していたからであった。」――かりにわれわれが直接コンタリーニの意見を聞くとすれば、おそらくはこの人物の姿にさらに宗教的動機も加えられるであろう。だが、このサンダルをはいた実践的哲学者だけでもう十分説得力があり、かつ意義深いのである。ヒッポクラテス

（前四六〇頃。医学者。医学の父と呼ばれる）の注釈者、ラヴェンナのあのファービオ・カルヴィ(10)（一五二七没。ラファエッロの学問上の友で、彼のためにウィトルウィウスの著作を訳すなどのことをした）も、これとは異なった環境にあって似通った性格を示している。彼は高齢に達しながらローマで、「かつてピタゴラス（前五八二―前四九七。宗教家、数学者、哲学者。輪廻転生から解脱するため、特別の戒律を守る宗教的団体を組織した）学派の人たちがしたように」野菜だけ食べて生き、また、ディオゲネス（前四〇四―前三二三。哲学者、犬儒学派。「樽の中のディオゲネス」と言われる）の樽とくらべて特別上等ということもなかった古い壁穴を住居としていた。教皇レオ十世が彼に支給していた年金のうち、彼はどうしても必要な分だけ取って、残りは他の人たちに施した。彼はウルバーノ修道士のように、いつまでも健康ではなかったし、またその最期もウルバーノのように、死に臨んでほほえんでいるというわけにはおそらくゆかなかったであろう。というのも、ローマ劫掠の際に、スペイン人たちが九十歳にもなろうというこの老人を、身代金目的に連れ去ったからである。彼はさる養老院で飢え死にした。だが彼の名前は不滅の王国の中へ救い入れられて今に生きている。これは、ラファエッロがこの老人を父のように愛し、師のように敬い、あらゆる事柄についてこの人に意見を求めたからであった。おそらくその助言はおもに古代ローマのあの考古学的復元に関するものであったろう（上巻二七二頁参照）、あるいはまたもっと高尚な事に関するものであったのかもしれない。ファービオがラファエッロの「アテネの学堂」の着想やその他のきわめて重要な構図の着想にどの程度関与したか、何びとがそれを知ろうか？

《ポンポニウス・ラエトゥス》

われわれはここで、例えばポンポニウス・ラエトゥスのそれのような、典雅で、穏やかな生涯像を記してこの章を終りたいのであるが、ただラエトゥスに関してなおわれわれに伝えてくれるのは、彼の弟子サベッリコの書簡(11)ぐらいなものであり、この書簡の中ではラエトゥスの姿は故意にいくらか古代風にされているようである。そうではあるが、こうした書簡から二、三の特徴が明らかとなるかもしれない。ラエトゥスは、サレルノの君侯である、ナポリのサンセヴェリーノ家の庶子であった（上巻三五七頁参照）。しかしこの家の人たちを認知しようとせず、自分たちのもとで暮すようにという誘いに、つぎのような有名な短い手紙を彼らに書き送った。「ポンポニウス・ラエトゥス、親類縁者の皆さんにご挨拶を。あなた方の望む所はかなえられません。ご機嫌よう。」小さな、生き生きとした眼の、風采のあがらない小男で、風変わりな衣装を身につけたこの人は、十五世紀の最後の数十年をローマの大学の教師として、ある時はエスクイリーヌスの丘（古代ローマの七丘の一つ）の上の庭園つきの小さな家に、ある時はクイリナリスの丘（同右）の上の葡萄園に住んでいた。そこでは彼は家鴨《あひる》やその他の家禽を飼い、ここでは大カトー（前二三四―前一四九。ローマの政治家、文人。ローマの質実剛健を賛えた）、ウァロ（前一一六―前二七。ローマの軍人、学者。ウェルギリウスの敬虔な田園主義に大きな影響力を与えた『農業誌』などがある）そしてコルメラ（後一世紀中頃。農学者）の教える所に徹頭徹尾したがって土地を耕した。祭日には戸外で魚や鳥を捕えて過ごし、あるいはまた泉のほとりやテヴェレ河の岸辺の木陰で酒宴に打ち興じた。富や安逸な生活はこれを軽蔑した。妬みや中傷は彼の知らぬことであった、また自分の身辺でこうしたことを耳にするのも我慢がならなかった。ただ聖職者階級にたいしてだけはきわめて率直に振舞った、実際彼は、晩年は除いて、およそ宗教なるものの軽蔑者と見なされていた。教皇パウルス二世の人文主義者迫害の巻き添えとなって、彼はヴェネツィアから教皇に引渡されたが、どんな手段を使って責められても自分の品位を落すような自白をすることはなかった。それ以来歴代教皇や高位聖職者たちはこの人を自分のもとに招き、これを援助した。また、教皇シクストゥス四世治下の騒乱の折りに彼の家が略奪にあったとき、彼が失った以上のものを人々は醵出して彼に贈った。教師として彼は誠実であった。日の上る前にもう彼がランタンを手にエスクイリーヌスの丘を下りて行くのが見られた。そしていつも彼は講堂が早くも立錐の余地のないほど聴講者で一杯なのを見いだしたのであった。どもる癖があったため、講壇上では慎重に話を進めたが、それでいて美しく、均斉のとれた話し振りであった。彼の数少ない著書も細心の注意を払って書かれている。古代のテキストを彼ほど慎重かつ小心に扱った人はいなかった。実際彼は古代の他の遺物にも、うっとりとしてその前に立ちつくしたり、突然涙を流したりして、心からの敬意を示したのであった。他人の助けとなることがあったときは、自分の勉学をほったらかしにしてもそちらの方を手伝うという風であったから、誰もが彼を心から慕った。彼が世を去ったときには、教皇アレクサンデル六世さえその廷臣をつかわして、ごく身分の高い聴講者たちのかつぐ遺骸を送らせた。アラチェリにおける埋葬式には、四十人の司教と外国の使節すべてが列席した。

《アカデミー》

ラエトゥスはローマにおける古代戯曲の上演を、主としてプラウトゥスの戯曲上演を振興し、かつ指導した（上巻三六三頁参照）。ラエトゥスはまたローマ市建設記念日に毎年祝祭をもよおして祝い、その折りには彼の友人や門下生が演説をしたり、詩を朗読したりした。この二つの事柄が大きなきっかけとなって、ローマ・アカデミーと呼ばれたものが生れ、それはあとになっても引続きまとまった団体として存続した。このアカデミーは自由な団体以外のなにものでもなく、固定した研究機関との結びつきは全然なかった。先に挙げたような機会以外にもこのアカデミーは、後援者がこれを招集するとか、物故した会員、例えばプラーティナなどの追悼式が催された折りに、開催された[12]。こうした際には、午前中にアカデミーに所属していた高位聖職者がミサを執り行なうのが習わしであった。このあとで例えばポンポニウス・ラエトゥスなどが演壇に登って、この集りにかかわる演説を行なった。これに続いて別な会員が演壇に登って、二行詩を朗誦した。哀悼の催しも祝賀の会も、討論と朗唱つきのおきまりの宴会をもってお開きとなった。またアカデミーの会員たち、例えば今挙げたプラーティナ自身などは、すでに早くから美食家で通っていた[13]。また、二、三の来賓がアテッラーナ式笑劇（古代ローマの仮面を使った即興喜劇）を演ずることも何度か見られた。このアカデミーは、その規模がしょっちゅう変わる自由な団体であったが、当初の性質を変えることなく引き続きローマ劫掠にいたるまで存続し、アンゲルス・コロッキウス（アンジェロ・コロッチ。一四七四―一五四九。人文主義者、文献学者。教皇レオ十世、クレメンス七世の書記。写本、碑文の収集家）やヨハンネス・コリュキウス（上巻三八四頁参照）といったような人たちから篤い友情も受けた。このアカデミーが国民の精神生活にとってどれほど高く評価されうるものであるかは、この種のなんらかの社交団体の場合と同じく、厳密に確定することはできない。いずれにせよ、サドレート[14]（人文主義者、枢機卿）のような人でさえこのアカデミーを、自分の青年時代の最上の思い出と見なしている。――これ以外の相当数のアカデミーがさまざまな都市で成立し、また消えていったが、これは、そこに居住していた人文主義者の数と重要度によるか、あるいは富裕な人たちや有力者の後援の程度によるか、それぞれの事情によって起こったのである。ナポリのアカデミーがそうであって、これはジョヴィアーノ・ポンターノを中心に集ったもので、その一部はレッチェに移住した[15]、またポルデノーネのアカデミーもそうで、これはアルヴィアーノ将軍（一四五五―一五一五。ヴェネツィアの傭兵隊長）の宮廷を形づくっていた等々。ロドヴィーコ・イル・モーロ（スフォルツァ家）のアカデミー、およびこの君侯の交遊においてこのアカデミーの有した固有の意義については、すでに述べておいた（上巻七五頁参照）。

十六世紀中頃に、これらの団体に完全な変化が起こったように思われる。人文主義者たちは、そうでなくとも実生活における支配的地位から追い落され、またまさに始まりつつある宗教改革からは疑いの眼で見られていたために、しだいにアカデミーの指導的地位を失ってゆくのであり、またイタリア語の詩歌もここにいたってラテン語の詩歌にとってかわるのである。やがて、とにかく一角《ひとかど》の名を有する都市はどれも、考えうるかぎり風変わりな名前を持ち、(16)また出資や遺贈によって作られた固有の財産を有する自分たちのアカデミーを持つようになる。詩の朗唱のほかに、それ以前のラテン語の時代から受け継がれているものとして、定期的な饗宴と劇の上演があり、この上演は、一部はアカデミーの会員たち自身の手で、一部は彼らの監督のもとに若い人たちによって行なわれ、やがて有給の俳優によって行なわれるようになる。イタリア演劇の運命は、のちにはオペラの運命も、長いあいだこれらの団体の手に握られていたのである。

原注

第一章

序論

(1) Franz Kugler, *Geschichte der Baukunst* (第四巻の、イタリア・ルネサンスの建築と装飾を内容とする前半)。
(2) Machiavelli, *Discorsi* L. I, c. 12.
(3) 支配者とその一党が一緒になって lo stato と呼ばれる。この名称はその後不法にも、一領土の存在全体を表わす意味を持つにいたった。
(4) Höfler, *Kaiser Friedrich II.*, S. 39 ff.
(5) *Cento novelle antiche*, Nov. 1, 6, 20, 21, 22, 23, 29, 30, 45, 56, 83, 88, 98.
(6) Thesaurus des Grävius VI, III, p. 259 の中の Scardeonius, *De urbis Patav. antiqu.*

1 十四世紀の専制君主

(1) Sismondi, *Hist. des rép. italiennes*, IV, p. 420 ; VIII, p. 1 s.
(2) Franco Sacchetti, *Novelle* (61, 62).
(3) Petrarca, *De rep. optime administranda, ad Franc. Carraram.* (*Opera*, p. 372, s.)

（4）その後百年たってようやく王侯の妃も国母となる。Muratori, XXV, Col. 429 にある、ビアンカ・マリア・ヴィスコンティに捧げたヒエロニムス・クリヴェリスの弔辞参照。こうしたことが嘲笑的に転用されたものとして、教皇シクストゥス四世の姉妹が Jac. Volaterranus（Murat. XXIII. Col. 109）において教会の母（mater ecclesiae）と呼ばれているのがある。

（5）ついでにつぎのような希望も述べられている。パドヴァの街路で豚を飼うことを禁じてもらいたい、見たところも好ましくないし、馬もそれを見て驚くから。

（6）Petrarca, *Rerum memorandar.* liber III. p. 460. ——それはマッテーオ一世ヴィスコンティと、当時ミラノを支配していたグイード・デッラ・トッレのことである。

（7）Matteo Villani, V. 81. マッテーオ二世ヴィスコンティはその兄弟によって暗殺されている。

（8）Filippo Villani, *Istorie* XI. 101. ——ペトラルカも専制君主たちが「祝祭日の祭壇のように」飾りたてられているのを見ている。——ルッカにおいてカストラカーニが行なった古代風の凱旋行進は、Murat. XI. Col. 1340 に収められた、テグリモ（Tegrimo）によるカストラカーニの伝記の中に詳細に記述されているのが見られる。

（9）*De vulgari eloquio*, I, c. 12.「……イタリアの王侯は荘重な流儀ではなくて、卑俗な流儀によって尊大たろうとしている……」

（10）こうしたことは確かに十五世紀の文献に初めて出てくるものであるが、しかしこれより以前のいろいろな想像に基づいていることは疑いない。L. B. Alberti, *De re aedif.* V. 3. ——Della Valle, *Lettere sanesi*, III. 121 に収められた Franc. di Giorgio, *Trattato* 参照。

（11）Franco Sacchetti, *Nov.* 61.

（12）Matteo Villani, VI. 1.

（13）十四世紀中葉のパドヴァの旅券交付所は、Franco Sacchetti, *Nov.* 117では通行許可証係（quelli delle bullette）と呼ばれている。フリードリヒ二世の最後の十年において、個人の管理が厳しかったときには、旅券制度はすでにきわめて発達していたにちがいない。

（14）Corio, *Storia di Milano*, Fol. 247, s.

（15）例えばパオロ・ジョーヴィオ（Paolo Giovio）も同じような思いを抱いている。*Viri illustres, Jo. Galeatius.*

（16）Corio, Fol. 272, 285.

（17）Cagnola, *Archiv. stor.* II [III], p. 23.

（18）Corio, Fol. 286 および Murat. XX, Col. 290 にある Poggio, *Hist. Florent.* IV にこのように述べられている。――帝位を狙った諸計画については、Cagnola 前掲書、および Trucchi, *Poesie ital. inedite* II, p. 118 にあるソネットがこれを伝えている。

ロンバルディアの町々は、あなたに身を委ねようと、鍵を手に立っている……
ローマはあなたに呼びかける、わが新しき皇帝よ、
一糸もまとわぬわが身ながら、魂は生きている、
さあ、あなたのマントで私を覆って下さい……

（19）Corio, Fol. 301 u. ff. Ammian. Marcellin. XXIX, 3 参照。

（20）Paul. Jovius : *Viri illustres, Jo. Galeatius, Philippus.*

2　十五世紀の専制君主

（1）De Gingins : *Dépêches des ambassadeurs milanais,* II, p. 200（N. 213）, II, 3（N. 144）および II,

212（N. 218）参照。

（2）Paul. Jovius, *Elogia*.

（3）力と才能のこうした結びつきがすなわち、マキアヴェッリの言う力量（virtù）であり、これは悪辣（scelleratezza）とも両立しうると考えられている。例えば、*Discorsi* I. 10 において、セプティミウス・セウェルスについて述べた個所を参照。

（4）これについては、Franc. Vettori, *Arch. stor.* VI. p. 293. s. においてつぎのように述べられている。「ドイツに住んでいて、ローマ皇帝といっても実質のない名称でしかない男から封土を授与されても、一悪人を都市の真の支配者《シニョーレ》にすることはできない。」

（5）M. Villani, IV. 38. 39. 56. 77. 78. 92；V. 1. 2. 21. 36. 54.

（6）カルル四世にさらに聖地へむけての十字軍遠征をも要求しようとしたのは、一イタリア人ファツィオ・デリ・ウベルティであった（*Dittamondo*, L. VI. cap. 5. 一三六〇年頃）。その個所は、このことが現われている詩の中の最上の部分の一つであり、またその他の点でも特色がある。詩人は不遜なトルコ人によって聖墓から追い払われる。

　足を引きずり、頭を垂れて立ち去りつつ、私は言った。サラセン人がここにいるとは、キリスト教徒にとってなんたる恥辱、

　次に私は牧者（教皇）をこう非難した、あなたはキリストの代理人でありながら、どうしていたずらに僧たちと腐肉を肥やしておられるのか？

　同じく、ボヘミアで葡萄や無花果を植え、至高善を顧みないあの三百代官（カルル四世）に言った、あなたは何をしているのか？

　なぜ最初のローマの皇帝たちにならわないのか。オットー、コンラート、フリードリヒに？　な

ぜ武器をおさめているのか？

あなたにはアウグストゥスの勇気がないのか、戦をしないならば自分がその位を去るという？

……

(7) 詳細は Vespasiano Fiorent. p. 54 に見られる。上巻一八八頁参照。
(8) Murat. XXIV, Col. 215. s. 所収の *Diario Ferrarese.*
(9) 「彼はこうした連中から財産をうまく巻きあげようとした。」
(10) Murat. XX, Col. 41 所収の *Annales Estenses.*
(11) Murat. XX, Col. 381 所収の Poggii. *Hist. Florent. pop.*, L. VII.
(12) Murat. XXIV, Col. 575 所収の Senarega, *De reb. Genuens.*
(13) Murat. XXVI [XXIV], Col. 203 所収の *Diario Ferrarese* にこの人たちの名前が列挙されている。
(14) Murat. XXII, Col. 1113 所収の Marin Sanudo, *Vite de' duchi di Venezia.* Pii II. *Comment.* II, p. 102 参照。
(15) Varchi, *Stor. Fiorent.* I, p. 8.
(16) Tommaso Gar, *Relazioni*, p. 281 所収の Soriano, *Relaz. di Roma 1533.*
(17) 以下の記述については、*Archiv. stor.* 第十五巻におけるカネストリーニ (Canestrini) の書いた序文参照。
(18) Cagnola, *Archiv. stor.* III, p. 28. 「また（フィリッポ・マリア）は彼女（ベアトリーチェ）から莫大な財産と多くの現金、ならびに彼女に従ってきた、ファチーノ配下のすべての兵士を受けとった。」
(19) Eccard, *Scriptores.* II, Col. 1911 所収の Infessura. マキアヴェッリが、そのどちらか一つをとるべきであるとして赫々たる勝利を収めた傭兵隊長に示している二つの道については、*Discorsi.* I, 30 参照。

(20) ヴェネツィア人たちが一五一六年にアルヴィアーノも毒殺したのかどうか、また、このことにたいして申し立てた理由が正当であったかどうかについては、*Archiv. stor.* III, p. 348 における Prato の所説を参照されたい。——コレオーニについては、共和国は自らを相続人に指定し、その死後一四七五年に初めて正式の財産没収を行なった。*Archiv. stor.* VII, I, p. 244 における Malipiero, *Annali Veneti* 参照。共和国は、傭兵隊長がその金をヴェネツィアに出資していた場合には、好んでこうした挙に出た。上掲書 p. 351.

(21) *Archiv. stor.* III, p. 121, s. における Cagnola の所説参照。

(22) 少なくともパオロ・ジョーヴィオ (Paolo Giovio) は、その伝記の最も魅力的なものの一つ *Vita magni Sfortiae* (*Viri illustres*) においてこのように述べている。

(23) Aen. Sylvius : *De dictis et factis Alphonsi*, *Opera*, Fol. 475.

(24) Pii II. *Comment.* I, p. 46, また p. 69 も参照。

(25) Sismondi X, p. 258. —— Corio, Fol. 412 においては、スフォルツァもこの犯行にかかわったとされている、それは、スフォルツァがピッチニーノの軍人としての人気が自分の息子たちに危険となるのを恐れていたからであるという。—— Murat. XXI, Col. 902 所収の *Storia Bresciana* —— 一四六六年にヴェネツィアの大傭兵隊長コレオーニが誘惑された事情については、*Arch. stor.* VII, I, p. 210 所収の Malipiero, *Annali Veneti* に述べられている。

(26) Murat. XXIII, p. 811 所収の Allegretti, *Diarii Sanesi*.

(27) *Orationes philelphi*, Fol. 9, フランチェスコに捧げられた弔辞において。

(28) Murat. XXII, Col. 1241 所収の Marin Sanudo, *Vite de' Duchi di Ven.*

(29) Malipiero, *Ann. Veneti*, *Archiv. stor.* VII, I, p. 407.

3　群小専制君主

（1）Murat. XXI, Col. 972 所収の *Chron. Eugubinum.*
（2）Vespasiano Fiorent, p. 148.
（3）*Archiv. stor.* XXI [XVI], Parte I. et II.
（4）Varchi, *Stor. fiorent.* I, p. 242, s.
（5）Malipiero, *Ann. Veneti, Archiv. stor* VII, I, p. 498.
（6）Lil. Greg. Giraldus, *De vario sepeliendi ritu.* ——すでに一四七〇年にこの家に小さな破局が起こっていた。Murat. XXIV, Col. 225 所収の *Diario Ferrarese* 参照。

4　比較的有力な王家

（1）Jovian Pontan.: *De liberalitate* および *De obedientia*, I, 4. Sismondi X, p. 78, s. 参照。
（2）Murat. XXII 所収の Tristano Caracciolo : *De varietate fortunae.* ——Jovian. Pontanus : *De prudentia*, l. IV ; *De magnanimitate*, l. I ; *De liberalitate, De immanitate.* ——Cam. Porzio, *Congiura de' Baroni*, その他随所に——Comines, *Charles VIII*, chap. 17, ここにはアラゴン家の人たちの一般的な性格描写も添えられている。
（3）Paul. Jovius, *Histor.* I, p. 14. あるミラノの使節の演説において。Murat. XXIV, Col. 294 所収の *Diario Ferrarese.*
（4）Murat. XX 所収の Petri Candidi Decembrii, *Vita Phil. Mariae Vicecomitis.*
（4 a）ミラノの城郭にある十四の救難聖人の大理石像は彼の建てたものであろうか？　*Historia der*

Frundsberge, fol. 27 参照。

(5)「いつの日か〈存在しない〉ことが必然であること」が彼をおびえさせたのである。

(6) Corio, Fol. 400 ; —— *Archiv. stor.* III, p. 125 における Cagnola による記述参照。

(7) Pii II. *Comment.* III, p. 130. また、II, 87, 106 参照。Murat. XXII, Col. 74 所収の Caracciolo, *De varietate fortunae* は、スフォルツァの幸運について、もう一つ別の、さらに暗澹たる評価を行なっている。

(8) Malipiero, *Ann. veneti, Archiv. stor.* VII, I, p. 216, 221.

(9) Murat. XXIV, Col. 65 所収の *Chron. Venetum.*

(10) Malipiero, *Ann. Veneti, Archiv. stor.* VII, I, p. 492. また 481, 561 も参照。

(11) モーロがこの男と行なった最後の協議は本当にあったことで、注目に値する。Murat. XXIV, Col. 567 の Senarega の記述参照。

(12) Murat. XXIV, Col. 336, 367, 369 所収の *Diario Ferrarese.* 民衆は、モーロが金銀をためこんでいるのだと信じていた。

(13) Corio, Fol. 448. こうした状態の後世への影響は、バンデッロの書いた、ミラノに材料をとった短篇小説と序論において特にはっきり認められる。

(14) Amoretti, *Memorie storiche sulla vita ecc. di Lionardo da Vinci*, p. 35, s. 83, s.

(15) Trucchi, *Poesie inedite* 所収のこの人のソネットを見られたい。

(16) *Archiv. stor.* III, p. 298 における Prato の記述。また p. 302 も参照。

(17) ゴンザーガは一四六六年に生まれ、一四八〇年に六歳のイザベッラと婚約、一四八四年に王位継承、一四九〇年に結婚。一五一九年没。イザベッラの死は一五三九年。この二人の息子として、一五三〇年に公爵にのぼったフェデリーコ二世（一五一九―四〇年）と、有名なフェランテ・ゴンザーガがいた。以下に述べることは、イザベッラの書簡と、*Archiv. stor.* Append. Tom. II の、d'Arco によって伝えられた補遺によっている。

(18) *Archiv. stor.* Append. Tom. VI, p. 321 における Franc. Vettori の記述。――フェデリーコについては、特に Vespasiano Fiorent. p. 132, s.

(19) Castiglione, *Cortigiano*, L. I.

(20) 以下のことは、Muratori, XX 所収の *Annales Estenses* と、Murat. XXIV 所収の *Diario Ferrarese* によっている。

(21) *Diario Ferr.* l. c. Col. 347.

(22) *Viri illustres* 所収の、Paul Jovius : *Vita Alfonsi ducis.*

(23) Paul Jovius l. c.

(23 a) それでもボルソは特にフェッラーラのカルトジオ会修道院を建造した。これは、とにかく当時のイタリアの最も美しいカルトジオ会修道院の一つと言うことができる。

(24) この機会に教皇レオ十世が枢機卿であった時にした旅行のことにも触れておこう。Paul. Jovii *vita Leonis* X. Lib. I 参照。この旅行の意図は真剣というよりはむしろ、気晴らしと、全般にわたって世間を知ろうというものであったが、いずれにしても完全に近代的である。当時北方の人たちは大たいこういう目的で旅行することはなかった。

(25) Jovian. Pontan., *De liberalitate.*

(26) Giraldi, *Hecatommithi*, VI, *Nov.* 1.

(27) Vasari XII, 166, *V. di Michelangelo.*

(28) 初期におけるその一例がベルナボ・ヴィスコンティである（上巻三〇頁参照）。

(29) *Capitolo* 19 という表題で、また *Opere minori*, ed. Lemonnier, Vol. I, p. 425 では *Elegia* 17 という表題で挙げられている。当時十九歳の詩人は、疑いもなくこの死因（上巻八四頁参照）を知らなかった。

(30) ジラルディ (Giraldi) の『百物語』のなかの I, *Nov.* 8 と VI, *Nov.* 1, 2, 3, 4, 10 は、エルコレ一世、アルフォンソ一世そしてエルコレ二世を扱っており、すべて、あとの二人の生存中に書かれている。——バンデッロの作品にも、同時代の君侯たちについてのいろいろな話が見られる。

(31) 特に *Deliciae poetar. italor* のなかに。

(32) すでに一三六七年に、先代のニッコロにおいてこのことが言及されている。Murat. XXIV, Col. 848 所収の *Polistore* 参照。

5　専制政治の敵対者

(1) *Archiv. stor.* III, p. 432 における Burigozzo の記述。

(2) *Discorsi*, I, 17.

(3) *De incert. et vanitate scientiar.* cap. 55.

(4) *Archiv. stor.* III, p. 241 における Prato の記述。

(5) *De casibus virorum illustrium*, L. II, cap. 15.

(5a) *Discorsi*, III, 6. これと *storie fior.* L. VIII を比較せよ。陰謀の描写はすでにごく早い時期からイタリア人の愛好するところであった。すでに歴史家リウトプランド (Liudprand) はこうしたものを少なくとも十世紀の誰かある同時代人などよりも詳細に記している。十一世紀のものとしては

(Baluz. *Miscell.* I, p. 184 所収)、呼び寄せられたノルマン人ロジェーによるサラセン人からのメッシーナの解放（一〇六〇年）がこの種の独特な一篇である。シチリア島の晩禱の虐殺（一二八二年）の劇的な粉飾のことは言わないでおくとして。この同じ偏愛は、周知のように古代ギリシア人の歴史記述にも見出される。

（6）Corio, fol. 333. 以下の記述については、同書 fol. 305, 422, s. 440 参照。

（7）Sismondi XI, 93 所収の Gallus からの引用。

（8）Corio, fol. 422. ——Murat. XXIII, Col. 777 所収の Allegretto, *Diari Sanesi*. ——上巻七〇頁参照。

（9）Corio 所収のオルジャーティ自身の報告の中の以下の一文をこれと比較されたい。「われわれの誰もが、特にその仲間と他の多くの者たちをそそのかし、不安にさせ、たがいに好意のある振りをし始めた。何かを相手に贈ったり、何人かの人たちと一緒に食事をしたり、飲んだり、夜明しをしたり、自分たちの全財産を約束したり……」

（10）*Vasari*, III, 251, *Vita di Donatello* のための覚書。

（11）*Inferno* XXXIV, 64.

（12）*Archiv. stor.* I, p. 273 所収の、親しくその言葉を聴いた Luca della Robbia による記録。*Viri illustres* 所収の Paul Jovius, *Vita Leonis X*, L. III 参照。

（13）Roscoe, *Vita di Lorenzo de' Medici*, vol. IV, 補遺 12. ——また、報告、*Lettere di Principi* (Ed. Venez. 1577) III fol. 162 ff. も参照。

6　共和国

（1）この点については、Jac. Nardi, *Vita di Ant. Giacomini*, p. 18 参照。

（2）サベッリコの *Carmina* のなかのヴェネツィア市誕生の歌。――Sansovino, *Venezia*, fol. 203 参照。――Pertz, *Monum.* IX, p. 5, 6 所収の最古のヴェネツィア年代記は、この島の地域が設立された時期がようやくランゴバルドの時代であるとし、リアルト島の設立は、はっきりとこれよりさらに後代のこととしている。

（3）*De situ venetae urbis.*

（4）この地域全体はその後、十六世紀初頭の新しい建物によって変化した。

（5）Eccard, *Scriptores* II, Col. 1597, 1601, 1621 所収の Benedictus : *Carol. VIII.* ――Murat. XXIV, Col. 26 所収の *Chron. Venetum* においては、ヴェネツィア人の政治上の徳として、善意、純朴、熱心な慈善、信仰心、同情心が挙げられている。

（5 a）多くの貴族は髪を短く刈り込んでいた。Erasmi *Colloq.* ed Tigur. a. 1553, pag. 215 に「兵士とカルトゥジア会修道士」と記されている。

（6）*Epistolae*, lib. V, fol. 28.

（7）Malipiero, *Ann. Veneti*, *Archiv. stor.* VII, I, p. 377, 431, 481, 493, 530. II, p. 661, 668, 679. ――Murat. XXIV, Col. 57 所収の *Chron. Venetum.* ――同書 Col. 240 所収の *Diario Ferrarese.*

（8）*Archiv. stor.* VII. II, p. 691 所収の Malipiero. また、p. 694, 713 および I. 535 参照。

（9）Murat. XXII, Col. 1194 所収の Marin Sanudo, *Vite de' Duchi.*

（10）Murat. XXIV, Col. 105 所収の *Chron. Venetum.*

（11）Murat. XXIV, Col. 123, s. 所収の *Chron. Venetum* および *Archiv. stor.* VII, I, p. 175, s. 所収の Maripiero は、提督アントーニオ・グリマーニの顕著な事例を物語っている。

（12）*Chron. Ven.* l. c. Col. 166.

(13) Malipiero, l. c. VII, I, p. 349. この種の別なリストは、Marin Sanudo, *Vite de' Duchi*, Mur. XXII, Col. 990（一四二六年について）、Col. 1088（一四四〇年について）、Corio, fol. 435-438（一四八三年について）、*Guazzo, Historie*, fol. 151, s. に見られる。

(14) グイッチャルディーニ（*Ricordi*, N. 150）がおそらく、政治上の復讐欲は自分一個の利害の明白な声をおさえつけることもあると言った最初の人である。

(15) Malipiero, l. c. VII, I, p. 328.

(16) *Manipulus Florum*（Murat. XI, 711, s. 所収）にある一二八八年当時のミラノの統計的概観は、まだかなり制約された内容で起案されているが、それでもすでにきわめて重要である。そこに挙げられている対象として以下のようなものがある。戸口、人口、兵役に耐えうる者、貴族の開廊《ロッジア》、泉水、暖炉、居酒屋、肉屋、魚屋、穀物の需要量、犬、猟鳥、材木、干し草、葡萄酒そして塩の値段、——さらに、裁判官、公証人、医師、学校教師、写字生、刀鍛冶、蹄鉄工、救貧院、修道院、宗教的施設および宗教団体。——Heinr. de Hervordia, ed. Potthast, p. 165 所収の *Liber de magnalibus Mediolani* に由来する、おそらくはもっと古い統計的概観がある。〔——Ogerius Alpherius (Alfieri), *De gestis Astensium, Histor. patr. monumenta, Scriptorum* Tom. III, Col. 684, ss. 所収の、一二八〇年頃のアスティ市についての統計も参照。〕

(17) 特に、Murat. XXII 所収の *Vite de' Duchi di Venezia* の随所における Marin Sanudo の意見がそうである。

(18) Sanudo l. c. Col. 958. 商業に関する事柄は、Scherer, *Allg. Gesch. des Welthandels*, I, 326, Anm. においては、この著書を基に報告されている。

(19) これはやはり、国有の家屋だけでなく、全家屋のことであろう。国有の家屋は無論莫大な利益を生むことがしばしばあった。Vasari, XIII, 83. *V. d. Jac. Sansovino* 参照。
(20) Sanudo, Col. 963 所収。一四九〇年の国家会計については Col. 1245 参照。
(21) それどころか、こうした嫌悪の感情はヴェネツィア人である教皇パウルス二世においては憎悪にまで高まったという。そのため彼は人文主義者たちをすべて異端者と呼んでいた。Platina, *Vita Pauli*, p. 323.
(22) Sanudo, l. c. Col. 1167.
(23) Sansovino, *Venezia*, Lib. XIII.
(24) Heinric. de Hervordia ad a. 1293 (pag 213, ed. Potthast) 参照。
(25) Sanudo, l. c. Col. 1158, 1171, 1177. 聖ルカの遺体がボスニアから到着したとき、これをすでに所有していたと信じていたパドヴァの聖ジュスティーナ教会のベネディクト会修道士と争いが起こり、教皇がこれに判定を下さねばならなかった。Guicciardini, *Ricordi*, Nr. 401 参照。
(26) Sansovino, *Venezia*, Lib. XII.
(27) G. Villani, VIII, 36. ——この一三〇〇年という年は同時に、『神曲』において、ダンテが彼岸旅行へ出発した時と確認された年でもある。
(28) このことはすでに一四七〇年に、Vespasiano Fiorent, p. 554 において確認されている。
(29) Purgatorio VI, 末尾。
(30) *De Monarchia* I, 1.
(31) Dantis Alligherii *epistolae*, cum notis C. Witte. ダンテが皇帝を是が非でもイタリアに置きたいと望み、教皇をもそうしたいと望んだことについては、一三一四年カルパントラでの教皇選挙会議の間に書かれた書簡（S. 35）参照。

(31 a) これについては Baluz. *Miscell.* IV, p. 117, s. 所収の、一三三九年のある無名氏の統計がうってつけの補足を二、三提供してくれる。ここでも一般に行なわれている活動が記されている。「ここではしっかりした職業で自分も家族も養えないような市民は、金持でも貧乏でもない。」

(32) Giov. Villani XI, 20. また Matt. Villani IX, 93 参照。

(33) こうした記録やこれに類した記録は、Giov. Villani XI, 87. XII, 54 に見られる。

(34) Giov. Villani XI, 91, s. —— Macchiavelli, *Stor. fiorent.* lib. II はこれと異なっている。

(35) 主任司祭は男の子一人につき黒豆一粒、女の子一人につき白豆一粒を取りのけた。これが人数点検のすべてであった。

(36) 堅牢に構築されていたフィレンツェには、すでに常設の消防団があった。Giov. Villani, XII, 35.

(37) Matteo Villani, III, 106.

(38) Matteo Villani, I, 2-7, また、58 も参照。黒死病《ペスト》流行期自体の状況について先ず第一に挙げられるのは、『デカメロン』冒頭のボッカッチョの有名な描写である。

(39) Giov. Villani X, 164.

(40) Fabroni, *Magni Cosmi vita*, Adnot. 34 所収の、*Ex annalibus Ceretani*.

(41) Fabroni, *Laur. Med. magnifici vita*, Adnot. 2, 25 所収の *Ricordi des Lorenzo*. —— Paul. Jovius : *Elogia, Cosmus*.

(42) Fabroni, ibid. Adnot. 200 所収の、Benedetto Dei による。時代決定は、Varchi III, p. 107 による。—— Roscoe, *Vita di Lor. de Medici*, Bd. II, 補遺1所収の重要な報告を含む、Lodovico Ghetti とかいう人の財政計画。

(43) 例えば、*Archivio stor.* IV において。

（44） Libri, *Histoire des sciences mathém.* II, 163, s.

（45） Varchi, *Stor. fiorent.* III, p. 56, s. 第九巻末尾。明らかに誤っている二、三の数字は、おそらく書き間違いか、誤植によるものであろう。

（46） イタリアにおける貨幣価値の状況と富全般については、ここに挙げた以上の参考資料がないので、私はここに、偶然見つけた若干の、まとまりのない資料を並べておくことしかできない。明らかに過大視されたものは考慮しないことにする。大部分の報告において挙げられている金貨は、ドゥカート、ツェッキーノ、フィオリーノ・ドーロそしてスクード・ドーロである。これらの価値はほぼ同じで、スイスの貨幣にして十一ないし十二フランである。

ヴェネツィアでは、例えば十七万ドゥカートを持っていた元首アンドレーア・ヴェンドラミン（一四七六年）は非常に富裕だとされていた（Malipiero l. c. VII, II, p. 666）。一四六〇年代には、アクイレイラの総大司教ロドヴィーコ・パタヴィーノは、二十万ドゥカーテンを持っていたということで「すべてのイタリア人のうちでほとんど一番の金持」と言われている（Mur. III, II, Col. 1027 所収の、Gasp. Veronens. *Vita Pauli II*）。他の個所に途方もない報告がいくつかある。

アントーニオ・グリマーニ（上巻一一四頁）は、息子ドメーニコを枢機卿の地位に昇らせるために三万ドゥカーテンの出費を惜しまなかった。アントーニオ自身は手持ち現金だけで十万ドゥカーテン持っているとされた（Mur. XXIV, Col. 125 所収の、*Chron. Venetum*）。

ヴェネツィアにおける穀類の商取引と市場価格については、特に Malipiero l. c. VII, II, p. 709, s.（一四九八年の覚書）を参照。

すでに一五二二年頃には、もはやヴェネツィアではなくて、ジェノヴァがローマについでイタリアで最も富裕な都市とされている（フランチェスコ・ヴェットーリのような人の権威によってのみこのことが信じられる。*Archiv. stor.* Append. Tom. VI, p. 343 におけるこの人の *Storia* 参照）。バンデッロは、Parte II, *Nov.* 34, 42 において、当時のジェノヴァ第一の金持の商人アンサルド・グリマルディについて言及している。

フランチェスコ・サンソヴィーノは、一四〇〇年と一五八〇年のあいだに貨幣価値が半分に下落したと推定している（*Venezia*, fol. 151, bis.）。

ロンバルディアにおける十五世紀中葉の穀物価格と十九世紀中葉のそれとの比は、三対八と推定しなければならないと考えられている（*Archiv. stor.* Append. Tom. V における *Sacco di Piacenza*, 編者 Scarabelli の覚書）。

フェッラーラには、ボルソ公の時代に五十ドゥカーテンから六万ドゥカーテンを持っているだけで金持の人たちがいた（*Diario Ferrarese*, Mur. XXIV, Col. 207, 214, 218；途方もない報告は、Col. 187）。

フィレンツェについては、平均的結論にいたらないような、まったく例外的種類の報告が見られる。例えば他国の君侯の借り入れ金がそれで、それは一つの家だけの、もしくはいくつかの家の名義になっているが、しかし実際の借り入れ相手は大きな商社であった。支配下にある党派に課せられる巨額の課税もそうであり、例えば一四三〇年から一四五三年までに七十七の一族から四百八十七万五千金グルデンが支払われた（Varchi III, p. 115, s.）。

ジョヴァンニ・メディチの財産は、彼が死亡したとき（一四二八年）、十七万九千二百二十一金グルデンであった。しかし、二人の息子コジモとロレンツォのうち、ロレンツォ一人だけでその死去に際してすでに二十三万五千百三十七金グルデンを残した（Fabroni. *Laur. Med.*, Adnot. 2.）。

収益が全般にわたって活気を呈していることを証するものとして、例えばすでに十四世紀にヴェッキオ橋上の四十四軒の金細工師の店が八百金グルデンの年額賃貸料を国にもたらしていたということがある（Vasari II, 114. *V. di Taddeo Gaddi.*）――ブォナコルソ・ピッティの日記（Delécluze, *Florence et ses vicissitudes,* vol. II所収）には、数字が一杯挙げられているが、しかしこれは概してあらゆる物が高価で、貨幣価値が低いことを証明しているにすぎない。

ローマについては、無論教皇庁の収入は、ヨーロッパ全域にわたっているものであったから、なんの規準にもならない。教皇の財宝や枢機卿の財産についての報告もほとんど信用できない。有名な銀行業者アゴスティーノ・キージは全財産として八十万ドゥカーテン相当のものを残した（一五二〇年）（*Lettere pittoriche,* I. Append. 48）。

(47) コジモ（一四三三―一六五年）とその孫ロレンツォ・マニーフィコ（一四九二年没）に関しては、著者はこの二人の国内政策についてのいかなる判断も断念する。重要な非難の声（ジーノ・カッポーニ）は *Archiv. stor.* I. p. 315, s. を見られたい。反動を惹き起こしたのは、主として Roscoe におけるロレンツォ賛美であったように思われる（Sismondi, *Hist. des rép. it.* u. a. m.）。

(48) ルッカの新教徒の中心人物ミケーレ・ブルラマッキの父フランチェスコ・ブルラマッキ。*Archiv. stor.* Append. Tom. II. p. 176. ――ミラノが十一世紀から十三世紀にかけて姉妹諸都市を苛酷にあつかったことにより一大専制君主国家の形成を容易にした事情については、十分知られている。一四四七年にヴィスコンティ家が絶えた時もなお、ミラノは上部イタリアに自由を与えそこなってしまったが、これは主として、ミラノが同等の権利を持つ諸都市の連合にはまったく関心がなかったことによる。Corio. fol. 358 s. 参照。

(49) 一四九四年の待降節第三主日に、サヴォナローラは新しい国家体制を実現する方法について以下のように説教した。市の十六の教団は、それぞれ一つの計画を練り上げ、行政長官《ゴンファロニエーレ》たちがそのなかの一番よいものを四つ選び、当局《シニョーリア》がそこから最善のものを選ぶようにせよ！——だがその後一切がこれとは別な事態になった。しかも説教者自身の影響のもとにである。

(50) 貴族党という名称が初めて使われたのは一五二七年、メディチ家が追放されたあとである。Varchi I, 121 etc. を見られたい。

(51) Machiavelli, *Storie fior.* I. III.「一人の賢明な法律の与え手さえいれば」フィレンツェを救うことができるであろう。

(52) Varchi, *Stor. fiorent.* I, p. 210.

(53) *Opere minori*, p. 207 のなかの *Discorso sopra il reformar lo stato di Firenze.*

(54) 疑いなくここから借用された同じ見解がモンテスキューにふたたび見出される。

(54 a) これよりいくらか後の時代（一五三二年？）のもので、メディチ家の党派の状況と、その避けがたい組織化について述べたグイッチャルディーニの恐ろしいほど率直な所見を参照されたい。*Lettere di principi* III, fol. 124 (ed. Venez. 1577).

(55) Aen. Silvii, *Apologia ad Martinum Mayer*, p. 701. ——同じような例は Machiavelli, *Discorsi* I, 55 および他の個所。

(56) 完全に近代的中途半端な政策と抽象論が時として政治の事にまで口をはさんだ事情については、一五三五年の党派争いが示している。Della Valle, *Lettere sanesi* III, p. 317. 何人かの小売商が、リウィウスとマキアヴェッリの『ローマ史論』(Discorsi) に刺激されて、貴族や役人の悪政に反対して、大まじめで護民官、特に古代ローマの行政長官を要求している。

(57) Pierio Valeriano, *De infelicitate literator*, バルトロメーオ・デッラ・ローヴェレについて述べる折りに。

(58) Murat. XXIV, Col. 548 所収の、Senarega, *De reb. Genuens.* この国の物情不安については、特にCol. 519, 525, 528 etc. 参照。一四六四年にこの国をフランチェスコ・スフォルツァに引き渡す際の使節たちのきわめて率直な演説については、Cagnola, *Archiv. stor.* III, p. 165, s. を見られたい。大司教、国家元首、海賊そして（後の）枢機卿パーオロ・フレゴーソの姿は、通常のイタリア諸事情の範囲を相当に踏みこえている。

(59) Baluz. *Miscell.* ed. Mansi, Tom. IV, p. 81, ss.

7 イタリア諸国家の外交政策

(1) ずっとあとになっても、Varchi, *Stor. fiorent.* I, 57 でそのように言われている。

(2) ガレアッツォ・マリア・スフォルツァは、一四六七年にヴェネツィアの使節にこれと反対のことを言っているが、しかしこれは愉快な法螺《ほら》にすぎない。Malipiero, *Annali Veneti Arch. stor.* VII, I, p. 216 u. f. 参照。機会のあるごとに諸方の都市や地方は自ら進んでヴェネツィアに屈服する、無論それは大てい専制君主の手から逃れてきたものではあるが。一方フィレンツェは、グィッチャルディーニが言っているように（*Ricordi*, N. 29）、自由に慣れた隣接の諸共和国を抑圧しなければならない。

(3) おそらく、この種の最も強烈な例が、一四五二年にシャルル七世のもとに派遣された使節に与えられた訓令のうちに見られる。Fabroni, *Cosmus*, Adnot. 107 所収。

(4) Comines, *Charles VIII*, chap. 10：人々はフランス人を「聖者のように」考えていた。——chap. 17 も参照。——Murat. XXIV, Col. 5, 10, 14, 15 所収の、*Chron. Venetum.* —— Matarazzo, *Cron. di Perugia, Arch, stor.* XVI, II, p. 23. 他の無数の報告については述べないでおく。

(5) Pii II. *Commentarii*, X, p. 492.

(6) Gingins, *Dépêches des ambassadeurs Milanais etc.* I, p. 26, 153, 279, 283, 285, 327, 331, 345, 359. II, p. 29, 37, 101, 217, 306. シャルルはすでに一度、ミラノを若いオルレアンのルイに与えるということを言っていた。
(7) Nicolò Valori, *Vita di Lorenzo.*
(8) Fabroni, *Laurentius magnificus*, Adnot. 205, s. その小勅書においてさえ、言葉通りに写せば次のように書かれたことがあった。「天上界の神々のみ心を意のままにできぬなら、私は下界のアケロンの流れを動かそう。」トルコ人に関して言ったのでなければよいのだが (Villari, *Storia di Savonarola*, II, p. 48 der *Documenti*)。
(9) 例えばジョヴィアーノ・ポンターノがその *Charon* において。その終りのところで、彼は統一国家を期待している。
(10) Comines, *Charles VIII.*, chap. 7. ——アルフォンソが戦時において会談の折りにその相手を捕えようとした事情について、ナンティポルトが物語っている。Murat. III, II, Col. 1073 所収。アルフォンソはチェーザレ・ボルジアの真の先駆者である。
(11) Pii II. *Commentarii* X, p. 492. ——マラテスタはその美辞麗句をちりばめたある書簡で、メフメット二世にヴェローナの肖像画家マッテーオ・パッソを推薦し、また戦術に関する一書を送ることを告げている。これはおそらく一四六三年のものであろう (Baluz, *Miscell.* III, 113)。ミラノのガレアッツォ・マリアが一四六七年にヴェネツィアの使節に言ったことは、おそらく法螺にすぎなかったと思われる。Malipiero, *Ann. Veneti, archiv, stor.* VII, I, p. 222 ——ボッカリーノについては、上巻五一頁を見られたい。
(12) Porzio, *Congiura de' baroni*, l. I, p. 4. ロレンツォ・マニーフィコが一枚かんでいたとは、信じが

たい。

(13) Murat. XXIV, Col. 14, 76 所収の、*Chron. Venetum*.

(14) Malipiero, a. a. O., p. 565. 568.

(15) Trithem. *Annales Hirsaug.* ad. a. 1490, Tom. II, p. 535. s.

(16) Malipiero, a. a. O., p. 161. p. 152 も参照。——公子ジェームのシャルル八世への引き渡しについては、p. 145 を見られたい。ここから、アレクサンデルとバヤズィトとのあいだで交わされた不名誉きわまる文通が存在していたことが明らかとなる、たとえ Burcardus にある文書が偽造であるとしても。

(17) Bapt. Mantuanus, *De calamitatibus temporum*. 第三巻末尾、海の精ドリス《ネレイス》がトルコの艦隊にむかってうたう歌。

(18) Tommaso Gar, *Relazioni della corte di Roma*, I, p. 55.

(19) Ranke, *Geschichten der romanischen und germanischen Völker*. ——トルコ人はイタリアにあったら西欧化されたであろう、というミシュレの見解 (Michelet, *Réforme*, p. 467) は、私には納得できない。——スペインのこのような使命が初めて示唆されたのはおそらく、フェルディナンド二世カトリック王の艦隊によるブジア占領の祝祭において、フェドラ・インギラーミが一五一〇年に教皇ユリウス二世の前で行なった祝辞においてであろう。*Anecdota litteraria* II, p. 149.

(20) 特に Corio, fol. 333. スフォルツァにたいする態度については、fol. 329 参照。

(21) Nic. Valori, *Vita di Lorenzo*. —— Paul. Jovius, *Vita Leonis X*. L. I. このあとの方の著書は確かに優れた資料に基づいている、美辞麗句を連ねたところがなくはないが。

(22) コミーヌはこのような場合や他の無数の場合に、誰か他のイタリア人などに劣らず客観的に観察し、判断しているが、これには彼がイタリア人と、特にアンジェロ・カットと交際していたことを疑いもなく大いに考慮しなければならない。

(23) 例えば Malipiero, a. a. O., p. 216, 221, 236, 237, 478, etc. 参照。

(24) 〔Villari, *Storia di G. Savonarola*, vol. II, *Documenti* の p. XLIII, そこにはほかにもまだ注目に値する政治的書簡が見られる。——十五世紀末についての他の事情は特に、Baluzius, *Miscellanea*, ed. Mansi, vol. I に見出される。〕

8 精密な仕組みとしての戦争

(1) Pii II. *Commentarii* L. IV, p. 190 ad a. 1459.

(2) Paul. Jovius, *Elogia.* 自分の図書館に印刷された本を一冊でも黙認して蔵するのを「恥としたという」ウルビーノのフェデリーコのことが思い起こされる。Vespas. Fiorent. 参照。

(3) Murat. XX 所収の、Porcellii *commentaria Jac. Picinini.* 一四五三年の戦争についての続きは、同書 XXV 参照。

(4) ポルチェリオは、大アフリカヌスのことを言っていながら、誤ってスキピオ「アエミリアヌス」の名を挙げている。

(5) Murat. XXI, Col. 630 所収の、Simonetta, *Hist. Fr. Sforitae.*

(6) マキアヴェッリはその後もやはり好事家として扱われる。Bandello, Parte I, *Nov.* 40 参照。

(7) 例えば、*Rer. italicar. scriptores ex codd. florent.* 第二巻 Col. 690, *De obsidione Tiphernatium* 参照。一四七四年のきわめて特徴的な事件がある。——一四〇六年、ガレアッツォ・ゴンザーガと式部卿ブシコーが行なった決闘については、Cagnola, *Arch. stor.* III, p. 25 参照。——教皇シクストゥスが自分の護衛兵の決闘をいかに尊重したかを、インフェッスラが語っている。彼の後継者たちは、決闘全般を禁ずる勅書を発布した。*Sept. Decretal.* V. Tit. 17.

(8) 詳細は *Arch. stor.* Append. Tom. V および、スフォルツァの軍隊が世にも恐ろしい傭兵集団であることを認識させる細々としたことを記した、Baluz. *Miscell.* III, p. 158 所収の書簡を参照。

9 教皇権とそれのさまざまな危険

(1) ここではなんとしても Ranke, *Päpste*, Bd. I と Sugenheim, *Geschichte der Entstehung und Ausbildung des Kirchenstaates* を参照するよう指示しなければならない。

(2) 教皇エウゲニウス四世がフィレンツェで執り行なった祝別式の印象については、Vespasiano Fiorent. p. 18 参照。——教皇ニコラウス五世が職務を行なうときの威厳については、Infessura (Eccard, II, Col. 1883, seq.) と J. Manetti, *Vita Nicolai* V. (Murat. III, II, Col. 923) 参照。——教皇ピウス二世にむけられた敬意については、*Diario Ferrarese* (Murat. XXIV, Col. 205) と Pii II. *Comment.* passim, 特に IV, 201, 204, XI, 562 を見られたい。職業的殺し屋もこの教皇にはあえて手を出すことはない。——重要な職務は、派手好きの教皇パウルス二世 (Platina l. c. 321) とシクストゥス四世によってきわめて重大なこととして取り扱われ、シクストゥス四世は復活祭のミサを足痛風なのに腰掛けて執り行なった (Murat. XXIII, Col. 131 所収の、Jac. Volaterran. *Diarium*)。注目すべきは、民衆が祝福の魔術的力と、祝福を与える者がそれに値しないこととは別のものであると考えていることである。一四八一年にシクストゥス四世が昇天祭の祝別式を行なうことができなかったとき、民衆は不平を言い、彼をののしっている (上掲書 Col. 133)。

(3) Machiavelli, *Scritti minori*, p. 142, シニガリアの大惨事についての有名な論文に見られる。——

無論スペイン人やフランス人はイタリアの兵士よりも熱心であった。Paul. Jov. *Vita Leonis X.* (L. II.) に記されている、ラヴェンナの戦いの前の場面を参照。そこではスペインの軍隊が、喜びのあまり泣いている教皇使節のまわりに罪の赦しを求めて群がっている。さらに、ミラノにおけるフランス人について参照 (同書)。

(4) 真の教皇はそのしるしとしてキリストの貧しさを具えていなければならない、と信じていたカンパーニャのポーリのあの異端者たちの場合は、これに反して単純なヴァルド派と推定してもよい。彼らが教皇パウルス二世治下において拘禁された事情については、Infessura (Eccard II. Col. 1893), Platina, p. 317. etc. で述べられている。

(5) Murat. XXV. Col. 309 seqq. 所収の、L. B. Alberti : *De Porcaria conjuratione.* ——ポルカーリは、「高位聖職者全員を根こそぎ絶滅すること」を欲した。著者はこう結んでいる。「無論私は、イタリアの事態がどうなっているか見ているし、騒動全体をたくらんでいるのが誰か分かっている。」彼はこの者たちを、「外部から使嗾する者たち」であると言い、ポルカーリは自分の悪行の後継者を見出すであろう、と考える。ポルカーリ自身の空想は無論、コーラ・リエンツィのそれと似ていた。

(6) 「教皇はキリストの代理人であるだけで、さらにカエサルの代理人にならないように……そうすれば教皇は聖なる父、万物の父、教会の父と言われ、またそうなるであろう。……」

(7) Pii II. *Commentarii* IV, p. 208, seqq.

(8) Platina, *Vitae Papar.* p. 318.

(9) Battista Mantovano, *De calamitatibus temporum,* L. III. アラビア人は乳香を売り、テュルス人は紫衣を売り、インド人は象牙を売る。「われわれのところでは教会や司祭、祭壇、供物、また王冠、聖火、薫香、祈禱も売物であり、天国も神も売物である。」

(10) 例えば、Murat. XX. Col. 943 所収の、*Annales Placentini* を見られたい。

(11) Corio, *Storia di Milano*, fol. 416-420. ピエトロはすでにシクストゥスの教皇選挙においてこれの運営に助力していた。Eccard. *Scriptores*, II. Col. 1895 所収の、Infessura を見られたい。——奇妙なことに、すでに一四九六年に、三年以内にサヴォーナ（一四七一年選出されたシクストゥスの故郷）から救済が生ずるであろうと予言されていた。Baluz. *Miscell.* III. p. 181 所収の日付けのある書簡を見られたい。Machiav. *Storie fior.* L. VII によれば、ヴェネツィア人たちは枢機卿ピエトロを毒殺したという。実際、彼らにはそうする理由がないわけではなかった。

(12) すでに教皇ホノリウス二世は、ヴィルヘルム一世の死後、一一二七年にアプリアを、「聖ペトロの領地ローマに帰属せるもの」として、接収しようとした。

(13) Fabroni : *Laurentius mag.*, Adnot. 130. 一人の諜報者はこの二人について、「彼らは選挙のあるたびにこの宮廷を食いつくす者たちで、この世の最大の悪党である」と報じている。

(14) Corio, fol. 450.

(15) Fabroni, *Laurentius magn.* Adnot. 217 所収の、および、Ranke, *Päpste*, I. p. 45 に抜粋されているロレンツォのきわめて特色のある勧告状参照。

(16) 例えばさらにナポリの封土の要求など。このため実際に教皇インノケンティウスは、こうした点で聞く耳を持たないフェランテ王に対抗して新たにアンジュー家に呼びかけている。この問題における教皇の態度、ナポリにおける二度目の領主たちの反乱に対する教皇の関与全体は不手際で、かつ不誠実であった。外国を脅す彼の乱暴なやり方については、上巻一四八頁参照。

(17) 特に、Eccard. *Scriptores*, II 随所の、Infessura 参照。

(18) ボローニャのベンティヴォッリオ家とフェッラーラのエステ家は除いて。エステ家は無理やり姻戚関係を結ばされた。ルクレツィア・ボルジアは公子アルフォンソ・デ・エステと結婚した。

(19) Corio (Fol. 479) によれば、シャルルは公会議を開いて、教皇を廃位し、それどころかこれをフランスに連れ去ることを考えており、しかもそれをナポリから帰還するときになって実施に移そうとしていた。Benedictus : *Carolus VIII* (Eccard. *Scriptores*, II, Col. 1584 所収)によれば、シャルルはナポリにおいて、彼が新たに王位に即くことを承認するのを教皇および枢機卿たちが拒絶したとき、当然「イタリアの統治と教皇の地位を動かす」ことを考えはしたが、しかしすぐまた、教皇アレクサンデルに個人的に屈辱を与えることで満足しようと思った。しかし教皇は彼の手から逃げ去った。――それ以後のことについては、Pilorgerie, *Campagne et bulletins de la grande armée d'Italie* 1494-1495 (Paris, 1866, in 8) に詳しいが、そこでは個々の局面における教皇アレクサンデルの危険の程度が論じられている(p. 111, 117 etc.)。帰還の途次でさえシャルルは(p. 281, s.)教皇に何一つ危害を加えようとしなかった。

(20) Corio, fol. 450. ―― Malipiero, *Ann. Veneti*, *Arch. stor.* VII, I, p. 318 ――ひどい略奪欲にこの全家族が捉えられていたにちがいないが、このことは特に Malipiero, a. a. O., p. 565 から見てとれる。教皇のある近親の者は、教皇の使節としてヴェネツィアにおいて歓待を受け、特免を授けることによって、莫大な金を得る。その扈従《こじゅう》たちは退去に際して手に入るかぎりあらゆるものを盗み、ムラーノのある教会の中央祭壇から金襴の一片をも盗む。

(21) このことは Panvinio (*Contin. Platinae*. p. 339) にある。「彼の兄弟チェーザレの術策により殺された――父はこの犯行を――黙認していた。」疑いもなくこれは信頼しうる証言であり、これにくらべるとマリピエロやマタラッツォの記述は(そこではジョヴァンニ・スフォルツァに罪がきせられている)劣っているとせざるをえない。――教皇アレクサンデルの深刻な動揺も、彼が共犯であることを暗に示している。テヴェレ河から遺体が釣りあげられたことについて、サンナザーロはこう言っている。

アレクサンデル六世よ、われらはあなたをまことに人間を釣る漁師と思っている。

自分の息子を網で獲ったのだから。
(22) Machiavelli. *Opere*. ed. Milan. Vol. V. p. 387, 393, 395. *Legazione al Duca Valentino* のなかの記述において。
(23) Tommaso Gar, *Relazioni della corte di Roma*, I, p. 12, P. Capello の報告のなかで。言葉どおりに挙げると、「教皇はヴェネツィアを、世界のどの支配者よりも尊ぶ、それゆえ彼は、ヴェネツィア政府が自分の息子を援助してくれることを願い、また、教皇権が彼の(suo)手に帰るか、それともわれわれの共和国のものになるよう処理されることを望むと言った。」このsuoはやはりチェーザレを指しているとしか考えられない。言うまでもなく、所有代名詞がしばしばどんな不確実なことを引きおこすかは、ヴァザーリの『ラファエッロ伝』のなかの言葉「ビンド・アルティヴィーティに彼の(suo)肖像を作ってやった云々」の言葉について、いまだ結着のついていない論議から知られている。
(24) Strozzii. *poetae*. p. 19. Ercole Strozza. *Venatio* において、「……運命の女神がその人の(教皇の)三重宝冠を妬んだ」と言われている。ついで、チェーザレの死に捧げた弔詩のなかで(p. 31, seq.)、「かつて彼は父の玉座の高貴なる誉れを望んでいた」と言われている。
(25) 同書。ユピテルはあるとき、「いつの日かアレクサンデルの子孫がイタリアに法を与え、黄金時代をふたたびもたらすであろう、われはこの子孫に助力せん」と約束したという。
(26) 同書。「より高い尊厳を手に入れるために、彼は聖職の位階を放棄した。」
(27) チェーザレは周知のようにアルブレ家の出であるフランスのある公女と結婚し、一女をもうけた。

おそらくなんらかの方法で一王家を創立しようと試みたのであろう。彼は、（Machiav. a. a. O., S. 285 によれば）父の死の間近にあることを予期しなければならなかったのに、枢機卿の帽子をふたたび戴こうとしていたことは、知られていない。

(28) Machiavelli, a. a. O., S. 334. シエナ、場合によってはトスカーナ全部を手に入れる計画は存在していたが、なお完全には機が熟していなかった。フランスの同意がそれには必要であった。

(29) Machiavelli, a. a. O., S. 326, 351, 414. —— Matarazzo, *Cronaca di Perugia*, *Arch. stor.* XVI, II, p. 157, 221：「チェーザレは、自分の兵士たちが、戦場よりも平時に多くの物を手に入れるように、好き勝手に宿泊することを望んだ。」

(30) Pierio Valeriano, *De infelicitate literat.* Giovanni Regio についての記述において。

(31) Tommaso Gar, a. a. O., S. 11.

(32) Paulus Jovius, *Elogia*, *Caesar Borgia.* —— Raph. Volaterranus の *Commentarii urbani* の Lib. XXII は、教皇ユリウス二世治下に、それもまだきわめて慎重に書かれた、教皇アレクサンデルの性格描写を含んでいる。そこでは、「高貴なローマもすでに拷問台になってしまった」といわれている。

(33) Murat. XXIV, Col. 362 所収の *Diario Ferrarese.*

(34) Paul Jovius, *Histor.* II, fol. 47.

(35) Panvinius, *Epitome Pontificum*, p. 359. 晩年の教皇ユリウス二世にたいする毒殺未遂のことについては、p. 363 を見られたい。—— Sismondi XIII, 246 によれば、長年あらゆる秘密を打明られていた腹心の者であったカープアの枢機卿ロペスもまた同様の死に方をした。Sanuto によれば（Ranke, *Päpste*, I, S. 52, Anm.）ヴェローナの枢機卿もそうであった。

(36) Prato, *Arch. stor.* III, p. 254.〔Baluz. *Miscell.* IV, p. 518, s. 所収の、Attilius Alexius 参照〕。

(37) そして教皇によってこっぴどく搾りとられた祝典によって。Murat. XXIV, Col. 133 所収の、*Chron. Venetum* 参照。

(38) Anshelm, *Berner Chronik*, III, Seite 146–156. ── Trithem. *Annales Hirsaug.* Tom. II, p. 579, 584, 586.

(39) Panvin. *Contin. Platinae*, p. 341.

(40) 生前に造営された高位聖職者たちの墓の豪華さはここからきている。すなわち彼らはこうして少なくとも教皇たちの獲物の一部を取りあげたのであった。

(41) 教皇ユリウスは、フェルディナンド・カトリック王が自分の言うがままに、追い出されたアラゴン家の傍系をもう一度ナポリの王位に即ける決心をすることを実際に期待していたかどうかは、ジョーヴィオの証言があるとはいえ（Giovio, *Vita Alfonsi Ducis*）、きわめて疑わしい。

(42) この二つの詩は例えば Roscoe, *Leone X*, ed. Bossi IV, 257, 297 に見られる。──もっとも、教皇ユリウスが一五一一年八月に一度何時間も意識不明に陥り、死んだと思われたとき、ただちに最も高貴な家柄のごく不穏な連中──ポンペオ・コロンナとアンティモ・サヴェリ──は「民衆」をカピトリヌスの丘に召集し、教皇による支配を脱しようとたきつけることをあえてやっている。グイッチャルディーニがその著作の第十巻で伝えているように、「公然と叛乱を起こして……好きなように恨みを晴らそうとして。」

(43) *Septimo decretal.* L. I. Tit. 3, Cap. 1–3.

(44) *Arch. stor.* VI, 297 における Franc. Vettori.

(45) 〔そのうえこの新措置は教皇レオ十世に（Paul. Lang, *Chronicon Citicense* によれば）五十万金グルデンの収益をもたらしたという。その総裁が同様に枢機卿になったフランシスコ修道会だけで、三万金グルデンを支払った。」

(46) Franc. Vettori, a. a. O., p. 301. —— *Arch. stor.* append. I, p. 293, s. —— Roscoe, *Leone X*, ed. Bossi VI, p. 232, s. —— Tommaso Gar, a. a. O., p. 42.

(47) Ariosto, *Sat.* VI. vs. 106.「お前たちはすべて死ぬことになろう。そしてレオもそれに続いて死ぬ定めにある。」

(48) いくつかの推測を挙げるかわりに、この種の推測を一つ挙げれば、*Lettere de' principi* I, 46 にある一五一八年に枢機卿ビビエナのパリから発した急報に見られる。

(49) Franc. Vettori, a. a. O., p. 333.

(50) Roscoe, *Leone X*, ed. Bossi, VIII, p. 105 u. f. に、ピーコが一五一七年ピルクハイマーに送った大演説が見られる。ピーコは、教皇レオ治下においても悪が文字どおり善に勝利をおさめるかもしれない、と恐れる、「そしてあなたは、あなたが準備するより前に、われわれの宗教の敵によってあなたにたいする戦争がなされるのを耳にしよう。」

(51) *Lettere de' principi*, I. Rom, 一五二三年三月十七日。「この国家はいろいろな理由から針の先端になっているようなものです。望むらくは、われわれがにわかにアヴィニョンや、大洋の果てにまで逃げざるをえないようなことにはならないで欲しい。私には、この宗教的君主国の崩壊が目前に迫っているのが見えるのです。……神がお助け下さらなければ、われわれはもう終りです。」ハドリアヌスが毒殺されたか否かは、Blas Ortiz, *Itinerar. Hadriani.* (Baluz. Miscell. ed. Mansi I, p. 386 fg.) からは必ずしも判然としない。災いは全般に見られた前提条件なのである。

(52) Negro, a. a. O., 一五二六年十月二十四日（正しくは九月）と十一月九日、一五二七年四月十一日。

(53) Varchi, *Stor. fiorent.* I, 43, 46, s.

(54) Paul. Jovius : *Vita Pomp. Columnae.*
(55) Ranke, *Deutsche Geschichte.* II, 375 ff.
(56) Varchi, *Stor. fiorent.* II, 43, s.
(57) 同書および、Ranke, *Deutsche Geschichte.* II, S. 394, Anm. 人々は、カルルが都をローマに移すであろうと信じていた。
(58) 教皇にあてたサドレートの書簡、カルパントラ、一五二七年九月一日付。*Anecdota litt.* IV, p. 355.
(59) *Lettere de' principi.* I, 72. 教皇にあてたカスティリオーネの書簡、ブルゴス、一五二七年十二月十日付。
(60) Tommaso Gar, *Relaz. della corte di Roma* I, 299.
(61) ファルネーゼ家は、こうしたことに多少成功した。カラーファ家は没落した。

10 愛国者たちのイタリア

(1) Petrarca : *Epist. fam.* I, 3, p. 574. このなかでペトラルカは、自分がイタリア人として生れたことで神を称えている。さらに、一三六七年の *Apologia contra cuiusdam anonymi Galli calumnias*, p. 1068, s. 参照。
(2) ここで言っているのは、特に Schardius, *Scriptores* 第一巻のなかの、Wimpheling, Bebel などの著作のことである。〔——これにさらに、少し前の時代から Felix Fabri (*Hist. Suevorum*) と、少しあとの時代から Irenicus（*Germaniae exegesis*, 1518）をつけ加えることができる。〕
(3) 多くの例を挙げるかわりに一例だけ挙げる。Malipiero, *Ann. Veneti, Arch. stor.* VII, I, p. 427 所

収の、一四九六年にピサに関してヴェネツィアの元首がフィレンツェの一使節に与えた返書。

第二章

1 イタリア国家と個人

(1) 個人として完成した比較的高い段階および最高の段階を表わす並外れた人間(uomo singolare)、唯一の人間(uomo unico)という表現に注意されたい。

(2) フィレンツェでは一三九〇年頃には、男子の服装の主調をなす流行はもうなかったが、これは、誰もが自分独自な服装をしようと努めたことによる。フランコ・サッケッティ(Franco Sacchetti)のカンツォーネ、*Rime*, publ. dal Poggiali, p.52 のなかの、*Contro alle nuove foggie*(ニュー・モード反対)参照。

(2a) 十六世紀の終りにモンテーニュは特に以下のような比較を行なっている(Essais, L. III, chap. 5. 一八一六年のパリ版では vol. III, p. 367)。

「イタリアの人たちには一般にわが国よりも美女が多く、醜女は少ない。しかし類い稀な、傑出した美人となると、われわれは彼らとほぼ互角であろう。才気についてもこれと同等にあると私は判断する。通常の才気の持主なら、彼らの方に明らかにずっと沢山いるし、粗暴な者は比較にならぬ位稀である。だが、高級な種類の、比類のない魂の人となると、われわれは彼らと対等に語りあうことができる。」

(3) スフォルツァ家や上部イタリアのさまざまな王家に見られるように、この人たちの夫人の個性もまた発展させられたであろう。Jacobus Bergomensis, *Clarae mulieres* のなかの、バッティスタ・マラテスタ、パオラ・ゴンザーガ、オルシーナ・トレッラ、ボナ・ロンバルダ、リッカルダ・デステ、そしてスフォルツァ家の比較的重要な女性たちの伝記を参照。そこには真に男まさりの女性も二、三に止まらず見られる。また、高い人文主義的文化によって個人として発展を遂げる例も補足されている。

（4）フランコ・サッケッティは一三九〇年頃、その *Capitolo*（*Rime*, publ. dal Poggiali, p. 56）のなかで、自分が記憶している時代に死んだという支配政党の重要な人物の名前を百以上挙げている。そのなかには多くの凡庸な者がいるとしても、全体としては個性の目覚めを示す力強い証拠である。――Filippo Villani,《*Vite*》については以下の叙述を参照されたい。

（5）*Trattato del governo della famiglia*. 近年の仮説として、この著書は建築家レオン・バッティスタ・アルベルティによるとするものがある。Vasari IV, 54, Nota 5, ed. Lemonnier. ――パンドルフィーニについては、Vespas, Fiorent., p. 379 参照。

（6）*Trattato* p. 65, s.

（7）Jov. Pontanus, *De fortitudine*, L. II. その七十年後にカルダーノは（Girolamo Cardano, *De vita propria*, Cap. 32）つぎのような痛烈な問いを発することができた。「祖国とは、臆病な、大ていは悪意のない平和的な人たちを弾圧するために、卑小な専制君主たちがひそかに協同した組織以外のなんであろうか?」

（8）*De vulgari eloquio* Lib. I, cap. 6. ――イタリアの理想言語については、cap. 17. 教養ある人たちの精神的統一についてはcap. 18. ――しかし、*Purg.* VIII, I u. ff. および *Parad.* XXV, I の有名な個所には郷愁も述べられている。

（9）Dantis Allighеrii *Epistolae*, ed. Carolus Witte, p. 65.

(10) Ghiberti, *Secondo commentario*, cap. XV. (Vasari, ed. Lemonnier, I, p. XXIX.)

(11) *Codri Urcei vita*, その著作集の初めのところ。——無論これはもう、「幸せのあるところ、そこが私の祖国だ」(Ubi bene, ibi patria) という言葉とほとんど同じである。——場所と関係していない、どんな場合にも通用する精神的享楽、教養あるイタリア人がますますそういうものを享受するようになったそうした多くの享楽は、彼らの亡命生活をいちじるしく容易なものとした。いずれにしても世界市民主義は、人々が新しい世界を発見し、古い世界にはもはやなじめなくなっている人間形成のどんな時期にも見られるしるしである。この世界市民主義はギリシア人の場合、ペロポネソス戦役後に非常にはっきりと現われている。プラトンは、ニーブールの言うように、良き市民ではなかったし、クセノポンは悪しき市民であった。ディオゲネスにいたっては故郷のないことを真の喜びであると宣言し、ディオゲネス・ラエルティオスの著書に見られるように、自分を故郷のないもの (apolis) と称した。

2　人格の完成

(1) Boccaccio, *Vita di Dante*, p. 16.

(2) ダンテがベアトリーチェの命日に小さな画板に描いた天使の画は (*Vita nuova*, p. 61)、おそらく素人の画以上のものであったと思われる。レオナルド・アレティーノは言っている、ダンテは画に秀でて (egregiamente) おり、また、音楽の非常な愛好家であった、と。

(3) こうしたことや以下に述べることについては、特に Vespasiano Fiorentino を参照。十五世紀のフィレンツェにおける教養の問題については第一級の資料である。ここまでの叙述については、p. 359, 379, 401 etc. 参照。——さらに、Murat. XX 所収の、見事な、また啓発的な *Vita Jannoctii*

Manetti（一三九六年生れ）参照。

（4）以下の事については、例えば Roscoe, *Leone X*, ed. Bossi III, p. 197, s. および *Opere del Conte Perticari*, Mil. 1823, vol. II 所収の、ペルティカリによるパンドルフォ・コレヌッチョの性格描写から取られている。

（5）Muratori XXV, Col. 295, s. 所収。これの補正として、Vasari IV, 52, s. ——例えばマリアーノ・ソチーニは、少なくとも多方面にわたる素人愛好家であり、同時にいくつかの部門において大家であった、もっとも、アエネアス・シルヴィウス（Aeneas Sylvius, *Opera*, p. 622, *Epist.* 112）によるこの人の性格描写を信用してもよいとすれば の話であるが。

（6）Hammer, *Literaturgesch. der Araber*, I, Einleitung S. 51 に出てくる Ibn Firnas 参照。

（7）Quicquid ingenio esset hominum cum quadam effectum elegantia, id prope divinum ducebat.（本文の元のラテン語原文）

（8）この散逸した著作は、近年の人々によってパンドルフィーニの論文と本質において同一のものと考えられているものである（上巻四三七頁第二章1の注5参照）。

（9）この人の著作 *De re aedificatoria*, L. VIII, cap. 1 には、美しい道と呼ぶことのできるものについての定義が見出される。「それがあるいは海を、あるいは山岳を、あるいは流れる河や泉を、あるいは荒涼たる岩礁や平原を、あるいは森や谷底を見せてくれるならば。」

3 近代的名声

（1）多数の著者の著作のかわりに、一つだけ挙げれば、Blondus, *Roma triumphans*, L. V, p. 117, s. というのがある。ここでは栄光の定義が古代人から集められており、また、キリスト教徒にもはっきりと名誉欲が許されている。——キケロの著作*De gloria*を当時まだペトラルカは所有していたが、周知のようにそれはその後湮滅《いんめつ》している。

(2) *Paradiso* XXV, 冒頭、「もしも……この詩が……勝つようなことがあるならば……。」——Boccaccio, *Vita di Dante*, p. 49 参照。「彼の名誉と栄華への欲望は非常に強く、また彼はこれをたまたま望んだというよりはむしろ、自分の世に聞えた天賦の才のゆえに望んでいたのであろう。」

(3) *De vulgari eloquio*, L. I, Cap. 1. なかでも特に、*De Monarchia*, L. I, Cap. 1 参照。ここで彼が君主制の概念を述べようとしているのは、たんに世の役にたてんがためではなく、「このような勝者の賞たる棕櫚《しゅろ》の葉をまず第一に自分の名声のために手に入れんがため」でもある。

(4) *Convito*, ed. Venezia, 1529, fol. 5, 6.

(5) *Paradiso* VI, 112, s.

(6) 例えば、*Inferno* VI, 89. XIII, 53. XVI, 85. XXXI, 127.

(7) *Purgatorio* V, 70, 87, 133. VI, 26. VIII, 71. XI, 31. XIII, 147.

(8) *Purgatorio* XI, 79-117. ここには栄光（gloria）のほかに名声（grido）、評判（fama）、世評（rumore）、誉れ（nominanza）、名誉（onore）が一緒に見出される。いずれも同じ事柄を言いかえたものにすぎない。ボッカッチョは、ヨハネス・ピンツィンガにあてた書簡において（*Opere volgari*, Vol. XVI）告白しているところによれば、「自分の名を不朽たらしめようとの欲望から」詩作したのだという。

(9) Scardeonius, *De urb. Patav. antiq.* (Graev. *Thesaur.* VI, III, Col. 260)。cereis, muneribus（蠟燭と捧げ物によって）と読むべきか、それとも certis muneribus（明白な贈物によって）と読むべきかは、決定しないでおく。ムサットのいくらかもったいぶった人柄は、その *Geschichte Heinrichs* VII.

の文体からもうかがえる。
(10) *Epistola de origine et vita* etc. 著作集の冒頭に、「フランチェスコ・ペトラルカ、後世に挨拶を」とある。ペトラルカの虚栄心を非難する近年のある種の人たちとて、もしペトラルカの立場にいたとしたら、あれほどの善意と率直さを保持することは難しかったであろう。
(11) *Opera*, p. 177 : *De celebritate nominis importuna.*
(12) *De remediis utriusque fortunae* の随所に。
(13) *Epist. seniles* III, 5. ペトラルカの考える名声の基準を、例えばブロンドゥスが（Blondus, *Italia illustrata*, p. 416）百年後にこう断言することによって示してくれる。すなわち、もしペトラルカがロベルト賢王についてかくもしばしば、また好意的に触れなかったら、ほとんど一人の学者もうこの王のことを知らないであろう、と。
(14) *Epist. seniles* XIII, 3, p. 918.
(15) Filippo Villani, *Vite*, p. 19.
(16) ボッカッチョの墓碑銘にはこの両方のことが一緒に見られる。「フィレンツェのポッツォ・トスカネッリの近くで生れ、チェルタルドの郊外に葬られている、云々」——*Opere volgari di Bocc.*, vol. XVI, p. 44 参照。
(17) Murat. XXIV, Col. 1157 所収の、Mich. Savonarola, *De laudibus Patavii.*
(18) Gaye, *Carteggio*, I, p. 123 に記されている一三九六年の、理由が提示されている国家決議参照。
(19) Boccaccio, *Vita di Dante*, p. 39.
(20) Franco Sacchetti, *Nov.* 121.
(21) アンテノルの遺骨は聖ロレンツォ教会にある有名な石棺のなかに、リウィウスの遺骨はパラッツォ・デッラ・ラジョーネの扉のうえに。一四一三年にこれらのものが発見された詳細は、Misson, *Voyage en Italie*, vol. 1を見られたい。

(22) *Vita di Dante*, l. c. カッシウスの遺骸がフィリッピの戦いのあとどのようにしてふたたびパルマにもたらされたのであろうか?

(23) 教皇ピウス二世は、「貴族の高慢のゆえに」、しかも「敬神の口実のもとに」と言っている(*Comment*. X. p. 473)。この新しい種類の名声はおそらく、別なものに憧れていた多くの人たちにとって不快に思われたにちがいない。

(24) Keyßlers *Neueste Reisen*, p. 1016参照。

(25) 大プリニウスは周知のようにヴェローナ出身であった。

(26) 十四世紀に書かれた注目すべき著作、*De laudibus Papiae* (Murat. X所収)も本質において事情は同じである。都市の誇りは沢山記されているが、特別な名声はまだ見られない。

(27) Murat. XXIV, Col. 1151 ff. 所収の、*De laudibus Patavii*.

(28)「というのも、われわれの祖先も当然のこととしてこれらの神的な人たちを、もしくは永遠に記憶に値する人たちを称えたからである。至高の力は神聖と結びついているのであり、両者は共に称えられるものであるから。」

(29) ボッカッチョの *Casus virorum illustrium* においては、最後の、第九巻だけが古代以後の時代に属している。これよりずっと後代の、Raph. Volaterranus, *Commentari urbani* においても、第二十一巻(*Anthropologie* 第九巻)のみが古代以後の時代に属している。歴代教皇と皇帝を彼は特に第二十二巻と二十三巻で取り扱っている。――アウグスティヌス修道会士ヤコブス・ベルゴメンシス(一五〇〇年頃)の *De claris mulieribus* においては(上巻四三六頁第二章1の注3参照)、古代が優勢であり、さらに聖人伝の方がいっそう優勢であり、イタリア女性についての二、三の貴重な伝記がこのあとに続く。Scardeonius, *De urb. Patav. antiq.*, *Graev. thesaur.* VI, III, Col. 405, s. においては、有名なパドヴァ女性たちばかりが列挙されている。すなわち、まず初めに民族大移動の時代の聖人伝もしくは伝説、十三世紀と十四世紀の党争に由来する激情的な悲劇、続いて他の多数の女傑、修道院を寄進した女、政治の助言をした女、女の医師、沢山の優れた息子を持った母親、学問のある女性、自分の潔白を死をもって証した農民の娘、最後に、誰もが詩によって称えた十六世紀の美しく、教養の高い女性、終わりに女流詩人と女流作家が挙げられる。この一世紀あとであったら、これらの有名なパドヴァの女性にさらに女の教授が付け加えられたであろう。――エステ家の有名な女性たちについては、Ariosto, *Orl.* XIII に記されている。

(30) 十五世紀に著わされたこの種の最も重要な著作の一つ、B. Facius, *Viri illustres*, ed. Mehus を、私は残念ながら一度も眼にする機会がなかった。

(31) すでに十二世紀のあるラテン語の詩人――その歌によって衣服を無心する遍歴学生――がこういうことを口にして脅している。*Carmina Burana*, p. 76 を見られたい。

(32) Boccaccio, *Opere volgari*, Vol. XVI, 13. Sonett において。「蒼ざめ、打ちひしがれて等々」。

(33) 特に Roscoe, *Leone X*, ed. Bossi IV, p. 203 において。

(34) Angeli Politiani *epp.* Lib. X.

(35) Paul. Jov. *De romanis piscibus*, *Praefatio* (1525)。自分の歴史の最初の十巻は、近々「不朽の名声にたいする相当の望みをもって」出版されるであろう、と。

(36) これについては、Machiavelli, *Discorsi* I, 27 を参照。邪悪（tristizia）、犯罪は偉大さ（grandezza）を持ちうるものであり、また「なんらかの部分において高潔」でありうる。偉大さはある行為からどんな汚名（infamia）も遠ざけることができる。人間は、「完全に善意であることができない」し、また一方、「尊敬に値しながら悪」であることもできる。

（37） *Storie fiorentine*, L. VI.

（38） Paul. Jov. *Elogia*, Marius Molsa のことを述べる際に。

4　近代的嘲笑と機知

（1） ただ悪口を言うだけなら、すでに非常に早くから十一世紀のアルバのうそつきベンツォにそれが見られる（Pertz. *Scriptt.* XI）。

（1a） 中世はさらにいわゆる諷刺的詩に富んでいる、しかしながらそれはまだ個性的な諷刺詩ではなく、いろいろな階級や部門の人たち、住民等々へ当てつけて作られた一般的な諷刺詩ばかりといってよく、そういうわけでこうした諷刺詩はとかく教訓的調子に移りやすいのである。こうした傾向全体の一般的反映が特に、西欧のさまざまな民衆のあいだでいろいろに編纂されている『ライネケ狐』の寓話である。この部門のフランスの文学については、以下のような近年の優れた研究がある。Lenient. *La satire en France au moyen-âge.*

（2） 例外として傍若無人な機知もすでに見られる。*Nov.* 37.

（3） *Inferno* XXI. XXII. これに比肩しうる唯一のものは、アリストパネスくらいなものであろう。

（4） 遠慮がちな始まりは、*Rerum memorandum libri.* IV における *Opera*, p. 421 以下。他には例えば、*Epp. senil.* X, 2 における p. 868。言葉のしゃれはその中世における隠れ家である修道院の味のすることが時としてまだ大いにある。

（5） *Nov.* 40. 41. その傭兵隊長というのはリドルフォ・ダ・カトリーノである。

(6) ブルネレスコとでぶの木彫師の有名な茶番劇は、才気あふれる工夫がこらされてはいたが、それでもずいぶん残酷な話と言うことができる。

(7) Ibid. *Nov.* 49. にもかかわらず、*Nov.* 67 によれば、ロマーニャ人でも時としてごく下手くそなフィレンツェ人より優れているという気持を人々は持ったという。

(8) Ang. Pandolfini, *Del governo della famiglia*, p. 48.

(9) Franco Sacchetti, *Nov.* 156 ; *Nov.* 24 参照。――Poggio, *Facetiae* は、内容の点ではサッケッティと似通っている。すなわち、悪ふざけ《ブルレ》、傍若無人な言動、あか抜けた猥談を聞いて、単純な人間がこれを取りちがえて受けとる話、さらに、それを口にしたのが文献学者であることを露呈するしゃれ。――レオン・バッティスタ・アルベルティについては、上巻二一〇頁以下参照。

(10) 当然のことながらその内容をこういうものから借りているイタリア人の短篇小説も同様である。

(11) Bandello IV, *Nov.* 2 によれば、ゴネッラは自分の顔を他人の顔立ちに変えることも、またイタリアのあらゆる方言をまねることもできたという。

(12) Paul. Jovius. *Vita Leonis X.*

(13) 「すなわちビッビエーナは、長老や重い職にある人を怒り狂わせるおどろくべき達人であった。」ここにわれわれは、スウェーデンのクリスティーネがその文献学者たちをからかった話を思い出す。

(14) この柄つき片めがねを使ったということは、たんにラファエッロの肖像画からのみそう推定しているだけではなく(この肖像画ではむしろそれは祈禱書の細密画を見るための拡大鏡と解しうる)、教皇レオは修道士たちの練り歩く行列を手鏡を使って見たというペリカヌスの覚書からそのように推定しているのである(*Züricher Taschenbuch*, auf 1588, s. 177 参照)。また、ジョーヴィオによればレオが狩猟で凹面鏡(Cristallus concava)を使ったということからもそのように推定されうる。

(Attilius Alexius (Baluz. *Miscell.* IV, 518) によれば、「宝石 (gemma?) でできた接眼レンズを使って、それを手に持ち、何か見るべきものがあると、眼の方に近づけた。」〕

(15) 造形芸術においてもこうしたパロディーが見掛けられる。例えば、ラオコオン群像を三匹の猿に変えて表わしたあの有名な銅版画を想起してもらいたい。ただこうしたものはちょっとした素描以上に出ることはめったになかった。破棄されたものもかなりあったと思われる。戯画はこれとはまた本質的に異なったものである。レオナルドはその「しかめっ面」(アンブロジアーナ図書館)において醜いものを表現しているが、彼はそれを、滑稽である場合に、また滑稽であるがゆえに表現し、またその場合この滑稽な性格を好きなように強調している。

(16) Jovian. Pontan. *De Sermone.* 彼は機知にたいする特別な天分をフィレンツェ人の他に、シエナ人とペルージャ人にも確認する。さらに彼はこれにスペイン宮廷を儀礼上つけ加えている。

(17) *Il cortigiano,* Lib. II. fol. 74, s. ——機知の由ってきたるゆえんを対照《コントラスト》に求めている。なお完全に明快とは言えないが。fol. 76.

(18) *Galateo* del Casa, ed. Venez. 1789, p. 26, s. 48.

(19) *Lettere pittoriche* I, 71 の Vinc. Borghini 1577 の手紙において。——マキアヴェッリは *Stor. fior.* L. VII において、十五世紀半ば以後のフィレンツェの若い殿方についてこう言っている。「彼らの知識のおもむくところを言えば、いかに派手な服装をするかとか、いかに抜け目なく、狡猾な口のきき方をするかとかいうことで、より巧妙に他人にいやみを言う者が、より賢明な者として、最も人々に尊敬されることになった。」

(20) ロドヴィーコ・ポドカタロに捧げたフェドラ・インギラーミの弔辞(一五〇五年)参照(*Anecd. litt.* I, p. 319 所収)。——スキャンダルの収集家マッサイノについては、Paul. Jov. *Dialogus*

de viris litt. illustr. (Tiraboschi. Tom. VII, parte IV, p. 1631) において言及されている。

(21) 教皇レオ十世は大たいにおいてそんな風に身を処した。また彼は大たいにおいてこうしてよかったのである。誹謗文作者たちは教皇レオについて、ことにその死後ひどい扱いをしたが、彼らはこの人の人柄の全体的見解を動かすことはできなかった。

(22) 枢機卿アルディチーノ・デッラ・ポルタはおそらくこのようなケースであったと思われる。すなわち彼は一四九一年自分の地位を辞して、遠い修道院に逃れようとした。Eccard II, Col. 2000 所収の Infessura 参照。

(23) *Anecd. litt.* IV. p. 315 におけるこの人の弔辞を見られたい。彼は南の辺境アンコーナ市において農民軍を集めたが、これはウルビーノ公の裏切りによって辛うじて行動が阻止されたのであった。——彼の美しい、絶望的な恋歌《マドリガル》が Trucchi, *Poesie ined.* III, p. 123 にある。

(24) ジョーヴィオが教皇クレメンス七世の宴席でいかに弁舌を振ったかは、Giraldi, *Hecatommithi*, VII, *Nov.* 5 を見られたい。

(25) Paul. Jov., *Vita Hadriani* に見られる、パスクイーノの彫像を河中に沈めることについて協議したという話全体は、もともと教皇シクストゥス四世の話であったものを教皇ハドリアヌスに転用したものである。——*Lettere de' principi* I. 一五二三年四月七日のネグロの書簡参照。パスクイーノには、聖マルコの日に特別のお祭りがされていたが、教皇はこれを禁止した。

(26) 例えば、Firenzuola. *Opere*, vol. I, p. 166, *Discorso degli animali* において。

(27) 一五三六年一月一日、フェッラーラ公に送ったアレティーノの書簡。「殿下は今ローマからナポリへ旅立たれようとされています。教皇の惨めな姿を見たことで落胆させられた眼に、皇帝の栄光を想って、生気をよみがえらせながら。」

(28) アレティーノがこのことによって特に芸術家たちをどんなにこわがらせていたかについては、どこか他の個所で論究すべきであろう。——ドイツの宗教改革時代におけるジャーナリスティックな伝達手段はおおむね、特定の、個々の問題に関連して論じられている小冊子である。これに反してアレティーノは、大衆に公表すべき動機を絶えず自分のうちに持っているという意味でジャーナリストである。

(29) 例えば、へぼ詩人アルビカンテにあてて書かれた諧謔詩《カピートロ》において。残念ながらその引用個所は挙げないでおく。

(30) *Lettere*, ed. Venez. 1539. Fol. 12, 一五二七年五月三十一日。

(31) コジモにむけられた諧謔詩《カピートロ》第一において。

(32) Gaye, *Carteggio* II, p. 332.

(33) *Lettere pittor.*, I, Append., 34 所収の、一五三六年の厚かましい書簡を見られたい。

(34) アレティーノは、神さまのお蔭で、命は助かり、元気でいる。
だがその顔には見事な飾りがついている。
片手の指の数より沢山の打ち傷をうけて。
(Mauro, *Capitolo in lode delle bugie*)

(35) 例えば、ロートリンゲンの枢機卿にあてた書簡（*Lettere*, ed. Venez. 1539, vom 21. November 1534）、ならびにカルル五世にあてた書簡を見られたい。

(36) 以下の記述については、Gaye, *Carteggio*, II, p. 336, 337, 345 を見られたい。

(37) *Lettere*, ed. Venez. 1539. Fol. 15., vom16. Juni 1529.

(38) アレティーノのこのような行動が枢機卿の地位である赤い帽子への期待からか、それとも宗教裁判で現われ始めている死刑宣告にたいする恐怖からであったとしても。彼は一五三五年にはまだこうした死刑宣告を手厳しく非難する勇気を持っていたのであったが（a. a. O., Fol. 37 参照）、一五四二年にこの機関が再組織されて以後こうした宣告が急激に増加し、一切を沈黙させてしまった。

第三章

前置き

（1） *Carmina Burana,* Bibliothek des literarischen Vereins in Stuttgart における第十六巻。――パヴィーア滞在（p. 68, 69）、イタリアの地方的特殊性全般、オリーブの木陰にいる羊飼の少女（pastorella）の光景（p. 145）、広く陰を投げかける牧草地の樹木、松（pinus）の眺め（p. 156）、たびたび使われる勝利の品（bravium）という言葉（p. 137, 144）、特に Maji（五月の）のかわりに使われる Madii という形（p. 141）、こうしたものはわれわれの推測の正しいことを証しているように思われる。――詩人がヴァルテル（Walther）と自称していることは、その出自についてなんの示唆も与えるものではない。通常この詩人は、十二世紀末頃のソールズベリの司教座聖堂参事会員で、イギリス王の礼拝堂付司祭グァルテルス・デ・マペスと同一視されている。近年では、ヴァルテル・ファン・リール、もしくはフォン・シャティヨンとかいう人がその人であると信じられている。Wattenbach : *Deutschlands Geschichtsquellen im Mittelalter,* 431 ff. における Giesebrecht 参照。

（2） 古代が実生活のあらゆる高尚な領域において教師として、また指導者としてどんなにか役に立ちうるか、という点については、例えばアエネアス・シルヴィウスがごく簡単な概要の形で叙述している（*opera,* p. 603. シギスムンド大公あての書簡一〇五において）。

（3） 詳細については、Roscoe : *Lorenzo magnif.* および *Leo X.* ならびに Voigt : *Enea Silvio.* および Papencordt : *Geschichte der Stadt Rom im Mittelalter* を参照されたい。――十六世紀初頭の知識階級のあいだで学ぶに値するものと見なされていた範囲について知りたいと思う人に一番勧められるのは、Raphael Volaterranus, *Commentari urbani* である。ここから分かることは、古代があらゆる認識部門の入口であり、主要内容であったということである。すなわち、地理学と郷土史から始まって、あらゆる有力者や有名人の伝記、通俗哲学、倫理学そして個々の特殊科学を通ってアリストテレスの全著作の分析をもってこの著書は終っている。教養の源泉としてのこの著書の意義全体を認識するためには、これをそれ以前のすべての百科全書と比較せねばなるまい。目下のテーマを詳細かつ多面的に論じている優れた著作として、Voigt : *Die Wiederbelebung des klassischen Alterthums* がある。

1　廃墟の都ローマ

（1） 〔ここではざっと言及しているだけの課題は、これ以後、Gregorovius' *Geschichte der Stadt Rom im Mittelalter* によって最大の規模で解決されており、この個所ではなんとしてもこの著書を参照するようお願いしておく。〕

（2） 〔Guil. Malmesb. *Gesta regum Anglor.*, L. II. § 169, 170, 205, 206 (ed. London 1840, vol. I, p. 277 ss., p. 354 ss.）には、さまざまな宝掘りの空想、つぎに無気味な情事の女神としてのウェヌス、そして最後に、十一世紀中葉、エウアンドロスの息子パラスの巨大な遺骸の発見が記述されている。――秘密の財宝と結びつけられたコロンナ家の起源については、Iac. ab Aquis, *Imago mundi* (*Hist. patr. monum. Scriptt.*, Tom. III, Col. 1603) 参照。――マムズベリは宝掘りの話の他に、無論トゥールの司教、マンのヒルデベールの悲歌をも、十二世紀前半の人文主義的熱狂の最も際立った例の一つとして伝えている。」
（3） Dante, *Convito*, Tratt. IV, Cap. 5.
（4） *Epp. familiares* VI, 2 (pag. 657)：ペトラルカがローマを見る前に、ローマについて述べた言葉については、同書、II, 9 (p. 600) を見られたい。また II, 14 も参照。
（5） *Dittamondo*, II, cap. 3. この旅は、なお部分的には東方の三博士とその従者の素朴な点を思い出させる。――この都の叙述（II, cap. 31）は、考古学的に見てまったく価値がなくもない。――Polistore（Murat. XXIV, Col. 845）によれば、一三六六年にエステ家のニコロとウーゴがローマに旅したという、「今ローマで見ることのできる古代の壮観を眺めるために。」
（6） ちなみにここで、外国もまた中世のローマを採石場と見なしていた証拠を一つ挙げておこう。有名な大修道院長スゲリウスは、（一一四〇年頃に）聖ドゥニ教会再建のために巨大な柱身を探していたところ、なんとディオクレティアヌス大浴場の花崗岩の一本石のことを思い出した。しかしやはり考え直して別なものを使うことにした。Duchesne, *Scriptores*, IV, p. 352 所収の、*Sugerii libellus alter*. ――カルル大帝は疑いもなくこれよりも控え目に振舞っている。
（7） Poggii *opera*, fol. 50, s. *Ruinarum urbis Romae descriptio*. 一四三〇年頃、すなわち、教皇マルティヌス五世の逝去直前、――当時はなおカラカラ帝とディオクレティアヌス帝の大浴場には大理石の化粧張りと円柱が残っていた。
（8） 最も早い碑文収集家としてのポッジョについては、Murat. XX, Col. 177 所収の、*Vita Poggii* にある彼の書簡を見られたい。胸像収集家としてのポッジョについては、Col. 183 参照。
（9） Fabroni, *Cosmus*, Adnot. 86. ジョヴァンニ・メディチにあてたアルベルト・デリ・アルベルティの書簡から。――教皇マルティヌス五世治下のローマの状態については、Platina, p. 277 を見られたい。教皇エウゲニウス四世不在中のローマの状態については、Vespasiano Fiorent, p. 21 参照。

(10) 以下の叙述は、Muratori III, II, Col. 980, s. 所収の、Jo. Ant. Campanus : *Vita Pii II.* に拠っている。――Pii II. *Commentarii*, p. 48, 72, s. 206, 248, s. 501 u. a. O.

(11) Boccaccio, *Fiammetta*, cap. 5.

(12) Leandro Alberti, *Descriz. di tutta l'Italia*, fol. 285 〔――リオナルド・アレティーノによれば (Baluz. *Misc.* III, p. 111) チリーアコはアイトリア、アカルナニア、ボイオティアそしてペロポネソスを遍歴し、また、スパルタ、アルゴスそしてアテネを知っていたという。〕

(13) いろいろあるなかで、二つだけ例を挙げておく。(Murat. XI, Col. 552) Manipulus のなかの、ミラノのとても信じられないような太古史と、Ricordano Malaspini の年代記の冒頭と、Gio. Villani の記述するフィレンツェの太古史がそれである。このヴィラーニによれば、フィレンツェは、ローマにいたって好意的であるところから、反ローマ的、反抗的なフィエーゾレに対抗したのはもともと正当な行為なのだという (I, 9, 38, 41, II, 2)――Dante *Inf.* XV, 76.

(14) *Commentarii*, p. 206, 第四巻。

(15) Murat. III, II, Col. 993 所収の、Mich. Cannesius, *Vita Pauli II.* 著者は、ドミティウス・アヘノバルブスの息子ネロにたいしてさえ、教皇の縁戚であるというので、そっけない態度をとろうとしていない。著者はネロについてただこう言っているだけである。「この人については著者たちは種々さまざまなことを伝えている。」――無論これよりも一段と強烈であったのは、例えば、ミラノのプラート家が、偉大なるプラトンの子孫だといって得意がったり、フィレルフォが法学者テオドーロ・プラートへの婚礼の祝辞や賛辞においてこのことにあえて触れたり、また、ジョヴァンアントーニオ・プラートなる者が一四七八年に自分の刻んだ哲学者の浮き彫り像に（ミラノのマゼンタ宮の中庭にある）つぎのような碑文を添えているような場合である、「自分の出自と知力の祖たるプラトンに捧げて……」。

(16) これについては、Murat. III, II, Col. 1049〔1094〕所収の、Nantiporto ; Eccard, *Scriptores*, II, Col. 1951 所収の、Infessura ; —— *Arch. stor.* XVI, II, p. 180 所収、Matarazzo 参照。

(17) すでに教皇ユリウス二世治下に、人々は彫像を発見しようという意図を抱いて発掘した。Vasari XI, p. 302, V. *di Gio. da Udine.*

(18) Quatremère, *Stor. della vita etc. di Rafaello*, ed Longhena, p. 531.

(19) *Lettere pittoriche* II, I. 一五四二年十一月十四日、Landi あての Tolomei の書簡。

(20) 教皇レオは「心配の種や心の憂いをなんとかしてさえぎろう」とした。愉快な冗談や音楽は彼を魅了した。彼はこうして寿命を延ばそうと望んだ。Roscoe, ed. Bossi XII, p. 169 所収の、*Leonis X. vita anonyma.*

(21) アリオストの諷刺詩のうち、これに入るものは、I. (Perc' ho molto etc.) と IV. (Poiche, Annibale etc.) である。

(22) Ranke, *Päpste*, I, 408 f. —— *Lettere de' principi* I, 一五二二年九月一日のネグリの書簡、「……教皇レオのために取りつくされて破産したこれらすべての廷臣たち……」。

(23) Pii II. *Commentarii*, p. 251, 第五巻——第二巻にある Sannazaro, *Elegie in ruinas Cumarum* も参照。

(24) Polifilo, *Hypnerotomachia*, ページ番号なし。Temanza, p. 12 における抜粋。

(25) この一方ですべての教父と巡礼者はそのような場所としての洞窟しか知らない。詩人たちも宮殿なしですますことがある。Sannazaro, *De partu Virginis*, L. II.

2　古代の著作家たち

（1）主として、Vespasiano Fiorentino（Mai, *Spicileg. romanum* 第十巻）から取られている。この著者は十五世紀中葉と、それ以後にフィレンツェにいた本屋でかつ写本納入業者であった。

（2）周知のように古代への熱望に乗じて人を騙し、金を巻きあげるために、いくつかの贋物も作られた。文学史的著作において、特にヴィテルボのアンニウスの項目を見られたい。

（3）Vespas. Fior., p. 31.「サルツァーナ出身のトンマーゾ（後の教皇ニコラウス五世）は、金を支払えるようになったら二つのこと、書籍の購入と建造物の造営をしようとつねづね言っていた。教皇になったとき、この二つのことをした。」――彼の翻訳者については、Aen. Sylvius, *De Europa*, cap. 58, p. 459 および Papencordt, *Gesch. der Stadt Rom*, p. 502 参照。

（4）Vespas. Fior., p. 48, 658, 665. Murat. III, II, Col. 925, s. 所収の、J. Manetti, *Vita Nicolai V* も参照。――教皇カリストゥス三世がこの収集の一部をふたたび散逸させたかどうか、そうだとしたらどのようにしてか、という点については、Vespas. Fior., p. 284, s. ならびに Mai の注を見られたい。

（5）Vespas. Fior., p. 617, s.

（6）Vespas. Fior., p. 547, s.

（7）Vespas. Fior., p. 193. Murat. XXII, Col. 1185 s. 所収の、Marin Sanudo も参照。

（8）差しあたりそれがどう取り扱われたかについては、Malipiero, *Ann. veneti*, *Arch. stor.* VII, II, p. 653, 655 を見られたい。

（9）Vespas. Fior., p. 124, s.

（10）あるいはウルビーノがチェーザレ・ボルジアの軍隊によって占領された時であろうか？――マイ

はこの写本の存在を疑問視している。しかし私としては、ヴェスパジアーノが、周知のようにほんの数百行の詩句しか知られていないメナンドロスからのたんなる警句の抜粋などを、他の「全著作」とともに、またあの一連の浩瀚な古写本（たとえそれがわれわれの今日所蔵するソポクレスとピンダロスだけであるとしても）のなかに挙げたなどとは信じられない。あのメナンドロスの古写本がもう一度姿を現わすということは、考えられないことではない。

（11） ピエーロ・デ・メディチは愛書家のハンガリー王マッティアス・コルヴィヌスの死に際して、写本家たちは以後その報酬を下げないわけにはゆくまい、彼らはこれからはもう誰にも（すなわち、われわれ以外には）仕事を依頼されることはないだろうから、と予言したが、これはギリシア人のことだけを言っているとは考えられる。というのも、これは能書家のことを言っていると思いたいところであろうが、能書家はいつでもイタリア中に沢山いたからである。——Fabroni. *Laurent. magn.* Adnot. 156. Adnot. 154 も参照。

（12） Gaye, *Carteggio*, I, p. 164. 教皇カリストゥス三世治下、一四五五年のある書簡。ウルビーノの有名な細密画聖書も、ヴェスパジアーノの雇い人であった一フランス人の手で筆写されている。D'Agincourt, *Malerei*, Tab. 78 を見られたい。

（13） Vespas. Fior., p. 335.

（14） ウルビーノとペーザロの図書館（アレッサンドロ・スフォルツァの図書館。上巻五三頁以下参照）にたいしても、教皇は同じような好意を示した。

（15） Vespas. Fior., p. 129.

（16）「技術——なんという労苦が疲れた指から取りのぞかれたことか。」一四七〇年頃の Robertus Ursus のある詩においてこう言われている。*Rerum ital. scriptt.* ex codd. Florent. Tom. II. Col. 693.

ウルススは古典の著作家たちの急速な普及が期待できることを多少早めに喜んでいる。Libri, *Hist. des sciences mathématiques* II, 278, s. ——ローマの印刷屋については、Murat. III, II, Col. 1046 所収の、Gaspar. Veron. *Vita Pauli II* 参照。ヴェネツィアにおける最初の印刷免許については、Murat. XXII, Col. 1189 所収の、Marin Sanudo を見られたい。

(17) これと同じようなことは、すでに写本の時代に存在していた。Vespas. Fior., p. 656, s. ピストイヤのゼンビーノの『世界年代記』について記されていることを見られたい。

(18) Fabroni, *Laurent. magn.* Adnot. 212. ——これは、「追放について」という誹謗文書のことで起こった。

(19) Sismondi VI, p. 149, s. 参照。

(20) こうしたギリシア人が死に絶えたことを、ヴァレリアヌスが (Pierius Valerian. *De infelicitate literat.*) ラスカリスについて述べる際に確認している。またパウロ・ジョーヴィオは *Elogia literaria* の末尾でドイツ人たちについてこう言っている。「……われわれにとって恥ずべきことであるが、ラテンの学問だけでなく、ギリシアとヘブライの学問までもこの不運な移動に際して彼らの国へ移ってしまっている。」

(21) Ranke, *Päpste*, I, 486. ——本章の末尾を参照。

(22) Tommaso Gar, *Relazioni della conte di Roma*, I, p. 338, 379.

(23) トラペズスのゲオルギオスは一四五九年にヴェネツィアにおいて修辞学の教授として百五十ドゥカーテンの俸給で雇われている。Malipiero, *Arch. stor.* VII, II, p. 653. ——ペルージャにおけるギリシア語の講座については、*Arch. stor.* XVI, II, 序文 p. 19 を見られたい。——リーミニについては、そこでギリシア語が教えられたかどうかは、依然として不確かである。*Anecd. litt.* II, p. 300 参照。

(24) Vesp. Fior., p. 48, 476, 578, 614. ――フラ・アンブロージョ・カマルドレーゼもヘブライ語をよくした。Ibid., p. 320.

(25) 教皇シクストゥス四世はヴァティカン図書館のための建物を建て、図書を大量に買付けて図書館を充実させたが、またラテン語、ギリシア語、ヘブライ語の筆写家（librarios）の俸給も定めた。Platina, *Vita Sixti IV*, p. 332.

(26) Pierius Valerian., *De infelic. lit.* モンガーヨの記述において。――ラムージオについては、Sansovino, *Venezia*, Fol. 250 参照。

(27) 特に、エルモラーオ・バルバロにあてた一四八五年の重要な書簡において。Ang. Politian. *Epistolae*, L. IX 所収。――Jo. Pici *oratio de hominus dignitate* 参照。

3　十四世紀の人文主義

(1) 彼らが自身の価値をどのように評価していたかを、例えばポッジョは（*De avaritia*, fol. 2）、つぎのようにほのめかしている。すなわち、ある見解によれば、学識、文体ともに優れたラテン語の本を書くか、ギリシア語をラテン語に翻訳した人たちだけが、「自分は生きた」と言えるのだという、と。

(2) 特に、Libri, *Histoire des sciences mathém.* II, 159, s. 258, s.

(3) 例えば、Dante, *Purgatorio* XVIII は、優れた例証を含んでいる。マリアは急ぎ山を越え、カエサルはスペインにむかって急ぐ。マリアは貧しく、ファブリキウスは私欲がない。――この機会に、女予言者《シビュレ》を古代の世俗史に年代順に編みこむということが行なわれていることに注意を促したい、例えばウベルティが一三六〇年頃にその *Dittamondo*（I, Kap. 14, 15）において試みているように。

(4) いずれにしても、詩人（poeta）は、ダンテにおいてもなお（*Vita nuova*, p. 47）ラテン語で詩作する人のみを意味し、一方イタリア語で詩作する人にはRimatore（韻文家）、Dicitore per rima（韻を踏んで朗唱する人）という表現が使われる。無論時代とともに使われる表現も概念も混同されてくる。

(5) その名声の絶頂にあったペトラルカさえ、気のふさいだ時には、自分の悪しき星回りは、自分を後年になってごろつき（最低の盗人）のあいだで生きさせようと欲したのであろうかと嘆いている。リウィウスにあてた架空の書簡において。*Opera*, p. 704 seq.

(6) ボッカッチョはヤコブス・ピツィンガにあてた（晩年の）書簡（*Opere volgari*, Vol. XVI）においては、いっそう厳密に本来の詩を尊重している。にもかかわらず彼はここでも、古代のことを念頭においているもののみを詩と考え、吟遊詩人《トルヴァドゥール》を無視する。

(7) Boccaccio, *Vita di Dante*, p. 50：「月桂冠は知識を増加させはしないが、しかし、知識の最も確実な証《あかし》であり、飾りである。」

(8) Dante, *Paradiso* XXV, I s. ——Boccaccio, *Vita di Dante*, p. 50：「聖ジョヴァンニ教会の洗礼盤のうえで彼は桂冠を受けようと欲していた。」*Paradiso* I, 25 も参照。

(9) ピツィンガにあてたボッカッチョの書簡、*Opere volgari*, vol. XVI：「もし神がそれを認めたもうなら、元老院もロムルスの子孫に桂冠授与の同意を与える。」

(10) Matt. Villani, V. 26. 市中をものものしい騎馬行列が練り歩き、その際、皇帝の扈従《こじゅう》である貴族《バローニ》たちが詩人につきしたがった。——ファツィオ・デリ・ウベルティも桂冠を授与されたが、しかし、どこで、誰によってかは知られていない。

(11) Murat. XXIII, Col. 185 所収の、Jac. Volaterran.

（12） Vespas. Fior., p. 575, 589. —— Murat. XX, Col. 543 所収の、*Vita Jan. Manetti.* ——レオナルド・アレティーノの名声は生前において無論非常に高かったので、ただその姿を見るためだけに、あらゆる地方から人々がやってきた。またあるスペイン人などは彼のまえにひれ伏したりした。Vesp., p. 568. ——グアリーノの記念碑のために、フェッラーラの市当局は一四六一年に当時としては莫大な金額であった百ドゥカーテンを提供した。

4　大学と学校

（1） Libri, *Histoire des sciences mathém.* II, p. 92 s. 参照。——ボローニャの大学は周知のように他の大学よりも古かった。これに反してピサの大学はロレンツォ・イル・マニーフィコが晩年になって創設したもので、ジョーヴィオの言うところによれば（Giovio, *Vita Leonis X* : L. I）「失われた昔の自由のための慰めとして」寄進されたのであった。——フィレンツェの大学は（Gaye, *Carteggio,* I, p. 461-560 随所に。Matteo Villani I, 8 ; VII, 90）、すでに一三二一年に存在し、領内子弟に勉学の強制をしたが、黒死病《ペスト》流行のあと一三四八年に新たに設立され、毎年二千五百金グルデンを供与された。しかしふたたび衰微し、一三五七年にまた再建された。一三七三年多くの市民の請願に応えて創設されたダンテ解釈のための講座は、その後大ていは文献学と修辞学の教授職が兼担した、フィレルフォの場合もそうであった。

（2） このことは教授数を数えるときに注意しなければならない。例えば一四〇〇年頃のパヴィーアの教授一覧表の場合がそうで（Corio, *Storia di Milano,* fol. 290）、そこには、ほかの教授の数もさることながら、特に法学者が二十人も見られる。

（3） Murat. XXII, Col. 990 所収の、Marin Sanudo.

（4） Fabroni, *Laurent. magn.* Adnot. 52, 1491.

（5） Murat. XXIII, Col. 824 所収の、Allegretto, *Diari sanesi.*

（6） フィレルフォは新設のピサの大学に招聘されたとき、少なくとも五百金グルデンを要求した。Fabroni, *Laurent. magn.* Adnot. 41 参照。

（7） Vespasian. Fior., p. 271, 572, 590, 625 参照。――Murat. XX, Col. 531, s. 所収の、*Vita Jan. Manetti.*

（8） Vespas. Fior., p. 640. ――ロスミニによるヴィットリーノとグァリーノの特別な伝記を、私は読んでいない。

（9） Vesp. Fior., p. 646.

（10） 大公ジギスムントあての書簡（*Epist.* 105, p. 600）および、遺腹王ラディズラーオあての書簡（p. 695）、後者は「子弟たちの教育についての論述」として書かれている。

5　人文主義の後援者

（1） ヴェスパジアーノの以下の言葉は翻訳不能である。「彼が日常に生活していた古代風の仕方で食卓についている様は、優雅（gentilezza は上品、気品、高貴など、さまざまに解しうる）であった。」

（2） Vesp. Fior., p. 485.

（3） Vesp. p. 271 によれば、そこは学者たちの会合の場所で、討論も行なわれたという。

（4） Murat. XX, Col. 532, s. 所収の、マネッティの伝記を見られたい。

（5） プラトン哲学についてこれ以前に人々の知っていたことは、断片的なものにすぎなかったと思われる。プラトンとアリストテレスの対比関係について行なわれた風変りな論争が、一四三八年フェッラーラでシエナのウーゴ・ベンツィと、宗教会議のために来ていたギリシア人たちとのあいだで行なわれた。Aeneas Sylvius, *De Europa*, Cap. 52 (*Opera*, p. 450) 参照。

(6) Nic. Valori のロレンツォ・イル・マニーフィコ伝において。――Vespas. Fior., p. 426 参照。アルギュロプーロスの最初の後援者たちは、アッチャイウォーリ家の人たちであった。同書 p. 192：枢機卿ベッサリオンおよび、プラトンとアリストテレスについての彼の比較論。同書 p. 223：プラトン主義者としてのクサヌス。同書 p. 308：カタロニアの人ナルチーゾ、およびアルギュロプーロスとのあいだで行なわれた彼の論争。同書 p. 571：プラトンの個々の対話篇はすでにレオナルド・アレティーノにより翻訳されていたことについて。同書 p. 298：新プラトン主義の影響が始まっていることについて。

(7) Varchi, *Stor. fiorent.* L. IV, p. 321. 才気あふれる伝記。

(8) 前述のロスミーニの伝記（ヴィットリーノとグァリーノの）、ならびに Shepherd, *Leben des Poggio* は、これについて多くのことを含んでいるにちがいない。

(9) *Epist.* 39 : *Opera*, p. 526, Mariano Socino あて書簡。

(10) こういう言葉とならんで、王侯の学芸保護が貧弱であり、少なからぬ王侯たちは名声にたいして無関心であることについて慨嘆する声がたえず聞かれるからといって、それに惑わされてはならない。例えば十五世紀からもなお、Bapt. Mantuan, *Eclog.* V にあるような声が聞かれる。――誰もかれも満足させることはできなかったのである。

(11) 十五世紀末頃までの歴代教皇の学術保護については、ここでは叙述を簡略にするために、Papencordt, *Geschichte der Stadt Rom im M. A.* の末尾を参照するようお願いしなければならない。

(12) Lil. Greg. Gyraldus, *De poetis nostri temporis*, Sphaerulus von Camerino についての記述において。

この善良な男は、しかるべき時にその詩を書き終えることができず、四十年後になってもまだその作品を机のうえにのせていた。――教皇シクストゥス四世の出した貧弱な謝礼については、Pierio Valer. *de infelic. lit.* Theodorus Gaza についての記述において。――教皇レオ以前に歴代教皇が人文主義者たちを意図的に枢機卿の地位につけないようにしたことについては、枢機卿エジーディオに捧げた Lor. Granas の弔辞を参照。*Anecd. litt.* IV, p. 307.

(13) その最上のものは、*Deliciae poetarum italorum* および Roscoe, *Leo X* の諸種の版につけられた付録のなかに見られる。

(14) Paul. Jov. *Elogia*, Guido Posthumus についての記述において。

(15) ヴァレリアーノ (Pierio Valeriano) がその《*Simia*》(雌猿) において。

(16) *Deliciae poet. ital.* のなかの Joh. Aurelius Mutius の悲歌を見られたい。

(17) 教皇レオがいろいろな大きさの金の包みを入れた緋のビロードの財布に手をつっこんで手当たりしだいに摑み出したという有名な話は、Giraldi, *Hecatommithi* VI, *Nov.* 8 にある。そのかわり、教皇レオの宴席に侍するラテン語の即興詩人たちは、あまりへたくそな詩を作ると、鞭で打たれた。Lil. Greg. Gyraldus, *De poetis nostri temp.*

(18) Roscoe, *Leone X*, ed. Bossi IV, 181.

(19) Vespas. Fior., p. 68. s. アルフォンソがやらせたギリシア語からの翻訳については、p. 93 参照。――Murat. XX, Col. 541, s. 550, s. 595 所収の、*Vita Jan. Manetti* ――Panormita : *Dicta et facta Alphonsi* ならびに、アエネアス・シルヴィウスの注釈。

(20) Ovid. *Amores* III, 15, vs. 11. ――Jovian. Pontan., *De principe.*

(21) Murat. XXI, Col. 1127 所収の、*Giorn. napolet.*

(22) Vespas. Fior. p. 3. 119. s. ――「彼はあらゆる事柄について、神聖なことについても世俗的なことについても該博な知識を持とうとした。」――上巻八〇頁以下参照。

(23) ヴィスコンティ家最後の君主にあってもなお、ダンテやペトラルカとならんでリウィウスやフランスの騎士小説が君主の関心を得ようと争っている。この君主のもとを訪れて、彼を「有名に」しようとした人文主義者たちを、彼はいつも数日後にはまた追い出すのだった。Murat. XX. Col. 1014 所収の、Decembrio 参照。

(24) Paul. Jov. *Vita Alfonsi ducis.*

(25) ペーザロのジョヴァンニ・スフォルツァ（アレッサンドロの息子。上巻五三頁参照）の宮廷にいたコレヌッチョについては、上巻四三九頁第二章2の注4を見られたい。この君主は結局はコレヌッチョに死をもってむくいた。――フォルリのオルデラッフォ家最後の君主においては、コドルス・ウルケウスがこの役目を果たした。――教養のある専制君主のうちでは、一四八八年に妻によって殺害されたファエンツァのガレオット・マンフレッディの名も挙げることができる。ボローニャのベンティヴォッリオ家の二、三の人もこうした人たちである。

(26) *Anecdota literar.* II, p. 305. s. 405. パルマのバシニウスは、ポルチェリオやトンマソ・セネカを嘲笑して、この人たちは腹をへらした食客で、年をとってからも兵士の役を演じなければならないが、自分は地所（ager）や別荘（villa）を供与されている、と言った。（これは一四六〇年頃のもので、啓発的な記録である。ここから分かることは、当時なおここに挙げた二人のような人文主義者がいて、ギリシア語が優勢になるのを阻もうとした人たちがいたということである。）

(27) これらの墓地についての詳細は、Keyßler, *Neueste Reisen*, S. 924 に見られる。

(28) Pii II. *Comment.* L. II, p. 92. この、Historiae（各国の歴史）とは、この場合古代全体を含んだも

ののことである。

6 古代の再生

（1） Fabroni, *Cosmus*, Adnot. 117. ―― Vespas. Fior. 随所に――フィレンツェ人がその秘書たちに要求したものについて記した主要個所は、Aeneas Sylvius, *De Europa*, cap. 54 (*Opera*, p. 454) 参照。

（2） 上巻三二六頁、および、教皇ピウスが創設した請願省略文書作成官の新しい構成員については、Papencordt, *Gesch. d. Stadt Rom*, p. 512 参照。

（3） *Anecdota lit.* I, p. 119, s. 書記官たちの名においてヤコブス・ヴォラテラヌスの行なった弁護演説は、疑いなく教皇シクストゥス四世の時代のものである。――枢機卿会法律顧問たちの人文主義者としての要求が彼らの弁論術に基づいていたのは、書記官たちのそれが書簡文に基づいていたのと同じである。

（4） フリードリヒ三世治下の皇帝官房の実状を一番よく知っていたのは、アエネアス・シルヴィウスであった。*Epp.* 23, 105 および *Opera*, p. 516, 607 参照。

（5） Corio, *Storia di Milano*, fol. 449, アラゴンのイザベラが父のナポリ王アルフォンソにあてた書簡。fol. 451, 464, モーロがシャルル八世にあてた二通の書簡。――これと比較すべきものは、教皇クレメンス七世がローマ劫掠のなかを城内にお抱えの学者たちを召集し、それぞれ別個に、カルル五世あての書簡の構想を練らせたという、*Lettere pittoriche* III, 86 (Sebast. del Piombo an Aretino) に出ているお話である。

（5ａ） アレティーノの書簡集については、上巻二四七頁、および四四八頁第二章4の注28参照。ラテン語の書簡集はすでに十五世紀に印刷されていた。

7　ラテン語の演説

（1）フィレルフォ、サベッリコ、老ベロアルドゥスなどの著作集のなかの演説や、ジャンノッツォ・マネッティ、アエネアス・シルヴィウスなどの伝記を参照されたい。

（2）Murat. XXIV, Col. 198, 205 所収の、*Diario Ferrarese*.

（3）Pii II. *Comment.* L. I, p. 10.

（4）上首尾に終った演説家の成功は大いなる結果をもたらしたが、貴顕、有力者の並みいるまえで言葉に詰まったときは非常に恐ろしいことであったのは言うまでもない。そうした恐ろしい実例は、Petrus Crinitus, *De honesta disciplina* V, cap. 3 に集められている。Vespas. Fior., p. 319, 430 も参照。

（5）Pii II. *Comment.* L. IV, p. 205. さらに、ヴィテルボで教皇ピウスを待ちかまえていたローマ人もいた。「たがいに比較されないように、誰もが単独で演説を行なった。これは弁舌の才ではほとんど皆が同等であったからである。」――アレッツォの司教が、新たに選出された教皇アレクサンデル六世にたいしイタリア各国の使節団を代表して発言することを許されなかったのを、グイッチャルディーニは（その著第一巻冒頭で）大真面目で、一四九四年のイタリアの不幸を招くのに一役買った原因の一つに数えている。

（6）Murat. XXII, Col. 1160 所収の、Marin Sanudo によって伝えられている。

（7）Pii II. *Comment.* L. II, p. 107. また p. 87 も参照。――王侯の身分でラテン語の演説をした別な女性は、マドンナ・バッティスタ・モンテフェルトロで、マラテスタ家に嫁していたが、彼女はシギスモンド大公と教皇マルティヌスにむかって長々と演説をした。*Arch. stor.* IV, I, p. 442, Nota 参照。

（8）Murat. XXIII, Col. 68 所収の、*De expeditione in Turcas.* Nihil enim Pii concionantis maiestate sublimius（本文の元のラテン語原文）――教皇ピウス自身が自らの成功を叙述する無邪気な満足のほかに、Campanus, *Vita Pii II* (Murat. III, II, 随所に）も参照されたい。

(9) カルル五世も、彼がジェノヴァであるラテン語の演説家の持ち出すいろいろな花言葉についてゆけなくなったときには、さすがにジョーヴィオの耳もとでこう嘆息したことがあった。「まったく、予の先生ハドリアヌスが、子供のようにラテン語の勉強を怠けているといまに罰を受けますぞと予言したことがあったが、その通りになったわい……」――Paul. Jov. *Vita Hadriani VI.*

(10) Lil. Greg. Gyraldus, *De poetis nostri temp.*, Collenuccio についての記述。――妻帯した俗人であるフィレルフォは、コーモの大聖堂で一四六〇年に司教スクランピのために紹介演説を行なった。

(11) Fabroni, *Cosmus*, Adnot. 52.

(12) これはやはり、例えばプラーティナの記念祭の折りに Jac. ヴォラテラヌスに多少の不快感を与えた (Murat. XXIII, Col. 171)。

(13) *Anecdota lit.* I, p. 299. ロドヴィーコ・ポドカタロに捧げたフェードラの弔辞において、グァリーノは特にこのような仕事にこの人を使うことにしていた。

(14) このような序論的講義は、サベッリコ、老ベロアルドゥス、コドルス・ウルケウスなどの著書に沢山保存されている。

(15) ポンポナッツォの講演のすばらしい名声については、Paul. Jov. *Elogia* を見られたい。

(16) Vespas. Fior. p. 103. ジャンノッツォ・マネッティがフェデリーコを野営地に訪れる話については、p. 598 を参照。

(17) *Archiv. stor.* XV, p. 113, 121. カネストリーニの序文、p. 342, s. 兵士らへの二つの演説の復刻。第一の演説はアラマンニのものであり、抜群に見事で、その時機（一五二八年）にふさわしいものである。

(18) この点については、Faustinus Terdoceus の諷刺詩、*De triumpho stultitiae*, lib. II. を見られたい。

(19) この二つの驚くべき事例は、サベッリコの著書に出てくる（*Opera*, fol. 61-82. *De origine et auctu religionis*. これは、ヴェローナにおいて跣足修道会士の総会をまえに、説教壇からなされたもの、および、*De sacerdotii laudibus*. これはヴェネツィアで行なわれたもの）。上巻四六六頁注10参照。

(20) Mur. XXIII（随所に）所収の、Jac. Volaterrani *Diar. roman.* —— Col. 173 には、宮廷を前にしての、とはいっても教皇シクストゥス四世がたまたま不在であった折りの、きわめて注目すべき説教のことが出ている。すなわち、神父パーオロ・トスカネッラが教皇と、その家族および枢機卿たちを大声で叱ったのである。教皇シクストゥスはこれを伝え聞いたとき、にやりとした。

(21) Fil. Villani, *Vite*, p. 33.

(22) Georg. Trapezunt. *Rhetorica*. 最初の完全な体系的学説。—— Aen. Sylvius : *Artis rhetoricae praecepta*（*Opera*, p. 992）は、意図的に文の構造と語の結合しか扱っていない。いずれにしても、こうした点において完全に習熟するための独特な著書である。この著者はその他に数人の理論家を挙げている。

(23) Murat. XX 所収の、マネッティの伝記は、この人の雄弁の効果についての記述で完全に満たされている。—— Vespas. Fior. 592, s. 参照。

(24) Murat. XX, Col. 918 所収の、*Annales Placentini*.

(25) サヴォナローラの演説はそうであった。Perrens, *Vie de Savonarole* I, p. 163 参照。だが速記者たちはサヴォナローラや、また例えば霊感に満たされた即興詩人にもついてゆけないことがあった。

(26) しかも上出来の演説の一つというわけでもまったくない。最も注目に値するのは末尾におけるつぎのような空疎な決り文句である。「あなたが、あなた自身の模範であり、手本であり、あなた自身を模倣するように……」

(27) この種の書簡や演説を書いたのは、アルベルト・ディ・リパルタである。Murat. XX, Col. 914, s. 所収の、この人の書いた *Annales Placentini* 参照。そこでこの物識りのうるさ型は、自分の文筆上の経歴を大いに教訓的に記述している。

(28) Pauli Jovii *Dialogus de viris litteris illustribus*. Tiraboschi, Tom. VII, Parte IV 所収。——だが彼は十年後にもなお、*Elogia literaria* の末尾でこう言っている。文献学の優位がドイツに移っていったあとも、「われわれはまじり気のない、不変の雄弁術の堅固な要塞を守る……」

8 ラテン語の論文

(1) 特別な一つのジャンルを形成しているのが、言うまでもないことだが、コレヌッチョと、特にポンターノがルキアノスを真似て作った半諷刺的な対話である。その後エラスムスとフッテンは彼らの刺戟を受けている——本来の論文にとっては、すでに早くからプルタルコスの倫理論集の諸篇が模範として役立っていたかもしれない。

9 歴史記述

(1) Eccard. *Scriptt.* II, Col. 1577 所収の、Benedictus : *Caroli VIII, hist.*

(2) ペトルス・クリニトゥスはこうした軽侮のことを嘆いている。Petrus Crinitus, *De honesta discipl.* L. XVIII, cap. 9. 人文主義者たちはこの点において古代後期の著作家たちに似ている。この著作者たちも同様に自分たちの時代を回避した。——ブルクハルト『コンスタンティヌス帝の時代』二九八頁以下参照。

(3) *Opere volgari* vol. XVI のなかの、ピンツィンガあての書簡。――Raph. Volaterranus, L. XXI においてもなお、精神的世界は十四世紀をもって始まっている、したがって、その最初の著書があらゆる国々にたいする個別史的概観を、そしてあの時代としては卓越した多くのそうした概観を含んでいる著者において始まっている。

(4) 教皇ニコラウス五世、教皇庁の全廷臣および、多数の遠来の外国人のまえでジャンノッツォ・マネッティが勝利を収めたときのような。Vespas. Fior. p. 592 および *vita Jan. Man.* 参照。

(5) マキアヴェッリの場合には、過去の出来事をも観照して、と言ってもよい。

10 教養の全般にわたるラテン語化

(1) それというのも当時すでに、もともとホメロス一個のうちにあらゆる芸術と学問の総和が含まれており、ホメロスは一つの百科事典であると考えられていたからである。Codri Urcei *opera, Sermo* XIII 末尾を参照されたい。無論古代においてすでに同じ見解が見られる。

(2) 教皇パウルス二世治下のある枢機卿は、自分の料理人たちにさえアリストテレスの『倫理学』の講義を聴かせた。Muratori III, II, Col. 1034 所収の、Gasp. Veron. *Vita Pauli II* 参照。

(3) アリストテレスの研究全般については、特にヘルモラウス・バルバルスのある演説が有益である。

(4) Murat. XXIII, Col. 898 所収の、Bursellis, *Ann. Bonon.*

(5) Vasari XI, p. 189, 257, *vite di Sodoma e di Garofalo* ――言うまでもなく、ローマの自堕落な女どもはこよなく響きのよい古代風の名前、ジュリア、ルクレーツィア、カッサンドラ、ポルツィア、ヴィルジーニア、ペンテシレーア等々を勝手に名乗り、そういう名前でアレティーノの作品中に登場する。――ユダヤ人はおそらく当時、ローマに敵対したセミ族の偉大な人たち、アミルカレ、アンニバレ、アスドルバレを名乗ったと思われるのであり、ローマでは今日でもなお彼らはしばしばこの名前を名乗っている。

(6)「まるで名前が立派な審査の先生たちをだまし、
長年苦労してもなれなかった詩人にやすやすと
あなたをしてくれるかのように！」
――アリオストは『諷刺詩』第七、六四詩節においてこう嘲笑している。もっとも彼自身は運命によって響きのよい名前をつけてもらっていた。

(7) あるいは、すでにボイアルドの作中の名前をつけていたが、その一部はアリオストに出てくる名前である。

(8) 例えば、一五一二年フランス軍の兵士たちは、「あらゆる呪詛の言葉を浴びせられて地獄へ送られる。」善良な司教座聖堂参事会員ティツィオの考えはさらに厳しく、外国の軍隊にマクロビウスの呪詛の言葉を吐いている。この人についてはあとでもう一度触れることになろう。

(9) Poggii *opera*, fol. 152 所収の、*De infelicitate principum*.「ダンテの詩には、もしそれがラテン語で書かれていれば、いかなる点でも古代の詩人たちに劣らないような有名な作がある。」Boccaccio, *vita di Dante*, p. 74 によれば、当時すでに多くの人たちが、「そのなかには賢明な人たちもいたが」、なぜダンテはラテン語で詩作しなかったのであろうか、という疑問を投げかけていた。

(10) ダンテの論文 *De vulgari eloquia* は長いあいだほとんど知られていなかった。また、この論文は『神曲』の圧倒的な影響力に決して太刀打ちはできなかったであろう。われわれにはきわめて価値あるものではあるのだが。

(11) この点における完全な熱狂状態を知りたいと思う人は、Lil. Greg. Gyraldus, *De poetis nostri temporis* の各個所を参照されたい。

(12) 無論承知のうえでなされている文章練習もある。例えば、老ベロアルドゥスの *Orationes* 等々のなかの、ボッカッチョの二つの作品をラテン語に訳した短篇小説や、それどころかペトラルカのカンツォーネの訳がそれである。

(13) 地上界から高貴なる死者の霊たちにあてたペトラルカの書簡参照、*Opera*, p. 704, s. その他に、*De rep. optime administranda*, p. 372 に、「彼がこのようであるのは、私を悲しませる、だが彼はそうなのである」と書かれている。

(14) ローマにおける狂信的なラテン語純粋主義の滑稽な姿を、ジョヴィアーノ・ポンターノが『アントニウス』のなかで描いている。

(15) Hadriani (Cornetani) Card. S. Chrysogoni *De sermone latino liber.* 主として序文。——著者はキケロとその同時代の人たちのうちに模範的ラテン語「そのもの」を見出している。

(16) Paul. Jov. *Elogia*, Bapt. Pius について述べる際に。

(17) Paul. Jov. *Elogia*, Naugerius について述べる際に。この人たちの理想は、「確実なしるしから、精神の特異な像を表わすような文体において、独自なものを本質から表現することであった」という。——ポリツィアーノはすでに、急いでいるときに、書簡をラテン語で書くことを躊躇している。Raph. Volat. *comment. urban.* L. XXI.

(18) Tiraboschi, ed. Venez. 1796, Tom. VII, parte IV 所収の、Paul. Jov. *Dialogus de viris literis illustribus.* 周知のようにジョーヴィオはしばらくのあいだこの大仕事を自分の手で行なうつもりでいたが、その後ヴァザーリがこれをやり遂げた。——あの対話のなかでも、ラテン語で書くことはその支配権をやがてすっかり失うことになろうと、予感され、嘆かれている。

(19) サドレートによって起草された、フランチェスコ・デ・ロージにあてた一五一七年の書翰《しょかん》において。Roscoe, *Leo X*, ed. Bossi VI, p. 172 所収。

(20) Murat. III, II, Col. 1031 所収の、Gasp. Veronens. *vita Pauli II*. これ以外に、セネカの作品やギリシア劇のラテン語訳のものなども上演された。

(21) フェッラーラではプラウトゥスが、おそらく大ていはコレヌッチョ、バッティスタ・グァリーノなどの手でイタリア語に改作されて、内容という点から上演された。イザベッラ・ゴンザーガは大胆にも、こんなものは退屈だと評した。――ポンポニウス・ラエトゥスについては、Sabellici *opera*, *Epist*. L. XI, fol. 56. s. 参照。

11 近世ラテン語の詩歌

(1) 以下の記述については、*Deliciae poetarum italor*.; ――Paul Jovius, *Elogia*; ――Lil. Greg. Gyraldus, *De poetis nostri temporis*; ――Roscoe, *Leone X*., ed. Bossi の付説を見られたい。

(2) Filippo Villani, *Vite*, p. 5.

(3) Murat. XXV, Col. 384 所収の、Franc. Aleardi *oratio in laudem Franc. Sforliae* ――スキピオとカエサルの比較において、グァリーニはカエサルを、ポッジョは (*Opera*, *epp*. fol. 125, 134, s.) スキピオを最も偉大であるとした。――アッタヴァンテの細密画におけるスキピオとハンニバルについては、Vasari IV, 41, *vita di Fiesole* を見られたい。この二人の名前がピッチニーノとスフォルツァのために使われたことについては、上巻一五八頁参照。

(4) 田園生活が写実的に扱われるすばらしい例外も、以下において述べられるであろう。

（5） Mai, *Spicilegium romanum*, Vol. VIII に復刻されている（六歩格のほぼ五百行）。ピエーリオ・ヴァレリアーノはこの神話の続篇を書いた。*Deliciae poet. ital.* のなかの《*carpio*》がそれである。——ヴェローナのムラーリ宮にあるブルザソルチのフレスコ画は、この『サルカ』の内容を表わしている。

（6） *De sacris diebus.*

（7） 例えば牧歌第八において。

（8） Roscoe, *Leone X.*, ed. Bossi VIII, 184；ならびに、XII, 130 の、これと同じような様式のもう一つの詩。——カルル大帝の宮廷についてのアンギルベルトの詩がすでにこのルネサンスになんと近似していることであろう。Pertz, *monum.* II を参照されたい。

（9） Strozii *poetae*, p. 31, s. *Caesaris Borgiae ducis epicedium.*

（10） 「ユピテルは教皇を、体の汚れを浄め、一切の罪をあがなう焔の中へ入れるよう、冥界の神々自身に渡した……」

（11） それはのちのフェッラーラのエルコレ二世で、一五〇八年四月四日、おそらくこの詩が作成されたすぐ前か後に生れたと思われる。「父と母に大いなる約束の子が生れる」とこの詩の末尾のあたりで言われている。

（12） スカルディウス、フレーエルといった写本家たちの収集を参照。

（13） ウッツァーノについては、*Arch.* IV. I, 296 を見られたい。——Machiavelli : *i Decennali.* ——フラ・ベネデットの *Cedrus Libani* という標題でのサヴォナローラの話。——Murat. XXV 所収の、*Assedio di Piombino* ——これに対比されるものとして、北方の Teuerdank およびその他の押韻詩がある。

(14)［ルイージ・アラマンニの、イタリア語の無韻詩（versi sciolti）で書かれた『耕作』(*Coltivazione*) については、詩として鑑賞に堪えうる個所はすべて古代の詩人から直接、間接に借用されていると主張することができよう。］

(15) この場合は、ルクレティウスの序詩および Horat. *Od.* IV, I によっている。

(16) 主として異教的歌い出しのところに守護聖人を引き入れることは、すでに上巻一〇〇頁において比較的真剣な場合について知るにいたっている。

(17)「われわれが嵐や雨に、
運命の脅しや人々の奸計に十分耐えたら、
神よ、両親の屋根のうえに煙が立ちのぼるのを見せて下さい！」

(18) Andr. Naugerii *orationes duae carminaque aliquot*, Venet. 1530 in 4. ——その僅かな詩も大部分もしくは全部が *Deliciae* のなかに入れられている。

(19) 人々が教皇レオ十世に大胆にもどんな賛美を示したかを、グイード・ポストゥモ・シルヴェストリがキリスト、マリアそしてあらゆる聖者に捧げた祈りに示されている。どうか教皇の尊厳《ヌーメン》を末長く人類に止めておいて下さい、天上にはそういうものは沢山あるのですから。Roscoe, *Leone X.*, ed. Bossi V, 237 に復刻されている。

(20) Boccaccio, *Vita di Dante*, p. 36.

(21) サンナザーロは、こうしたまがいもので彼を煩わせた男のことをこう言って嘲笑している。「こうしたものは他の人たちには古いように見えようが、私にはあくまでも新しい。」

(22) *Lettere de' principi*, I, 88. 91.

(23) Malipiero, *Ann. veneti, Arch. stor.* VII, I, p. 508. その末尾において、ボルジア家の紋章動物であ

る牡牛についてこう言われている。

「テーヴェレよ、このたけり立つ子牛どもを
仕返しにお前の波間に沈めよ、
牡牛はユピテルの大いなる贄として地獄に落ちよ！」

(24) ここで述べられている事柄全体に関しては、Roscoe, *Leone X.*, ed. Bossi VII, 211. VIII, 214. s. を見られたい。一五二四年刊行のこの *Coryciana*（コルキウスの歌）という印刷された、今はめったに見られない詩集には、ラテン語の詩しか含まれていない。ヴァザーリはアウグスティヌス修道会士のもとで、ソネットなども入れられていた特別な本を眼にした。この聖母、聖アンナ、幼児キリストの群像に詩をはりつけることが大へん流行したので、この群像を格子でさえぎり、それどころか見えないようにしなければならなかったほどであった。ゴーリッツ（Goritz）をもじって老コルキウス（Corycius senex）としたのは、Virgl. *Georg.* IV. 127 によっている。ローマ劫掠後のこの男の悲惨な末路については、Pierio Valeriano. *de infelic. literat.* を見られたい。

(25) Roscoe. *Leone X.* の付説および *Deliciae* に復刻されている。Paul. Jov. *Elogia*, Arsillus についての記述を参照。さらに、多数のエピグラム作者については、Lil. Greg. Gyraldus, *De poetis nostri.* 参照。このうえなくたちの悪い筆鋒の人たちの一人は、マルクアントーニオ・カサノヴァであった——あまり知られていない人たちのうちでは、ヨハネス・トーマス・ムスコニウス（*Deliciae* を参照）の名が特に挙げられる。

(26) *Vite de' duchi di Venezia* (Murat. XXII.) において、マリーン・サヌードはそうした題辞をきちんと伝えている。

(27) Scardeonius, *de urb. Patav. antiq.* (*Graev. thes.* VI, III, Col. 270) は、こうした戯詩の本当の考

案者として、十五世紀中頃の、パドヴァのオダキシウス（Odaxius）なる人を挙げている。しかし、ラテン語とイタリア語を混ぜた詩はすでにずっと早くから至るところに見られる。

12　十六世紀における人文主義者の没落

（1）こうした典籍の印刷本は非常に早くから古注や新しい注釈をつけて復刻されたことを見落してはならない。

（2）Ariosto, *Satira* VII. 一五三一年の諷刺詩。

（3）このような神童は何人か現われている。だが私はここで述べられているような実例を実際に証明することを留保しておきたい。ジューリオ・カンパニョーラという神童は、野心から無理やり作りあげられた部類のものではない。Graev. *thesaur.* VI, III, Col. 276 所収の、Scardeonius, *de urb. Patav. antiq.* 参照。――一五四四年十五歳で死んだ神童チェッキーノ・ブラッチについては、Trucchi, *poesie ital. inedite* III. p. 229 参照。――カルダーノに父が「人為的記憶を注ぎこもう」とし、彼が子供の時からアラビアの占星術を教えこんだことについては、Cardanus, *de propria vita,* cap. 34 参照。

（4）ここで述べられているような場合に、フィリッポ・ヴィッラーニの口にした言葉（Filippo Villani, *Vite* p. 5）。

（5）Bapt. Mantuan., *De calamitatibus temporum,* L. I.

（6）Lil. Greg. Gyraldus : *Progymnasma adversus literas et literatos.*

（7）Lil. Greg. Gyraldus : *Hercules.* この本の献辞は、異端審問の切迫した最初の動きをよく示している見事な記念碑である。

（8）*De infelicitate literatorum.*

（9）　こうしたことについては、すでにDante, *Inferno*, XIIIで歌われているのを参照されたい。

（10）　Coelii Calcagnini *opera*, ed. Basil. 1544, p. 101, 書簡第七巻において。Pierio Val. *de inf. lit.* 参照。

（11）　M. Ant. Sabellici *opera, Epist.* L. XI, fol. 56. さらに、Paolo Giovio, *Elogia* のなかのこの人の伝記を参照。

（12）　Murat. XXIII, Col. 161, 171, 185 所収の、Jac. Volaterran. *Diar. Rom.* ―― *Anecdota liter.* II, p. 168, s.

（13）　Paul. Jov. *de romanis piscibus*, cap. 17, 34.

（14）　Sadoleti *Epist.* 106, 一五二九年の書簡。

（15）　Mai, *Spicileg. rom.* vol. VIII 所収の、Anton. Galatei *epist.* 10, 12.

（16）　こうしたことはすでにこの世紀の中頃以前に見られた。Lil. Greg. Gyraldus, *de poetis nostri temp.* II 参照。

付録

ルネサンス期のイタリア
（1500年頃）

年表（主としてイタリア・ルネサンス期に関する）

一二六五　ダンテ誕生。
一二七〇　第八回（最終）十字軍。
一二七一　マルコ・ポーロ、東洋に向け出発。
一二八二　「シチリアの晩禱」の乱始まる。
一二八四　メロリアの海戦、ジェノヴァ、ピサを破る。
一三〇二　「シチリアの晩禱」の乱終る。
　　　　　フィレンツェで、黒党が白党を破り、ダンテ亡命。
一三〇四　ペトラルカ誕生。
一三〇九　教皇庁アヴィニョンに移される。
一三一〇　皇帝ハインリヒ七世、イタリア遠征。
一三一一　ミラノにヴィスコンティ家の支配確立。
一三一三　ボッカッチョ誕生。
一三二一　ダンテ没。

一三二七　皇帝ルートヴィヒ四世、イタリア遠征。
一三四七　ローマでコーラ・ディ・リエンツォの革命。
一三四八　黒死病、イタリアから全ヨーロッパに流行。
一三五四　皇帝カルル四世、イタリア遠征。
一三七四　ペトラルカ没。
一三七五　ボッカッチョ没。
一三七七　教皇グレゴリウス十一世、教皇庁をローマに戻す。
一三七八　教会大分裂（シスマ）始まる。
一四〇六　フィレンツェ、ピサを併合。
一四一四　コンスタンツ公会議。
一四一八　教会大分裂終る。
一四三一　バーゼル公会議。
一四三四　コジモ・デ・メディチ（大コジモ）、フィレンツェ共和国の実権を握る。
一四三八　フェッラーラ公会議、翌年フィレンツェ公会議。
一四四二　アラゴン王アルフォンソ五世、ナポリ王位を獲得。
一四五〇　フランチェスコ・スフォルツァ、ミラノ公となる。
一四五二　レオナルド・ダ・ヴィンチ誕生。

一四五三　オスマン・トルコ、コンスタンティノポリス占領。ビザンティン帝国崩壊。
一四五四　ローディの和約。イタリア諸国家間に平和。
一四五八　教皇ピウス二世即位。
一四六四　コジモ・デ・メディチ没。
一四六九　マキアヴェッリ誕生。
一四七四　アリオスト誕生。
一四七五　ミケランジェロ誕生。
一四七八　パッツィ家の陰謀、失敗。
　　　　　ロレンツォ・デ・メディチ（大ロレンツォ）、フィレンツェ支配確立。
一四八三　ラファエッロ誕生。
一四九二　コロンブス、アメリカ大陸発見。
　　　　　教皇アレクサンデル六世即位。
　　　　　ロレンツォ・デ・メディチ没。
一四九四　フィレンツェ、サヴォナローラのもと共和政治。
　　　　　シャルル八世、イタリア遠征。イタリア戦争始まる（―一五五九）。
　　　　　メディチ家、フィレンツェ追放。
一四九八　サヴォナローラ処刑。

一四九九　ルイ十二世、イタリア遠征。
一五〇二　チェーザレ・ボルジア、中部イタリアの教皇領を攻略。
一五〇三　教皇ユリウス二世即位。
一五〇八　教皇ユリウス二世、カンブレー同盟組織。
一五一二　メディチ家、フィレンツェに復帰。
一五一三　教皇レオ十世即位。
一五一七　ルター、九十五箇条の提題。
一五一九　レオナルド・ダ・ヴィンチ没。
一五二〇　ラファエッロ没。
一五二七　ローマ劫掠。
　　　　メディチ家、フィレンツェ追放。
　　　　マキアヴェッリ没。
一五二九　カンブレーの和約。
一五三一　メディチ家、フィレンツェ復帰。
一五三三　アリオスト没。
一五三四　教皇パウルス三世即位。
一五三七　コジモ一世フィレンツェ統治（―七四）。

一五四四　タッソ誕生。
一五四五　トレント公会議（―一六三）。
一五四六　ルター没。
一五四八　ジョルダーノ・ブルーノ誕生。
一五六四　ミケランジェロ没。
ガリレオ・ガリレイ誕生。
一五七一　レパントの海戦、トルコ軍敗退。
一五八八　スペイン無敵艦隊、イギリス海軍に敗れる。
一五九五　タッソ没。
一六〇〇　ブルーノ刑死。

本書は、二〇〇七年二月、筑摩書房より刊行された。
文庫化に際しては、上下分冊とした。

革命について　ハンナ・アレント　志水速雄訳
《自由の創設》をキイ概念としてアメリカとヨーロッパの二つの革命を比較・考察し、その最良の精神を二〇世紀の惨状から救い出す。（川崎修）

暗い時代の人々　ハンナ・アレント　阿部齊訳
自由が著しく損なわれた時代を自らの意思に従い行動し、生きた人々。政治・芸術・哲学への鋭い示唆を含み描かれる普遍的人間論。（村井洋）

責任と判断　ハンナ・アレント　ジェローム・コーン編　中山元訳
思想家ハンナ・アレント後期の未刊行論文集。人間の責任の意味と判断の能力を考察し、考える能力の喪失により生まれる〈凡庸な悪〉を明らかにする。

政治の約束　ハンナ・アレント　ジェローム・コーン編　高橋勇夫訳
われわれにとって「自由」とは何であるのか――。政治思想の起源から到達点までを描き、政治的経験の意味に根底から迫った、アレント思想の精髄。

プリズメン　Th・W・アドルノ　渡辺祐邦／三原弟平訳
「アウシュヴィッツ以後、詩を書くことは野蛮である」。果てしなく進行する大衆の従順化と、絶対的物象化の時代における文化批判のあり方を問う。

哲学について　ルイ・アルチュセール　今村仁司訳
カトリシズムの救済の理念とマルクス主義の解放の思想との統合をめざしフランス現代思想を領導した孤高の哲学者。その到達点を示す歴史的文献。

スタンツェ　ジョルジョ・アガンベン　岡田温司訳
西洋文化の豊饒なイメージの宝庫を自在に横切り、愛・言葉そして喪失の想像力が表象に与えた役割をたどる。21世紀を牽引する哲学者の博覧強記。

アタリ文明論講義　ジャック・アタリ　林昌宏訳
歴史を動かすのは先を読む力だ。混迷を深める現代文明の行く末を見通し対処するにはどうすればよいのか。「欧州の知性」が危難の時代を読み解く。

プラトンに関する十一章　アラン　森進一訳
『幸福論』が広く静かに読み継がれているモラリスト、アラン。卓越した哲学教師でもあった彼が平易かつ明快にプラトン哲学の精髄を説いた名著。

省察
ルネ・デカルト
山田弘明 訳

徹底した懐疑の積み重ねから、確実な知識を探り世界を証明づける。哲学入門者が最初に読むべき、近代哲学の源泉たる一冊。詳細な解説付新訳。

哲学原理
ルネ・デカルト
山田弘明／吉田健太郎／久保田進一／岩佐宣明 訳・注解

『省察』刊行後、その知のすべてが記された本書は、デカルト形而上学の最終形態といえる。第一部の新訳と解題・詳細な解説を付す決定版。

方法序説
ルネ・デカルト
山田弘明 訳

「私は考える、ゆえに私はある」。近代以降すべての哲学は、この言葉で始まった。世界中で最も読まれている哲学書の完訳。平明な徹底解説付。

宗教生活の基本形態（上）
エミール・デュルケーム
山﨑亮 訳

宗教社会学の古典的名著を清新な新訳で。オーストラリアのトーテミスムにおける儀礼の研究から、宗教の本質的要素＝宗教生活の基本形態を析出する。

宗教生活の基本形態（下）
エミール・デュルケーム
山﨑亮 訳

「最も原始的で単純な宗教」の分析から、宗教を、社会を「作り直す」行為の体系として位置づけ、20世紀人文学の原点となった名著。詳細な訳者解説を付す。

社会分業論
エミール・デュルケーム
田原音和 訳

人類はなぜ社会を必要としたか。社会はいかにして発展するか。近代社会学の嚆矢をなすデュルケーム畢生の大著を定評ある名訳で送る。（菊谷和宏）

公衆とその諸問題
ジョン・デューイ
阿部齊 訳

大衆社会の到来とともに公共性の成立基盤は衰退した。民主主義は再建可能か？ プラグマティズムの代表的思想家がこの難問を考究する。（宇野重規）

旧体制と大革命
A・ド・トクヴィル
小山勉 訳

中央集権の確立、パリ一極集中、そして平等を自由に優先させる精神構造——フランス革命の成果は、実は旧体制の時代にすでに用意されていた。

ニーチェ
G・ドゥルーズ
湯浅博雄 訳

〈力〉とは差異にこそその本質を有している——ニーチェのテキストを再解釈し、尖鋭なポスト構造主義的イメージを提出した、入門的な小論考。

ムッソリーニ　ロマノ・ヴルピッタ

統一国家となって以来、イタリア人が経験した激動の歴史。その象徴ともいうべき指導者の実像とは。既成のイメージを刷新する画期的ムッソリーニ伝。

中華人民共和国史十五講　王丹　加藤敬事 訳

八九年天安門事件の学生リーダー王丹。逮捕・収監後、亡命先で母国の歴史を学び直し、敗者たちの透徹した認識を復元する、鎮魂の共和国六〇年史。

ツタンカーメン発掘記(上)　ハワード・カーター　酒井傳六／熊田亨訳

黄金のマスク、王のミイラ、数々の秘宝。エジプト考古学の新時代の扉を開いた世紀の発見の全記録。上巻は王家の谷の歴史と王墓発見までを収録。

ツタンカーメン発掘記(下)　ハワード・カーター　酒井傳六／熊田亨訳

王墓発見の報が世界を駆けめぐり発掘された遺物が注目を集める中、ついに黄金の棺が開かれ、カーターは王のミイラと対面する。（屋形禎亮）

王の二つの身体(上)　E・H・カントーロヴィチ　小林公 訳

王の可死の身体は、いかにして不可死の身体へと変容するのか。異貌の亡命歴史家による最もラディカルな「王権の解剖学」。待望の文庫化。

王の二つの身体(下)　E・H・カントーロヴィチ　小林公 訳

王朝、王冠、王の威厳。権力の自己荘厳のメカニズムを冷徹に分析する中世政治神学研究の金字塔。必読の問題作。全2巻。

世界システム論講義　川北稔

近代の世界史を有機的な展開過程として捉える見方、それが〈世界システム論〉にほかならない。第一人者が豊富なトピックとともにこの理論を解説する。

裁判官と歴史家　カルロ・ギンズブルグ　上村忠男／堤康徳訳

一九七〇年代、左翼闘争の中で起きた謎の殺人事件。冤罪とも騒がれるその裁判記録の分析に著者が挑み、歴史家のとるべき態度と使命を鮮やかに示す。

中国の歴史　岸本美緒

中国とは何か。独特の道筋をたどった中国社会の変遷を、東アジアとの関係に留意して解説。初期王朝から現代に至る通史を簡明かつダイナミックに描く。

大都会の誕生　喜安朗／川北稔
都市型の生活様式は、歴史的にどのように形成されてきたのか。この魅力的な問いに、碩学がふたつの都市の豊富な事例をふまえて重層的に描写する。

共産主義黒書〈ソ連篇〉　ステファヌ・クルトワ／ニコラ・ヴェルト　外川継男訳
史上初の共産主義国家〈ソ連〉は、大量殺人・テロル・強制収容所を統治形態にまで高めた。レーニン以来行われてきた犯罪を赤裸々に暴いた衝撃の書。

共産主義黒書〈アジア篇〉　ステファヌ・クルトワ／ジャン＝ルイ・マルゴラン　高橋武智訳
アジアの共産主義国家は抑圧政策においてソ連以上の悲惨を生んだ。中国、北朝鮮、カンボジアなどの実態は我々に歴史の重さを突き付けてやまない。

ヨーロッパの帝国主義　アルフレッド・W・クロスビー　佐々木昭夫訳
15世紀末の新大陸発見以降、ヨーロッパ人はなぜ次々と植民地を獲得できたのか。病気や動植物に着目して帝国主義の謎を解き明かす。（川北稔）

民のモラル　近藤和彦
統治者といえど時代の約束事に従わざるをえなかった18世紀イギリス。新聞記事や裁判記録、ホーガースの風刺画などから騒擾と制裁の歴史をひもとく。

増補 大衆宣伝の神話　佐藤卓己
祝祭、漫画、シンボル、デモなど政治の視覚化は大衆の感情をどのように動員したか。ヒトラーが学んだプロパガンダを読み解く「メディア史」の出発点。

ユダヤ人の起源　シュロモー・サンド　高橋武智監訳　佐々木康之／木村高子訳
〈ユダヤ人〉はいかなる経緯をもって成立したのか。歴史記述の精緻な検証によって実像に迫り、そのアイデンティティを根本から問う画期的試論。

中国史談集　澤田瑞穂
皇帝、彫青、男色、刑罰、宗教結社など中国裏面史を彩った人物や事件を中国文学の碩学が独自の視点で解き明かす。怪力乱「神」をあえて語る！（堀誠）

同時代史　タキトゥス　國原吉之助訳
古代ローマの暴帝ネロ自殺のあと内乱が勃発。絡みあう人間ドラマ、陰謀、凄まじい政争を、臨場感あふれる鮮やかな描写で展開した大古典。（本村凌二）

秋風秋雨人を愁殺す　武田泰淳

辛亥革命前夜、疾風のように駆け抜けた美貌の若き女性革命家秋瑾の生涯。日本刀を鍾愛した烈女秋瑾の思想と人間像を浮き彫りにした評伝の白眉。

歴史（上・下）　トゥキュディデス　小西晴雄訳

野望、虚栄、裏切り――古代ギリシアを殺戮の嵐に陥れたペロポネソス戦争とは何だったのか。その全貌を克明に記した、人類最古の本格的「歴史書」。

日本陸軍と中国　戸部良一

中国スペシャリストとして活躍し、日中提携を夢見た男たち。なぜ彼らが、泥沼の戦争へと日本を導くことになったのか。真相を追う。（五百旗頭真）

カニバリズム論　中野美代子

根源的タブーの人肉嗜食や纏足、宦官……。目を背けたくなるものを冷静に論ずることで逆説的に人間の真実に迫る血の滴る異色の人間史。（山田仁史）

帝国の陰謀　蓮實重彦

一組の義兄弟による陰謀から生まれたフランス第二帝政。「私生児」の義弟が遺した二つのテクストを読解し、近代的現象の本質に迫る。（入江哲朗）

戦争の起源　アーサー・フェリル　鈴木主税／石原正毅訳

人類誕生とともに戦争は始まった。先史時代からアレクサンドロス大王までの壮大なるその歴史をダイナミックに描く。地図・図版多数。（森谷公俊）

近代ヨーロッパ史　福井憲彦

ヨーロッパの近代は、その後の世界を決定づけた。現代をさまざまな面で規定しているヨーロッパ近代の歴史と意味を、平明かつ総合的に考える。

ルーベンス回想　ヤーコプ・ブルクハルト　新井靖一訳

19世紀ヨーロッパを代表する歴史家ブルクハルトが、「最大の絵画的物語作者」ルーベンスの絵画の本質を、作品テーマに即して解説する。新訳。

売春の社会史（上）　バーン＆ボニー・ブーロー　香川檀／家本清美／岩倉桂子訳

売春の歴史を性と社会的な男女関係の歴史としてとらえた初の本格的通史。図版多数。「売春の起源」から「宗教改革と梅毒」までを収録。

売春の社会史(下)
バーン&ボニー・ブーロー
香川檀／家本清美／
岩倉桂子訳
様々な時代や文化的背景における売春の全体像を十全に描き、社会政策への展開を探る。「王侯と平民」から「変わりゆく二重規範」までを収録。

はじめてわかるルネサンス
ジェリー・ブロトン
高山芳樹訳
ルネサンスは芸術だけじゃない！　東洋との出会い、科学と哲学、宗教改革など、さまざまな角度から光をあてて真のルネサンス像に迫る入門書。

匪賊の社会史
エリック・ホブズボーム
船山榮一訳
抑圧的権力から民衆を守るヒーローと讃えられてきた善きアウトローたち。その系譜や生き方を追い、暴力と権力のからくりに迫る幻の名著。

20世紀の歴史(上)
エリック・ホブズボーム
大井由紀訳
第一次世界大戦の勃発が20世紀の始まりとなった。この「短い世紀」の諸相を英国を代表する歴史家が渾身の力で描く。全二巻、文庫オリジナル新訳。

20世紀の歴史(下)
エリック・ホブズボーム
大井由紀訳
一九七〇年代を過ぎ、世界に再び危機が訪れる。不確実性がいやますなか、ソ連崩壊が20世紀の終焉を印した。歴史家の考察は我々に何を伝えるのか。

アラブが見た十字軍
アミン・マアルーフ
牟田口義郎／新川雅子訳
十字軍とはアラブにとって何だったのか？　豊富な史料を渉猟し、激動の12、13世紀をあざやかに、しかも手際よくまとめた反十字軍史。

バクトリア王国の興亡
前田耕作
ゾロアスター教が生まれ、のちにヘレニズムが開花したバクトリア。様々な民族・宗教が交わるこの地に栄えた王国の歴史を描く唯一無二の概説書。

ディスコルシ
ニッコロ・マキァヴェッリ
永井三明訳
ローマ帝国はなぜあれほどまでに繁栄しえたのか。その鍵は〝ヴィルトゥ〟。パワー・ポリティクスの教祖が、したたかに歴史を解読する。

戦争の技術
ニッコロ・マキァヴェッリ
服部文彦訳
出版されるや否や各国語に翻訳された最強にして安全な軍隊の作り方。この理念により創設された新生フィレンツェ軍は一五〇九年、ピサを奪回する。

マクニール世界史講義　ウィリアム・H・マクニール　北川知子訳

ベストセラー『世界史』の著者が人類の歴史を読み解くための三つの視点を易しく語る白熱の入門講義。本物の歴史感覚を学べます。文庫オリジナル。

古代ローマ旅行ガイド　フィリップ・マティザック　安原和見訳

タイムスリップして古代ローマを訪れるなら？　そんな想定で作られた前代未聞のトラベル・ガイド。必見の名所・娯楽ほか情報満載。カラー頁多数。

アレクサンドロスとオリュンピアス　森谷公俊

彼女は怪しい密儀に没頭し、残忍に邪魔者を殺す悪女なのか、息子を陰で支え続けた賢母なのか。大王母の激動の生涯を追う。（澤田典子）

古代地中海世界の歴史　本村凌二　中村るい

メソポタミア、エジプト、ギリシア、ローマ——古代に花開き、密接な交流や抗争をくり広げた文明を一望に見渡し、歴史の躍動を大きくつかむ！

増補　十字軍の思想　山内進

欧米社会にいまなお色濃く影を落とす「十字軍」の思想。人々を聖なる戦争へと駆り立てるものとは？　その歴史を辿り、キリスト教世界の深層に迫る。

向う岸からの世界史　良知力

「歴史なき民」こそが歴史の担い手であり、革命の主体であった。著者の思想史から社会史への転換点を示す記念碑的作品。（阿部謹也）

増補　魔都上海　劉建輝

摩天楼、租界、アヘン。近代日本が耽溺し利用し侵略した街。驚異的発展の後なお郷愁をかき立ててやまない上海の歴史の魔力に迫る。（海野弘）

子どもたちに語るヨーロッパ史　ジャック・ル・ゴフ　前田耕作監訳　川崎万里訳

歴史学の泰斗が若い人に贈る、とびきりの入門書。地理的要件や歴史、とくに中世史を、たくさんのエピソードとともに語った魅力あふれる一冊。

隊商都市　ミカエル・ロストフツェフ　青柳正規訳

通商交易で繁栄した古代オリエント都市のペトラ、パルミュラなどの遺跡に立ち、往時に思いを馳せたロマン溢れる歴史紀行の古典的名著。（前田耕作）

ちくま学芸文庫

イタリア・ルネサンスの文化《ぶんか》　上《じょう》

二〇一九年五月十日　第一刷発行

著　者　ヤーコプ・ブルクハルト
訳　者　新井靖一（あらい・せいいち）

発行者　喜入冬子
発行所　株式会社　筑摩書房
東京都台東区蔵前二―五―三　〒一一一―八七五五
電話番号　〇三―五六八七―二六〇一（代表）
装幀者　安野光雅
印刷所　明和印刷株式会社
製本所　加藤製本株式会社

ISBN978-4-480-09914-3　C0122